KB274367

중국
주영신
교육문집
5

困境與超越

곤경과 초월

중국교육문제 분석

주영신 지음 ● 최영준 옮김

어문학사

거액의 지원금으로 중국의 교육 사업을 지원하고 있는
홍콩의 유명 애국인사 팡룬화(方潤華) 선생과 작가의 회담 장면

2003년 5월, 상하이에서 미국 특수교육전문가를 만나 원거리특수교육
시범을 보고 있는 작가

2002년 10월, 상하이시 교육학회 등이 주관한 인력자원개발과 교육개혁 세미나에 참석한 작가

1996년, 작가가 총감독으로 있는 쑤저우(蘇州)대학 토론팀이 제2회 중국 유명 대학 학생 토론대회에서 준우승을 차지했다. 대회 후 감독과 토론자들의 기념 촬영

2002년, 후난(湖南) 타오위안(桃源)에서 강의할 때

2003년 10월, 전국정협(政協) 제10회 상무회(常務會) 제2차 회의
그룹 토론회에서 발언하는 작가

출간에 즈음하여

우리 출판사는 '교육에 이바지하고 학술을 발전시키며 문화 인프라를 구축한다服務敎育, 繁榮學術, 積累文化.'는 목표 아래, 《차이위안페이 연보장편蔡元培年譜長篇》, 《예성타오 교육문집葉聖陶敎育文集》, 《우바이쑤 문집吳伯簫文集》, 《류정 문집劉征文集》, 《량형 문집梁衡文集》 등 여러 권의 중점 도서를 기획 출판하여 사회에 커다란 영향을 미쳤다. 이 가운데서 많은 도서들이 국가도서상, 중국도서상, 국무원 각 부와 각 위원회급 우수상 등을 수상하였다. 이를 바탕으로 본 출판사는 다시 《十五》 출판 계획의 중점 프로젝트로서 중점도서를 기획하였는데, 《주영신교육문집朱永新敎育文集》이 바로 이 중 하나이다.

주영신朱永新 교수는 일찍이 쑤저우대학蘇州大學 교무처장, 교육과학부 주임, 중국심리학회 상임이사 겸 이론심리학·심리학사 전문위원회 부주임, 대만 잡지 《본토심리학 연구》의 학술고문, 일본 조치대학上智大學 연구원 등을 역임했다. 지금은 중국 인민정치협상회中國人民政治協商會議의 전국위원회 상무위원, 중국 민주건국회의 중앙위원회 상무위원, 쑤저우시蘇州市 인민정부 부시장, 쑤저우대학 교수, 박사학위 지도교수, 북경사범대학 등의 겸임교수, 교육부 교사교육 전문가위원회 위원, 고등교육기관 심리학 교수지도위원회 위원을 맡고 있다. 주영신 교수는 교육정책, 중국교육사, 중국심리학사, 일본교육 등의 영역에 관한 연구가 깊고, 그가 추진한 신교육 실험은 이미 중국의 수백 개 초·중고등학교에서 전개되고 있다. 이렇게 바쁜 업무 가운데서도 그는 집필 활동을 멈추지 않고, 《중화교육사상 연구》, 《곤경과 초월―당대 중국교육 논평》, 《영혼의 자취―중국 본토심리학 초고》, 《나의 교육이상》, 《신교육의 꿈》 등 영향력 있는 저서를 저술하였고, 《당대 일본교육 총서》 등 30여 권의 편집을 주관하였다. 이 밖에도 《신세기 교육문고》 《교육과학 우수교재 번역집》의 편집·출판을 주재하면서, 중국 및 외국 학술지에 300여 편의 논문을 발표했다. 또한 주영신 교수는 일찍이 여러 차례 유네스코에서 위탁한 연구 프로젝트, 국가 자연과학기금 프로젝트, 국가 사회과학기금 프로젝트, 성급省級, 부급部級 연구 프로젝트를 진행하였다. 이러한 저서들은 국가도서상의 노미네이트상, 중국도서상, 중국 우수 대중정치이론 도서 1등상, 장쑤성江蘇省과 산시성山西省의 《오개일五個一》 프로젝트상, 국가 자연과학기금 프로젝트 우수성과상 등을 수상했다.

《주영신 교육문집》은 전 10권으로 구성되어 있다.

1. 1권은 총론으로, 작가가 교육에 대한 거시적인 사고와 이상적인 교육에 대한 청사진을 그린 것이다.

2. 2권~4권은 작가의 중국 교육사상에 관한 연구로, 상고시대부터 당대까지의 중국교육과학의 성과와 공헌을 논술하였다.

3. 5권, 6권은 중외中外 교육문제에 관한 작가의 분석과 논평으로 이루어져 있으며, 교육 정책에 대한 연구와 건의가 포함되어 있다.

4. 7권, 8권은 중국 심리학과 교육심리학에 대한 작가의 연구 성과를

담은 저작물이다.

5. 9권, 10권은 작가의 교육수필과 중국 각지 교사들의 답변, 기자와 네티즌의 다양한 물음에 대한 기록 등을 담고 있다.

인민교육출판사
2004년 1월

쉬자루許嘉璐

추천사

　주영신朱永新 교수 문집 출판을 앞두고, 주영신 교수는 제게 문집의 서문을 써달라고 부탁했습니다. 아마도 제가 교육에 관심이 많아 자주 교육에 대한 견해를 발표하는 것을 보았거나, 혹은 우리가 마쉬룬馬敘倫, 저우젠런周建人, 예성타오葉聖陶, 뢰이졔충雷潔瓊 등과 함께 중국 민주촉진회의 후진들이기 때문일 것입니다. 우리는 중국 민주촉진회의 회원입니다. 주영신 교수가 어떻게 생각할는지 모르지만, 저는 그의 학술적 성취에 탄복하였고 또한 젊은 학자에 대한 사랑과 교육에 대한 관심으로 그 제안을 응낙하게 되었습니다. 하지만 제가 직접 서문을 써도 좋겠다는 생각을 한 것은 단지 이것 때문만은 아닙니다. 교육 분야에 줄곧 관심을 가진 비전문가의 안목으로써 이 문집과 작품에 대한 견해를 말하는 것이, 어쩌면 더욱 냉정하고 객관적일 수 있기 때문입니다.

　저는 누구나 중국교육에 대해 말할 수 있다고 이야기한 적이 있습니다. 왜냐하면 교육문제 자체가 너무 복잡하고, 특히 중국의 교육문제는 더욱 심각한 수준이기 때문입니다. 중국이 개발도상국가로서의 미약한 실력으로 세계에서 가장 규모가 큰 교육을 실시하고 있다는 사실은 차치하고라도 지금 중국이 시대적 전환기를 맞아 도시와 농촌, 동부와 서부 사이에 불균형이 심각하고, 몇 세대 간의 사상과 관념이 서로 부딪히고 요동치고 있는 것 자체만으로도, 오늘날 세계에서 찾아볼 수 없는 유일무이唯一無二한 현상이 벌어지고 있다고 말할 수 있습니다.

교육 보급률이 향상됨에 따라 교육에 대한 평론을 발표하는 사람들도 당연히 증가하고, 거의 집집마다 항상 논의할 정도로 많아지고 있습니다. 이렇게 교육과 유관한 연구에 많은 것을 제기하는 것은 어쩌면 다른 나라에서는 별로 부각되지 않는 문제일 것입니다. 저는 이 가운데서 두 가지 문제가 가장 시급하다고 생각합니다. 하나는, 교육에 관한 일은 머리카락 한 올만 뽑아도 몸 전체가 움직이는 것처럼 교육만을 가지고 교육을 논할 수 없는 일이며, 교육의 일부분만을 논하고 다른 부분을 고려하지 않아 사람들의 일상적인 담론에서 벗어나서는 더욱 안된다는 것입니다. 다른 하나는, 교육학이 어떻게 하면 협소한 교육이론의 틀을 벗어나 더욱 많은 사람들이 그것을 이해하고, 평론하고, 실천하게 하며, 더욱 큰 범위 내에서 일반 대중들에게 받아들일 수 있을지를 검증함으로써 전문가와 사회가 쉽게 공감대를 형성하도록 하는 것입니다. 주영신 교수의 이 문집은 바로 이 두 가지 문제에서 저에게 큰 기쁨과 위안을 주었습니다.

주영신 교수는 이 문집에서 국내외 정치·경제·사회·문화, 고금古今의 넓은 시각으로 중국의 교육 문제에 대해 면밀히 고찰하고 생각하였습니다. 주영신의 논술은 교육을 받은 사람이면 누구나 경험한 전반적인 교육 과정에 두루 걸쳐 있습니다. 크게는 교육이념과 원칙, 그리고

작게는 수업시간의 개혁 및 방과 후 활동에 이르기까지, 그는 이 모든 것에 대해 진지하게 생각하고, 체계적으로 조사하고, 성실하게 실험함으로써 언제나 체계적인 이론적 과정까지 끌어올렸습니다. 심리학은 교육학과 밀접하게 관련되어, 중국교육을 연구할 때 동시에 전개되는 국제교육에 대한 인식과 분석을 필요로 하는데, 이러한 내용 또한 그가 언급한 범위 내에 있습니다.

주영신 교수는 결코 '순수한' 학자는 아니지만, 교육이론연구만큼은 그가 진행하는 많은 업무 가운데서 언제나 머릿속을 맴도는 핵심 내용입니다. 주영신 교수는 교사, 고급공무원, 그리고 연구자로서 일인 삼역을 해오다, 아이가 태어남에 따라 학부형이라는 또 하나의 신분을 갖게 되었습니다. 이를 계기로, 그는 교육체계를 연구할 때 어느 한 단락혹은 어느 한 방면만을 관찰할 수 없게 되었으며, 반드시 전면적이고 다각적이며 과정적인 연구를 해야만 했습니다. 나는 그가 극도로 지쳤을 때의 모습을 보고서 '이것은 하늘이 장차 이 사람에게 큰 임무를 맡기려는 시험인가, 아니면 그의 '운명'이 이와 같아서 어쩔 수 없는 것일까?'라고 마음속으로 생각한 적이 있었습니다. 그러나 사실 이것은 바로, 다른 사람은 얻기 어려운 절호의 연구 환경과 조건을 그에게 제공해 준 셈입니다. 언제나 역할이 바뀌게 되면 생각의 방향과 방법도 바꾸고, 오랫동안 거시적 안목과 미시적 안목을 자연스럽게 접목시켜야 하는데, 그만의 독특한 연구방법과 스타일도 이렇게 해서 만들어진 것입니다.

우리가 어떤 사물에 대해 연구할 때 이성적인 추진력은 있으나 그 사물에 대한 깊은 인식에 기초하여 나오는 지극한 애정이 없다면, 즉 연구 대상에 대한 폭넓은 애착이 없다면 사물을 창조적이고 특색 있게 만들어 낼 수 없습니다. 주영신 교수의 교육연구의 특징 중 하나는 바로 전심전력으로 몰두한다는 것입니다. 몸은 하나의 신분으로서 세 가지 역할을 맡아야 했기에, 그는 자연히 역할을 완수하기 위해 모든 시간과 정력을 쏟아야 했습니다. 마음은 볼 수 없는 것이지만 그의 모든 일에 꿰어져 있고, 그의 모든 논저에 표현되어 있는 선명한 사랑은 가장 좋은 증거라 할 수 있습니다.

그는 "교육은 한 편의 시다"라고 말하고, 그의 교육문집 제10권을 '시의와 이성詩意與理性'으로 명명하였습니다. 그는 시적인 언어로 교육을 노래하였으며, 그의 교육사상을 표현하였습니다.

교육은 한 편의 시
이 시의 이름은 열애.
모든 아이들의 눈동자 속에
어머니의 마음이 있듯이,
교육은 한 편의 시
이 시의 이름은 미래.
문명을 계승하는 긴 강 위에
파도 헤치는 한 척 배처럼.

만약 너무도 이성적이기만 하고 넘쳐흘러 억제할 수 없는 감정이 없다면, 어떻게 이러한 시적 정서를 뿜어낼 수 있겠습니까? 그러나 그는 낭만주의자는 아닙니다. 그는 원래 매우 바빴습니다. 하지만 오히려 솔선수범하여 자비를 들여서 교육 웹사이트를 개설하고, 여기저기 교육개혁 일선에서 분투하는 많은 네티즌의 친구가 되었습니다. 그는 날마다 피곤한 발걸음을 이끌고서 집으로 돌아온 후에 인터넷 사이트 쪽지와 메일을 한 편씩 차례로 검색하고 일일이 리플을 달아주었습니다. 사실 이것은 사서하는 고생입니다. 그러나 그는 이것을 "시적 감성이 이성과 함께 하는 동행"이며 "즐거움이자 행복"이라고 여겼습니다.

그는 '인간 세상의 천당人間天堂'이라 불리는 쑤저우蘇州에서 일하고, 생활하며, 이곳에서 이미 12년 동안 교육을 널리 펼쳤습니다. 지금은 대학교육을 보급하는 목표를 추진하고 있는데, 전체 도시의 문교사업을 주관하는 부시장이면서도 마음은 오히려 서부 지역에 가 있습니다. 그는 어떻게 하면 동·서부 간의 교육 격차를 축소할 수 있을지 숙고하며 끊임없이 외치고 있습니다……. 그는 어떻게 이렇게 오랫동안 활동할 수 있었을까! 저는 그 가장 큰 원동력은 바로 '위대한 사랑'이라고 생각합니다.

감성과 이성을 빈틈없이 연결하려는 노력은 교육사업과 교육이론 연구를 오로지 돈벌이 사업으로 간주하는 태도와 구별되는 가장 큰 차이점이며 또한 성공의 요소입니다.

교육은 인류사회가 끊임없이 발전하게 할 수 있는 근본적인 보장입니다. 사람이 사람답고 다른 동물과 구별되는 까닭은 어떤 의미로 말하자면, 서로 다른 경로를 통해서 서로 다른 수준과 내용의 교육을 받은 결과입니다. 한 국가로 말하자면, 교육은 바로 국가가 발전하고 강대해지는 것을 보장하는 기초적인 프로젝트입니다. 이러한 견해는 이미 우리의 공통된 인식입니다. 그러나 교육은 지극히 복잡하고 방대한 시스템으로서 많은 교육이론 전문가와 관리 전문가를 필요로 합니다. 왜냐하면 교육에 몸담고 있는 사람은 그 안에서 즐거움을 찾겠지만, 제3자의 입장에서 볼 때 교육이론연구는 무미건조하고 어려운 것이기 때문입니다. 지나치게 많은 교육학 저서도 사람들의 이러한 느낌을 더욱 확실히 강화시켰습니다.

관리업무가 사람들에게 주는 인상은 번잡하고 자질구레합니다. 이러한 느낌과 인상은 종종 교육이론연구가, 관리자와 포괄적 교육 참여자(학부모와 학생, 그리고 방관자를 포함함)가 서로 거리감을 느끼도록 만드는 원인 중 하나였습니다. 우리 사회는 이론 연구와 관리를 한 몸에 집중시키고, 자신의 교육에 대한 애착심을 사회의 학자들에게 전달함으로써 사람들과 함께 교육이라는 바다에서 노니는 즐거움과 행복을 누리기를 바라고 있습니다. 그러나 오늘날 이러한 저서와 학자는 너무도 적습니다.

우리는 교육이론과 같은 인문사회과학의 이른바 '학문'에 대해 오해하였습니다. '오로지 특정한 전문 용어를 사용하고, 산더미 같은 술어

와 독자들이 반복적으로 음미해야 알 수 있는 문장을 포함하고 있어야
학술인 것일까? 아니면 가장 명확한 언어로 복잡한 사물을 표현하는 데
뛰어난 사람이 그다지 많지 않아서일까? 그렇지 않으면, 교육이론은 확
실히 오묘하고 깊어 예측하기 어려운 학문이기 때문에 반드시 사회관
습을 '초월'하는 언어를 사용해야 분명하게 말할 수 있어서일까?' 라고
생각했던 것입니다. 하지만 나는 진리는 언제나 매우 소박하고 지극히
간단하다는 이치를 굳게 확신합니다. 진정한 '대가大家'는 분명 심오한
사상과 복잡한 법칙을 쉽고도 생동감 있는 언어로 표현할 수 있는 능력
을 갖추고 있으며, 역사상으로도 그러한 예는 적지 않습니다.

　주영신 교수는 젊은 교육이론가로서 이러한 목표를 향해 노력하고
있으며, 게다가 이미 자신의 스타일을 만들어냈습니다. 논술, 서정, 문
답의 병용, 논리적이고 엄밀한 이성적 언어, 보통 사람들이 듣고 말하
는 것에 습관화된 통속적 구어, 생각이 통통 튀며 열정이 넘치는 시구
등을 구비하여 생각이 이르는 곳, 감정이 머무는 곳, 글이 필요한 곳에
그것들을 펼쳐냈습니다. 어떤 문장은 읽을 때에는 엄숙하고 경건해지
고, 어떤 것은 감탄을 금치 못하며, 어떤 것은 반복해서 음미해야 했습
니다. 더욱 값진 것은, 이러한 글들이 결코 그가 고심하여 쓴 것이 아니
라 천성이 이러하여 자연스럽게 드러난 것이라는 점입니다. 이러한 천
성은 바로 그의 교육 사업에 대한 사랑이며 그 귀결점은 바로 국민에
대한 사랑인 것입니다.

어떤 스타일이 이미 사회에 만연하고 많은 사람들에게 익숙해져 그들의 잠재의식 속으로 스며들 때 또 다른 종류의 스타일이 출현하게 되는데, 초기에는 그런 스타일이 언제나 '다른 종류'(나는 잠시 '이단'이란 말을 쓰지 않겠다)'로 간주됩니다. 주 교수도 이러한 경험이 있었는지는 모릅니다. 저는 진정 설사 누군가 "이것은 논문이 아니다." 라고 하더라도 그가 흔들리지 않기를 간절히 바랍니다. 왜냐하면 학술적 생명력의 강하고 약함은 최후에 가서 사람들이 판단하는 것이지, 결코 작은 학술 그룹에 의해 단정 지어지는 것이 아니기 때문입니다. 저는 또한 그가 이 방면에서 끊임없이 단련하여 교육이론계에 신선한 바람을 계속 불어넣기를 바랍니다.

사람들의 생활과 밀접하게 관련되어 있는 다른 모든 사물과 마찬가지로 교육은 민감하게 시대의 흐름을 바짝 따르고 사람들의 수요에 찰싹 달라붙어 시대에 따라 달라지고 지역에 따라 맞춰집니다. 주영신 교수의 문집은 주로 그가 교육학 분야에 발을 들여놓은 때부터 2003년까지 발표한 논문과 저서들을 수록하고 있습니다. 이것은 중국 개혁개방 이래 교육영역의 이론연구와 실천과정을 반영한 것입니다.

"전투는 어려운 시기에는 일어나지 않는 법이다." 기본적으로 먹고 살만한 수준小康의 사회에서, 대체적으로 먹고 살만한 수준의 사회로 접어든 20여 년 동안 한도 끝도 없는 교육문제가 대량으로 나타났습니다. 이를 해결해야 했기 때문에 끊임없이 관찰하고 생각하고 연구해야 했습니다. 중국의 교육학은 이러한 과정에서 발전하고 성장하고 있습니다. 중국만의 특색을 지닌 교육학도 이러한 시기에 형성된 것입니다.

　주영신 교수는 한창 나이인데다 이름인 '永新'처럼 영원히 새로울 것입니다. 백 년에 한 번 있을까 말까 한 이 기회를 절대 놓치지 말고 반드시 자신의 연구를 심화하고 넓혀 나감으로써 중국교육 사업을 위해서, 그리고 중국의 교육이론을 위해서 자신의 모든 재주와 지혜를 바쳐서 더욱 훌륭하고 많은 글을 써내길 바랍니다.

　우리는 기대하고 있겠습니다.

　이것으로 서序를 대신합니다.

2003년 12월 14일

日讀一卷(날마다 책 한 권을 읽는) 서재에서

흔히 교육은 '백년지대계百年之大計'라고 한다. 인재 양성은 '백 년 앞을 내다보는 원대한 계획'으로서 국가와 사회 발전의 근본 초석이 되며, 그 영향 또한 지대하기 때문이다. 그래서 어느 나라, 어느 사회, 어느 가정에서든지 교육에 대한 관심과 열정은 그만큼 뜨겁다.

중국은 유구한 역사만큼이나 교육의 역사도 깊고 그 내용도 매우 풍부하다. 특히 교육에 대한 문제의식과 문제의 해결 방법도 우리와 놀라우리만치 비슷한 점을 많이 갖고 있다. 이러한 중국의 교육제도, 교육철학, 교육이론, 교육현황 등을 살펴보는 것은 우리의 교육을 되돌아보고 가다듬는 데도 매우 유익한 일이 아닐까 여겨진다.

역자는 대학에서 '중국어교수법연구' '중국어교과교재연구 및 지도법' '중국어교육론' 등을 강의하면서 우리 사회에 중국의 교육에 대한 전문서적이 매우 드물다는 것을 늘 안타깝게 생각해왔다. 이에 대해 고민하던 중 중국 교육학 대가인 주영신 교수의 《교육문집敎育文集》을 접하게 되었고, 중국교육 연구에 대한 서광을 발견한 기쁨을 느꼈다. 그의 저서는 교육 철학, 교육 사상, 교육 역사, 교육 심리, 교육 평론, 교육 수필, 교육 상담 등 중국교육 전반에 대해 체계적이고 일목요연하게 기술하여, 중국교육 연구에 대해 충분한 내재적 가치를 포함하고 있었기 때문이다.

저자 주영신 교수는 중국 쑤저우대학苏州大学 교무처장, 쑤저우시 인민정부 부시장 등을 역임하였으며, 심리학자이자 교육학자 그리고 교육 실천가로서 중국에 널리 알려진 저명인사이다. 지금은 중국의 전국 정협상위全国政协常委 민진중앙상위民进中央常委의 부위원장으로서 정치 활동뿐만 아니라 교육 관련 활동으로 각계의 주목을 받고 있다. 그는 《주영신교육문집朱永新教育文集》 10권외에, 《당대일본교육총서當代日本教育叢書》, 《교육온라인문고教育在線文庫》 등 30여 종을 주편하였고, 《신세기교육문고新世紀教育文庫》 편집과 출판을 주관하였으며, 국내외 학술 간행물에 200여 편의 논문을 발표하기도 하였다. 이 가운데서 역자는 주영신 교수의 《주영신교육문집朱永新教育文集》 10권을 번역 텍스트로 삼았는데, 그 내용은 다음과 같다.

1권: 《신교육의 꿈―이상적인 도덕교육》은 도덕교육, 지식교육, 체육 교육, 심미교육, 노동기술교육에 대한 이상理想과 해법을 제시하고 있으며, 이상적인 학교·교사·교장·학생·학부모 등 상호 유기적인 역할 관계를 분석하고 있다.

2권: 《근원과 찬란―중국고대교육사상사》는 중국고대교육사상의 기원 과 주요 특징, 이론적 기초, 고대 덕육관, 고대 교학론, 고대 교사론, 과 거제도, 고대의 독서법, 서원, 몽학 등을 다루고 있다.

3권: 《소통과 융합―중국근현대近現代교육사상사》는 중서中西교육사상 의 교류와 융합, 양무교육사상, 유신교육사상과 중국 현대의 개성 교 육, 직업 교육, 평민 교육, 농촌 교육, 생활 교육, 산 교육 사상, 그리고 혁명교육사상을 다루고 있다.

4권: 《변천과 구조―중국당대當代교육사상사》는 당대 교육사상의 변천

과정, 마오쩌둥, 덩샤오핑 등 지도자의 교육이상, 당대 도덕교육사상, 당대 교육심리사상, 당대 교육개혁이론, 당대 교육발전전략, 당대 교육과학 등을 다루고 있다.

5권: 《곤경과 초월―중국교육문제 분석》은 중국교육의 성과, 학업에 대한 심리적 분석, 가정교육 문제점, 의무교육, 독서, 시험, 인터넷 등 교육문제를 분석하고 있다.

6권: 《반성과 배움―중외中外교육 평론》은 중국교육 평론에서 거시교육 정책, 중국교육 주제 연구, 지역교육 발전 연구를 다루었고, 외국교육 평론에서는 비교교육 연구, 일본교육 연구, 교육사상 연구 등을 다루고 있다.

7권: 《마음의 궤적―중국심리학 연구》는 응용심리에서 중국 고대 교육심리, 인재심리, 범죄심리, 군사심리, 의학심리, 관리심리, 꿈에 관한 학설, 근대 교육심리 사상을 다루었으며, 인물학파에서는 이정二程, 주희朱熹, 육구연陸九淵, 왕정상王廷相, 왕부지王夫之, 안원顔元, 현학자玄學者의 심리 사상을 다루었다. 그리고 종합평론에서는 지의志意의 본질, 중국인의 사회 정치 심리분석, 중국인의 '파리스 콤플렉스', 중국 고대 학자의 대뇌 연구, 중국 사회개혁 심리 연구 및 중국심리학사 연구를 다루고 있다.

8권: 《교정의 파수꾼―중국교육심리학 논문》은 '학교 심리 상담'에서 학교 심리 상담의 정의·준비·실제, 학습 심리, 진로 선택, 정신 건강, 상담의 원칙, 심리 측정, 심리 치료 등을 다루었고, '학생들과의 서신 상담'에서는 올바른 자기 인식을 위한 조언, 강한 의지를 기르는 방법,

원만한 관계 형성법, 능률 학습법 등을 다루었다. 그리고 '주영신 교수의 연구 논문'에서는 현대 학습 이론, 학습동기 소고, 협동 학습과 집단 심리학, 대학 커리큘럼의 심리적 기초 등을 다루고 있다.

9권: 《누림과 행복—중국교육수필 선집》은 성장과 깨달음, 교단에 대한 평가, 과학적 연구에 관한 이야기, 명사들과의 대화, 인터넷에 대한 단상, 교육의 법칙 등에 관한 수필들을 다루고 있다.

10권: 《시와 이성—중국교육 문답록》은 교사와의 대화, 교사의 새로운 사고, 이슈 토론, 초점 토론, 교육 방침에 관한 토론 등 질문과 응답 방식을 통해 교육에 관한 문제를 알기 쉽게 다루고 있다.

이처럼 주영신 교수의 《교육문집教育文集》 10권은 중국교육 전반에 대한 이론과 실제, 그리고 담론을 거시적인 안목으로 총체적으로 망라하고 있다. 이러한 이유만으로도 그의 저서는 중국교육 연구의 중요한 지침서가 되기에 충분하다고 생각한다. 따라서 중국교육에 관심 있는 사람이라면 누구나 일독해 볼만한 책으로 망설임 없이 추천하고자 한다.

역자로서는 중국교육에 대한 역사성, 이론성, 현실성 등을 분명하게 전달하고자 하는 원저자의 저작 의도를 최대한 존중하면서도, 이념적 배경과 사회적 환경에 의한 정서적 충돌을 줄이기 위해서 부득이하게 일부 선역과 우회적 번역이 불가피했음을 밝혀둔다. 또한 짧은 시간에 방대한 분량의 책을 번역하여 충분한 검토를 거치지 못한 상태에서 출판에 임하여, 번역의 오류와 역주의 미진한 부분들이 발견될 가능성이 높다는 점을 부인할 수 없다. 앞으로 발견되는 문제점들은 향후 철저한 수정 보완 작업을 통하여 보다 완벽한 역서로 재출간한다는 계획으로 위안을 삼고자 한다.

끝으로 이 책을 번역하여 세상에 내놓는 데는 많은 분들의 도움이 있었다. 우선 중국어 교육 등을 공부하면서 번역 수업에 함께 참여했던 교직이수 학부생, 교육대학원생, 그리고 직 간접적으로 참여했던 여러 번역자들에게 진심으로 감사드린다. 아울러 번역 교정에 수고를 아끼지 않은 성은기, 조아라, 서조원 석사생과 이경훈, 이은영, 이승매, 김영 선생에게 깊은 감사의 마음을 전한다. 또한 훌륭한 저서의 번역을 허락해주신 주영신 교수님, 중국 인민출판사 관계자에게 감사드리며, 특히 여러 가지 어려운 상황을 무릅쓰고 중국교육 관련 역서를 정성 들여 출판해주신 어문학사 윤석전 사장님과 편집부 직원 여러분께 심심한 감사를 드린다.

2009년 11월

최영준

교육의 늪에서 벗어나며(서문을 대신하여)

나는 희망한다, 교육이 더 이상 무거운 화제가 아니기를
교육경비가 더 이상 계란으로 바위치기가 아니기를
교사의 임금이 더 이상 그림의 떡이 아니기를
모든 아이들이 아름다운 교정에서 공부하고 뛰어놀기를

나는 희망한다, 교육이 더 이상 무거운 화제가 아니기를
시험이 더 이상 운명을 주관하는 마술봉이 아니기를
점수가 더 이상 모든 것을 평가하는 저울이 아니기를
모든 교정에 개성의 깃발이 펄럭이기를

나는 희망한다, 교육이 더 이상 무거운 화제가 아니기를
'가짜 민영'이 더 이상 교육의 화원에 피어난 한 떨기 '진기한 꽃'이
아니기를
학교에 더 이상 귀천과 빈부의 격차가 없기를
교육의 세계에 민주, 평등의 기운이 가득하기를

나는 희망한다, 교육이 더 이상 무거운 화제가 아니기를
교육 논문이 더 이상 거짓말과 흰소리와 빈말의 산이 아니기를
교육에 관한 글이 더 이상 개념의 명사로 장난치는 게임이 아니기를
교육과학연구가 교사의 생활, 감정과 감성 속으로 녹아들기를

나는 희망한다, 교육이 더 이상 무거운 화제가 아니기를
인터넷 카페가 더 이상 시시덕거리며 사랑을 이야기하는 세상이 아
니기를
컴퓨터가 더 이상 게임과 타자를 하기 위한 도구가 아니기를
온라인 교육이 다량의 정보를 제공하는 학습 커뮤니티가 되기를

나는 희망한다, 교육이 더 이상 무거운 화제가 아니기를
교육이 더 이상 방황하고 주저하며 어쩔 수 없음에 한숨짓지 않기를
교육이 더 이상 걸음걸음이 힘들고 어제의 반복이지 않기를
교육이 질퍽거리는 늪에서 걸어 나와 밝은 곳을 향하기를

상편
(1949~1989)

01

중국교육 :
성과와 실수

40년 동안, 중국의 교육은 만족스러운 성과를 거두었다.

40년간 중국의 교육에는 중대한 실수도 나타났다.

교육이론 종사자로서 필자는 "숲 속에 있는 사람은 숲을 보지 못한다."는 말의 숨은 뜻을 잘 알고 있다. 하지만 "호랑이를 잡으려면 호랑이 굴에 들어가야 한다."는 이치 역시 잘 알고 있다. 필자는 위험한 상황을 알리는 '까마귀'는 물론이거니와 기쁜 소식을 전하는 '까치'도 되고 싶지 않다. 이 책을 통해 중국의 교육문제를 관찰한 결과와 그에 따른 생각을 여러 독자에게 객관적으로 전달하고자 한다. 아울러 독자 여러분의 교육에 대한 위기감과 걱정뿐 아니라 교육에 대한 자신감과 희망을 불러일으킬 수 있기를 바란다.

1. 중국교육의 거대한 성과

40년 동안, 중국의 교육 사업은 깜짝 놀랄만한 변화를 일으키며 빛나는 성과를 거두었다. 이를 살펴보면 다음과 같다.

중국은 새로운 사회주의 교육제도를 수립함으로써 인구의 절대다수를 차지하고 있는 노동인구 및 그 자녀들이 교육을 받을 수 있는 권리를 갖도록 하였다. 과거 중국에서 교육은 착취계급의 전유물로서 교육 기회의 평등원칙을 논할 수조차 없었다. 그러나 이 원칙이 신중국新中國에서는 현실이 되었다. 당과 정부의 지도 아래 중국은 세계 최대의 기초교육시스템을 구축하여 상당수의 대·중 도시에서 의무교육을 보급했고 60% 이상의 현縣에서는 초등교육을 보급했다. 덕분에 중국 인구의 문맹률은 해방 전의 80%에서 1988년 20.6%로 감소했으며 초등학교 취학연령의 입학률은 해방 전의 25%에서 97.2%로 상승하였다.

신중국의 교육은 지속적으로 사회주의 건설의 일꾼이 될 인재를 길러냈다. 신중국이 건립된 이래, 다양한 수준의 교육을 받은 졸업생들이 대거 노동자, 농민, 간부급으로 보충되면서 해마다 낮은 기술수준과 문화적 소양을 보이던 사회 노동자들에게 변화를 일으켰다. 신중국이 길러낸 2,200만이 넘는 전문 인재들은 이미 사회주의 건설 사업에서 막대한 역할을 했고 지금도 하고 있는 중이다. 그 중 석·박사 졸업생이 15만 4천 명, 일반 4년제 대학 및 2년제 대학 졸업생이 619만 2천 명, 성인교육 고등교육기관의 전문대, 본과 졸업생이 401만 3천 명, 일반 중등 전문학교(중졸 혹은 고졸 학력을 지닌 사람을 대상으로 2년간의 실무 교육을 행한다.―역주) 졸업생이 969만 8천 명, 성인교육 중등 전문학교 졸업생이 200만여 명이다. 40년 동안 배출한 고등 교육기관 졸업생 수는 해방 전 36년 동안(1912~1949) 배출한 졸업생 수의 49.1배에 달한다.

교사의 수도 꾸준히 증가했으며 소양도 점점 높아졌다. 신중국 성립 시기만 해도 중국에 있는 고등교육기관은 고작 205개에 지나지 않았으며 전임교사는 16,059명이었다. 개중 교수가 4,786명, 부교수가 2,168명, 강사가 3,742명, 조교가 5,364명이었다. 그러나 현재 중국 일반 고등교육기관의 전임교사는 이미 39만 3,200여 명에 달한다. 그 중 교수는 1만 4,800명, 부교수는 7만 8,800명이고 여기에 강의를 하지 않는 교직원까지 합치면 고등교육기관 교사의 총수는 43만 7,100명에 달한다. 그 중 교수와 부교수는 10만 5,300명으로 전체의 24.1%를 차지한다. 현재 고등교육기관 교사의 총 인원수는 해방 전 최고를 기록했던 1947년의 23배, 교수는 2배, 부교수는 31배에 달한다. 초, 중, 고등학교의 교사 수 역시 끊임없이 증가하여 1988년 일반 중, 고등학교 전임교사는 295만 9,000명에 달하여 1949년의 6만 6,000명에 비해 43.8배 증가하였다. 초등학교 전임교사는 550만 1,000명에 달하여 1949년의 83만 6,000명에 비해 5.6배 증가하였다. 지속적인 초, 중, 고등학교 교사의 인력보충, 조정 및 교육을 통해 교사의 사상, 정치와 업무수준이 모두 끊임없이 제고되었다. 1953년 초등학교 교사 가운데 중등사범학교, 고등학교 졸업 이상의 학력을 갖춘 교사는 고작 13.5%였으나 1988년에 이미 68.1%로 증가하였다. 1988년, 중학교 교사 가운데 대학 학부졸업 이상 학력을 가진 교사는 35.6%, 고등학교 교사 가운데 대학교 학부졸업 이상 학력을 가진 교사는 41.3%였다. 현재 비교적 청빈한 환경에서도 높은 사명감과 책임감을 지닌 교사(교육행정과 교육과학연구 인원 포함)들의 수도 많아졌다.

교육의 배치, 구조는 경제와 사회 발전의 수요에 따라 끊임없이 조정되어 하루가 다르게 합리적인 변화상을 보였다. 중등교육의 단일화 구조에도 큰 변화가 생겼다. 해방 초기에만 해도 기술공업학교는 전국적으로 3개에 2,700명의 학생이 재학 중이었고, 중등기술학교는 561개로 7만 7,000명의 학생이 재학 중이었다. 그러나 1988년 말, 기술공업학교는 이미 3,996개에 116만 명의 재학생을, 중등기술학교는 2,957개에 136만 8,000명에 달하는 재학생을 거느리게 되었다. 40년 동안, 특히 중국공산당의 제11차 3중 전회 이래 9,000개에 이르는 직업 중, 고등학교를 설립하여 재학생이 이미 280만 명에 달하였다. 1988년까지 전국 중등직업기술학교의 재학생은 이미 555만 3,000명에 달하였고, 고등학교 과정 학생 총수에서 차지하는 비율은 1978년의 7.6%에서 42.7%로 증가하였다. 이로써 '문화대혁명文化大革命' 중에 맹목적으로 팽창하기 시작한 일반 고등학교 학생 수도 효과적으로 감소시킬 수 있었다.

고등교육의 과정, 종류, 배치 등 구조에도 큰 변화가 발생했다. 대학원, 학부, 전문대 재학생의 비율은 1949년의 0.7 : 100 : 24에서 1988년의 9 : 100 : 55로 개선되었다. 전문대 재학생의 비율이 여전히 낮다는 점 외에는 합리적인 방향으로 나아가고 있다. 1988년부터 차츰 정치, 법률, 재경財經 등 학과의 비율과 공과대학의 건축, 식품, 의과대학의 법의, 간호 등 학과의 비율이 증가하기 시작했다. 예를 들어, 1988년 일반 고등교육기관 재경계열의 신입생 모집 비율은 1978년의 2.99%에서 11.4%로 증가하였고, 정치, 법률 계열은 0.25%에서 2.12%로 증가하였다. 여러 신흥학과와 사회에서 긴급히 필요로 하는 새로운 전공, 예를 들어 전자, 컴퓨터, 에너지, 환경, 재료, 생물기술과 의료기술 등 역시 연이어 신설되었고 크나큰 발전을 이룩했다. 현재, 문과, 이과, 공과工科, 농림農林, 의약, 재경, 정법政法, 교육 등 주요 학과의 구조는 완벽하고 조화로운 방향으로 발전하고 있으며, 기본적으로 중국 사회주의 경제 건설과 사회 발전 수요에 적합한 고등교육 구조체계를 형성하였다.

여러 가지 형식, 규격, 채널의 성인교육이 신속한 발전을 이룩하였다. 신중국의 성인교육사업은 막대한 성과를 거두었다. 1989년, 중국에는 총 1,373개의 성인 고등교육기관(방송대학, 직업학교, 경영대학, 교육대학, 독립적으로 설립된 통신대학 등 포함)이 있었고, 또한 700여 개의 일반 고등교육기관이 통신, 야간대학, 교사 본과本科반과 간부 특별 연수과정으로서의 우세를 발휘했다. 위성TV교육은 현재 지상 수신국 900여 개, 수신중계국 370여 개, 영상 재생포인트 10,000여 개가 있다. 성인 중등학교는 총 57,287개, 성인 초등학교는 18만여 개가 있다. 성인 중, 초등교육은 여러 성인 중등 전문학교, 일반 중등 전문학교가 개설하는 근로자, 간부 중등 전문반, 성인 중, 고등학교, 성인 기술훈련학교, 농민문화 기술학교, 농업방송학교, 문맹 퇴치학교(반) 등이 있다. 이 밖에도 중국의 독창적인 고등 및 중등 전공교육 독학 검정고시제도가 실시된 이래 800만여 명이 응시했다. 문과, 이과, 공과, 농림, 의약, 재경, 정법, 교육, 체육 등 학과 76개 전공 시험을 실시하는 고등교육 검정고시기구가 이미 30개 성, 자치구自治區, 직할시에 건립되었다.

신중국 건립 이래, 성인교육을 통해 1억 6,300만 명의 문맹을 퇴치하고 절반 이상의 현이 기본적으로 문맹 퇴치에 성공하였다. 1988년 27개 성, 자치구, 직할시에서 실시한 통계에 따르면 50시간 이상의 교육에 참가하는 근로자가 2,954만 명에 달하여 전체 근로자수의 29%를 차지하며 그 중 30%가 직책교육을 받는다고 한다. 성인교육이 키워낸 인재는 간부와 전문기술 인력을 보강하여 사회 각계의 인재수요를 완화시킨다. 특히 중소기업 및 전일제全日制 전문대, 중등 전문학교 졸업생을 할당받고, 잡아두기 힘든 지역에서 적극적인 역할을 하여 사회 전반으로부터 호평과 환영을 받았다.

현재, 중국의 교육사업이 국가 경제와 사회 발전에서 차지하는 전략적 지위는 이미 점점 더 많은 사람들에게 인식되고 있으며 사회 각계의 교육에 대한 중시도 역시 크게 상승하고 있다. 교육의 현대화, 세계화, 미래화의 요구에 따라 중국의 교육 사상, 콘텐츠, 방법과 시스템 역시 광범위하고 깊이 있는 개혁을 진행하고 있다.

다시 말해, 신중국 성립 40년 동안 중국의 교육사업은 전례 없는 발전을 이룩하여 세계적으로 주목받는 엄청난 성과를 거두었다. '40년 동안의 중국교육은 철저히 실패했다.' '신중국의 교육은 이론부터 실천까지 모두 배울 것이 못 된다.'라는 말들은 모두 역사적 사실에 부합하지 않는 말들이다. 이는 수천수만의 교육 종사자들이 40년 동안 피땀을 흘려 이룩한 성과를 부정하는 일이다.

2. 실수 : 징조와 결과

중국교육이 이룩한 성과를 긍정적으로 평가하는 것도 물론 중요하다. 허나 중국교육의 단점과 심각한 실수를 피하거나 소홀히 해서는 안 된다. 우리는 40년간 쌓아온 교육의 막대한 성과를 충분히 평가해야 하는 동시에 그에 따른 문제점과 교훈도 명확히 인식해야 한다. 실수를 충분히 인식해야만 우리는 실수를 바로 잡고, 잘못된 전철을 밟는 일을 근절할 뿐 아니라 중국의 교육 사업이 정확한 궤도를 따라가 건강하게 발전하도록 도울 수 있다.

우리가 저지른 실수는 구체적으로 다음과 같다.

(1) 일관되지 못한 교육사상

교육사상이 동요되면 교육의 기능이 편협해지기 쉽다. 교육의 세 가지 기능은 흔히 모순, 심지어는 대립의 상황에 놓인다. 교육의 정치적 기능을 강조할 때에는 '계급투쟁'을 지도사상으로 삼아 '혁명 후계자'를 키워내는 데 중점을 맞춘다. 반면에 교육의 경제적 기능을 강조할 경우 교육이 정치, 사회주의 정신문명 건설을 위해 이바지한다는 사실을 소홀히 한 채 경제적 일꾼을 양성하는 데만 중점을 맞추게 된다. 이런 현상은 최근 10년간 두드러지게 나타났다. 한편 교육의 사회적 기능을 강조할 때는 소양을 갖춘 국민을 키우는 데 중점을 맞춘다. 이처럼 교육사상이 동요하면 교육현장이 흔들리게 마련이다.

(2) 교육경비의 심각한 부족

중국이 교육에 투자하는 비용은 1985~1987년까지 각각 국민총생산의 2.90%, 3.03%와 2.75%를 차지하여 세계 평균수치와는 현저한 차이를 보인다. 덧붙여 1인당 교육경비는 약 8달러로 미국의 1%에 불과하다. 최근 몇 년간 교육경비가 2.6배 증가했다고는 하지만 물가상승을 고려한다면 실제 경비는 오히려 지속적으로 감소한 형편이다. 1987년과 1980년을 비교해 보면 초, 중, 고등학교의 공공비는 각각 33.1%와 22.1%에서 27.8%와 16.7%로 감소하여 많은 중, 고등학교의 공공비가 학생당 매년 평균 5위안, 초등학교가 1위안에 불과했다. 많은 시골 초등학교에서는 분필, 종이, 빗자루조차도 구입하지 못하는 형편이며 일부 고등교육기관 역시 경비 부족으로 꼭 필요한 실험마저도 생략하는 상황이다.

(3) 문맹의 급증, 학생 이탈 현상의 억제 불가

국가 교육위가 1988년 발표한 문맹 수는 2억 2,000명으로 이는 세계 총 문맹수의 1/4를 차지하는 수치이자, 아프리카의 총 문맹수를 훨씬 뛰어넘는 수치이다. 선진국은 4명당 1명의 대학생이 있다지만 중국에는 4명당 1명의 문맹이 있다! 더욱 무서운 사실은 중국의 문맹자가 해마다 200만 명씩 늘어나는 추세라는 것이다. 개혁개방 이후 공부는 쓸모없다는 '독서 무용론無用論'이 제기되면서 학생 이탈 현상이 나날이 심각해지고 있다. 통계에 따르면 전국적으로 대략 3,000만 명 정도의 초, 중, 고등학생이 학교를 그만뒀다고 한다. 그 중 많은 수가 소년공, 소년농, 소년 장사꾼이 된다. 1987년에는 석사 과정 대학원생이 무려 700여 명이나 자퇴를 선택하였다.

(4) 교사에 대한 대우 악화, 대체인원 부족

조사에 따르면 중국 교사의 월별 임금 평균은 국민 경제 12개 직업군 가운데 뒤에서 세 번째 수준으로, 전국 도시 거주민의 평균 수입에 훨씬 못 미친다. 국제 수준과 비교해 보면 중국의 교사 임금수입지수는 동일 수준 개발도상국가의 1/4 수준으로, 인도의 절반에도 못 미친다. 덕분에 교사가 학교에서 영업에 열을 올리는 모습을 심심찮게 찾아볼 수 있다. 필자는 많은 교사들이 쉬는 시간에 학생들에게 간식거리를 파는 장면을 목격했다. 가난한 생활과 과도한 업무로 인해 교사들은 일찍 늙어버리고, 쉽게 병에 걸려 일찍 세상을 떠난다. 그런 탓에 많은 교사들은 앞날을 걱정해 어쩔 수 없이 외부로 빠져나간다. 베이징만 해도 1979년부터 1984년까지 외부로 나간 초, 중, 고등학교의 핵심 교사는 무려 1,100여 명에 달한다. 사범대학에 지원하는 학생수는 나날이 줄어들고, 자질도 점점 떨어져 예비교사 부족 현상이 발생하고 있으며, 이는 향후 교육에 심각한 위기를 초래할 것이 틀림없다.

(5) 열악한 학교 경영 조건, 빈약한 교육 시설

통계에 따르면 전국 초, 중, 고등학교 가운데 무너질 위험이 있는 곳이 4,500만㎡이고, 7,500만㎡의 교실이 부족하여 많은 학생들이 사당, 불당, 낡은 건물 등에서 공부를 하다가 건물이 무너져 사상자가 발생하는 사고가 속출하고 있다. 전국적으로 1,300만 세트 이상의 책걸상이 부족하여 많은 학생들이 바닥을 걸상 삼아 공부하는 형편이다. 또한 90% 이상의 초, 중, 고등학교가 필수적인 교육용 실험도구조차 구비하지 못한 상태이다. 전국의 여러 시골에서는 화려한 관공서와 각 지역에서 운영하는 거대한 공장들이, 쓰러질 듯 위태로운 학교들과 극심한 대비를 이루며 서 있다.

1950년대 초, 마인추馬寅初 선생이 산아제한, 인구 억제의 필요성을 역설하였다. 하지만 그의 이론과 주장은 비판을 받았고 오늘날 중국은 인구문제로 골머리를 앓고 있다. 식량, 에너지, 교통문제뿐만 아니라 교육방면에서도 중국은 곤란한 상황에 처해버렸다. 예컨대 상하이의 경우 1987년부터 시내 초등학교의 재학생 수는 급증하는 추세를 보여 매년 평균 5만 명씩 증가하였다. 1990년까지 시내 초등학교 재학생 수는 56만 5,800명에 달하여 1986년과 비교해 51.6%가 증가하였다. 1993년까지 시내 초등학교 재학생은 66만 8,000명으로 약 4,540개의 학급이 증가할 것이라는 예측이다. 학교당 24개의 학급이 있다는 가정 하에 계산을 한다면 최소한 189개의 학교를 더 지어야 한다는 이야기이다. 이로 인해 중학교 입학이 절정에 이르러 1993년부터 1996년까지 상하이 시내에서만 33만 4,000명으로, 1986년과 비교하여 2배로 증가할 것이라는 예상이다. 그때가 되면 시내 초, 중, 고등학교에서는 최소 7,000~10,000명의 교사를 새로이 보충해야 할 것이다. 이렇듯 무서운 '세기말의 입학 피크'가 중국교육에 가져다 줄 스트레스는 과연 어떠할까?

교육 문제의 후환은 인구 문제처럼 낙후성을 가지고 있지는 않지만 그 파괴력은 유례없던 속도로 사회 각 영역에 영향을 미치고 있다. 그 재앙은 이미 시작되었다!

(6) 전문 인재의 부족, 노동력의 소양 부족

1980년의 통계에 따르면 중국 인구 10억 중 전문대 이상의 학력을 갖춘 사람은 고작 0.6%에 불과하다. 이는 브라질의 1%, 유고슬라비아의 2.3%, 소련의 4.5%, 일본의 6.4%, 캐나다의 12%, 미국의 14.0%와 비교해 선진국뿐 아니라 개발도상국의 수준에도 훨씬 못 미치는 수치이다. 최근 8, 9년간 중국과 다른 국가들과의 격차는 더욱 벌어졌다. 다른 통계자료에 따르면 중국의 대, 중, 소기업 직원 중 5%만이 전문대 이상의 학력을 갖고 있으며 80% 이상의 직원은 중학교 졸업 이하의 학력을 갖고 있다고 한다. 농촌에서는 평균적으로 중등 전문학교 학생이 1만 명 가운데 1명, 대학생은 3만 명 가운데 1명이라고 한다. 또한 전국의 수많은 농촌기업 중에는 평균적으로 기업당 고작 0.4인의 전문인력이 있다고 한다.

중국의 고급인력 결핍 현상은 매우 심각하다. 인재 관련 기관이 내놓은 국민경제 발전에 따른 예측에 의하면 20세기 말까지 최소한 수십만 명의 고급인력을 보충해야만 한다. 이는 현재의 교육 현황으로는 앞으로 50년이 지나도 보충하기 힘든 수치이다. 유네스코 아시아·태평양지역 주 방콕 사무소의 주샤오치朱小奇 선생이 1980년대 중반 아태지역의 10만 명당 대학생 수를 조사한 결과를 보면 다음과 같다. 아프가니스탄 120명, 오스트레일리아 2,464명, 방글라데시 462명, 미얀마 489명, 중국 168명, 인도 600명, 일본 2,006명, 한국 3,672명, 말레이시아 599명, 몽골 2,297명, 네팔 379명, 뉴질랜드 3,225명, 파키스탄 488명, 필리핀 3,621명, 싱가포르 1,406명, 스리랑카 432명, 태국 1,998명, 소련 1,847명, 홍콩 1,410명, 터키 863명, 이란 439명, 피지 272명, 베트남 212명, 파푸아뉴기니 144명, 라오스 122명. 전문인력의 부족은 노동효율의 제고에 막대한 피해를 주기 마련이다. 중국에는 인재보다 설비를 우선시하는 사고가 보편적인 현상으로 퍼져 있다. 때문에 수백만 달러의 외화를 들여 구입한 설비가 '잠을 자는' 경우가 태반이다. 제아무리 선진 설비와 우수한 조건을 갖춘다 할지라도 인재가 없으면 무용지물이다.

(7) 교육의 질 저하, 빈번한 재학생 문제 발생

교사들의 잦은 이탈은 교직을 지켜온 교사들의 사기를 떨어뜨린다. 교장들은 교사의 이탈을 막으려 교사들에게 보너스 몇 푼이라도 쥐어주고자 하루 종일 돈 벌 궁리만 한다. 덕분에 원래도 크지 않은 학교공간은 조각이 내·외부로 임대된다. 번화가에 위치한 상하이의 모 유명 중학교는 백만 위안을 마련하기 위해 길이 200미터에 달하던 담장을 허물고, 그럴싸한 운동장을 희생하여 60개의 점포를 만들어 임대를 놓았다. 교문에는 '경영부' '정보부' '수리부' 등의 화려한 팻말이 걸리기 시작했는데 학교 이름이 적힌 현판과는 영 어울리지 않는 모습이었다. 교사들은 생활과 경제적인 스트레스로 인해 교육에 모든 정신을 쏟기 힘들다. 조사에 따르면 '고급인력이 저가치 노동에 투자하는 시간은 일주일에 13시간……, 직장 안에서 다른 사람이 할 수 있는 일을 처리하는 시간이 5시간, 기타 복잡한 수속, 중복된 노동 등 저가치 노동에 들이는 시간이 6시간으로 저가치 노동에 허비하는 시간이 약 52%를 차지한다.'고 한다. 초, 중, 고등학교 교사가 이런 비전문적, 저가치 노동에 쏟는 시간은 물론 더욱 많다! 농촌 지역에서는 많은 교사들이 귀가 후 자신이 맡은 밭을 일구고, 아이를 돌보는 역할도 도맡아야 하는데 연구를 하고 교육 품질을 높이는 데 투자할 시간이 어디 있단 말인가? 무미건조한 콘텐츠, 진부한 교육방법에 사회분배의 불공정, '지식이 많을수록 가난하다'는 소극적인 경향이 더해지면서 학생들은 나날이 공부에 흥미를 잃고, 학교를 멀리하게 되었다.

　도덕 교육이 약화되면서 사회적으로 '문맹＋법맹法盲' 인구수가 점점 증가하였고, 국민들의 기초 소양을 높이고자 하는 계획은 심각한 위기를 맞이하게 되었다. 조사에 따르면 최근 상하이시의 흉악범죄 건수가 배로 증가하였으며, 그 중 청소년기 학생의 범죄율이 수직상승하였다. 산시성의 어느 시에서 1987년 1월부터 1988년 4월까지 위법 범죄행위

를 저지른 초, 중, 고등학생은 227명으로, 이는 전체 시 위법 범죄인구
의 10.5%를 차지하는 수치이다. 1987년 전국의 청소년 범죄 건수는 전
체 범죄 건수의 74.3%를 차지하였고, 범죄를 저지른 학생들의 나이, 교
활한 수법, 고도의 기술은 실로 혀를 내두를 정도이다.

(8) 사회 풍토의 부정不正, 부패 현상의 대두

　　교육의 질이 떨어지면서 사람들의 소양 역시 함께 떨어져 사회 풍토
에 악영향을 미쳤다. 공장에서는 일부 노동자들의 규율이 흐트러지고,
농촌에서는 일부 농민들이 품질 좋은 농산물을 생산하고자 하는 마음
도, 또 그럴 노력을 기울일 마음조차 없고, 정부에서는 일부 간부들이
권리를 이용해 사리사욕을 챙기고자 하는 관료주의가 성행하였다.
1989년, 쑤저우대학 학생들이 겨울방학 동안 보고 들은 일들을 서로 이
야기하던 중에 분개할만한 여러 가지 일들을 이야기하게 되었다. 어느
학생은 설날 전 중앙정부에서 '국비로 설을 쇠지 말라.'는 공문이 내려
왔지만 그 어느 해보다도 국비로 설을 쇠는 상황이 심각했다고 말했다.
어느 학생은 도박의 사회화, 미신의 공개화가 현재 사회의 특징이라고
했다. 설 동안 위로는 여든 살의 노인까지, 아래로는 십대 청소년들까
지 남녀노소 할 것 없이 적게는 몇 십 위안, 많게는 몇 천, 몇 만 위안을
걸고 도박에 참여했다고 했다. 어떤 이는 전문적인 도박꾼으로 나간 사
람도 있다고 하고, 어떤 공장의 공장장실은 회의실을 빙자한 도박장이
고, 심지어는 파출소에서도 도박판이 벌어진다. 미신도 나날이 널리 퍼

저 일부 무당들은 공개적으로 간판을 걸고 사람들을 속여 돈을 벌고 있다고 했다. 쓰양泗陽현의 학생은 현재 농촌에서는 패싸움을 하며, 공개적으로 힘겨루기를 하는 무리도 나타났다고 한다. 과거의 청룡방青龍幇, 강룡방降龍幇 따위의 비밀 결사가 다시금 활동을 재개했고, 비밀 결사의 구성원은 모두 팔에 문신을 새겼다고 한다. 어느 학생은 농민들이 팀을 이루어 기차의 화물을 훔치는데 마치 과거의 철도 유격대와도 같다고 했다. 서양射陽현에는 심지어 해적도 나타났다고 했다. 일부 학생들은 각지 인재시장에서 대학생들은 인기가 없고 대학원생은 아예 필요로 하지 않는다고 전했다. '공부 잘해서 성공하는 것이 돈 많은 아버지 덕 보는 것만 못하다.'라는 말이 학생들 사이에서 유행하고 있다고 했다.

사회 전반에 만연되어 있는 나쁜 작태는 이미 식견이 있는 사람들의 우려를 자아내었다. 베이징시 31중의 교장이었던 쑨환란孫煥然은 '오늘날 민족의 소양이 떨어진 근본적인 이유는 문화적 소양이나 신체적 소양의 하락 때문이 아닌 바로 도덕적 소양과 사상적 소양의 하락 때문'이라며 '해외 동포들이 모두 일부 자본주의 국가의 민족들보다도 못하다고 역설하는데 깊이 생각해 볼 문제'라고 따끔하게 지적한다.

중국의 교육이 급경사의 내리막길을 내려가고 있을 때, 세계 각국은 교육에 막대한 열정을 쏟아 붓고 투자를 아끼지 않았기에 중국과 다른 나라들 사이의 교육 격차는 점점 벌어질 수밖에 없었다. 이는 사실 국민 소양의 격차를 벌이는 일이자 경제력의 격차를 벌이는 일이다. 만약 중국이 상황을 직시하지 않고, 반성하지 않는다면 백여 년 전의 비극이 되풀이될 수밖에 없다. 아담과 이브가 에덴동산에서 쫓겨날 때에는 뱀의 '유혹'에 그 책임을 전가할 수 있었다지만, 몇 년 후 만약 우리가 '지구'에서 쫓겨나게 된다면 어떤 핑계거리를 찾을 수 있단 말인가?

3. 교육의 어려움을 초월하라

몇 십 년 전, 이민족의 침입을 마주하고 중국 국민들은 '중화민족 최대의 위기'를 부르짖었고 그 결과 중화인민공화국의 탄생을 이끌어내었다. 그러나 오늘날, 그 위기감은 이미 낯설어진 지 오래다. 중국인들이 우물 안 개구리로 지내는 동안 선진국은 도리어 뚜렷한 위기의식을 갖고 살아왔다.

1983년 4월, 미국의 교육수월성을 위한 국가위원회NCEE에서는 《국가의 위기 : 교육개혁의 필연성A Nation at Risk : The Imperative for Educational Reform》이라는 보고서를 발표했다. 기초가 튼튼하지 못한 교육 때문에 미국의 장래가 불투명하고 국제 경쟁력이 뒤지고 있다고 판단한 것이다. 이는 여·야 모두의 공감을 얻었고 이후 1984년과 1986년에는 미국 고등교육의 문제점에 대한 분석과 개혁방안을 담은 《미국의 고등교육개혁》 보고서가 발표되었다.

거의 같은 시기에 소련 최고 소비에트는 《소련 일반학교와 직업학교 개혁의 기본 방침》(1984년 4월), 《청년의 중등 일반교육을 한층 더 완벽하게 하고, 일반교육학교의 업무 조건을 개선하는 데 관한 결의》(1984년 4월), 《직업 기술교육의 업그레이드와 직업 기술교육의 숙련공 육성

방면에서의 역할을 제고하는 것에 관한 결의》(1984년 5월), 《미취학 아동을 대상으로 한 공공 교육의 업그레이드와 완벽한 취학 준비에 관한 결의》(1984년 5월), 《교사와 기타 국민교육 업무 인원의 임금에 관한 결의》(1984년 5월) 등 일련의 방침 결의를 통과시켰다. 이후 1988년 2월, 소련 공산당 중앙전회에서는 다시금 새로운 교육개혁의 아이디어를 제시하였다.

일본은 '교육을 등한시하는' 문제를 해결하기 위해 1984년 3월, 일본 임시교육심의회라는 수상부首相府의 교육 자문기구를 설치하였다. 3년이라는 시간 동안 90차례의 전체 회의, 670차례의 조별 회의를 개최하였고, 1985년 9월, 1986년 4월, 1987년 4월에 각각 교육개혁 자문보고를 제출하였다. 1987년 8월, 문부성文部省은 다시 '일본 교육개혁 실시 본부'를 설치하고 지속적으로 개혁을 추진하였다.

그 밖에 영국, 프랑스, 독일(서독), 스웨덴 등의 나라에서도 80년대 초, 교육개혁 보고를 제출하였다. 1987년 7월, 브라질 리우데자네이루에서는 '교육 : 위기와 변혁'을 주제로 제6차 세계 비교교육 대회가 개최되었다.

'위기'라는 단어는 오랜 세월 이미 자본주의의 '특허'가 되어왔다. 때문에 이를 통해 중국의 사물을 형용하는 일은 사회주의의 체면을 떨어뜨리는 것이 아닌가 하는 의구심을 샀다. 사실 역사를 돌이켜보면 사회주의 국가에서 역시 위기는 결코 새로운 일이 아니다. 1921년 봄, 레닌은 소비에트 정권이 '심각한 경제적, 정치적 위기에 봉착하였다.'는 사실을 인정하였고, 1923년에는 '판매 위기', 1928년에는 '식량 위기'

도 있었다. 그러나 이들 위기는 사회주의를 침몰시키지 못했다. 아니, 오히려 이런 위기감과 우환의식 덕분에 사회주의가 위기를 이겨낼 수 있었다. 이는 '위기와 어려움을 예상하고 대비하면 위기가 찾아오지 않는다.'라는 중국 속담을 떠올리게 한다.

시선을 세계로 돌리면 위기감과 우환의식은 일부 선진국의 국민의식을 구성하는 중요한 요소일 뿐만 아니라 정부 지도자들의 공통된 인식이라는 사실을 발견할 수 있다. 1987년 세계적인 주식시장의 동요는 엔화의 가치상승을 이끌었다. 이것이 일본에게 무척이나 유리한 상황임은 의심할 나위가 없지만 일본 정부는 편안할 때 위기를 걱정해야 한다는 생각에 위기설을 널리 퍼뜨려 재빨리 국민을 동원하고 대책을 논하게 했다. 단숨에 일본에 곧 재난이 닥칠 듯하였다. 일본의 초, 중, 고등학교 교과서는 다음과 같이 서술한다. "일본은 국토가 협소하고 자원이 없기 때문에 기술, 노력에 의지해야만 망국亡國을 피할 수 있다." 위기감과 우환의식은 어렸을 때부터 미래 국민에게 주입되었기에 일본민족이 끊임없이 생존을 쟁취하고 진취하도록 독촉하였다. 이와는 대조적으로 중국의 어린 국민들은 어려서부터 '역사가 유구하고 땅이 넓고 자원이 풍부하다.'는 자만심에 도취되고, 심지어는 마비되기까지 한다…….

1979년 미국 학자가 쓴 《넘버1 일본Japan as Number One》은 모두의 예상을 깨고 순식간에 베스트셀러가 되어 유럽에까지 번역 출판되었고, 싱가포르에서는 정부 관리들의 필독서로 지정되었다. 레이건 미국 전 대통령은 1988년 4월 2일 연설을 통해 미국이 과학기술 연구를 강화하고 과학경비 지출을 증가시키지 않으면 과학기술 영역에서 2류 국가로 전락하게 될 것이라 역설하였다. 미국 정부는 미국 국민들에게 끊임없이 '21세기는 아시아인의 세상이 될 것' '일본 제일' '유럽이 일어서는 중' 등등의 이야기를 주입시켰다. 이런 이야기에도 일본인들은 여전히 강렬한 우환의식을 유지하며 "미국인은 왜 고의적으로 우리의 폐단에 대해 이야기하지 않는가? 아니다, 이는 미국인들이 우리의 투지를 떨어뜨리고 경각심을 잃어버리도록 하려는 음모이다!"라고 생각하였다. 만약 외국인이 《넘버1 중국》이라는 책을 출판한다면 중국인은 어떤 반응을 보일지 한번 생각해볼 필요가 있다…….

미루어 짐작컨대, 교육의 위기를 진정으로 해결해서 중국교육의 어려움을 뛰어넘기 위한 가장 시급한 일은 위기 교육을 통해 중국 개개인의 교육 위기감과 우환의식을 강화하는 것이다.

교육의 위기감과 우환의식은 보편성과 심각성의 두 가지 방면을 포함한다. 이른바 보편성이란 사회적 각도에서 보면 교육의 위기감과 우환의식의 보급 정도를 지칭한다. 즉 전 사회에 걸쳐 얼마나 되는 사람들이 교육위기의 존재를 인식하고, 미래 교육사업의 발전을 걱정하는가이다. 이 점을 미루어 볼 때, 중국의 보편성은 매우 낮다고 할 수 있다. 최근 몇 년간 교육문제에 대한 논의가 활발하게 이루어지고 있으며 뜻이 있는 인사들은 '교육을 중시하지 않으면 대역죄인이 될 것'이라 호소하고 있다. 그러나 마음을 가라앉히고 본다면 교육에 대해 부르짖는 사람들은 대다수가 교육계 인사로 노동자, 상인, 농민, 군인 쪽 인사는 거의 찾아볼 수 없다. 교육을 중시하는 사람들은 학계에 있는 사람들이 대부분이고 다른 영역의 인사는 가뭄에 콩 나는 듯한 정도이다. 전국 인대人大('인민 대표 대회人民代表大會'의 약칭 – 역주) 제7차 전국 대표 대회 기간 동안 받은 2,188종 안건, 3,000여 종의 건의와 의견 가운데 정법, 재정 방면이 약 40%를 차지하였고, '과학, 교육, 문학, 위생'에 대한 것이 모두 합쳐 25% 정도에 불과했다.

교육의 위기감과 우환의식의 보편성이 떨어지면 교육계는 교육의 생존과 발전을 위해 고군분투하게 되고, 사회적으로 장애물이 많이 생겨 정책과 의무가 제대로 실천되지 못한다. 사실, 세계 어느 국가의 교육도 국민 모두의 이해와 지지를 받지는 못한다. 때문에 많은 국가의 교육개혁 문서들이 '국민이 진상을 알 수 있도록' 요구한다. 미국에서 1984년 발표된 《국가의 위기》에서는 토마스 제퍼슨의 다음과 같은 명언을 인용했다. "나는, 국민 자신을 제외하고 누가 사회의 최종 권력에 대한 보관자로 믿을 만한지 알지 못한다. 만약 국민이 사회를 관리하면서 세밀하고 신중한 판단을 내릴 때, 여전히 그들이 교양이 없는 것은 아닌지 의심된다면 방법은 오직 하나다. 그들에게서 사회를 관리하는 권리를 빼앗고 어떻게 판단할지를 알려주는 것이다." 일본의 1985년 보고서인 《교육개혁에 대한 제1차 심의보고》에서는 "이번 교육개혁의 성패는 먼저 정부가 채택하는 조치에 의해 결정된다. 동시에 모든 교사, 학부모, 그리고 모든 교육 기관에 몸담고 있는 인원과 학생 및 전체 국민의 교육개혁 의지, 그리고 그들의 자손에 대한 사랑과 책임감에 의해 결정된다. 21세기를 향하고 있는 교육개혁이 성공을 거두려면 모든 국민이 우리를 이해하고, 우리에게 협조하도록 간청해야 한다."라며 한층 더 명확하게 지적한다. 이 밖에도 소련에서는 1986년 이래로 약 1,250만 명이 교육 토론에 참가하였다.

때문에 중국은 반드시 각종 매체를 통해 교육의 의미를 대대적으로 홍보하고 사람의 발전, 민족의 생존과 발전에서 교육이 차지하는 의미를 분석하며, 모든 국민의 책임감과 의무감을 강화하며 그들의 교육 위기감과 우환의식을 강화함으로써 교육을 진정으로 이해하고 교육사업을 지원하도록 해야 한다. 아울러 교육이 교육계만을 위한 사업이 아닌 진정 모든 국민을 위한 사업이 되도록 해야 한다.

심각성이란, 교육적인 부분에서 보자면, 교육 위기의 체감 정도와 긴박 정도를 지칭한다. 즉 교육 위기감과 우환의식을 가진 사람은 어떤 의미에서든 일정한 고도에서 교육의 위기를 바라본다는 이야기이다. 이 점을 미루어 볼 때 중국은 충분한 심각성을 갖추지 못하였다. 우리는 흔히 교육경비, 교사에 대한 대우 등을 생존 조건으로 고려하지 않고, 한층 더 높은 과정에서 교육의 의미와 기능을 연구하지 않으며, 교육의 운행체제에 입각해 교육 문제를 전면적으로 고려하지 않는다. 우리는 말로만 이야기할 뿐 실천으로 옮기지 않는 경우가 빈번하며, 그저 추상적으로만 이야기할 뿐 구체적인 분석은 하지 않는다. 이로 인해 해결대책은 과학적 근거를 잃게 되고 교육 활동은 궤도를 벗어나게 된다. 한마디로 말하자면 심각성이 떨어진다는 점은 교육시스템이 안팎으로 협조를 소홀히 하고, 교육의 법칙에 따라 규율을 실행하지 않는 사태로 드러난다. 이러한 상황을 바꾸고 싶다면 반드시 교육 전략 결정자, 지도자 및 전 국민의 교육학적 소양을 강화하고, 교육의 국정조사와 이론

연구를 강화하여 중국의 실정에 맞는 교육의 길을 탐색해야 한다.

　모든 중국인이 자아도취에서 깨어나 보편적이고 심각한 교육 위기감과 우환의식을 형성해야 할 것이다!

02

'아홉째'의 아리아

교사는 인류사회에서 없어서는 안 될 유구한 역사를 지닌 직업이다. 교사는 인류문화의 전수자로서 인류가 지식, 경험과 과학, 문화를 축적하고, 이를 대를 이어 전수하고 풍성하게 하며 발전시킬 임무가 있다. 교사는 또한 인류 영혼의 엔지니어로 일정한 사상 관점과 행위 규범을 다음 세대에게 전수하고, 사람들의 아름다운 영혼을 창조함으로써 인류사회가 지속되고 발전하도록 해야 한다.

이처럼 교사가 사회에서 중요한 역할을 담당하는 만큼 동서고금을 막론하고 수많은 사상가, 교육가, 정치가들이 모두 교사의 역할을 무척이나 중시했다. 중국 선진先秦 시기의 순자荀子는 교사의 역할이 국가의 흥망성쇠, 법제의 존폐와 인간의 선악에 영향을 미친다고 명확히 언급한 바 있다. 그는 "나라가 크게 흥하려면 반드시 스승을 귀하게 여겨야 한다國將興, 必貴師."고 했다. 17세기 체코의 교육가인 코메니우스Comenius 역시 "우리의 국가에 대한 공헌 가운데 청년을 이끌고 교육하는 것보다 더 좋고, 위대한 것이 어디 있겠는가?"라고 말한 바 있다. 때문에 그는 교사라는 직업을 '태양 아래 가장 빛나는 직업'이라 일컬었다.

그러나 오늘날 교사라는 직업은 어떤 지위를 누리고 있는가? 많은 사람들이 '교사라는 직업의 숭고함을 사회에서 인식하지 못하고 있다.'는 사실과 함께 그런 '빛나는' 직업이 매력이 없다는 사실을 이야기해준다.

1. 현격한 대비

숫자 자체는 무의미한 것이다. 그러나 숫자가 '비교'의 영역에 들어가면 물 만난 물고기마냥 활발해지고, 생기가 넘쳐난다. 그럼 이제부터 우선 모두들 깜짝 놀랄만한 숫자들을 이야기해보겠다.

신중국 성립 이전, 중국의 정신노동과 육체노동의 임금 차이는 뚜렷했다. 1927년 9월에 발표된 대학교수의 임금 표준에 따르면 교수의 월급이 400~600(銀) 위안이고, 조교는 100~160위안, 기업 노동자의 월 평균 임금은 15위안 이하였다. 예를 들어 당시 카이루안開灤 석탄광 광부의 월평균 임금은 고작 12.68위안에 불과했고, 대학 조교는 이의 8.7배, 대학 교수는 이의 47배였다. 당시 중, 고등학교 교사의 월급은 100위안 정도로 노동자의 6~8배였다. 칭화淸華대학을 예로 들자면 항전抗戰 시기 이전, 교수의 최고 월급은 조교의 6.3배, 강사의 4.5배, 부교수의 3.5배이며 노동자 월급의 50배 이상이었다. 당시 학교 고용인의 월급은 고작 6위안에 불과했다. 기술노동자의 일반 월급 역시 12~30위안에 불과했다.

신중국 성립 이후, 중국은 정신과 육체노동 사이의 극심한 임금 차이를 해결하기 위한 업무에 착수하면서 사회 분배제도에 근본적인 변화가 발생하였다. 1952년 전후, 베이징시의 통계 자료에 따르면 공업 부문과 과학기술, 교육 부문 등의 평균임금은 41위안 정도로 교사와 노동자의 수입이 대체적으로 평형을 이루게 되었다. 1956년, 저우언라이周恩來가 당과 정부를 대표해 지식인 문제를 보고하고, 같은 해 7월 국무원國務院에서는 《임금 개혁에 관한 결정關於工資改革的決定》을 발표함으로로 교사의 임금수준은 상당 수준 향상되었다. 예를 들어 《결정》은 대학 교수의 최고 임금을 345위안, 조교의 최저 임금을 62위안으로 규정하였고, 중, 고등학교 교사의 최고 임금은 149.5위안, 최저 임금은 42.5위안으로 규정하였다. 같은 시기 기계업 노동자의 최고 임금은 104위안, 최저 임금은 33위안이었다. 1956년, 베이징시 과학, 교육 위생科, 敎, 衛 3개 부문의 평균 임금은 66.13위안, 공업 부문의 평균 임금은 60.8위안으로, 이 데이터를 통해 당시의 분배 상황을 대략 설명할 수 있다. 그러나 이 같은 틀은 1957년 반우右파 투쟁이 심각해지면서 금세 파괴되었다. 관련 자료에 따르면 1957~1976년 교사의 임금수준은 노동자 임금수준과 평행을 이루었다.

1977년 이후로는 분배 영역에서 교사와 육체노동자의 수입이 역전되는 현상이 나타나기 시작했다. 1979년 상하이에서 실시된 조사에 따르면 1958~1965년 대졸 교사의 임금은 동일 연령의 고졸 노동자의 임금보다 15위안이 적었는데 이는 당시 수입의 22%~25%를 차지하는 수치이다. 때문에 나라에서는 일련의 조치를 연이어 채택하여 초, 중, 고등학교 교사의 임금을 10% 인상하고, 근속수당 등 특별조치를 통해 교사에 대한 대우를 개선하였다. 비록 교사의 임금수준이 대폭 증가하기는 하였지만 전체 사회소비 기금 총량의 팽창과 기업 임금수준의 상승과 비교해 볼 때 교사의 임금수준은 사실상 마이너스 증가나 마찬가지였다. 1980년대 이후, 교사와 육체노동자의 수입이 역전되는 현상은 한층 더 가속화되었다. 베이징시 통계국의 1988년 조사에 따르면 동일 근속 연수의 정신, 육체노동자의 임금 역전은 특히나 더욱 두드러졌다. 예를 들어 중등 전문학교 이상 지식인의 월수입은 중졸 이하 육체노동자보다 25위안이 낮았고, 대졸 이상 노동자의 월 평균 수입은 중졸 이하보다 34위안 낮았다. '지식이 많을수록 가난하다.'라는 말이 진실인 것 같다.

국가 통계국의 통계 분석에 따르면 1978년 교육 문화 계통 노동자의 평균 임금은 국민 경제 12대 직종 가운데 꼴찌를 차지하였고, 이후 해마다 꼴찌에서 1, 2, 3등을 도맡아 했다. 1986년 전국 도시주민 평균 생활비로 이용 가능한 연간수입은 828위안으로, 월 평균 69위안이었다. 그 중 광저우시가 87.22위안, 상하이시가 84.18위안, 베이징시가 75.64위안이었다. 도시 노동자인 모든 취업자(취업자 본인 포함)가 1.74인을 부양한다는 기준으로 계산한 결과에 따르면 교사의 모든 수입은 생활비로 지출되며 임금도 고작 64.05위안에 불과했다. 그 중 초등학교 교사는 불과 43.61위안, 중, 고등학교 교사는 61.89위안으로 전국 평균 수준보다 낮았다. 베이징, 톈진, 산시陝西, 안후이安徽 등 11개 성, 시의 조사에 따르면 1988년 교육 계통 종사자의 평균임금과 전 국민 모든 직종 평균임금 수준의 차이는 150위안 이상이었다. 만약 현재 사회적으로 실제 존재하는 임금수입 이외의 '기타 수입(음성 수입)'까지 고려한다면 교사의 수입은 상대적으로 더욱 낮을 것이다.

중국의 교사 수입을 국제적 수준과 비교한다면 그 차이는 더욱 뚜렷해진다. 허쥐슈何祚庥, 어우양광밍歐陽光名이 일찍이 1980년~1982년 85개 국가와 지역의 교사 임금수입 지수 평균치(교사 연평균 수입과 해당연도 1인당 GNP의 비교수치)와 1인당 GNP 평균치의 통계를 내고 1인당 GNP를 좌우 방향으로, 교사 임금수입 지수를 상하 방향으로 삼아 아래의 그래프를 작성하였다.

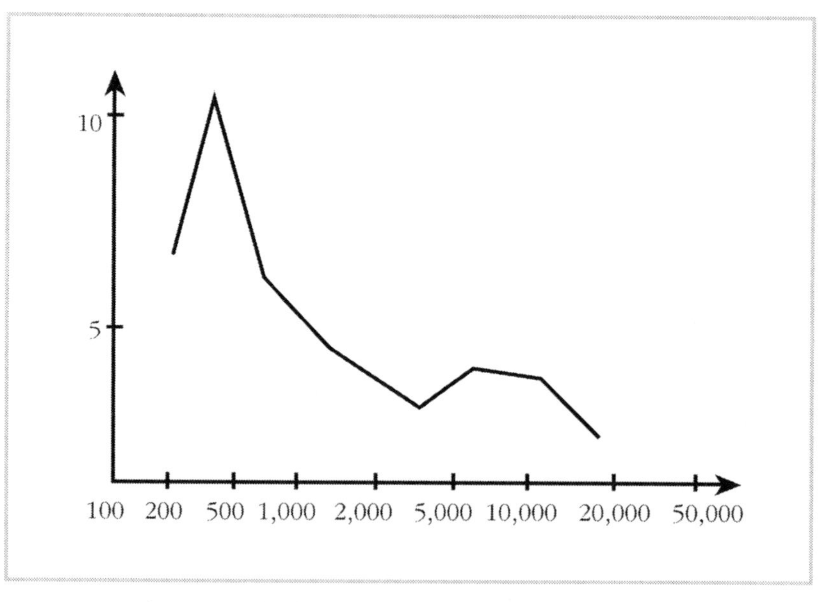

그림 2-1 교사 임금수입 지수와 1인당 평균 GNP 관계도

그림 2-1을 통해 교사의 임금수입 지수와 1인당 평균 GNP의 추세가 비선형 반비례 변화 양상을 보인다는 사실을 알 수 있다. 즉 선진국일 수록 교사 임금수입 지수가 낮고, 후진국일수록 교사 임금수입 지수가 높아 양자 간의 차이가 1.5에서 9.5에 이른다는 것이다. 그 원인은 선진국으로 말하자면 첫째, 1인당 평균 GNP 수준이 매우 높고, 둘째, 교사 및 지식인이 인구에서 차지하는 비중이 비교적 크기 때문(50~60%)이다. 때문에 그들의 총 임금수입이 GNP에서 차지하는 비중 역시 클 수밖에 없다. 마찬가지로 후진국의 교사 임금수입 지수가 상대적으로 높을 수밖에 없는 이유를 쉽게 이해할 수 있다. 때문에 교사 수입 지수를 비교할 때 일반적으로 동일 수준, 동일 유형의 국가를 대상으로 삼는 것이 좋다. 다시 말해 중국의 교사 임금수입 지수와 동일 수준의 개발도상국가(지역)를 비교대상으로 삼아 비교를 진행해야 한다.

표 2-1 85개 국가와 지역의 교사 임금수입 지수(평균치와 1인당 GNP 평균치 비교)

국가 혹은 지역	교사 수입 지수 평균치	1인당 GNP 평균치 (달러)	국가 혹은 지역	교사 수입 지수 평균치	1인당 GNP 평균치 (달러)
방글라데시	2.61	137	알제리	3.86	2,120
에티오피아	12.52	140	멕시코	1.75	2,203
네팔	3.34	140	포르투갈	2.81	2,447
말리	14.23	187	아르헨티나	1.27	2,520
말라위	6.75	205	유고슬라비아	2.21	2,737
르완다	10.23	225	우루과이	1.41	2,810
부룬디	16.13	230	헝가리	1.29	2,850
소말리아	5.15	250	베네수엘라	2.85	3,997
아이티	1.85	290	홍콩	2.50	4,790
아프가니스탄	3.00	270	이스라엘	1.54	4,917

국가 혹은 지역	교사 수입 지수 평균치	1인당 GNP 평균치 (달러)	국가 혹은 지역	교사 수입 지수 평균치	1인당 GNP 평균치 (달러)
스리랑카	1.30	285	싱가포르	2.71	5,193
중앙아프리카	12.53	310	트리니다드 토바고	2.83	5,605
니제르	10.86	330	오만	1.85	6,090
마다가스카르	4.92	333	아일랜드	3.66	5,087
가나	1.62	410	뉴질랜드	3.25	7,570
예멘(아랍)	15.36	430	영국	2.23	8,897
세네갈	11.24	440	일본	1.77	10,016
레소토	5.19	510	오스트리아	1.77	10,107
볼리비아	2.46	580	핀란드	1.68	10,432
라이베리아	4.75	530	캐나다	2.62	10,950
잠비아	7.09	603	네덜란드	3.62	11,397
온두라스	4.76	607	벨기에	3.56	11,620
이집트	3.75	615	프랑스	3.10	11,867
태국	2.26	743	독일 연방	2.13	13,167
필리핀	1.57	755	덴마크	2.16	12,950
카메룬	4.61	780	사우디아라비아	2.43	13,286
짐바브웨	9.29	783	노르웨이	2.06	13,465
니카라과	3.53	840	스웨덴	2.35	14.143
모로코	8.38	877	스위스	2.42	16,960
콩고	5.55	1,005	쿠웨이트	0.56	19,830
자메이카	5.69	1,040	UAE	0.86	24,215
모리셔스	3.28	1,090	미국	2.2	13,160
페루	2.28	1,137	이탈리아	2.19	6,840
에콰도르	3.92	1,270	쿠바	1.23	1,500
콜롬비아	1.94	1,280	앙골라	6.66	1,650
튀니지	4.66	1,373	불가리아	1.63	2,580
터키	2.66	1,460	체코	1.88	2,600
시리아	2.32	1,530	인도	4.50	260
코스타리카	4.36	1,580	과테말라	2.6	1,130
요르단	3.59	1,576	보스니아	4.2	

국가 혹은 지역	교사 수입 지수 평균치	1인당 GNP 평균치 (달러)	국가 혹은 지역	교사 수입 지수 평균치	1인당 GNP 평균치 (달러)
대한민국	4.19	1,710	룩셈부르크	2.85	
말레이시아	4.10	1,773	토고	10.51	395
파나마	3.09	1,920			

표 2-2 중국 1978~1986년 교사 임금수입 지수와 1인당 GNP 평균치의 비교

년도 / 항목	1978	1979	1980	1981	1982	1983	1984	1985	1986
교사의 연평균 수입 (위안 元)	727.50	809.71	901.20	1003.04	1116.39	1242.54	1382.94	1539.21	1710.00
1인당 GNP (위안 元)	367.88	404.05	439.57	463.20	492.93	542.93	622.66	794.59	887.24
교사 임금 수입 지수	1.98	2.00	2.05	2.17	2.27	2.29	2.22	1.94	1.93

낮은 임금 때문에 교사들은 가난한 생활을 할 수밖에 없는데 그 궁핍한 정도는 차마 말로 할 수 없을 정도이다. 천난셴陳難先 교수는 쑤저우에서 강의를 하면서 직접 어느 부교수의 생활을 살펴볼 수 있었다. 그 부교수의 수입은 그의 아내가 하는 만두장사만도 못했다. 때문에 생계를 위해 부교수는 퇴근 후 날마다 아내를 도와 만두를 빚을 수밖에 없었다. 전국 타이완 동포 친목회臺灣同胞聯誼會 부회장이자 샤먼廈門대학 교수인 주위안순朱元順은 이에 대해 다음과 같이 말한다. "예전에는 높은 사회적 지위를 영위했기에 샤먼대학의 교직원들은 학교 배지를 자랑스레 달고 다녔다. 그러나 지금은 누구도 배지를 달려고 하지 않는

다. '학교 배지를 달고 버스를 타면 소매치기를 당하지 않는다.'라는 우스갯소리가 있을 정도이다." 《순국열사國殤》의 작가 훠다霍達가 인터뷰를 위해 어느 부교수의 집을 방문한 적이 있었다. 그의 집에는 가정집이라면 마땅히 갖추어야 할만한 '큰 물건'들을 모두 갖추고 있어 여타 부교수들보다 형편이 나아보였다. 훠다가 어렵사리 그에게 '부자가 된 비결'에 대해 묻자 옆에 있던 부교수의 아들이 경멸의 눈초리로 아버지를 한 번 흘겨보고는 훠다에게 말했다. "이 물건들을 다 누구 돈으로 샀는지 물으시는 거지요?" 이 말에 부교수는 무척 곤혹스러워하며 아들 앞에서 얼굴을 들지 못했다.

초, 중, 고등학교 교사의 상황은 더욱 심각하다. 1985년 임금 개혁 후 베이징시 통계국은 초, 중, 고등학교 교사 100명의 임금수입에 대해 조사를 실시했다. 그 결과, 평균 연령은 만 42세, 평균 근속 연수는 20년이었다. 그리고 전문대 졸업 이상이 42인, 중등 전문학교 졸업이 38명, 고등학교 졸업이 15명, 중학교 졸업이 6명이었고, 임금개혁 이전 1인당 평균 월수입은 76.49위안, 개혁 이후의 1인당 평균 월수입은 111.44위안이었다. 증가폭이 비교적 큰 편이지만 1인당 평균 월수입은 여전히 도시와 읍 주민생활조사가구 1,000가구 중 노동자 평균 수준보다 5% 정도 낮다. 톈진天津시 허핑和平구 교육국의 통계에 따르면 허핑구 구민의 1인당 월평균 수입은 89위안이고, 해당 구 80% 이상의 중, 고등학교 교사 가정의 1인당 월평균 수입은 80위안 이하였다. 상하이시에서 사범대학을 갓 졸업한 교사의 월급은 65위안인 반면에 갓 입사한 기술학교 졸업생의 월급은 90위안에 달했고, 심지어 100위안이 넘는 사람도 있었다. 일부 사립학교 교사의 월급은 고작 30여 위안에 불과했다.

교사의 궁핍한 생활은 보잘 것 없는 수입뿐 아니라 주거, 의료 등 방면에서도 나타난다. 거주방면에서 '영혼의 엔지니어'인 교사의 생활공간은 그 협소함에 가련한 생각이 들 정도이다. 베이징시 통계국이 고, 중급 지식인 200명의 가정에 대해 실시한 조사에 따르면 절반이 주거문제를 가지고 있는데 5%가 거주지가 없고, 5%는 1인당 4㎡ 이하의 주거공간에서 살고 있으며, 4.5%는 3대가 한 공간에 거주하고 있다. 베이징시 쉬안우宣武구 교육국 직원은 교사의 주거문제에 대해 이야기하자 얼굴 가득 근심스러운 빛을 보이며 초조해했다. 쉬안우구에는 약 10,000명의 교직원이 거주하는데 1인당 주거공간이 3.5㎡ 이하인 사람이 1,000명이 넘고, 가장 힘든 60여 명은 1인당 주거공간이 2㎡도 되지 않고, 250여 가구는 결혼 후에도 주거공간이 없는 형편이다. 시청西城구의 상황은 더욱 심각하다. 시청구는 베이징시의 문화밀집구로 170여개의 초, 중, 고등학교와 유치원이 위치하고 있으며, 13,600명의 교직원 중 6,700여 세대가 주거문제를 안고 있고, 1인당 주거공간이 3㎡ 이하인 세대가 2,500세대에 달한다.

교사는 항상 과중한 업무에 시달린다. 조사에 따르면 교사의 1일 1인당 노동시간은 9.67시간으로 일반 노동자의 1일 평균 노동시간보다 1.67시간이 길다. 교사의 수면시간은 일반 노동자보다 평균적으로 1시간이, 오락시간은 0.5시간 정도가 짧다. 교사의 연간 교학시간을 252일(42주×6일)로 계산한다면 교사의 연간 초과근무시간은 420.84시간으로 8시간 근무제로 52일에 해당한다. 시간당 임금률로 계산하면 1986

년 전국 노동자 시간당 평균임금은 0.55위안, 교사는 고작 0.47위안에 불과하다. 이는 교사와 전국 노동자의 연평균 수입이 동일하다 하더라도 교사의 실제 노동임금은 전국 노동자 평균수준의 85.45%에 불과하다는 이야기가 된다. 대우가 과중한 업무를 따라가지 못하는 상황에서 많은 교사들이 과로 누적으로 병을 얻고, 건강이 점점 더 악화되니 걱정스러운 일이 아닐 수 없다.

우한武漢시 교육노동조합敎育工會은 1987년 시 전체 초, 중, 고등학교 교사의 건강 상황에 대해 전면적인 조사를 실시하였다. 조사대상 18,909명의 질병보유율은 68.5%로, 직업병(폐병, 위병, 인후염), 중·노년기 질병(심장, 간, 고혈압 등)과 암 환자가 총환자의 61%를 차지하였다. 그 중에서도 칭산靑山구와 장한江漢구의 질병보유율 가장 높아 해당 구 조사인수의 78.6%와 78%를 차지하였다. 홍강청紅鋼城 중, 고등학교 교사 69명 가운데 병이 없는 사람은 고작 5명에 불과했다. 장안江岸구 런민人民병원의 통계에 따르면 본 병원에서 치료 중인 암 환자 중, 교사가 무려 58%를 차지한다고 한다. 치치하얼齊齊哈爾시 문화교육 공작위원회文化敎育工作委員會가 시 전체 7개 구, 11개 현의 2,544개 초등학교, 1,911개 교육서비스망의 15,467명 교직원에 대해 실시한 건강 상황 조사에 따르면 질병을 앓고 있는 교사가 9,260명으로 질병보유율은 59.2%, 질병 종류는 19종에 달하였다. 룽사龍沙구 총 16개의 초등학교 중, 교사 질병보유율이 최고인 학교는 무려 100%에 달하였다. 상하이 시 충밍崇明현에서는 1978~1987년까지 총 901명의 교사가 퇴직했지만 그 중 정년퇴직은 불과 35.2%였고, 병으로 조기 퇴직하는 경우가 무려

60% 이상이었다. 징안靜安구에서는 1983년부터 1986년까지 총 53명의 초, 중, 고등학교 재직 교사가 각종 질병으로 인해 사망하였으며 평균 사망연령은 44세였다. 난징南京시의 한 중, 고등학교의 상황은 더욱 심각하다. 1980년대 이래 사망한 중년, 청년 교사는 8명으로 그 중 52세 교장 1명, 58세 총무부 주임 1명, 최저 32세부터 최고 53세까지의 교사 6명이 사망했고 평균 사망연령은 45.4세였다.

국가 체육운동위원회體育運動委員會 과학연구소가 중국 11개 성, 시 20여 개 대학과 단과대학, 과학연구기관 내 10,000명의 중, 고급 지식인을 대상으로 신체검사를 실시하고, 2만여 명의 중, 고급 지식인의 최근 사인에 대해 통계를 낸 결과 중국 중, 고급 지식인의 수명은 전국 평균 수명보다 약 10년이 짧았다. 그 중 중년(40~60세)에 사망한 사람이 약 61.42%였는데 특이할만한 점은 직책이 낮을수록 평균 사망연령이 낮아졌다는 사실이다. 교수급 지식인의 사망연령은 기본적으로 전국 평균수준과 일치했지만 부교수의 사망연령은 59.25세로 전국 수준보다 8.75세 낮았으며, 강사의 평균 사망연령은 49.29세에 불과하여 전국 수준보다 18.71세나 낮았다.

특히나 가슴 아픈 일은 많은 교사들이 심각한 질병을 안고도 지원되는 의료경비가 터무니없이 낮아 빚을 내가며 병을 치료할 수밖에 없다는 사실이다. 일부 교사들은 초과지출을 막기 위해 작은 병을 고치지 않다가 큰 병으로 발전해 수습할 방법이 없는 결과를 낳고는 한다. 전국 교육노동조합이 조사, 분석한 자료에 따르면 초, 중, 고등학교 교사의 초과 지출된 의료비는 정산을 받을 곳이 없다. 랴오닝遼寧성 차오양

朝陽시가 500위안 이상의 의약비를 일시 대납해준 교사는 158명이고, 차오양시 베이전北鎭현 뤼양중심閭陽中心초등학교에 21명의 교사가 병원 치료를 위해 3,600여 위안 이상의 의약비를 지불받았으나 1986년부터 오늘날까지 여전히 정산을 받지 못하고 있다고 한다. 후베이湖北성 충양崇陽현의 어느 우수교사는 간경화를 얻어 입원비 1,571위안이 필요했다. 그는 친척, 친구, 학교에서 돈을 빌리고, 집안의 식량과 돼지를 팔아버렸음에도 여전히 입원비를 마련할 수 없었다. 결국 이후 학생들이 197위안을 모금해서야 겨우 입원비를 마련할 수 있었다. 셴타오仙桃시의 어느 퇴직교사는 폐병이 악화되어 입원을 위해 월 5위안의 이자로 돈을 빌렸으나 많이 빌릴 엄두가 나지 않아 병이 완치되기도 전에 치료를 중단하고 퇴원할 수밖에 없었다. 의료비 과다지출로 인해 많은 병원들이 교사에 대한 치료를 중단하는 사태가 빈번히 일어나고는 한다. 베이징 2중二中의 자오슈춘趙秀春은 "선생님들은 병원에 가서 처방전을 받으면 약값 한도액을 넘기 때문에 약국에서 처방을 '자진삭제'하기도 하고, 동시에 두 가지 병을 치료해야 할 때면 의사가 '먼저 한 가지 병부터 보자.'고 이야기하고는 한다. 많은 교사들이 '이런 심리적인 스트레스를 받지 않기 위해' 병이 생기면 그냥 약국에서 약을 사먹을 뿐 병원에 가려고 하지 않는다."고 이야기한다.

교사의 보잘 것 없는 수입, 저하된 지위, 궁핍한 생활은 교사들의 마음을 심각하게 흔들어 교육 사업이 내리막길을 걷게 되는 결과를 초래하였다.

(1) 교사의 외부 유출

많은 교사들이 '앞날을 생각하여' 새로운 길을 모색하고는 한다. 관련 부문의 통계에 따르면 1984년 9월부터 1987년 9월까지 전국 고등사범학교에서 배출한 12만 명의 학사 졸업생에 현직 중, 고등학교 교사 중 교육을 통해 학사학력을 취득한 7만여 명을 합치면 약 20만 명의 교사가 증가해야 한다. 그러나 3년간 이탈한 중, 고등학교 교사에 중, 고등학교로 배치되지 못한 학사 졸업생을 합치면 13만 명이 넘어 3년 동안 배출한 졸업생 합계보다 많다. 상하이시 초, 중, 고등학교 교사는 1987년에만 600명이 이탈했는데 그 중 자비로 외국유학을 떠난 사람이 200명, 다른 직업으로 전업한 사람이 400명이다. 장시江西성에서는 1986년에만 999명의 중, 고등학교 교사가 이탈했으며 그 중 5년 이상 재직한 교사가 135명이었다. 이탈한 초등학교 교사는 575명으로 그 중 3급 이상 교사가 총 17명이었다. 톈진시 허핑구 교육국이 1,000명의 교사를 상대로 실시한 1차 설문조사를 보면 무려 57%의 교사가 직업이 불안하다고 생각하였다. '직업을 다시 선택할 기회가 있다면 어떤 직업을 선택하겠느냐'는 질문에 28.5%의 사람만이 교사를 선택하였다. 일부 학교는 교사 이탈로 정상적인 교육을 하지 못하고 있는 실정이다.

(2) 대체인력의 부족

우수한 고등학교 졸업생이 사범대를 지원하지 않는 것은 이미 보편적인 현상이 되어 사범학교는 신입생 모집에 어려움을 겪고 있다. 사람들은 마치 '전염병을 피하듯' 애써 교사라는 직업을 피하고자 한다. 때문에 사범대학은 입학 커트라인을 낮춰 잡을 수밖에 없다. 항저우 모 고등학교의 고3 학생 103명을 대상으로 실시한 조사에 따르면 76%가 사범대학으로 진학하기를 원하지 않는다고 분명히 밝혔고, 고작 10명만이 사범대학 진학 의사를 밝혔다. 베이징시 제5 중, 고등학교의 우창순吳昌順은 "오늘날에는 3류 고등학교 졸업생이 사범대학에 진학한다. 3류 사범대학 졸업생이 초, 중, 고등학교로 돌아오니 $3 \times 3 = 9$, 9류가 될 수밖에 없다."고 날카롭게 지적한다. 미래 초, 중, 고등학교 교사의 수준이 9류라면, 그들이 가르치는 학생의 수준은, 중국 국민의 수준은 대체 몇 류가 된단 말인가? 그야말로 무서운 악순환이 아닐 수 없다! 상황이 이러니 누가 미래를 걱정하지 않을 수 있겠는가!

2. 심층 원인

교사 및 지식인의 지위 문제는 최근 여러 매체에서 하루가 멀다 하고 보도되어 사회적으로 이미 강렬한 반향을 일으키고 있다. 그러나 모두 교사 지위 저하의 원인에 대해서는 걱정만 많을 뿐이지, 이에 대한 생각은 부족한 형편이다. 근본적으로 교사 문제를 해결하기 위해, 교사라는 직업을 모든 이들이 부러워하는 '태양 아래 가장 빛나는 직업'이 되도록 하기 위해 시급한 업무는 바로 흔히 보아왔지만 생각만 해도 끔찍한, 배후에 숨겨진 원인을 밝히는 일이다.

첫 번째는 전통적인 요인이다. 조금만 생각해보면 교사와 지식인이 누차 불행과 마주하게 되는 문제는 중국 봉건사회의 전통 가운데 지식과 지식인에 대한 불공평한 태도에 있다.

지식Knowledge은 인류가 오랜 기간 사회생활 속에서 쌓아온 경험과 그것을 종합해 얻어낸 이론이자, 사람들이 객관적인 사물 및 그 법칙의 인식에 대해 내린 결론이다. 프랜시스 베이컨Francis Bacon이 《노붐 오르가눔The Novum Organum》에서 "지식은 힘이다."라는 명언을 남긴 후, 지식은 줄곧 개인과 사회의 정신 재산의 상징으로, 선견지명을 가진 개인과 사회가 부지런히 탐구하는 대상이 되었다. 프랑스 작가 에밀 졸라Emile(Edouard-Charles-Antoine) Zola는 《진리Vérité》에서 "지식만이 거대한 부의 원천을 구성할 수 있고, 토지가 풍작을 거둘 수 있게 하고, 문화가 풍성하게 번성하도록 할 수 있다. 우매함은 결코 사람들에게 행복을 가져다주지 못한다. 행복의 근원은 지식에 있다."고 말한 바 있다.

그러나 아주 오랜 세월 지속된 중국의 봉건사회에서 지식은 흔히 위험한 존재로 인식되었다. 때문에 지식을 가진 자 역시 사회에 의해 이분자異分子 세력으로 간주되어 고질적인 지식 '원죄' 의식을 형성했다. 이 같은 지식 '원죄'의 그림자는 여전히 중국의 대지 위를 뒤덮고 있다.

중국에서 지식의 발전은 처음부터 기형적인 길을 따라 진행되었다. 중국문화와 서양문화는 공자, 맹자와 아리스토텔레스라는 두 가지 서로 다른 길을 걸어왔다. 서양은 사람과 자연과의 관계를 중시하여 지식의 과학성에 초점을 맞추었고, 중국은 인륜관계를 중시하여 지식의 윤리성과 실용성에 초점을 맞추었다. 때문에 과거 중국은 모든 지식을 봉건시대의 등급제도와 종법제도를 포괄하는 윤리정치라는 그물을 구성하는 한 올의 실처럼 취급했다. 지식과 지식을 소유한 사람이 그 한 올의 실일 경우에만 총애를 받고, 중용될 수 있었다. 이러한 전통 속에서 제 아무리 새로운 지식과 과학기술을 창조해낸다 하더라도 그 '그물' 속에서 변형될 수밖에 없었다. 예컨대 중국의 4대 발명이 바로 이를 증명하는 가장 좋은 예이다. 중국인은 세계 최초로 화약을 발명했으나 그저 '귀신과 액운을 쫓고 경사를 떠들썩하게 만드는 기능' 밖에는 발휘하지 못했다. 그러나 서양인들은 이를 이용해 '기사계급을 산산조각 내버리고', 또한 이를 이용해 중국의 대문을 열어젖혔다. 중국인은 종이와 활자 인쇄를 발명했지만 지식의 '홍수'를 이끌어내지 못하고 오히려 거꾸로 서양인에게서 활판 인쇄술을 수입했다. 중국인은 나침반을 발명했지만 해상강국이 되지 못하고 오히려 서양인들이 이를 이용해 세계시장을 개척하고 식민지를 건설했다. 중국 봉건사회의 윤리정치라는 그물은 보수적이고 경직된 체제를 만들어내고 모든 개혁과 창조를 힘껏 반대했다. 봉건사회는 지식인을 필요로 하지도 않았고, 그들을 중요하게 생각하지도 않았다. 지식이 중요시 되는 경우는 오직 그 내용이 권력과 관련이 있을 경우뿐이었다. 지식인도 마찬가지로 오직 권력과 관련이 있는 지식인만이 중요시 되었다. 결국 권력만을 중시하고 지식은 경시했다는 말이다. 이것이 바로 중국이 과학기술과 문화 영역에서 오랜 세월 낙후될 수밖에 없었던 근본 원인이다.

근대 역사에서 지식과 과학기술에 대한 배척과 공포는 정점에 달하였다. 서양의 학문이 들어올 때마다 사람들은 중국의 학문을 기본으로 하고 서양의 학문을 이용한다는 뜻의 '중학위체, 서학위용中學爲體, 西學爲用'을 부르짖었다. 서양의 학문이 중국의 기본을 흔들기라도 한다는 듯이 말이다. 서양의 자연과학은 '사악한 속임수'로 배척되었고 수차례 중국에서 추방되었다. 그러나 서구의 '무력'에 의해 문호를 개방하면서 '서양 오랑캐의 장점을 배워 서양 오랑캐를 제압師夷之長技以制夷'할 수 밖에 없었다.

1951년 10월, 마오쩌둥毛澤東이 정협 제1차 회의 제3차 전체회의에서 '지식인들의 사상개조'를 명확히 제시하였다. 신중국 건국 초기의 정치적 형세로 볼 때, 마오쩌둥의 생각은 옳았다. 구사회의 지식인들은 대부분이 구시대 사상에 젖어 새로운 사상을 쉽게 받아들이지 못했기 때문에 사상개조는 당시 정치적으로도 필요한 조치였다. 이후 일련의 과정을 거쳐 사회적으로 지식을 중요시 여기고, 환영하며, 갈망하는 여론이 생겨나기 시작했다. 그러나 오랜 세월 중국을 뒤덮고 있던 지식 '원죄'의 그림자를 완전히 걷어내기에는 역부족이었다. 때문에 지식과 지식인은 여전히 합당한 대우를 받지 못하고 있는 형편이다.

두 번째는 사회적인 요인이다. 교사의 경제적 지위가 하락하면서 교사의 사회적 지위도 함께 하락하게 되었고, 더불어 '교사를 경시'하는 풍토가 팽배해졌다. 조사에 따르면 많은 고등학교 졸업생이 여전히 마음속으로는 교사라는 직업을 동경하지만 사회적인 '존중', 친구의 '부러움', 동료의 '이해'를 얻기 위해 그들의 강한 명예심과 자존심은 마음

을 배반하는 선택을 하도록 강요한다고 한다. 저장성 샤오싱紹興사범전
문학교의 한 학생은 세 군데의 학교를 지원하면서 제1지망은 모두 사
범대를 선택했다고 한다. 그러나 합격통지서를 받은 이후, 세 가지 사
실이 그를 자극했다. 첫째는 어느 친척의 태도가 변했다는 사실이고,
둘째는 여자 친구가 갑자기 냉담해졌다는 사실이며, 셋째는 촌장이 자
신을 비웃는다는 사실이었다. 결국 그 학생은 눈물을 머금고 입학을 포
기하였다.

중국의 현행 인사제도와 인사정책의 과도한 제한 역시 소홀히 넘어
갈 수 없는 사회적 요인이다. 현행 인사제도가 비록 '인재 유동'을 격려
하고 있기는 하나 교육 영역에서만큼은 인재의 흐름이 차단되어 유동
이 이루어지지 않는다. 한번 교사라는 테두리에 들어오면 다른 직업을
선택하기 힘들다. 겉보기에는 이로써 교사 인력이 안정될 수 있을 것으
로 보이나 사실 이는 학생, 심지어는 교사들의 교사라는 직업에 대한
싫증과 반발심을 한층 더 심화시키는 일밖에는 되지 않는다.

세 번째는 직업적인 요인이다. 교사라는 직업의 특수성은 흔히 사람
들의 교사라는 직업에 대한 이해와 흥미 부족을 초래하고는 한다. 교사
의 업무는 표면상으로는 매우 평범해 보이지만 교사들은 노동자나 농
민들처럼 자신의 지식과 재능을 실제 생산에 이용함으로써 직접적으로
물질적인 부를 창조하지 못한다. 또한 전사처럼 자신의 용기와 지혜로
전쟁터에 뛰어들어 영웅적인 업적을 창조하지도 못한다. 교사는 자신
의 말과 행동으로 모범을 보임으로써 학생들에게 영향을 끼친다. 교사
들의 위대함은 종종 평범함에 가려져있다. 아울러 교사들의 노동성과

의 집단성(집단의 노력을 거치게 되는 학생의 성장과정에서 그 누구도 자신의 노동의 결과가 몇 %를 차지하는지 알 수 없다), 과정성(유치원, 초등학교, 중학교, 고등학교부터 대학교까지), 가치기준의 모호성(오늘날까지 여전히 객관적, 전면적으로 교사의 노동을 평가하는 공인된 기준은 없다) 및 경제적 효율의 낙후성 때문에 교사라는 직업의 노동성과는 겉으로 잘 드러나지 않는다. 아울러 교사라는 직업이 여간 힘든 직업이 아니라는 사실까지 더해져 교사는 사회에서 중시되기 힘들다.

물론 우리는 교사 자신의 문제를 말하지 않을 수 없다. 장기간 교육을 경시하고, 교사인력 구축을 소홀히 한 이유로 교사가 수적으로나 질적으로나 심각하게 부족하다. 통계에 따르면 현재 전국적으로 2,097,000명의 중학교 교사가 있는데 그 중 전문대 졸업 이상 학력이 495,000명으로 23.6%를 차지하고, 전문대 졸업 이하의 학력이 1,622,000명으로 76.4%를 차지한다고 한다. 고등학교 교사 459,000명 중에서는 학사 이상이 185,000명으로 40.2%, 학사 이하가 274,000명으로 59.8%를 차지한다. 중, 고등학교 교사 가운데 학력 요구기준에 미달하는 교사가 무려 190만 명에 달한다. 베이징시의 조사에 따르면 실제 교학 상황에서 핵심교사가 10%, 교사업무를 감당할 수 있는 교사가 40%, 교사업무를 감당할 수 없는 교사가 50%를 차지한다. 많은 교사들이 능력 부족으로 인해 교육과정에서 여러 가지 추태를 드러낸다. 이로 인해 갓 중, 고등학교를 마친 학생들은 교사라는 직업에 대해 부정적인 견해를 갖기 십상이다. 이렇듯 교사가 수적으로나 질적으로나 부족한 모습을 보이니 교사라는 직업에 대한 매력 역시 떨어지기 마련이다.

3. 현실 속에서 복음을 연주하라

1984년 6월 2일 《인민일보》에 산둥山東 이두益都 2중 교사 류이성劉沂
生이 보내온 《우려할 만한 현상》이란 편지가 실렸다. 편지에서 그는 밝
혔다. "최근 들어 가장 어려운 임무는 학생들이 농업, 임업, 수산업, 광
업학교 및 사범학교에 지원하도록 진학지도 하는 일입니다. 사실, 학생
들이 지원하는 학과는 사람들이 선호하는 직업유형을 평가하고 대다수
사람들의 호감도를 측정하는 저울이라고 할 수 있습니다. 게다가 아주
민감하고 정확하지요……. 사범대의 모집정원은 매번 거의 전체 모집
정원의 절반을 차지합니다. 하지만 1차 지원에 사범대를 희망하는 학
생 수는 거의 0에 가깝습니다. 이는 우려할 만한 현상이 아닙니까? 이
건 사람들 마음속에 교사의 지위가 사실 그다지 향상되지 않았다는 뜻
이니까요."

이 편지가 신문에 실린 지 사흘 후, 정부의 지도자는 중요한 서면지
시를 하달했다. 3개월 후 신화사新華社는 이런 뉴스를 발표했다. "교육
부 허둥창何東昌 부장은 본사 기자의 방문을 받자 매우 기뻐하며 밝혔
다. '공산당 정부와 국무원은 교사의 문제에 대해서 지속적인 관심을
가지고 연구 중입니다. 교사는 사회에서 가장 존경을 받는 직업 중 하
나가 될 겁니다!'"《인민일보》역시 눈에 확 띄는 헤드라인을 뽑았다.

월급: 내년 신정부터 초, 중, 고등학교 교사들 임금 대폭 인상

주택: 지방정부가 지원하는 국가보조금으로 초, 중, 고등학교 주택자

금 조달

지위: 지식과 인재를 존중하고 교사를 존경하는 풍토 정착

이 소식은 중국 역사상, 교사에게 있어 '가장 흥분되고 가장 현실적인 복음'이었다. 그러나 4년이 지난 뒤 '여러' 원인으로 인해 복음은 그저 '립 서비스'에 그치고 '실질적인' 곳까지는 미치지 못했다. 어떤 이는 《교사 관심가關心教師歌》란 노래를 만든 적이 있다.

월급은 입에서만 오르고(정말 올리면 다른 직업은 어떡하고)

영예는 문서에만 기록되네.(정신적인 격려야 당연히 해야지)

존중은 신문에만 게재되고(교육과 교사를 존중하는 사회 풍토라)

집은 언제 무너질지 위태위태.(고달프고 검소하신 우리의 모범교사님)

신뢰는 진학률에 좌지우지되고(대학 간 제자들 많기도 하구나)

위문은 승용차에 앉아서 하시고(높으신 분들은 봄바람 타고 찾아오신다)

격려는 다과회에서만 받는다네.(이 영광스런 직업을 누가 찬양하지 않으리!)

이 《교사 관심가》는 확실히 장기간 존재해왔던 교사문제 중 말만 많고 행동은 적었던 폐단을 생생하게 묘사했다. 복음이 허공에서만 맴돈다면 교사는 그저 그림의 떡으로 허기를 채워야 할 뿐이다. 최근 중국 정부는 또 다른 선언을 했다. "지식인들을 '아홉째'에서 '첫 번째'로 변하게 하려면 지식인의 대우와 지위를 근본적으로 향상시켜야 한다." 교사들에게 이는 의심할 바 없는 '복음'이다. 만일 이 '복음'이 현실 속

에서 연주된다면 분명 기세가 웅장한 중국교육의 교향곡이 될 테지 낮은 신음을 토해내는 '아홉째'의 아리아는 아닐 것이다.

여기서 교사 대우 및 지위 향상에 대해 개인적 건의를 해보려 한다.

우선, 사회 전반적으로는 반드시 교직의 장점과 가치를 정확히 인식해야 하며, 근본적으로 교사와 교육을 존중하는 사회풍토를 정착시켜야 한다. 교사의 직무는 창조성을 띠며, 교사가 가르치는 한 사람 한 사람은 모두 하나의 특별한 세계이다. 따라서 다른 직업처럼 일정한 작업 흐름도가 존재하지도, 똑같은 틀로 똑같은 상품을 만들어 낼 수 없다. 교사는 학생의 공통된 특성도 이해해야 하지만, 각양각색의 개성까지 파악하여 학생 개개인을 모두 충분히 발전시켜주어야 한다. 교육과정 중 교육내용과 방법은 반드시 기술발전 및 학생 심신의 특징과 변화에 따라야 한다. 이 요소는 예측이 어려운 만큼 교사는 교육적인 기지로서 각종 돌발사건을 처리하고 교육원리를 창조적으로 운용해야 한다. 이런 특성 때문에 어떤 이는 이렇게 말했다. "세상이 필요로 하는 인재로 천만 명의 천진무구하고 장난기 넘치는 학생들을 양성하려면 교사는 예술가의 재능과 디자이너의 재치, 시인의 열정, 철학자의 냉정함, 발명가의 번뜩이는 아이디어, 그리고 농부와 같이 수고를 인내하며 성실히 묵묵히 일하는 정신이 필요하다."

교사의 직무는 장기적이다. 이는 인재의 성장주기가 긴 점과 관련된다. 일반적으로 농공업 생산주기는 월, 분기, 년年을 단위로 한다. 일정 기준에 따른 수량 및 품질 검사도 신속하게 처리된다. 하지만 인재는 상당히 긴 시간이 지나야만 결과가 나타난다. 따라서 교사의 직무는 즉

각적인 효과를 볼 수 없다. 좋은 교사는 학생 일생의 교육을 책임져야 하며 학생들의 일생을 계획해주고 장기적이며 연속적인 영향을 줘야 한다.

또한 교사의 직무는 사회성을 갖는다. 교사가 종사하는 일과 사회 전체는 긴밀한 관계가 있다. 그의 업무는 수많은 가정을 움직이며 전체 사회와 연락된다. 교사의 무대는 3척의 교탁, 교실 한 구석에 국한될 수 없다. 교사는 가정과 사회의 협력을 얻고 각 학교, 학년 교사들의 대동단결을 끌어내어 창조적인 협업協業을 담당해야 한다.

교사 직무는 창조성, 장기성, 사회성이라는 특징 때문에 극히 복잡한 성격을 띠게 된다. 이 직무는 교사가 온 심신을 바쳐 전력을 다해야만 한다. 교직은 노동 강도가 세고 부담도 많지만 가장 가치 있는 일임이 틀림없다. 그들의 노동의 산물은 바로 인재들이요, 이 학생들의 수준이 바로 미래사회의 수준이 되기 때문이다. 따라서 교사는 학생의 심령을 가꿔갈 뿐 아니라 미래 사회의 이미지를 가꿔간다. 소련의 교육자 콘스탄틴 우신스키Konstatin Dmitrievich Ushinskii는 이렇게 말했다. "교육자의 수가 의사의 수보다 적어서는 안 된다. 오히려 더 많아야 한다. 우리의 건강은 의사에게 맡기지만, 우리 자녀의 도덕과 지혜와 심령, 심지어 조국의 미래까지 교육자들에게 맡겨야 하기 때문이다."

어떤 의미에서 본다면, 교사에 대한 존중이란 교사 자신에게만 달린 것은 아니다. 교사는 과거와 미래를 연결하는 움직이는 고리요, 미래사회의 이미지 메이커이기 때문이다. 교사를 존중하지 않는 것은 미래를 존중하지 않는 것이다. 따라서 국가의 지도자는 원대한 비전 가운데,

교사의 문제를 미래의 전략문제로 다뤄야지, '부담'이나 '짐'으로 여겨서는 안 된다.

그 다음으로는 교사의 경제적 지위와 사회적 지위를 대폭 향상시켜 교사가 진정 선망의 직업이 되게 해야 한다. 해외의 교육자들은 '교사의 지위에 영향을 미치는 여러 요소' 중 교사의 업무에 대한 평가 및 교사에 대한 존경도 매우 중요하지만, '교사의 경제적인 지위도 많은 부분을 차지한다.'고 여기고 있다. 미국의 교육자들은 "교사의 월급 및 사회적 지위하락 문제를 해결하지 않는다면 교육개혁은 빛 좋은 개살구일 뿐이다."라며 더욱 직설적으로 말하고 있다. 미국 카네기 위원회에 위탁받은 교육문제 특별팀은 보고서를 통해 아주 중요한 건의를 하고 있다. "교사의 월급을 다른 직업보다 높은 수준으로 올려 똑똑하고 재기 넘치는 젊은이들이 교사직을 선택하도록 해야 한다." 교사의 경제적인 지위와 사회적인 지위는 긴밀한 관계가 있다. 경제적 지위를 떠나서 교사의 사회적 지위를 논한다는 것은 아무런 의의가 없다.

해외의 상황을 살펴보자. 여러 국가의 규정을 살펴보면 교사의 임금이 다른 업계 종사자의 임금보다 높은 경향을 보인다. 예를 들어 일본의 4년제 대학 졸업생이 초등학교 교사로 받는 초봉은 11만 5천 엔인 반면, 같은 나이, 같은 경력을 갖춘 회사원의 초봉은 9만 엔이다. 10년이 지난 후 초등학교 교사의 임금은 17만 엔으로 인상되었지만 회사원의 평균 임금은 15만 5천 엔에 불과하다. 초, 중, 고등학교에 더욱 우수한 인재들을 유치하기 위해, 일본 국회는 1974년 《인재 확보법》을 통과시켰다. 이는 초, 중, 고 교사의 임금대우가 일반 국가 공무원의 임금보다 높아야 한다는 방침을 법률화한 것이다. 또한 '교사 임금 향상 3개년 계획'을 실행함으로 초, 중, 고등학교 교사의 평균 임금이 일반 공무원보다 16% 높아지도록 했다. 독일 초등학교 교사의 매월 임금은 약 2,700마르크, 중, 고등학교 교사는 약 3,500마르크이지만 노동자의 월평균 임금은 2,500마르크이다. 여러 국가에서는 교사의 기본임금 중 계산이 불가능한 돌발요소를 고려해 각종 보조수당을 지급하고 있다. 이런 수당 중에는 기타 직업에는 존재하지 않는 것들도 있다. 예를 들어 멕시코 정부는 빈곤지역 교사에게 월급의 10~100%에 해당하는 별도수당을 지급한다. 일본 교사는 매년 500%의 보너스 및 '특별 근무수당, 외곽지역 근무수당, 직무관리 수당, 초임직 조정 수당, 통신교육 수당, 기업교육 수당, 가정부양자 수당' 등 갖가지 명목의 수당을 받는다.

교사 평균임금이 비교적 낮은 국가 중 하나인 미국은 최근 교사들의 낮은 수준이 학생들의 질에 큰 영향을 미친 사건으로 사회에 강렬한 반향을 불러일으켰다. 1986년, 미국 카네기 기금회는 《국가는 21세기의 교사를 양성하기 위해 준비해야 한다》라는 보고서를 내고, '국가의 비교우위를 회복'하려면, '교사의 임금과 장래성 면에서 경쟁력을 갖추어' 더 많은 이들이 교사직에 종사하도록 해야 한다고 밝혔다. 미국 캘리포니아 주의회 역시 초, 중, 고등학교 교사임금에 관한 의안을 연달아 상정했다. 테네시 주의회는 《교사 임금인상계획 의안》을 통과시키고, 초, 중, 고등학교 교사를 4개 등급으로 나눠 교육수준에 따라 3~5년에 1급이 승진되고, 연봉은 각각 100~200달러 인상되도록 조정했다. 교사 초봉은 과거 13,000 달러에서 2만 달러의 공무원 수준 이상으로 향상되었다. 미 교육부 통계에 의하면 1987~1988년 국립학교 교사의 연봉은 이미 28,300달러로 1980년의 17,444달러보다 40% 증가했으며 인플레이션의 영향분을 제외해도 20%가 순수 증가했다. 미국 교육연구 리서치 회사의 조사에 의하면 1986년 일부지역 교사들의 연평균 임금은 3만 달러를 초과했으며, 그 중 최고 임금은 52,463달러였다. 교사대우가 달라지자 미국의 교육상황도 달라지기 시작했다.

마지막으로 교사는 반드시 자신의 능력향상에 노력해야하며 연수, 고과, 처벌 등의 방법으로 소양을 제고해야 한다. 앞에서 말한바와 같이 교사업무는 어렵고도 복잡한 창조적 노동이다. 만일 교사 자신의 사고수준 및 업무수준이 높지 않다면 업무처리가 어려울 것이 자명하다. 물론 사회의 인정과 타인의 존중도 얻기 어려울 것이다. 따라서 교사의 지위향상을 위해 노력하는 한편, 다른 한편으로는 교사의 소양 제고를 위해 노력해야 높은 지위와 높은 소양이 반복되는 양성순환을 이룰 수 있다. 그렇지 않다면 가장 우수한 인재들이 교사직에 종사하도록 하기도 어렵고, 교사직은 자연히 선망의 대상에서 멀어질 것이다.

세계 각국은 교사들의 질 확보를 위해 완벽한 제도와 시스템을 건립하고자 연구와 토론을 지속하고 있다. 그 첫째로 학력제도, 자격고시 제도, 인턴교사 제도, 선서제도 등 교사의 '입문'에 엄격한 기준을 두고 있다. 다수의 국가에서는 교사는 반드시 사범대학 졸업생만 담당가능하다는 규정을 두고 있다. 기타대학 졸업생들은 전문적인 훈련기관을 통해 《교사 자격증서》를 획득해야만 한다. 일본의 《교사자격 허가증법》은 초, 중, 고등학교 교사 1급 자격을 갖추려면 반드시 대학을 졸업하고 학사학위 및 교양 36학점, 교육학 관련 32학점, 전공 16학점을 획득해야 한다는 규정을 두고 있다. 일부 국가는 여전히 교사 자격고시의 시행을 통해 학력이 미흡한 교사들의 응시를 허가함으로써 충분한 예비인력을 확보하고 있다. 일본의 경우, 현재 교사 자격증 소유자는 약 168,400명이지만 교직에 임용된 교사 수는 37,900명뿐으로 학교와 교육부서는 가장 우수한 인재를 교직에 임명할 수 있는 것이다. 또 현재 일부 국가에서는 1~3년 기간의 인턴교사 제도를 실시하고 있다. 교사 실습 후 합격이 되면 교사 허가증을 발급해주고, 정식 교사로 임용한다. 미국의 일부 주는 심지어 교사 임직 시 충성선서를 실시해 교사의 책임감을 강화하고 있다. 이런 방안들은 여러 면에서 교사의 질을 보장해주고 있다.

교사의 소양 제고를 위해 세계 각국은 교사의 재직 중 연수와 교육을 매우 중시하고 있다. 여러 국가는 교육 입법의 형식으로 각종 우대조건을 제공해 교사들의 연수 참가를 유도하고 있다. 프랑스는 평생교육 입법을 통과시켜 교사의 년 2주간 교육연수 참가 및 임금 총액의 5%를 연수에 할애하도록 하는 법안을 의무화했다. 교사가 참가하는 연수의 질을 검사, 보장하기 위해 일부 국가에는 아예 연수 후 심사 제도까지 실시하고 있다.

결론적으로 교사의 소양 향상 및 지위 향상은 동전의 양면으로서 교육수준과 국민의 소양 향상에 바로 직결된다. 교사의 업무 특징과 그 가치를 정확히 인식하고, 교사의 경제적 지위와 사회적 지위를 크게 향상시키며 효과적인 방안들을 통해 교사의 소양을 발전시킬 때만 중국

교육의 양성순환체제도 형성될 것이다.

03

학업에
싫증을 느끼는
심리 분석

학업에 대한 싫증은 마치 유행처럼 널리 퍼지고 있다. 학업에 대한 싫증은 마치 바이러스처럼 캠퍼스 전체에 악성으로 전파, 확산되어 그 범위를 점점 넓혀가고 있다. 그 피해는 이미 1988년 초 상하이, 항저우 杭州 일대에서 유행했던 전염성 A형 간염을 넘어섰다. 조용하던 캠퍼스가 들썩이기 시작하더니 3,000만 명의 초, 중, 고등학생이 잇달아 학교를 그만두었다. 많은 이들이 소년공, 소년농, 소년 장사꾼이 되었다. 고등 교육기관 내에서 책에 파묻혀 살던 사람들은 사라지고 어느덧 춤, 오락, 스포츠 등이 캠퍼스 문화에서 중요한 지위를 누리게 되었다.

인간의 체내에 전염되는 바이러스는 오늘날의 의료기술로 거의 모두 치료가 가능하다. 그러나 인간의 영혼에 침입한 바이러스를 치료하기란 말처럼 쉬운 일이 아니다. 만약 학업에 대한 싫증이라는 시대의 질병을 뿌리째 뽑아낼 효율적인 조치를 취하지 않는다면 중국인은 향후 자신의 힘으로 세계무대에 설 수 없을 것이다.

1. 학업에 싫증을 느끼는 여러 가지 모습

학업에 싫증을 느끼는 심리 상태는 일련의 행위를 통해 표현된다. 여기서 우리는 여러 학교를 살펴봄으로써 학업에 싫증을 느끼는 여러 모습을 묘사하고 깊이 생각해 볼 필요가 있다.

(1) 학생 이탈 문제

학교를 떠난 학생의 숫자야말로 학업에 대한 싫증이 얼마나 심각한지를 반영하는 바로미터이다. 초등학교부터 중학교, 고등학교, 대학교, 대학원 석사과정, 대학원 박사과정에 이르기까지 각 과정마다 학생 이탈은 골고루 행해지고 있다. 통계에 따르면 1984년에는 전국적으로 400만 명의 초, 중, 고등학생이 학교를 그만두었지만 1987년에는 600만 명으로 증가하였다. 1980년부터 1987년까지 전국적으로 총 3,000만 명의 초, 중, 고등학생이 학교를 그만두었다. 장시성 광펑廣豐현 교육국의 조사에 따르면 현 전체 초등학교에서 1988년 상반기에만 2,099명의 학생이 이탈했으며, 중학교에서는 한 학기 동안 총 2,341명이 학교를 그만두었다. 그 중, 농촌 초등학생의 이탈률이 약 2.19%, 농촌 중학생의 이탈률이 약 9.12%이다. 다스마을大石鄕중학교는 1985년 중학교 1학년 총 6개 반을 모집했으나, 1988년 3학년이 되었을 때는 4개 반으로 줄어있었고, 학생수는 394명에서 195명으로 감소하였다. 3년 동안의 이탈률이 무려 50.51%에 달한다. 과거에 학생 이탈률이 항상 매우 적었던 우수 고등학교와 중학교에서도 1988년 상반기에만 약 100명의 학생이 자퇴하였다. 톈진시에서 1986년 9월부터 1987년 5월까지 8개월 동안 학교를 이탈한 학생은 총 11,413명에 달하였는데 그 중 농촌의 비율이 5.9%에 이르렀다. 1987년 전국적으로 자퇴하는 석사 대학원생의 수는 700여 명에 달하였다.

그렇다면 학생은 어디로 이탈하는 것인가? 상당수가 소년공, 소년농, 소년 장사꾼이 된다. 많은 대도시에서 농촌에서 온 열두어 살짜리 소상인을 흔히 볼 수 있다. 일부 농민 무리에서는 소년농이 1/4을 차지하기도 한다. 장시성 어느 마을의 조사에 따르면 이 마을에는 15세 이하의 소년농이 181명, 부모를 도와 장사를 하는 소년 장사꾼이 41명이나 있다고 한다. 이들 소년농, 소년 장사꾼 가운데 여자아이가 무려 85%에 달한다. 허베이河北 취양曲陽현 16개 마을의 공업, 부업 가운데에는 약 420명에 달하는 소년공이 있다. 그들은 대리석 조각, 돌멩이 깨기, 운송 등 고된 육체노동에 종사한다. 원저우溫州, 선전沈圳 등 지역의 소년공 현황은 더욱 걱정스럽다. 예를 들어 원저우 진샹金鄕의 수백 개 가정 작업장에서는 무려 450명의 소년공을 고용하였다. 선전시에서 검사한 206개 기업 가운데 무려 44개의 기업이 소년공을 고용하였다. 그 중, 바오안寶安현 룽강龍崗진 바오리寶利전자는 전체 직원 238명 가운데 1/3인 89명의 16세 이하 소년공을 고용했다. 이들 소년공의 업무 및 생활 조건은 매우 형편없어 많은 아이들이 한 침대에 두세 명씩 끼어 자고, 매일 9시간 이상의 긴장된 노동을 지속하며 성인의 절반밖에 되지 않는 임금을 받는다. 그들은 고사리 같은 손으로 얼마 되지도 않는 돈을 위해 일한다. 일부 아이들은 자신의 이름조차 쓸 줄 몰라 업무카드에 손자국을 찍을 수밖에 없다. 그러나 학교는 이들 아이들 및 학부모들에게 아무런 매력을 느끼지 못하고 결국 버젓한 《의무교육법義務敎育法》조차도 아무런 구속력도 없는 유명무실한 법으로 만들어버렸다.

(2) 학업 분위기를 흐리는 현상

새로운 독서 무용론은 상당수의 십대 학생들로 하여금 공부를 포기하고 학교를 떠나도록 했을 뿐 아니라 학교에 남은 학생들도 학습에 소극적이고 게을러지게끔 했다. 어느 학교의 교사가 학생들에게 "중국에 대학이 그렇게도 많은데 모두 남을 위해서만 존재하겠니? 그러니 열심히 노력하면 대학에 들어갈 수 있단다."라고 말하자 금세 학생들이 '반박'하고 나섰다. "중국에 사람이 이렇게 많은데 어떻게 다 대학에 갈 수 있단 말입니까?" "희망이 없다는 걸 알면서 괜히 힘만 빼게 공부는 왜 하죠?" 학생들의 말에 교사는 꿀 먹은 벙어리마냥 입을 다물고 있을 수밖에 없었다. 일부 교사들은 학생들이 관심을 갖고 있는 문제를 통해 학습 의지를 불어넣기 위해 "장사를 하려고 해도 지식이 있어야 한단다."라고 말하기도 한다. 그러면 학생들은 금세 "그건 그때 가서 다시 말해요! 길은 9,999갈래나 있다고요!" "우리 할아버지, 할머니는 아르키메데스의 원리니 산화환원반응이니 피타고라스 정리를 모르는데도 잘 살고 계시잖아요?"라고 되받아친다. 교사들은 가끔씩 학생을 자극해 분발시키기 위해 "누구누구는 너보다 성적이 안 좋았었는데 지금은 너보다 몇 배는 성적이 좋아졌단다."라고 말하지만 학생들의 대답은 간단하다. "마음대로 하라고 그러세요, 상관없어요." 중, 고등학생들은 '상관없다.'라는 말을 달고 사는 듯하다. 혹자는 지금 세대의 중, 고등학생들을 '상관없는' 세대라고 부르기도 한다.

대학생 사이에서 학업 분위기를 흐리는 현상은 더욱 심각하다. 어느 캠퍼스에서는 "삶은 happy해야 하니 무엇 때문에 종일 study를 하는가? 시험을 pass하기만 하면 증서를 갖고 go away하라."라는 말이 유행하고 있다고 한다. 대학생 가운데는 이처럼 하루하루 적당히 살아가는 학생들이 많다. 어떤 학생들은 '9·3학사學社'라 불리는데 이는 아침에는 9시에 일어나고 점심때에는 3시까지 낮잠을 자는 학생을 일컫는 말이다. 어떤 학생은 '토플파托派'라 불리는데 이들은 '토플'을 보고 외국 유학을 가고 싶어 하는 학생들이다. 어떤 학생들은 '마장파麻派'라 불리는데 이는 늦은 밤까지 마장을 하는 학생들을 일컫는다. '댄스파舞派'라고 불리는 학생도 있는데 매일매일 춤을 춰야 하는 학생들을 일컫는다. 아울러 큐피드의 화살이 캠퍼스 전체를 날아다니는 바람에 대낮에는 남녀가 쌍쌍이 짝을 지어 어깨동무를 하고 허리에 팔을 두르고 캠퍼스를 돌아다니고, 밤에는 나무그늘 아래, 모퉁이에서 더욱 열렬히 '사랑을 나눈다.' 혼전임신은 이미 대단한 일이 아니다. 장쑤江蘇 모 대학에서 실시한 조사에 따르면 42%의 학생들이 학업에 대한 싫증을 드러냈고, 사범대학에서는 무려 62%의 학생들이 공부를 하기 싫다거나 공부에 대한 흥미가 없다는 사실을 드러냈다.

(3) 고사장에서의 부정행위

　시험 시간에 이루어지는 부정행위 역시 학업에 대한 싫증을 나타내는 행위이다. 초, 중, 고등학교, 특히 대학교 고사장에서는 부정행위 문제가 나날이 심각해지고 있다. 《중국청년보中國靑年報》의 왕파카이汪發楷 기자가 우한시 10여 개 고등교육기관을 방문하여 부정행위 이야기들을 기록한 바 있다.

　이야기 하나 : 빨간 치마의 용도

　빨간 치마는 작렬하는 태양 아래서 더욱 눈부시다. 한 여학생이 고사장으로 들어서기 전에 다시 한 번 빨간 치마 밑에 숨겨진 '허벅지의 비밀번호'를 확인하고는 얼굴 가득 득의양양한 미소를 띠운다.

　여학생이 허벅지에 쓴 것은 고등수학 시험과 관련된 핵심 내용이었다. 고사장에서 그녀가 매혹적인 빨간 치마를 다섯 번째로 들추었을 때 시험 감독 중이던 남자 선생님이 여자 선생님을 부르러 나갈 줄 누가 예상이나 했을까……

　이야기 둘 : 파스의 특효

　고전문학 시험시간이 다가왔다. 평상시에 그다지 열심히 공부하지 않는 한 학생이 열심히 새로운 부정행위 '방법'을 연구한다. 그러나 학교에서 이번에는 100여 명의 감독관을 동원하여 교실마다 5명 정도의 감독관을 배치하기로 했기에 예전처럼 몰래 책이나 종이를 보는 방법은 쉽게 발각될 것이 틀림없었다.

어떻게 하지? 이마를 잔뜩 찌푸리고 있던 찰나에 좋은 생각이 떠올랐다. 그는 《취옹정기醉翁亭記》의 특색, 이백, 두보의 시구…… 등을 파스 위에 깨알같이 써내려갔다. 그런 후 소매로 가릴 수 있는 양쪽 팔목에 붙였다.

파스가 정말 '특효'를 발휘한 것이다! 그는 83점을 받았다.

이야기 셋 : 카드게임계 신예의 절묘한 수

카드게임계의 신예 네 명은 고사장에서도 그 능력을 발휘하는 법이다. 그들은 게임 판에서 쓰는 고도의 부정행위 기술을 영어 시험에 응용했다.

그들은 카드게임에서 자주 쓰이는 신체를 만져 서로의 카드를 알려주는 방법을 사용했다. 눈을 만지면 A, 귀를 만지면 B, 코를 만지면 C, 입을 만지면 D였다.

시험이 끝난 후 그들이 사실을 말하지 않았다면 선생님도 학생들도 이를 눈치 채지 못했을 것이다.

이야기 넷 : 신비한 대리인

동향이라는 이유로 A는 B의 대리인으로 B를 대신해 컴퓨터 시험을 치렀다.

교실에는 학생들도 너무 많고, 조교도 오지 않아 이 '우등생'은 금세 마음의 평정을 찾을 수 있었고 아무도 그가 대리인이라는 사실을 알아

채지 못했다.

　A는 일필휘지로 써내려가 제한 시간이 끝나기도 전에 시험지를 제출했다. 학교 근처 음식점에서는 B가 이미 풍성한 만찬을 차려놓고 A를 기다리고 있었다.

　이처럼 황당한 이야기들을 통해 고사장에서 학생들의 부정행위가 점점 더 광범위해지고, 학생들은 겁도 없이 대담해지며, 수단도 점점 교묘해지고 있음을 알 수 있다. 개별적인 부정행위는 이미 '단체의 협동에 의한' 부정행위로 커졌고, 과거 쪽지를 몰래 훔쳐보던 방법은 더욱 '현대화'된 수단으로 변화하였다. 이처럼 부정행위를 통해 시험에 합격하고 증서를 받는 현상 속에서 학업에 대한 싫증은 나날이 심각해지고 있음을 알 수 있다.

(4) 장사 열풍

　상품경제 개념이 사회 깊숙이 침투하자 캠퍼스에도 '장사 열풍'이 몰아닥쳤다. '장사 열풍'은 학업에 싫증을 내는 풍토와 함께 신속하게 퍼져나가기 시작했다. 많은 중, 고등학생들이 《하버드 MBA에서도 배울 수 없는 비즈니스 현실감각》, 《돈 버는 기술》과 같은 책을 즐겨 읽으며 큰돈을 버는 개인 상공업자들을 부러워한다. 장사 열풍에 빠진지 한 달 남짓 된 고등학생은 말한다. "대학에 들어가는 길은 너무 비좁아서 싫어요. 장사, 돈 버는 법을 배우는 일, 이것이야말로 제가 바라던 바에요. 실패한다고 해도 재미있을 것 같아요." 어머니의 장사를 돕고 있는 '어린 상인'은 학생들에게 다음과 같이 말한다. "학교 다닐 때에는 돈이 없어서 하고 싶은 일이 있어도 할 수가 없었어요. 그런데 엄마를 도와 실을 팔고 나서는 하루에 20위안을 넘게 벌어요. 공부가 무슨 소용이 있나요? 며칠 전에 학교 친구가 찾아와 학교가 생각나지 않는지 묻더라고요. 생각나긴 무슨. 제가 말했어요. '너희가 대학 합격증을 받을 때, 나는 영업허가증을 받을 거야. 너희가 대학 졸업장을 쥐고 있을 때, 나는 유명한 백만장자가 되어 손에는 명함을 쥐고 있을 거야. 그때 가서 누가 더 폼 날지 어디 한번 경쟁해 보자고.' 다들 부러워서 저한테 장사는 어떻게 하는 것인지 묻더라고요……"

대학 캠퍼스의 장사 열풍은 이보다 더하면 더하지 못하지는 않다. '졸업 대 바겐세일' 같은 광고들이 떳떳하게 '누구누구 교수가 무슨 무슨 강의를 주최한다.'는 포스터와 어깨를 나란히 하고 있다. 식당, 기숙사 앞에는 자리를 깔고 물건을 팔며 소리를 지르는 학생들의 고함소리로 가득하다. 베이징의 어느 대학에는 학생들이 책을 파는 노점상이 20여 개가 있다. 이 학교 기계과의 한 학생은 전병을 만들어 파는데 매일 수입이 30위안에서 40위안 정도 되어 많은 학생들의 부러움을 사고 있다. 쓰촨四川에서 온 한 공대생은 연하장을 팔아 재미를 보고는 자퇴를 하고 본격적으로 장사에 뛰어들려고 했으나 학교의 만류로 뜻을 이루지 못하였다. 뛰어난 인재였던 그는 졸업 후 한 연구소에 들어갔지만 2개월 만에 사직서를 제출하고는 다시 모교로 돌아와 노점상을 차렸다. 윈난雲南 '담배의 고장' 위시玉溪시의 한 대학생은 유명 담배 암거래로 이미 몇 만 위안을 벌어들였다. 그러나 이는 베이징 모 공과대학의 한 학생에 비하면 푼돈에 불과하다. 그는 이미 수십만 위안 이상의 거액을 가진 갑부이며, 고향의 모 회사 베이징지사의 사무원을 겸임하고 있다. 저장성의 세 대학원생은 학교를 떠나 밖에서 회사를 차렸는데 그 중 한 명은 1년 동안 박사 과정을 공부하다가 중도에 그만두었다. '박사모'의 오랜 꿈이 돈 앞에서 무너져버린 것이다.

통계에 따르면 대학입시의 경쟁률은 1978년의 6 : 1에서 1988년에는 1.92 : 1로 떨어졌다. 1988년에는 전국적으로 대학 입시를 포기한 인원이 7.8%에 달했다고 한다. 일부 대학의 대학원생 관리부서에서는 모집인원이 응시인원보다 많으며 일부 전공은 아무도 응시하지 않는다고 하소연하고 있다. 학업에 싫증내는 현상은 캠퍼스 내에서 발생하는 일종의 문화현상일 뿐이지만 이미 중국의 앞날에 걱정거리를 묻어둔 셈이다.

2. 도구주의道具主義의 비극

예로부터 중국의 문인들은 '책 가운데 자연히 황금옥이 있고, 책 가운데 자연히 옥 같은 얼굴의 여인이 있으며, 책 가운데 자연히 천 가지의 곡식이 있다.'고 했다. 독서가 재물과 미녀를 얻는 길이라는 뜻이다.

현대사회에서 '독서가 가장 가치 있는 일'이라 믿는 사람들은 이미 거의 사라졌지만 독서의 '도구주의'는 여전히 영향을 미치고 있다. 사람들은 늘 독서와 학습 자체가 사람들에게 직접적인 향유를 가져다주지 못하고, 독서와 학습 자체에 직접적인 가치와 이익은 존재하지 않으며 단지 다른 목적을 위한 수단 혹은 도구가 될 뿐이라고 생각한다. 사람들이 책을 읽는 것은 단지 매력적인 '장래' 때문이다. 그리고 어느 날 그 수단 혹은 도구가 목적을 이루어지지 못한다면 더 이상의 존재가치는 없다. 때문에 중국인의 독서 '한기'와 '열기'는 바로 이러한 독서의 가치관의 변화 궤적을 반영해왔다.

여기서 우리는 최근 십여 년 동안 두 차례 발생한 바 있는 중국인들의 독서와 학습에 대한 관념의 변화에 대해 고찰해 보아도 무방할 것이다. 문화 대혁명文化大革命에 의한 10년간의 대재난을 겪은 후, 중국에는 전례 없는 '문화 가뭄'이 등장하여 지식계는 공백 상태가 되었고 사회 각 영역에서는 각종 인재를 절실히 필요로 하게 되었다. 마치 전염병이 휩쓸고 간 후의 건강증명서처럼 '졸업장'을 가진 사람은 사회적으로 어디든 통과할 수 있는 통행증을 가진 것이나 마찬가지가 되었다. 덕분에 지식인들이 여러 영역에서 지도자의 위치에 오를 수 있었고, 이로 인해 졸업장은 모든 사람들이 꿈꾸는 욕망의 대상이 되었다. 사회적으로 일순간 전례 없던 독서열풍, 졸업장 취득열풍이 불었다. 이러한 전 국민적인 학습열풍은 기쁜 일이지만 이러한 열풍 가운데 '도구주의' 색채가 짙게 드리워져 있었다는 사실은 부정할 수가 없다.

졸업장 소지자의 숫자가 점점 더 늘어나면서 졸업장의 지위는 점점 하락하였다. 바로 이때 상품경제의 파도가 중국을 휩쓸었고, 개혁개방은 중국의 사상관념과 행동방식에 거대한 변화를 가져다주었으며, 점점 더 많은 '일부 사람들'이 앞서서 부를 누리게 되었다. 이에 사람들은 '졸업장을 가진 사람보다는 졸업장이 없는 사람이 낫고, 지식이 많은 사람보다는 지식이 적은 사람이 낫다.'라는 법칙을 발견하게 되었다. 원저우시 류시柳市중학교에 갓 부임한 26세 교사 린여우린林優林에게는 두 명의 형제가 있다. 초등학교 졸업자인 큰형은 10만 위안을 들여 4층짜리 건물을 지었다. 고등학교 졸업자인 둘째 형은 3층짜리 건물을 지었다. 린여우린은 전문대 졸업자이지만 부모님이 물려주신 작은 집에 살고 있다. 건물을 짓는 건 고사하고, 결혼은 꿈도 못 꾸는데다 사적의 압력까지 받고 있다. 때문에 공부에 대한 열정은 나날이 감퇴하고, 금세 학업에 싫증을 느낄 수밖에 없다.

우리는 독서를 취미이자 인격을 연마하는 생활의 일부로 생각하는 경우가 드물고, 독서를 즐거운 일이라 생각하는 사람은 더욱 드물다. 단지 공부는 힘들다는 생각만 주입시킬 뿐이다. 학부모들 역시 아이들에게 "열심히 공부해. 지금 힘든 건 아무것도 아니야. 앞으로…… "라고 타이른다. 마치 공부가 '고생'을 배우는 것이라도 되는 듯 말이다.

3. 지도적 메커니즘 부재

도구주의가 학업에 싫증을 내는 심리를 만연케 했다는 질책은 피할 수 없지만 그렇다고 해서 사회의 지도적 메커니즘이 그 책임을 벗었다는 뜻은 아니다. 사실상, '도구주의'의 해악에서 완전히 해방되는 것은 불가능한 일이다. 사회 구성원인 이상, 부지불식중 사회의 지도적 메커니즘과 사회 가치관의 영향을 받게 된다. 만일 '도구주의'가 학업에 싫증을 내는 심리를 초래한 주관적 원인제공자라면, 사회의 지도적 메커니즘은 학업에 싫증을 내는 심리의 객관적 원인제공자이다.

사회의 지도적 메커니즘은 대개 사회의 분배 메커니즘을 통해 실현된다. 사회의 분배 메커니즘은 천칭의 양팔이 육체노동으로 기울 것인지, 아니면 정신노동으로 기울 것인지를 결정한다. 이는 직업선택과 일상생활의 행동방식에도 매우 중요한 영향을 끼친다. 만일 지식가치를 중심으로 하는 사회분배 메커니즘이라면, 지식인은 수입이 많고 그가 하는 일은 사회에서 '선망의 직업'이 된다. 지식인과 인재의 가치 역시 인정을 받게 된다. 사람들은 지식인과 인재를 존중할 뿐 아니라 수단과 방법을 다해 지식을 습득하고 인재가 되려 할 것이다. 그 반대의 경우라면, 사람들은 지식을 폄하하고 인재를 경시할 것이다. 이런 각도에서 본다면 사회에 나타난 학업에 싫증을 내는 심리는 사회의 분배 메커니즘과 밀접한 관계를 갖고 있다.

현재 우리사회의 분배 메커니즘은 불합리하다. 그 전형적인 모습이 바로 4가지 역전현상이다.

먼저, 노동량에 따른 분배영역 및 노동량에 관계없는 분배영역의 수입의 역전. 즉 노동량을 기준으로 하는 분배영역에서도 평균주의는 아직 완전히 해결되지 않았지만, 노동량에 관계없는 분배영역에서 일부 사람들은 매우 빠른 속도로 먼저 부유해지기 시작했다. 이 현상이 순환, 누적되며 기타 사회 구성원간의 수입 격차는 신속하게 벌어지고 있다.

두 번째, 생산자와 유통업자의 수입 역전

세 번째, 정신노동과 육체노동, 숙련노동과 단순노동 간의 역전

네 번째, 대다수의 합법적인 수입과 극소수 벼락부자들의 비합법적인 수입의 역전

이 네 가지 역전 중 특히 세 번째 역전현상이 제일 심각하며, 많은 유행어를 통해서도 이 문제를 엿볼 수 있다. "노점상은 돈을 벌어도 회사원은 가난해진다. 관리는 기름기가 좔좔 흐르지만 정신노동자는 생활이 곤궁해진다. 대학 졸업장 있다고 자랑하지 마라. 그래봐야 공사판 인부보다 못하다." "십년 동안 열심히 공부해봐야 자영업자만 못하다." "원자탄을 만들 줄 아느니 차라리 찐 달걀을 파는 게 낫다. 수술메스를 드느니 차라리 이발사의 면도칼을 드는 게 낫다." 등등. 사회학자는 학업에 싫증을 내는 현상의 원인을 이렇게 분석했다. "공부를 해도 소용이 없다는 게 아니라, 공부를 해도 돈을 못 번다는 겁니다! 소용이 없는 건 현상이고, 돈을 못 버는 건 본질이죠!" 이는 사회분배 메커니즘의 불합리성을 설명하고 있다.

여기 전형적인 예가 있다. 저장대학에 재직하는 교수 부부가 있었다. 부부 둘 다 부교수로 슬하에 3남매를 두었다. 그들은 일생 동안 책밖에 몰랐고 집은 텅텅 비어있었다. 첫째와 둘째는 대학을 졸업했지만 살림은 여전히 가난했다. 몇 년 전 막내딸이 대입에 실패해 항저우시 한 고급 호텔의 매니저 어시스턴트로 취직했는데, 그 몇 년 후, 집안에는 큰 변화가 일어나기 시작했다. 가난뱅이 학자의 집에 컬러TV와 냉장고가 들어오고 현대식 가구가 집안을 빛내준 것이다. 노 교수는 고백했다.

"집안에 값나가는 물건은 전부 막내딸이 사온 겁니다." 이 말은 노 교수의 자랑이었을까? 아니면 비탄이었을까? 한평생 교육에 헌신해 많은 제자들을 거두고 큰 공헌을 했는데도 형편은 왜 대학도 못 나온 어린 딸보다 못했을까! 숙련노동과 단순노동의 '역전'이야말로 사람의 마음을 찢어지게 한다.

터놓고 이야기하자면 학업을 싫어하는 현상은 교육 본래의 문제와 관련이 있다. 류다오위劉道玉은 대학생이 학업에 싫증을 내는 원인을 분석하며 말했다. "사회적인 원인 외에 대학의 교육내용과 방법이 고루하고 시대에 뒤떨어진 점도 중요한 원인입니다. 교수의 강의내용 중 최신 과학지식에 관한 내용은 많지 않습니다. 학생들이 생각하는 질문에 대답할 수도 없을뿐더러 사회 경쟁력도 향상시킬 수 없습니다. 교수의 수업방식이란 교수가 말을 하고 학생은 조용히 듣기만 하는 겁니다. 이런 강의방식은 제지술이 발명되기 전에 학생들이 적을 교과서도 없던 때나 있을 방식입니다. 아직까지도 그런 케케묵은 방식으로 대학생들을 가르친다면 저보고 대학을 다시 다니라고 해도 저도 학업을 기피할 겁니다." 이는 우리가 장쑤성 모 고등교육기관에서 실시한 조사와 결과가 일치하는 의견이다. 조사 결과, 학업에 싫증을 내는 원인으로 85%의 대학생이 '전공 개설과목 불합리, 쓸모없는 지식 공부' '지식의 노화老化, 현대사회에 적용이 불가능한 지식' '학교의 비과학적 관리, 비합리적 조항 너무 많음' '구식 교육체제가 인재양성의 걸림돌로 작용' 등을 꼽았다. 95%의 학생들은 학교가 공공관리, 화술, 무역, 경제 등 현대사회에 필요한 과목을 개설해야 한다고 생각했다. 80%의 학생들은 교수가 틀에 박힌 강의 대신 생기 넘치는 강의내용 구성을 위해 노력하길 원했다. 75%의 학생은 현행 시험제도의 개혁을 요구했다. 95%의 학생은 교수가 새로운 사상과 관점을 가지고 생동감 있고 활기 넘치는 수업을 해주길 원했다. 생동감 있고 활기 넘치는 수업, 신선하고 독창적인 강의내용 여부는 교수가 교육자로서 매력을 가지고 있는지 여부를 판가름하는 지표인 동시에, 학생들이 교수와 과목, 공부를 좋아하게 되는 중요한 원인이다.

초, 중, 고등학교의 교육상황 역시 별반 차이가 없다. 초, 중, 고등학교 학생들의 책가방은 점점 더 무거워져간다. 하지만 그들의 마음은 책가방보다 더 무겁다. 매 과목 교과서 외에도 과목마다 수련장과 테스트북, 자습과 과외, 복습 자료 등 별도의 부담이 있고, 각양각색의 '레벨업 교육'은 늘어나기만 할 뿐 전혀 줄어들 기미가 안 보인다. 학업은 부담이요, 교사는 학생을 괴롭히는 악당이라면 학생들은 무슨 신이 나서 공부를 할까? 공부에 대한 혐오감이 생기지 않겠는가? 그래서 어떤 중고생은 드러내놓고 말한다. "공부보다 선생님이 더 싫어요." 만일 공부가 부담으로 다가오지 않는다면 교사는 학생의 친구가 될 것이요, 학교는 가정, 낙원, 꽃밭이 될 테니 학생도 공부를 천신만고의 길로만 여기진 않을 것이다.

4. 소 잃고 외양간 고치기

전국戰國시대, 장신莊辛은 다음과 같은 명언을 남겼다. "토끼를 보고 나서 사냥개를 불러도 늦지 않고, 양이 달아난 뒤에 우리를 고쳐도 늦지 않다見兎而顧犬, 未爲晚也, 亡羊而補牢, 未爲遲也." 학업에 싫증을 내는 문제에 대해서도 우리는 이런 태도를 취해야 할 것이다.

급선무는 지식과 인재를 존중하는 관념을 민족의 가치의식 혹은 사회의식으로 끌어올려 '지식을 경시하는 것을 수치로 여기고, 지식을 중시하는 것을 영광스럽게 생각하는' 사회적 기풍을 주장하고, 사람들이 지식을 추구하고 열심히 공부하는 데 유리한 사회적 환경을 만드는 일이다. 첸쉐썬錢學森은 일찍이 "경제의 경쟁은 바로 지식과 지력의 경쟁이다. 교육을 소홀히 하는 것은 만성자살과 같다."라고 한 바 있다. 역사적으로, 특히 세계 근대사를 통해 우리는 학문과 교육을 중시한 민족만이 세계적으로 찬란한 문화를 창조하고, 발전된 국가를 건설했다는 사실을 알 수 있다. 때문에 우리는 반드시 사회적 여론을 불러 일으켜 모든 국민이 '지식을 중시하지 않는 국가는 낙후하게 되며, 낙후는 곧 구타를 당하고 망하는 길'이라는 우환의식을 갖도록 해야만 한다. 후손들의 행복을 위해, 그리고 조국의 강성한 미래를 위해, 반드시 지식을 존중하고 인재를 존중하고 교육을 존중해야 한다.

다음으로 두뇌와 육체가 전도되어 있는 현재의 비정상적이고 불합리한 상황을 신속히 바로잡아야 한다. 정신노동이 육체노동보다 못하고, 복잡한 노동이 복잡하지 않은 노동보다 못하고, 힘든 정신노동이 힘들지 않은 정신노동보다 못한 괴현상이 우리의 가치체계를 어지럽히고 있다. 때문에 반드시 정신노동 생산의 가치관에 따라 사회의 거시적 체계를 운용하고, 최대한 빨리 정신노동자(특히 교육, 과학연구 기관)의 수입을 대폭 올려줘야 한다. 과거처럼 '물가가 1m 오르면 지식인의 대우는 0.1m 향상되고, 다른 영역에 대한 대우는 0.8m 향상되는' 일, 그리고 '모든 물건의 가격이 오르고 가치가 상승하는데 폐품과 지식인의 가격과 가치만 하락'하는 일이 있어서는 안 된다.

지식과 인재를 존중하는 문제가 해결되지 않으면 사회 전반에 걸친 학습 분위기를 형성할 수 없고, 학업에 싫증을 내는 행위의 만연을 막을 수 없다. 저장성 어느 대학생이 구혼을 하다 굴욕을 당한 비극이 이 문제를 잘 성명해준다. 이 학생은 품행과 학문이 모두 뛰어난 청년으로, 구혼광고를 통해 얼굴도 알지 못하는 여성의 욕설과 비웃음을 사게 되리라고는 전혀 상상도 못했다. 그 여성은 편지를 통해 다음과 같이 말했다. "공부는 어렵고 힘들어요. 공부가 대체 어디에 쓸모 있어요? 펜대를 잡고 있느니 차라리 구걸을 하는 게 나아요. 당신처럼 시대에 뒤떨어진 사람은 순전히 대학생들에게 웃음거리만 될 뿐인 걸요. 학력이 밥 먹여주지 않고 이상은 돈을 벌어다 주지 않아요. 요즘 아가씨들은 전부 돈을 1순위로 생각하기 때문에 당신처럼 돈 한 푼 없고 펜만 있는 사람은 50살도 더 된 늙은 마누라밖에 얻지 못할걸요? 만약 당신이 나중에 마누라를 얻게 된다면 자식은 대학을 못 가게 하세요. 지금은 컴퓨터가 다 알아서 해주니까 초등학교 5학년까지만 다니면 충분해요." 지식가치의 하락, 가치기준 상실 이후 생겨난 사회심리의 반향을 충분히 설명하고 있지 않은가? 만약 '작은 지식으로 큰돈을 벌고, 큰 지식으로는 적은 돈을 벌고, 고급 지식으로는 돈을 벌지 못하는' 현상이 변하지 않으면 공부를 하는 사람은 힘을 잃기 마련이다. 불행하게도 바로 이 여성의 '고견'이 현실로 나타날지도 모른다. 현대화의 본질은 지식가치 사회이다. 신속히 사회의 거시적 체계를 조정하여 지식의 가치가 제자리를 찾도록 해야만 근본적인 사회규범의 전환을 이룰 수 있고, 이를 통해 이 세대의 병인 '학업에 싫증을 느끼는 병'을 고칠 수 있다.

《의무교육법》을 철저히 지키는 일 역시 '외양간을 고치는' 중요한 조치이다. 유네스코《1960~1982년 세계 교육통계 개설》의 통계에 따르면 전 세계 199개 국가와 지역 가운데 의무교육 실시를 선언한 나라는 168개로 84.4%를 차지하며 현재는 이미 이 숫자를 초과하였다. 중국은 1986년 4월 12일, 제6차 인민대표대회 제4차 회의에서 정식으로 의무교육법을 통과시켰으나 적절한 조치가 수반되지 못해 각 지역정부의 부서, 기업, 국민들은 이를 따를 수가 없었다. 때문에 유명무실한 법규로 '이탈'률은 나날이 높아지고 '소년공' '소년농' '소년 장사꾼' 문제도 해결되지 않았다. 국외 많은 국가들은 여러 구제적인 조치들을 통해 의무교육법의 시행을 보장한다. 일찍이《의무교육법》을 공포한 독일은 취학 적령기의 아이들을 입학시키는 것을 부모의 의무로 규정지어 자녀가 중도에 학업을 그만둘 경우 벌금을 부과하거나 임금을 삭감하게끔 했다. 또한 경찰과 성년에게는 길거리를 방황하는 아이들을 보면 학교로 돌려보내야 한다. 19세기 후반, 선진국에서는 앞 다투어 의무교육을 보급시킬 법규와 관련 조치들을 확립하여 몇십 년 동안 끊임없는 노력을 기울였다. 이러한 점은 중국도 본받아야 마땅하다. 입법도 중요하지만 법이 엄격히 집행되지 않는다면 제아무리 선진적인 교육법이라 할지라도 무용지물이 되기 마련이다.

전통적인 교육방법과 교육 콘텐츠를 개혁하고, 학생들의 부담을 경감시켜 주는 일은 '외양간을 고치는' 데 소홀히 할 수 없는 중요한 일환이다. 초, 중, 고등학생의 이탈은 어떻게 보면 교육 부문 내부에서 단편적으로 진학률만을 추구한 데서 비롯된 결과이기도 하다. 긴장되고 단조로운 학교생활로 인해 점점 더 많은 학생들이 학업에 흥미를 잃고 있는 형편이다. 일부 교사들은 대다수의 학생들을 포기하고 일부 '희망이 있고' '성적이 특출한 학생'들만 편애하며 대부분의 정력을 그 아이들에게 쏟는다. 때문에 성적이 떨어지는 학생들은 점점 교사와 학교에 마음을 두지 못하게 되고 점점 더 부담만 가중되어 학업을 포기해버리고만다. 장쑤성 창수常熟시 구리古裏중, 고등학교의 자퇴생 186명 가운데 무려 167명이 성적 때문에 학교를 떠났다고 말한다.

고등교육기관이 상황도 이와 다를 바 없다. 상당수 고등교육기관의 커리큘럼이 진부하고, 교사들은 누렇게 바랜 강의 원고를 그대로 읽는 수준이다. '수업시간에는 필기를 하고, 시험 볼 때는 필기를 외우고, 시험이 끝나면 잊어버리고' '기숙사－교실－식당'을 오가는 단조로운 반복은 학생들의 마음을 산산이 부순다. 생각해보라. 학생이 캠퍼스의 생활이 따분하고 재미가 없다고 여긴다면, 자신에게 냉담하고 관심을 가지지 않는 교사와 실망스러운 시험을 마주한다면 어떻게 학업에 대한 열정에 불을 붙이겠는가? 그리하여 일부 학교들은 교학 개혁을 통해 필수과목을 줄이고 선택과목을 늘렸으며, 또한 학생들이 지정된 시간에 바둑, 장기, 전자 키보드, 탁구 등의 동아리 활동을 하도록 정해 학생들의 환영을 받았다. 이를 통해 이 같은 방법이 학생의 학업 적극성을 끌어올리고 학업에 대한 싫증을 해결할 효율적인 방법이라는 사실을 발견했다.

유네스코는 1989년을 세계문맹퇴치의 해로 선포하였다. 오늘날 선진국의 15세 이상 문맹인구는 동일 연령 전체 인구의 2%이지만 중국은 무려 30.7%에 달한다. 게다가 중국은 매년 200만 명 이상의 새로운 문맹인구가 끊임없이 '솟아난다.' 문맹퇴치는 '퇴치' 뿐만이 아니라 '예방'까지도 필요한 작업이다. 때문에 효율적이고 강력한 조치를 취해 새로운 문맹의 탄생을 막는 데 주력하여야 할 것이다. 오늘날에는 특히 학생이 학업에 싫증을 느끼는 문제를 해결하는 데 초점을 맞춰야 한다. '양이 달아난 뒤에 우리를 고쳐도 늦지 않다.'는 말을 기억해야 할 것이다.

04

기형적 결합

1958년, 마오쩌둥은 한 연설에서 이렇게 말했다. "교육은 반드시 무산 계급 정치를 위해 일해야 하며, 반드시 생산노동과 결합되어야 한다. 노동자인민은 지식화 되어야 하며 지식인은 노동화 되어야 한다."

한 국가의 교육방침으로, 특히 사회주의 국가의 교육방침으로서 이는 매우 정확한 사상이었다. 그러나 교육현장의 교육정책 입안자와 수행부서는 이 방침을 곡해하여 교육과 정치, 교육과 생산노동과의 기형적인 결합을 형이상학적으로만 강조했다. 그 결과, 교육 전반에는 비정상적인 편향, 편중현상이 일어났다.

1. 남의 장단에 춤추기 : 교육과 정치

교육과 정치의 결합은 본래 역사의 필연이다.

주지하다시피 교육은 사람을 키워나가는 활동으로 영원의 범주에 속하며, 인류사회의 탄생과 동시에 멸망까지 함께 할 것이다. 하지만 정치는 한 계급 및 사회집단을 건립하거나 혹은 자신을 보호하려는 통치

활동으로, 역사의 범주에 속한다. 교육이 시작된 지 몇백 만 년이 되었을 때 정치는 '응애'거리며 갓난아기로 세상에 태어났다. 그러나 이 갓난아기는 태어나자마자 천하장사로 변하더니 거대한 힘으로 교육을 건축해갔다.

처음, 중국 노예사회의 교육은 바로 '정교합일政敎合一'의 형식으로 출현했다. 하夏대, 은상殷商 시기에 '벽옹辟雍' '반궁泮宮' 등은 정권기구이면서 '큰 가르침大敎의 궁宮'이기도 했다. 점술사, 역사가, 무속인, 구복인 등은 정부관리인 동시에 학교 교사였다. 학습내용은 예의, 음악, 궁술弓術, 마술馬術 등으로, 이는 지배계층의 자제들이 반드시 숙련해야 하는 정치수완이었다. 고대 그리스의 스파르타와 아테네의 교육 역시 비슷한 성질이었다. 플라톤Plato은 《이상국가론》에서 교육학은 정치체계의 한 부분에 속해야 한다고 주장했다. 그의 제자이며 엥겔스Friedrich Engels(독일 사회학자—역주)가 '고대의 헤겔Georg Wilhelm Friedrich Hegel'이라고 극찬한 아리스토텔레스Aristoteles 역시, 교육이란 '국민이 국가의 질서를 준수하도록 습관을 길러주는 것'이요, '국가라는 개념을 가지도록 하는 것'이라 주장했다. 고대사회의 교육은 지배자의 정치편의를 위한 것이었음을 잘 알 수 있다.

중국 봉건사회의 통치계급은 선비 선발 혹은 과거제도를 통해 교육을 통제했으며, 교육의 목적은 '백성을 다스리는治人' 정신노동자와 '다스림을 받는治於人' 육체노동자를 육성하는 데 있었다. 교육의 내용은 주로 봉건적인 계급제 및 종법제를 옹호하는 삼강오륜 등의 윤리였다. 유럽 중세의 교육은 독재권을 가진 수도승에 의해 주도되어 교육 자체에 신학적 색채가 다분했다. 교육의 목적은 종교에 귀의하고, 엄격한 신앙생활을 하는 열성적이고 경건한 성도를 양성하는 데 있었다. 그래서 중세기의 교육은 실제로는 '신학의 시녀'가 되었다.

무산계급 교육가들은 교육과 정치와의 관계를 부인하며 교육은 '정치를 벗어날 수 있다'고 주장한다. 그러나 이에 대해 마르크스와 엥겔스는 일찍이 《공산당 선언》에서 말한 적이 있다. "당신들의 교육은 사회에 따라 결정되지 않는가? 당신들이 교육하는 시기의 그 사회에 따라 결정되지 않는가? 각 사회에 따라 학교를 통해 직접적으로나 간접적으로 결정되지 않는가?" 이는 카자미야스A. Kazamias(미국 교육가─역주)의 주장과 맥을 같이 한다. "한 나라의 사회도덕 혹은 정치 경제상황 여부를 떠나, 정치사회화는 교육제도의 중요기능중 하나로, 이는 과거에도 그랬고 이후에도 여전히 그러할 것이다. 정치사회화는 학교의 명확한 기능이요 합법적인 사회과정으로서 20세기에는 또 다른 새 동력을 추가했다. 이는 주로 두 차례의 세계대전과 동서 사상의 충돌이라는 결과로 나타났으며, 쌍방은 미래 및 아시아, 아프리카의 독립국가에 정치 영향력을 행사하기 위해 서로 투쟁중이다. 그 외에도 최근 생겨난 신흥국가는 교육이 민족의식과 정치여론 발전에 책임을 질 것을 요청하고 있다."

교육과 정치의 결합은 역사의 필연이며 이는 의심할 바 없다. 그러나 문제는 둘 간에 어떤 형식의 결합을 하느냐 하는 것이다. 교육은 정치를 위해 어떻게 일할 수 있을까?

이치대로라면 무산계급의 정치는 과거 사회 모든 계급의 정치와 본질적으로 다르며, 최종 목적은 자기 부정이 되어야 한다. 따라서 정권

획득 후, 무산계급의 정치는 형식 및 내용상의 변화가 필요하다. 중점을 점차 경제로 옮겨 생산력을 최대한 신속히 발전시키고 국민의 물질적, 정신적 생활수준을 향상시켜 계급대립과 계급 자체의 존재조건을 소멸시키며 전체사회 구성원의 재능이 전면적으로 발전되도록 해야 한다. 무산계급의 정치 및 경제, 교육의 목표는 언제나 한 가지이다. 즉, 사회주의의 물질문명 건설과 정신문명 건설, 인간의 전면적인 발전이다.

중국의 교육현실은 교육과 정치의 결합을 점진적으로 강조해왔다. 특히 1957년 이후, 1957년 2월 27일, 마오쩌둥은 《인민내부의 모순을 정확히 처리하는 문제에 관해關於正確處理人民內部矛盾的問題》라는 보고서를 발표했다. 보고서는 "무산계급과 자본계급 간의 계급투쟁 및 각 정치세력간의 계급투쟁, 무산계급과 자본계급간의 이데올로기 계급투쟁은 장기적인 것이며 힘겨운 것이며 심지어 때로는 너무나 격렬하다. 무산계급은 무산계급의 세계관으로, 자본계급은 자본계급의 세계관으로 세계를 개조한다. 이런 면에서 본다면, 사회주의와 자본주의 간에 누가 이기고 누가 지느냐의 문제는 아직 진정한 결판이 나지 않았다"라고 말한다. 이 말은 당시 중국이 당면한 주요 사안들에 가이드라인을 제공해주었다. 즉 이제는 낙후한 생산력과 날이 갈수록 커져가는 국민의 물질 및 문화생활에 대한 요구는 더 이상 중국 내부의 주요 문제가 아니라는 것이었다. 진정한 문제는 계급투쟁인 것이다. 1957년 후, 계급투쟁은 점차적으로 학생들의 주요과제가 되었다. 교육은 정치투쟁의 부속품이요, 교육과 정치 사이에는 '기형적 결합'이 시작되었다.

1958년 3월 전국 각 학교들은 도처에서 자본주의, 개인주의를 비웃는 사상비판 운동을 전개하는 한편, '당에 마음을 바치는 투쟁' '백기를 뽑고 홍기를 꼽는 운동' 등 일련의 '무산계급 홍성, 자산계급 멸망'의 사상투쟁을 전개해나갔다.

1959년 9월, 중국정부는 다음과 같은 통지를 발표했다. "중, 고등교육기관은 교직원과 학생들을 조직하여 당의 8차 팔중전회八中全會의 결의 및 관련 문건을 열심히 학습하며, 우경右傾 기회주의자를 반대하고 총 노선을 보호하는 학습 및 토론을 실시해야 한다." 이에 의거하여 각 학교는 '3폭의 홍기(총 노선, 대약진, 인민공사―역주)'를 수호하는 학습운동 및 대 토론회를 실시했다.

1963년 10월, 《인민교육人民教育》은 《우리는 자본계급 교육사상과 분명한 경계선을 그어야 한다我們必須和資産戒急教育思想劃淸界限》, 《'동심'으로 '동심'을 사랑하기부터 말함從用"童心"愛"童心"說起》, 《누가 교육전선에는 전쟁이 없다 하는가?誰說敎育戰線無戰事》라는 세 편의 글을 발표하여 쓰샤斯霞(중국 초등교육 전문가―역주)의 '모성애 교육'을 비판하며 교육에 계급성이 있는지, 혹은 교육이 무산계급의 방향성을 가져야 할지, 어린이들에게 계급교육을 실시해야 할지, 어린이들의 사상에 계급이란 관념을 심어줘야 할지 등의 문제를 제기했다. 그 후 교육계에는 '모성애 교육'에 관한 토벌 운동이 벌어졌다.

1964년 1월, 《인민일보》는 《자녀에 대한 계급교육 실시는 부모의 책임對子女進行階級敎育是父母的責任》이라는 제목의 글로 '계급교육'을 가정에까지 끌어들였다.

1964년 6월, 《인민교육》 6월호는 《사회주의 교육학중의 중요한 문제社會主義敎育學中的一個重要問題》와 《자본계급의 교육관점은 반드시 비난해야 한다資産階級敎育觀點必須批評》 등의 글로, 카이로프N.A.Kaiipob (구소련의 저명 교육자—역주)가 편찬한 《교육학》서적에 불만을 쏟아 놓았고, 이후 교육계는 이 책에 대한 비판을 전개했다.

1964년 9월, 중공정부, 국무원은 다음과 같은 통지를 발표한다. "고등교육기관 중 문과文科 학생과 교원을 조직해 사회주의 교육운동에 참여케 하라." 통지에서는 "중국 고등교육기관의 문과과정은 비현실적인 경향이 매우 심각하고 자본계급사상 및 수정주의사상이 상당히 보편적이다. 어떤 학교의 지도권은 무산계급에 속해 있지 않다. 수많은 자본계급 전문가도 우리와 함께 청년학생들을 점유하기위한 쟁탈전을 벌이고 있다. ……이런 상황에서는 반드시 근본적인 변화가 필요하다. 앞으로는 문과대학에 공장을 부설하든지 학교를 농장으로 이전시키고, 반공반독半工半讀(공장노동을 하며 공부를 하다.—역자)을 실시한다. 문과학생과 교원들은 생산노동과 계급투쟁을 통해 점진적으로 무산계급의 혁명전사로 연단될 것이다."

1964년 11월, 고등교육부는 《마오 주석과 마오위안신의 대담기록毛主席與毛遠新談話紀要》을 발표한다. 마오쩌둥은 마오위안신과 교육문제를 이야기하며 말했다. "계급투쟁은 우리의 주요 과제입니다" "대학교는 농촌에 가서 '4청四淸(사회주의 교육운동의 하나. 정치 청결화, 경제 청결화, 사상 청결화, 조직 청결화 운동—역주)'운동을, 공장에 가서 '5반五反(뇌물반대, 탈세 및 세금포탈 반대, 국가재산 절도 반대, 자재 및 공정 생략 반대, 산업정보 유출 반대-역주)' 운동을 벌여야 합니다." "계급투쟁도 모르면서 대학졸업자라고 할 수 있겠습니까?"

1966년 6월, 중공 정부와 국무원은 《1966~1967년도 중, 고등학교 정치, 국어, 역사 교재 처리에 관한 지시요청 보고서關於1966~1967年度中學政治, 語文, 歷史敎材處理意見的請示報告》를 심의하여 교육부 당 조직에 발송하며 초, 중, 고등학교에 역사과목을 폐지하고 정치와 국어를 합병하는 한편, 마오쩌둥의 저서를 기본교재로 삼아 교육하도록 지시했다.

1968년 8월, 《인민일보》는 《홍기紅旗》제 2기에서 발표되었던 야오원위안姚文元의 글, 《노동자 계급이 모든 것을 지도해야만 한다工人階級必須領導一切》를 게재했다. 이 글은 일제 해방 후 학교는 "기본적으로 자본계급 지식인들에 의해 독점되었다."고 지적하며, "지식인들이 모여 있는 곳은 학교든 어떤 곳이든 반드시 노동자들과 해방군들이 들어가 지식인들의 천하통일과 패권독점을 타파해야 한다."고 주장했다. 그 후로 노동자, 농부, 군인들은 학교로 진주해왔고, '무산계급의 정치적 지도'를 실행했다.

1973년 7월, 《랴오닝일보遼寧日報》는 《깊은 깨달음을 주는 답안 하나―份發人深省的答卷》라는 제목의 장테성張鐵生의 편지를 게재했다. 8월, 《인민일보》는 《랴오닝일보》의 부연설명과 장테성의 편지를 등재했다. 그러자 전국의 잡지들도 너도나도 장테성의 편지를 글머리에 앞세우고 문화고시文化考試를 비판했다. "옛 시험제도의 부활이요, 교육혁명에 대한 반동운동이다." "무산계급에 대한 자본계급의 반격이다."

1973년 12월, 《인민일보》는 《베이징일보》에 게재되었던 《한 초등학생의 편지와 일기 발췌—個小學生的來信和日記摘抄》및 편집자의 글을 통째로 게재하며, 별도의 편집자 평론을 덧붙여 '황솨이黃帥가 감히 수정주의 교육노선에 전투를 개시했다.'며 찬양했다. 이후, 전국 각지에서는 '스승의 존엄 깨뜨리기' '자본계급 부활세력 소탕' 등의 물결이 열화와 같이 일어났다. 수많은 학교 교탁이 부서지고 유리창이 깨지며 혼란은 가중되었다.

1974년 1월, 장칭江靑 일당은《허난성 탕허현 마전푸 공사 중, 고등학교의 상황 간략보고河南省唐河縣馬振扶公社中學情況簡報》라는 보고서를 허위 조작해 중공정부 명의로 발송했다. 전국 각성, 시, 자치구는 이 문서의 정신에 따라 학교 학생과 교원 조사에 착수, 수정주의 노선적인 '회귀'분자, '복벽復辟(폐위된 황제나 구정권자의 부활—역주)'분자들을 색출하고 자신의 임무와 교육에 열심이었던 일부 초, 중, 고등학교 교사들을 타파해야할 '복벽'의 전형으로 몰아붙였다.

1975년 11월, 장춘차오張春橋(당시 국무원 부총리)는 교육부 부장인 저우룽신周榮鑫과 만나 교육상황에 대해 대담하며 '지식이 없는 노동자를 양성할지언정 지식의 약탈자인 정신적인 귀족들을 양성해서는 안 된다'라는 의견을 제기했다.

1976년 2월, 베이징, 상하이, 랴오닝 등지의 학교에서는 '교육혁명 대 토론회'가 벌어지고 여러 사람들이 공개성명을 발표했다. "우리학교에는 전공학과가 50여 개 있지만 실제로는 오직 한 가지뿐이다. 바로 반자본주의이다."

이런 국면은 '4인방'이 물러난 후에야 끝을 맺었다. 누구는 당대 중

국교육사상의 발전사는 무엇보다도 한 편의 비판사요, 운동사라고 말
했는데, 그 말이 딱 맞다. 위에 반복적으로 인용된 역사자료를 통해 우
리는 교육이 정치의 뒤를 따르며 정치장단에 맞춰 춤을 추었음을 알 수
있었다. 이는 다음과 같은 면에서 드러난다.

첫째, 지도자의 발언이 곧 무산계급의 정치가 되고, 교육이론은 지도
자 발언의 '주석註釋'으로, 실제 교육은 지도자가 한 발언의 '실험장'으
로 전락했다는 것이다. 사실, 지도자의 교육관련 발언은 한 개인의 교
육적 관점을 대표할 뿐이지 이것이 국가를 대신해 교육정책을 좌우하
거나 정치의 화신이 될 수는 없는 것이다.

둘째, 무산계급 정치의 내용을 계급투쟁으로 협소화시킴으로 교육이
정치를 위해 일할 수 있는 내용도 점점 협소화되었고, 오로지 계급투쟁
이 당대 중국교육의 주선율이 되었다. 특히 1964년 이후 계급투쟁의 열
기는 순식간에 가열되어 학교 안에서도 계급투쟁은 학생들의 주요과제
가 되었다. '해마다, 달마다, 날마다 이야기를 하고' 백 번을 이야기해
도 질릴 줄 몰랐다. 황쏴이의 일기와 장톄성의 '깊은 깨달음을 주는 답
안' '마전푸 사건'은 모두 교육전선이 벌인 계급투쟁의 증거물로 떠받
들어졌다.

셋째, 교육이 무산계급 정치를 위해 일할 수 있는 정확한 방법을 모
르고 있었다. 전에 말한 바와 같이, 교육의 정치를 위한 활동은 교육과
학 자체의 독립 및 구체적인 연구와 탐색을 통해 이루어져야 한다. 그
리하여 교육활동은 내재적 규율을 체현하고 이 규율을 응용해 사회에
유용한 인재를 배양해야 한다. 그러나 당대 중국교육은 주체성을 상실

하고 때마다 정치의 발걸음만 바짝 뒤쫓았다. 때문에 중국교육에는 교조주의와 실용주의가 만연했다. 즉 '소련이 사회주의국가라면 카이로프의 교육이론은 당연히 '사회주의적'인 것이고 완전무결하며 정확한 것이다. 소련이 '수정주의 노선으로 변경'했다면, 카리로프의 교육이론은 말 안 해도 '수정주의노선'의 '금서'인 셈이다. 맞는 구석이라곤 하나도 없으니 크레믈린으로 보내버려야 한다! 서양 학교에서 실시하는 100점제는 자본주의 국가에서 사용하는 것이니 우리는 당연히 '무산계급'의 5점제를 사용해야한다. 인도주의는 자본계급이 제창한 것인 만큼 '모성애교육'도 당연히 크레믈린으로 보내버려야 한다!' 등등…….
우리의 교육은 이런 황당한 이론의 지배를 받으며 울지도 웃지도 못할 '정치'적 궤도를 따라 운행되어 왔다.

2. 동상이몽 : 교육과 생산노동

만일 당대 중국교육과 정치의 관계를 '남의 장단에 춤추는' 형이상학적 관계라 한다면, 당대 중국교육과 생산노동의 관계는 '동상이몽'의 관계라 할 수 있다.

인류역사상, 교육과 생산노동은 서로 분리되는 긴 과정을 거쳤다. 고대에 교육권을 누릴 수 있는 계층은 생산노동자가 아니었고, 생산노동에 종사하는 계급은 교육의 기회를 박탈당했다. 근대에 이르러 교육사업의 발전과 사회생산력의 향상과 함께, 르네상스시대에 인성에 대한 갈망이 커지면서 교육과 생산노동의 관계는 사람들의 주목을 받게 되었다.

사람들의 흥미는 두 가지 시선을 통해 집중된다. 한 가지는 교육자의 시선으로 본 생산노동이며, 또 한 가지는 경제학자의 시선으로 본 교육이다. 전자는 생산노동의 교육적 의미를 발견했으며 후자는 교육의 생산적 가치에 중점을 맞췄다. 전자는 프랑스 계몽사상가 루소Jean-Jacques Rousseau를 대표로 한다. 그는 노동을 비천하게 여기지 않았을 뿐더러 어린이의 지혜개발 수단이요, 인류가 자유를 얻어 발전하게 되는 원천으로 여겼다. 후자에는 영국의 경제학자 아담 스미스Adam Smith가 대표적이다. 그는 공장 수공업의 분업화가 노동자의 발전에 미친 영향을 고찰하며 교육보급의 절박성과 중요성을 논술했다. 훗날 19세기 공상 사회주의자 로버트 오언Robert Owen, 조제프 푸리에Jean Baptiste Joseph Fourier는 둘 간의 관계를 이론과 실제의 측면에서 진일보 탐색했다. 과거 마르크스는 오언의 교육과 생산노동이 결합한 사상을 높이 평가했다. 로버트 오언의 활동에서 자세히 알 수 있듯, 미래교육은 공장제도에서 싹이 텄다. 일정연령의 어린이에게 있어 미래교육이란 지적교육 및 체육교육과 결합한 생산노동이다. 이는 사회의 생산력을 향상시킬 수 있는 좋은 방법뿐 아니라 전면적으로 발달한 인간을 양성하는 유일한 길이다.

중국에서 교육과 생산노동의 결합문제는 1930년대에 제기되었다. 1934년, 마오쩌둥은 당시 전쟁과 생산이라는 필요성에 근거해 당시 교육의 총 방침을 정했다. "(당대 교육의 총 방침은) 공산주의 정신으로 수

많은 고통 받는 민중을 교육하며 문화교육이 혁명전쟁과 계급투쟁을 위해 일하게 하고 교육과 노동을 결합하여 광대한 중국 민중이 모두 문명의 행복을 누리는 인간이 되도록 하는 데 있다." 이는 소련지역 및 구 해방구의 교육발전에 긍정적인 작용을 했다.

해방 이후 교육과 생산노동의 결합문제가 정식으로 제기된 것은 1953년이다. 당시 초, 중, 고등학교 졸업생은 보편적으로 진학이 어려웠다. 다수의 졸업생은 고향으로 돌아가 농사짓기가 싫어 공장 노동자가 되거나 혹은 계속 공부를 해 간부가 되었다. 이런 배경 속에서 사회는 노동의 영광스러움을 선전해야 할 중요성에 부딪히게 되었고, 중공정부, 인민정부 및 각 교육부서는 연달아 초, 중, 고등학생의 노동교육 강화에 대한 성명 및 노동과 취업에 관한 적절한 안배 지시를 내리며 '노동사랑'을 '5애五愛(중국 국민이 반드시 준수해야할 기본 사회도덕 규범, 조국사랑, 인민 사랑, 노동사랑, 과학사랑, 사회주의 사랑—역주)'교육의 중요덕목으로 삼았다. 해방이후 교육과 생산노동의 결합문제는 '노동이 영광스럽다는 사회여론 조성 및 노동을 존중하는 사회풍토 수립'하기 위해 제기되었음을 알 수 있다.

그러나 1958년 이후 제기된 교육과 생산노동의 결합문제는 마르크스가 제창한 교육과 생산노동의 결합이란 원래 의도를 벗어나 마르크스주의 학설에 형의상학적인 이론을 적용했다. 이로써 중국교육은 이후 갖가지 중대한 실수를 거듭하게 되었다. 그 중대 실수를 다음의 세 가지 측면에서 토론해보자.

가장 중대한 실수는 이런 결합은 소규모 생산의 관점에서 출발해, 고

되고 낙후한 농공업 생산노동에 과도하게 참여하는 방법으로 교육과 생산노동의 결합을 대체했다는 점이다. 예를 들어 1958년, 교육과 생산노동의 결합 방침을 철저히 관철하기위해 전국의 초, 중, 고등학교 및 대학교에는 공장, 농장을 운영하는 단체운동이 일어났다. "당의 '미신타파, 사상해방'이라는 구호와 농공업 노동자들의 하늘을 찌를 듯한 노동 열의 아래, 수많은 사범대생들은 거침없이 생각하고 거침없이 말하며 거침없이 행동하는 공산주의 기풍을 드높였으며, 각 학교에는 공장 및 농장 운영 열풍이 일어났다……. 때로는 며칠 밤낮에 걸쳐, 한 학교 내에서만 수개 내지 수십 개의 크고 작은 공장과 작업실 및 수공업장이 세워졌다." 1958년 9월에서 10월 중순까지 20개 성 및 시의 불완전한 통계에 의하면 397개 고등교육기관이 7,240개의 공장을 세웠다고 한다. 13,000여개의 중, 고등학교 및 실업학교가 144,000여개의 공장을 세웠다. 또한 22,100개의 학교가 소형 용광로 86,000 여개를 건설했다. 캠퍼스로 들어서면 여기가 공장이 아닌지 의심스러울 정도였다. 학생들을 봐도 전부 공장 노동자들로 보였다. 교육은 생산노동의 부속품이 되고, 일부 성과 시에서는 심지어 학교에 "공장 부지를 교실로, 용광로 곁을 수업장소로 삼고, 아침저녁 남는 시간과 작업 중 쉬는 시간을 이용해 수업하라."라는 지침을 내렸다.

　다음으로는, 교육과 생산노동의 결합문제를 정치원칙의 경지에까지 끌어올려 사회주의교육의 근본특징의 하나로 삼았다는 점이다. 교육과 생산노동의 결합은 본래 현대교육과 현대화 생산의 내재적 필수요소이며 인간의 전면적인 발전과 현대과학기술 발전에도 필수적인 내적 요소다. 그러나 중국에서 이는 혁명여부, 정치여부를 판가름하는 외재적 '시금석試金石'이 되었다. 예를 들어, 중공 중앙 선전부장 루딩이陸定一는《교육은 반드시 생산노동과 결합해야 한다勞動必須與生産勞動相結合》라는 글에서 명확하게 지적했다. "교육은 정치를 위해 일한다. 교육은 생산노동과 결합한다. 교육은 당에서 지도한다. 이 세 가지는 서로 연관이 되어 있다. 교육이 생산노동을 벗어나면 반드시 일정정도는 정치와 당의 지도에 소홀하게 된다. 따라서 교육이 우리나라의 현실을 벗어나게 되면 분명 우경적이고 교조주의적인 우를 범하게 된다." 교육부장 양슈펑 역시 교육과 생산노동의 관계를 인정하며 이를 '무산계급 교육사상과 자본계급 교육사상 투쟁의 초점'으로 여겼다. 여기서 이론적 추론(교육이 생산노동을 벗어난다 = 우리나라의 교육현실에서 벗어났다 = 정치에 소홀한다 = 당의 지도를 소홀히 한다 = 우경주의 = 교조주의)의 황당함은 차치하고라도, 교육과 생산노동 결합문제가 정치와 부적절하게 짝지어짐으로 사람들은 자연히 교육과 생산노동의 결합형식 및 내용, 방법에 대해 서로 다른 이론적 탐색과 실천을 할 수밖에 없게 되었다.

반공반독(혹은 반농반독半農半讀)교육 역시 그러하다. 반공반독은 본래 중국교육이 전 국민들의 나날이 커져가는 향학열을 만족시켜줄 수 없어 등장한 해결책이었다. 1958년에 제기되어 1964년 점차적인 형성과 발전을 거쳐 중국교육제도의 주요 구성성분이 되었으며, 중국교육 및 생산노동이 결합된 형식의 하나였다. 그러나 중국에서 이는 점차 자본주의 부활을 방지하기 위한 근본대책으로 탈바꿈했다. 1965년 3월 31일, 류샤오치劉少奇는 전국농촌 반농반독 교육회의 기간에 교육부 부장

허웨이何偉, 부副부장 류지펑劉季平의 보고에 이렇게 지적했다. "어떤 국가든 무산계급이 정권을 획득한 후로는 자본주의 부활이란 문제가 생겼다. 중국도 마찬가지다. 문제는 어떻게 방지하느냐다. 현재 우리가 생각하는 방법은 2가지다. 하나는 군중이 '4청四淸운동'을 벌이는 것이고 또 하나는 교육제도와 노동제도를 개혁하는 것이다. 우리가 반공반독 학교를 설립한 것도 역시 이 문제를 해결하기 위해서이다." 교육문제가 정치문제로 둔갑한 후, 교육 자체는 무력해졌다. 그저 '남의 장단에 춤추는' 쓸모없는 노예가 되었을 뿐이다.

그 다음으로는 노동개조가 교육과 생산노동의 결합을 대신해 10년의 대재난(문화대혁명을 가리킴―역주)기간 동안 노동은 사람을 못살게 구는 수단이 되었다. 가장 원시적이며 가장 힘겨운 육체노동은 교사를 괴롭혔고, 지식인을 파괴했다. 다시는 상상하기도 싫은 그 짐승우리 같은 생활에 대해서도, 교사는 1년의 절반 이상은 반드시 육체노동을 해야 한다는 규정에 대해서도 우리는 더 이상 언급할 필요가 없다. 당시 신문잡지가 선전했던 세계관이 개조된 지식인들의 몇몇 전형을 살펴보기만 해도 상황은 대략 짐작이 되니까.

전형적인 예1 : '하층의 빈농을 스승 삼아 처음부터 다시 배운다.'
작년 겨울, 이 두 학교(칭화대학과 베이징대학을 말함―저자)의 수많은 혁명 지식인들과 현지 빈농들은 함께 이어주鯉魚洲제방 보수 대전투에 참가했다. 베이징 대학의 한 여교수는 멜대를 한 번도 메어본 적이 없었지만 자신보다 나이가 훨씬 많은 빈농이 청년마냥 기운차게 흙 바구니를 메는 모습을 지켜보며 생각했다. '나이 많은 빈농도 혁명을 위해 멜대를 메는데 나라고 왜 못하겠어?' 그녀는 용감하게 멜대를 받아들고 제방에 올라서서 빈농들의 뜨거운 찬사를 받았다. 그녀는 감격하여 말했다. "저는 반평생 넘게 육체노동을 해본 적이 없었습니다. 지금 이 일을 막 시작했는데 빈농 여러분들께서 이렇게 격려를 해주시니 저는 혁명의 무거운 임무도 기필코 끝까지 짊어지려고 합니다."

전형적인 예2 : '철저한 세계관 개조로 인민을 위해 일편단심을 바치겠다.'

칭화대학 부교수 장리張禮는 3개국을 유학한 경력이 있다. 과거 그는 농부, 노동자, 군인들에게 가 자신의 사상개조를 한다는 것을 '나의 장점을 버리고 나의 단점을 사용하는 것이다舍我之長, 用我之短.'라 오해하고 있었다. 이어주에 도착한 후, 노동자 스승들의 도움으로 자신의 과거 수십 년간 걸어왔던 길을 되돌아보니, 실제로는 자본주의의 길일 뿐이었다. 그는 이런 결론을 내렸다. '해방 전에 1년간 유학에 든 비용은 하층 빈농 40명이 일 년 동안 힘겹게 일한 대가였구나. 해방 후에 당과 인민은 내게 또다시 해외에 나가 유학할 기회를 주었지. 날 보고 공부해서 인민을 위해 일하라고 말이야. 그런데 나는 인민이 노동해서 준 지식으로 자기 이름이나 높이고 자기 가정을 세우는 자본으로 이용했으니…….' 그는 '지식 사유화'라는 황당무계한 반동논리를 신랄하게 비판했으며, 반드시 지식을 노동자농민에게 돌려주고 노동자농민의 이익을 위해 온 마음과 뜻을 다해 일하는 길을 가겠노라 굳은 결의를 다졌다. 그 후로부터 장리는 힘든 노동을 통해 환골탈태하는 개조를 완성하겠다고 굳게 다짐했다. 그는 야맹증에도 불구하고 야간 노동전투에도 아주 적극적으로 참여하고 있다. 과거에는 더러운 것과 역한 냄새를 싫어했지만 지금은 분뇨운반 담당이 되었다. 음력 섣달 그믐날 밤, 비바람이 몰아치는 진흙탕 범벅 속에서 그는 배수관계 설비 긴급복구 전투에 참가해 말했다. "오늘은 내 40년 생애에 처음으로 맞는 가장 의미 있는 설입니다."

이 울지도 웃지도 못할 두 전형적인 예를 통해 우리는 '교육과 생산노동의 결합'의 '참다운 의의'를 어렵지 않게 알아챌 수 있다. '나의 장점을 버리고 나의 단점을 사용한다.'는 옛사람의 말은 엄밀히 말하자면 '교육과 노동의 결합'이란 동상이몽의 폐단을 확실히 드러낸 것이다. 그러나 이 폐단은 당대 중국교육의 특징이 되어버렸다. '지식이 많으면 많을수록 반동이 되고, 노동을 많이 하면 할수록 영광이 되는' 것은 하늘이 무너지고 땅이 꺼져도 절대 변할 수 없는 준칙이 되었다. 노동은 이제 다시는 가치창조의 수단이 아니었다. 오히려 사상개조의 무기요, 지식인들을 징벌하는 무기가 되어 버렸다. 이 어찌 해괴망측한 일이 아닐까?

3. 활로의 선택 : 새로운 관계성 정립

앞서 말한 바와 같이 교육과 정치, 교육과 생활노동의 결합은 본래 교육 자체의 발전에 따른 필연적 현상이다. 그들 간의 성숙하고 완벽한 결합은 교육사업의 활기찬 발전과 현대정치와 현대과학기술의 번영을 가져올 것이며, 그 매개체인 인간은 지智, 덕德, 체體, 미美 등 각 방면에서 골고루 성장한 인격을 실현할 것이다. 그러나 그들 간의 미숙하고 기형적인 결합은 교육사업을 침체시키고 현대정치 및 현대과학기술에 악영향을 끼칠 것이며, 인재의 양성, 인간의 기형적 발전이라는 측면에서 대가를 치룰 것이다. 당대 중국교육은 이미 실제로 피맺힌 교훈을 얻었다. 이 교훈은 교육과 정치, 교육과 생산노동 간에 새로운 관계성을 정립해야만 교육사업이 순조롭게 발전할 수 있음을 알려준다.

무엇보다도 교육과 정치는 새로운 관계성을 정립해야 한다. 과거 교육 작업의 근본적인 실수는 교육이 무산계급 정치를 위해 일하려던 방법 자체에 있었던 것이 아니라 이 방법 아래서 부실공사를 하며 교육이 무산계급 정치와 단절되어 정치의 뒤꽁무니나 따르는 기형적 결합을 한 데에 있었다. 교육과 정치의 새로운 관계를 건립하기위해서는 반드시 다음사항을 출발점으로 삼아야 한다.

첫째, 정치의 의미를 전면적으로 이해해야 한다. 사회주의 초기과정에서 정치의 기본내용은 '경제 정치'임을 충분히 인식해야한다. 즉 인간의 물질생활과 정신생활 수준을 크게 향상시키고 인간의 개성을 발전시키며 전면적인 발전을 촉구하는 것, 교육은 이런 기반 위에 튼튼히

서야 한다.

둘째, 교육의 상대적 독립성을 충분히 이해해야 한다. 교육은 인간을 키워나가는 활동으로 자체적인 발전규율을 가지고 있다. 교육은 사회의 정치뿐 아니라, 경제, 이데올로기와 밀접한 관계를 갖는다. 교육의 역사는 연속성을 갖으며, 교육내용 중 많은 부분, 예를 들어 인류사회의 임의의 준칙, 인류문화의 유산, 모某종의 생산경험 및 과학지식, 교육의 조직형식, 현대화된 학습수단 및 학습기기 설비, 어린이의 입학연령 및 학제, 어린이의 심신발달 정도에 따른 학습방법 및 교육방법 등은 정치와는 직접적인 관련이 없다. 과거 우리는 이 점을 간과하고 행정장관의 의지 및 난폭하고 거친 행정적 수단으로 교육을 간섭하며 임의로 학제를 개혁하고 수업시간을 아무렇게나 바꾸고 내용도 끊임없이 변경해 교육이 자체의 규율에 따라 정상적으로 시행될 수 없도록 만들었다. 그래서 교육은 남의 장단에 춤을 추게 된 것이다. 따라서 교육의 상대적 독립성을 충분히 인식하고 교육의 객관적 규칙에 따라 교육을 진행하고 교육이 발전할 수 있는 넉넉한 정치 환경을 제공해야 교육과 정치의 관계가 진정 정확하게 정립되고 교육의 정치적 기능도 발휘될 수 있다.

셋째, 교육이 정치를 위해 일할 수 있는 방법을 정확히 파악한다. 교육이 한 사회의 정치를 위해 일하는 과정은 결코 현행정책의 뒤에서 '남의 장단에 춤추는 꼴'이 아니며, 정치활동의 발상지나 실험장이 되는 것도 아니다. 이는 교육의 독립적인 과학연구와 장기적이고도 힘겨운 노력을 통해 수준 높은 정치의식을 가진 훌륭한 인재를 배양함으로써 실현된다. 따라서 우리는 교육을 존중하고 교육이 정치를 위해 일할 수 있는 방법을 정확히 파악해야 교육과 정치의 새로운 관계성을 정립할 수 있다.

넷째, 교육과 생산노동 간의 새로운 관계성을 정립해야 한다. 과거 교육사업의 근본적인 잘못은 교육과 생산노동의 결합 자체에 있었던 게 아니라 이런 결합이 허망한 동상이몽 관계였다는 것, 일방이 또 다른 일방을 '집어삼켜 버리고' 생산노동으로 교육활동을 대신했다는 것, 생산노동을 학생과 교원을 징벌하는 수단으로 삼았다는 것, 교육과 생산노동 각각의 규율성을 완전히 무시해버렸다는 것에 있었다. 따라서 교육과 생산노동의 새로운 관계성을 건립하기 위해서는 반드시 다음의 문제를 주지해야 한다.

첫째는 교육과 생산노동이 결합하는 생산노동의 질적 규율성을 정확하게 이해하는 것이다. 우리는 어떤 생산노동도 각 사람에게 전면적인 발전기회와 모든 재능을 발휘할 기회를 줄 수 있는 것은 아님을 알고 있다. 게다가 '사람을 부리는 수단'적인 생산노동도 아직까지 존재하고 있다. 따라서 어떤 이는 마르크스와 엥겔스가 말한 교육과 생산노동의 결합을 최종적인 형태 혹은 이상적인 형태로 평가하며, 생산노동은 "진정 자유로운 노동이다." "즉 사회성과 과학성, 일반성(보편성)을 가진 노동이다. 이런 생산노동은 모든 이에게 전면적으로 발전하고 자신의 모든 체력과 지력 및 기회를 표현할 기회를 제공한다. 바로 인간을 해방하는 수단인 것이다."라고 했다. 현 과정은 당연히 위와 같은 과정에 완전히 이르지 않았지만 적어도 생산노동의 지식성 및 지적 운용능력을 향상시켜 교육과 현대화 생산노동을 결합시킬 기회를 만들어가야 한다. 낙후한 생산기술 하에서 실시하는 교육과 생산노동의 단순한 결합에만 만족해서는 안 되는 것이다.

둘째는 교육과 생산노동이 결합한 사회가치를 새로이 인식해야 한다. 과거 우리는 교육과 생산노동이 결합된 사회가치를 정치적 '사상개조'라고 잘못 받아들였으며, 지식인이 환골탈태하는 만병통치약이라고 여겼다. 따라서 생산노동은 원시적이고 간단하며 힘들수록 더 좋다고 생각했지 이것이 물질을 창조하는 재화인지, 효율이 높은지 낮은지, 노동자의 주체적인 필요인지는 전혀 고려하지 않았다. 적지 않은 교원과 학생은 "피부를 시커멓게 태우고, 마음을 새빨갛게 달구었다."고 가식적인 선언을 했지만 사실상은 생산노동에 대한 끊임없는 저주와 원한만 쌓아갔을 뿐이다. 우리는 교육과 생산노동이 상호 결합한 사회가치가 주로 두 가지 면에서 실현된다고 생각한다. 첫째, 교육사업의 발전과 우리나라 경제의 발전이 서로 부응하며, 학생은 최신 과학기술에 대한 이론에서 실천까지를 모두 이해하고 관통한다. 둘째, 학생은 생산노동과정 중 자신의 재능을 깨닫고 표현하며 자아를 더욱 효과적으로 완성하고 발전시킨다. 이런 과정에서 학생에게 노동의 관점을 교육하고 노동의 습관을 배양한다. 만일 후자에만 중점을 둔다면 본말이 전도된 것이며 오히려 상반된 결과를 얻게 될 것이다.

셋째는 교육과 생산노동이 결합하는 경로를 정확하게 선택해야 한다. 과거, 교육과 생산노동의 결합경로를 '3근三勤'과 '3방三放'으로 축약할 수 있었다. '3근'이란 근검절약하여 학교를 세우고, 근검절약하여 생산하며, 근면절약하며 주경야독하는 것이다. 해방구에서는 '대지를 이불로 삼고, 노천을 교실로 삼으며 짐 보따리를 의자로 삼고 무릎을 책상으로 삼는' 정신을 드날렸다. '3방'이란 간부는 농촌이나 공장으로 내려가 노동을 하고, 학교는 대문을 개방하고, 학교간부들은 각 지방의 학과나 학급으로 내려가는 것을 말한다. 학교는 공장과 농장을 운영하고 노동성과로서 교육의 질을 평가했다. 이런 결합은 형식상으로 볼 때는 매우 '긴밀'하다고 해야 하지만, 사실상으로는 전형적인 '동상이몽'이었다. 이런 결합 속에서 교육은 주체성을 잃었기 때문이다. 정확한 결합방식은 다음의 두 가지 형식이 되어야 한다. 한편으로는 교육의 구조, 교육과정 선정, 교재와 교수법의 선택 등을 국민 경제수준에 맞추어야하며, 특히 현대과학기술의 성과를 수업내용에 충실히 반영해야 한다. 다른 한편으로는 교육과정 중 각종 사회실천 활동을 증가시키고 교과내용과 결합하여 주제별로 견학, 실습을 실시, 학생들이 생산노동 기술을 구비할 뿐 아니라 미래 건설에 대한 충분한 자신감과 흥미를 느끼도록 해야 한다.

기형적 결합이 교육을 질식시키고 교육을 죽였다.

그러나 새로운 관계성은 교육에 생기와 광명을 가져다 줄 것이다.

05

계란으로
바위치기

전국戰國시대의 사상가 맹가孟軻(맹자의 본명)는 주옥같은 명언을 무수히 남겼다. 그러나 '수레에 가득한 땔나무의 불을 물 한 잔으로 끈다.'는 뜻의 '배수차신杯水車薪'이 그가 남긴 명언이라는 사실을 아는 사람은 거의 없다. 《맹자孟子·고자告子》에 다음과 같은 글이 있다.

"인仁이 불인不仁을 이기는 것은 물이 불을 이기는 것과 같다. 그러나 지금 인을 행하는 사람은 겨우 한 잔의 물로 수레에 산더미처럼 쌓인 장작이 타오르는 것을 끄려는 것과 마찬가지다. 꺼지지 않는 것은 당연한 일인데 물은 불을 이길 수 없다고 말한다. 이래서야 인을 행하기는커녕 크게 불인에 관여하는 것이 된다. 결국 그 행하다 그친 약간의 인도 잃어버리게 될 것이다孟子曰, 仁之勝不仁也, 猶水 勝火, 今之爲仁者, 猶以一杯水, 救一車薪之火也, 不熄, 則謂之水不勝火, 此又與於不仁之甚者也, 亦終必亡而已矣."

이 말의 큰 의미는 물이 불을 이기는 것처럼 인은 불인을 이길 수 있다는 것이다. 그러나 오늘날 '인'을 논하는 사람들은 겨우 한 잔의 물로 수레에 산더미처럼 쌓인 장작이 타오르는 것을 끄려 하니 당연히 아무 소용도 없다. 만약 이로써 물은 불을 이길 수 없다고 단언한다면 불인한 사람을 조장하고, 그들을 더욱 불인하도록 하는 것과 매한가지다. 그리고 이들이 원래 가지고 있던 한 잔의 물도 그저 거기서 그치게 된다.

여기서 우리는 간단하지만 심오한 말로 대의를 이야기하려는 것은 아니다. 그저 '배수차신'이라는 이 성어를 통해 중국의 교육경비가 처한 곤경에 대해 이야기하려는 것이다.

1. 교육경비에 대해 자유롭게 말하다

오늘날 세계 각국을 둘러보면 네 개의 기둥이 교육 사업이라는 큰 빌딩을 지탱하고 있다. 이 네 개의 기둥은 사회여론의 지지, 완벽한 교육입법, 충분한 교육경비, 번영한 교육과학 연구이다. 이 네 가지 가운데 '하드웨어'는 교육경비이다. 교육경비는 한 나라가 교육을 중시하는지 여부를 가늠할 수 있는 시금석이자 정부 관련부문 전략 결정자가 전략적 안목을 가지고 있는지 여부를 알 수 있는 중요한 표지이다.

교육경제학의 각도에서 보자면 교육은 경제 발전을 이끌 수 있는 가장 좋은 투자임은 물론이거니와 사람 자신을 발전시킬 수 있는 가장 좋은 투자이기도 하다. 교육은 학부모의 자녀에 대한 투자임은 물론이거니와 사람의 자신의 업무능력에 대한 투자이며, 나아가 국가의 인재 육성에 대한 투자이자 경제 번영, 과학 발전 및 강력한 국가 경쟁력을 위한 투자이기도 하다. 교육에 대한 투자는 사회 전체 투자의 순조로운 순환을 이끌어 내고 있다. 일본 근현대 교육에서 나타난 두 차례의 비약적 발전이 이 문제를 설명하는 가장 전형적인 사례이다.

1630년대부터 19세기 중엽까지 일본은 '쇄국 정책'을 펼쳐왔다. 1853년 미국 페리제독Commodore M. C. Perry의 함대가 일본에게 개항을 강요하기 전까지 일본인들은 증기선을 본 적도 없었다. 일본 사회는 여전히 봉건적인 자연경제를 영위하던 상황으로 심지어 표트르 1세Pyotr Alexeyevich Romanov 때의 러시아보다도 못한 수준이었다. 그러나 메이지유신을 거친 후 일본은 반세기도 안 되는 시간 동안 서양 자본주의 국가가 약 200년의 세월 동안에 완성한 근대화의 여정을 모두 완성하여 사람들을 경악시켰다. 그 원인은 바로 교육을 중시한 데 있었다.

1871년, 바로 중국에서 중국 정부와 열강이 중국이 주권을 상실케 하는 치욕스러운 조약을 흥정, 체결하고 수정하던 때, 일본 정부 수뇌 중의 하나인 이와쿠라 도모미巖倉具視는 수백 명의 방대한 대표단을 이끌고 구미 각국에 도착하였다. 그들은 명목상으로는 불평등조약을 수정하라는 유세를 하겠다는 것이었지만 실제 목적은 서양 국가의 정치, 경제, 문화, 교육 상황과 노하우를 현지에서 시찰함으로써 자강自強의 길을 모색하기 위함이었다. 대표단의 책임자 중 하나인 기도 다카요시木戸孝允는 당시 국내로 서신을 보내 교육의 의미를 상세히 진술했다. "우리의 개화는 진정한 개화가 아니다. 10년 후의 폐해를 막기 위한 유일한 길은 진정한 학교를 창설하는 것이다. 견고하여 깰 수 없는 국가의 기초는 사람이며, 영원히 인재가 끊이지 않게 하려면 교육밖에 없다.”

메이지 정부는 재정적 어려움에도 불구하고 교육에 대한 투자에는 전혀 인색하지 않아 문부성文部省의 경비는 정부 각 성省 가운데 최고를 차지했고, 1873년에는 143만 여 엔에 달하였다. 이렇게 일본의 교육은 신속한 속도로 보급되었고 그 결과, 메이지시대 말년(1912년) 취학률이 95%를 초과하였다. 국민 소양의 제고는 경제의 신속한 발전에 이바지하였다.

1945년 8월 15일, 일본은 투항을 선포하였다. 제2차 세계대전 기간 동안, 일본은 포화로 인해 폐허로 변했고 국민들은 기아와 인플레이션의 혼란 속에 놓였다. 거기에 거액의 전쟁 보상금까지 더해져 국가는 거의 파산 위기에 도달하였다. 이러한 상황에서도 일본 정부는 변함없이 교육입국을 고수하며 여러 어려움을 극복하였고, 거액의 자금으로 의무교육을 6년에서 9년으로 연장시켰다. 이러한 움직임에 발맞추어 일본 국민 역시 놀라울 정도로 열정적으로 교육에 관심을 가졌다. 덕분에 일본은 채 20년도 안 되는 시간 만에 폐허를 딛고 일어설 수 있었을 뿐 아니라 세계를 선도함으로써 세계 경제발전사에 새로운 기적을 만들어냈다.

1962년, 일본 문부성은 《일본의 성장과 교육》이라는 백서를 발표하여 “메이지 이래 오늘에 이르기까지, 일본의 사회와 경제는 신속한 발전을 이룩하였다. 특히 전쟁 이후의 깜짝 놀랄만한 경제성장은 세계의 이목을 끌었다. 이러한 상황을 만들어낸 주요 원인은 교육의 보급과 발전으로 귀결할 수 있다.”라고 단언하였다. 이 말은 실로 의미심장하며 그 안에 핵심이 있다.

이를 거울로 삼아 최근 세계 각국은 앞 다투어 교육경비를 늘리고 교육에 아낌없는 투자를 했다. 1987년 소련의 교육경비는 400억 루블(600억 달러)에 달했지만 1988년 2월, 소련 공산당 중앙위원회에서는 소련이 몇 년 내에 교육경비를 다시 2배인 1,200억 달러로 증액시켜야 한다는 의견이 제시되었다. 1987년 미국의 교육경비는 3,086억 달러로 이는 재직 근로자의 교육비를 제외한 수치이다. 일본의 1987년 교육경비는 4조 5,737억 엔으로 1986년보다 15억 엔 증가하였다.

중국의 교육경비 상황은 어떠한가? 최근 교육 지위, 역할에 대한 인식의 상승에 따라 교육경비(교육용 기초건설 투자 포함)는 해마다 비교적 큰 폭으로 상승하였다. 베이징 사범대학 위안롄성袁連生이 일찍이 1977년부터 1987년까지 중국의 교육투자가 국민생산총액, 국민수입과 재정 지출 중에서 차지하는 비율의 통계를 낸 바 있다(표 5-1 참조).

표를 통해 1977년 이래 교육 투자의 절대량이 해마다 증가했으며 증가 속도도 빠르다는 사실을 알 수 있다. 그러나 이 시기를 두 개의 과정(1977~1983, 1984~1987)으로 나누어 한층 더 깊이 들여다보면 상황이 달라진다. 대체적으로 다음과 같은 결론을 얻게 된다. ① 1977~1983년, 교육 투자의 증가가 경제 성장보다 빠르다. ② 1984~1987년의 교육 투자액은 증가하였지만 속도는 경제 성장보다 늦어졌다. 아래의 이유로 인해 교육경비의 심각한 결핍이 더욱 두드러지게 드러난다.

표 5-1 국민생산총액, 국민수입과 재정지출에서 교육 투자가 차지하는 비율

	국민생산총액	국민수입	재정지출	교육투자	교육투자가 국민생산총액에서 차지하는 비율	교육투자가 국민수입에서 차지하는 비율	교육투자가 재정지출에서 차지하는 비율
단위	억 위안	억 위안	억 위안	억 위안	%	%	%
1977		2,466	843.1	63.62		2.58	7.54
1978		3,010	1,111.0	79.36		2.64	7.14
1979		3,350	1,273.1	95.92		2.86	7.53
1980		3,688	1,212.7	116.6		3.16	9.61
1981		3,940	1,115.0	126.6		3.21	11.85
1982		4,261	1,153.3	141.8		3.33	12.30
1983		4,673	1,292.5	160.8		3.44	12.44
1984		5,630	1,546.4	191.1		3.39	12.36
1985	8,324	7,007	1,844.8	241.0	2.90	3.44	13.06
1986	9,380	7,790	2,291.1	283.8	3.03	3.64	12.39
1987	10,920	9,153	2,426.2	300.8	2.74	3.29	12.40

첫 번째, 교육경비는 원래 출발점이 너무 낮고 역사적 빚이 너무 많다. 신중국 성립 이후, 특히, 제2차 5개년 계획이 시작된 비교적 긴 시간 동안 국가가 교육사업 발전에 사용한 경비는 너무 적다. 국가예산 가운데 교육 사업 경비가 국가 재정 총지출에서 차지하는 비율은 줄곧 4~7%에 머무르며 8%를 넘어서지 못했다. 국가예산 가운데 교육용 기초건설 투자가 국가 기초건설 투자 총액에서 차지하는 비율 역시 줄곧 2% 이하에 머물러 1957년의 수준에도 못 미쳤다. 1966년부터 1978년까지 교육사업 경비의 빚은 무려 93억 위안에 달한다. 수많은 역사적

문제도 해결되지 못했다. 몇 년 동안 교육경비에 더해진 '한 잔의 물'이 새롭고, 오래된 문제의 '수레의 불'을 끄지 못함은 물론이다.

두 번째, 증가된 교육경비는 대부분이 교직원 임금으로 사용되었다. 중국의 교사 인원수는 세계 1위 수준이다. 교육사업 발전의 수요에 따라 최근 교직원을 대거 보충하였는데 3차례의 임금 조정을 더해 교직원 임금기금은 급속하게 증가하였다. 아울러 초, 중, 고등학교 및 대학교의 약 100만 명 이직, 퇴직 인원의 임금, 외동자녀 보조금, 부식비 상승 보조금, 식량 보조금, 담임 수당, 근속수당, 의료비 결손 보조금 등을 포함한 교육경비 지출의 항목도 나날이 증가하여 새로 증가된 지출 항목의 경비가 무려 35억 위안을 넘었다. 통계에 따르면 1987년 대학교, 중·고등학교, 초등학교 교육사업 경비 가운데 교직원 임금이 각각 41.85%, 72.2%, 83.25%를 차지한다.

세 번째, 물가 상승은 교육경비와 기초건설 투자의 실제 효과와 이익을 크게 떨어뜨렸다. 베이징, 랴오닝의 조사에 따르면 1985년 초, 중, 고등학교의 상용물품은 1980년과 비교해 문고, 종이류가 평균 63.9% 상승하였고, 교육용 실험용품류는 평균 66.3% 상승하였으며, 도서, 신문류는 평균 91.2% 상승, 사무용품류는 평균 76% 상승, 수리용 재료비와 노무비는 평균 55.2% 상승하였다. 최근 2년간은 상승률도 격심하고, 상승폭도 더욱 크다. 때문에 실제적으로 사용된 교육경비는 증가한 게 아니라 오히려 감소한 셈이다.

네 번째, 사회 각 방면은 비용을 균등하게 할당하느라 정신이 없다. 정부 각 부서가 각 학교에 하달한 각종 잡부금, 세금 및 여러 명목의 할

당금, 벌금은 학교 교육경비를 대거 유실되게 만들었다. 모 고등학교가 통계 내린 바에 따르면 각 방면에서 학교로 하달된 각양각색의 비용은 무려 20여 항목이나 된다고 한다. 예를 들어 쓰레기청소비, 도시 녹화비, 수목이전 보상비, 방역검사비, 홍수시스템 하수도 검사비, 학교 앞 위생·녹화·질서 책임비용, 풍경지구 개발비, 부동산 일제조사비, 삼림 개발비, 수자원개발비, 건축허가증 비용 등이다. 이들 비용은 학교의 은행 계좌에서 직접 빠져나가기도 한다. 일부 학교는 그 중 한두 개 항목의 지출만 해도 매년 무려 100만 위안을 초과한다고 한다.

누군가 세계 일부국가와 지역의 교육경비 상황에 대해 비교 연구(표 5-2 참조)를 실시한 바 있다. 이에 따르면 중국의 1인당 평균 교육비는 고작 8달러에 불과하여 미국의 1%에도 못 미친다. 중국의 1인당 평균 교육경비는 선진국의 비교대상이 되지 못할 뿐만 아니라 개발도상국의 비교대상도 되지 못한다. 만약 상술한 여러 요소를 제외한다면 중국의 1인당 평균 교육경비는 훨씬 더 낮을 것이다.

중국 속담에 "살림 잘하는 여자도 쌀 없이는 밥을 짓지 못한다."라는 말이 있다. 교육경비의 결핍은 전체 교육 사업의 동력과 활력을 빼앗아 교사가 교육에 염증을 느끼고 학생이 학업에 염증을 느끼는 등 일련의 악성순환을 야기하여 교육 위기의 도화선이 된다.

표 5-2 일부 국가와 지역의 교육경비 일람표

국가 혹은 지역	연도	교육경비(100만 달러)		1인당 평균 교육경비 (달러)
		국민생산총액에서 차지하는 비율	정부지출에서 차지하는 비율	
미국	1983	226,500		966
		6.8		
캐나다	1985	23,673.2		947
		7.2	12.7	
프랑스	1982	31,694.1		584
		5.8		
일본	1983	66,092.5		555
		5.6	18.7	
오스트레일리아	1984	8,113.1		523
		6.5	13.2	
독일연방	1984	28,334.4		478
		4.6	9.2	
영국	1984	22,515.3		399
		5.2	11.3	
이탈리아	1983	19,993.6		352
		5.7	9.6	
싱가포르	1982	614.7		249
		4.4	9.6	
홍콩	1984	969.6		194
		2.8	18.7	
소련	1983	51,015.5		188
		6.6	10.2	
알제리	1985	3,627.3		165
		6.1	15.6	

국가 혹은 지역	연도	교육경비(100만 달러)		1인당 평균 교육경비 (달러)
		국민생산총액에서 차지하는 비율	정부지출에서 차지하는 비율	
쿠바	1985	1,550.8		155
		6.2		
대한민국	1985	3,980.7		98
		4.9	282.	
이집트	1985	2,666.5		54
		5.2	11.5	
루마니아	1983	1,183.3		52
		2.3	7.5	
멕시코	1985	2,841.3		36
		2.6		
브라질	1984	3,296.4		25
		2.9	16.6	
탄자니아	1985	265.9		13
		4.3	19.0	
인도	1985	7,241.2		10
		3.7	9.4	
나이지리아	1985	814.5		8
		1.3	8.7	
중국	1985	7,778.8		8
		2.9	8.1(1983)	

※ 사립교육에 관한 정부보조금 제외.
이 표는 1인당 평균 교육경비 액수에 따라 배열되었음.
자료 출처 : 유네스코 《1987년 교육연감》

2. '기초'적이지 못한 기초교육

중국의 교육경비는 그 액수가 극심하게 적을뿐더러 합리적이지 못하게 쓰이고 있다. 특히 교육경비의 내부분배 방면에서 기초교육은 줄곧 교육 투자의 중점이 되지 못하여 '기초교육이 기초적이지 못한' 이상 현상이 생겨난다. 통계에 따르면 대학생 1인당 평균 교육경비를 100위안으로 계산하면 고등학생은 5.8위안, 중학생은 4.7위안, 초등학생은 1.8위안이라고 한다. 대학생 1명이 점유한 교육경비가 초등학생 50명의 경비보다도 많다는 이야기이다.

기초교육경비의 부족으로 인해 초, 중, 고등학교는 운영에 많은 어려움을 겪고 있다. 수많은 초, 중, 고등학교, 특히 농촌 학교는 교사校舍가 심각하게 낡아있고 설비도 허술하다. 때문에 많은 학생들이 심지어는 교실이 부족하여 사당, 불당, 낡은 건물 등에서 공부하다 건물이 무너져 사상자가 발생하는 사고도 흔히 일어난다. 또한 많은 초, 중, 고등학생들은 여전히 바닥에 앉아 공부를 하는 형편이다. 일부 학교는 아직도 '문이 있지만 창이 없고, 창이 있지만 창틀이 없고, 창틀이 있지만 빛이 없는' '진흙 책상, 진흙 걸상, 진흙 아이들'의 상황을 바꾸지 못했고, 일부 지역에서는 여전히 돌을 쌓아 학생들의 책걸상을 만드는 '석기시대'에 머물러 있다. 교수 요구사항에 따라 실험기구를 완비한 초, 중, 고등학교는 전체의 10%에도 못 미친다. 도서 자료, 체육 기자재의 부족은 더더욱 심각한 수준이다. 표본조사에 따르면 중, 고등학교는 매년 1학생당 고작 평균 5위안 정도, 초등학생은 1학생당 평균 1

위안 정도이다.

기초교육경비의 부족은 학교의 생존을 위협할 뿐 아니라 학교의 운영방향에도 영향을 미친다. 장쑤성 정협위원과 정협 일반교육팀이 1988년 9월 실시한 조사에 따르면 난징시 모 중, 고등학교에는 24개 반, 1,100명의 학생, 138명의 교직원이 있다. 1987년 연말 결산에 따르면 연 교육 공용경비는 15,491위안(1986년 공용경비는 25,580위안, 1986년과 비교해 1987년에 10,089위안 감소하였다)이었지만 실제로는 22,500위안(기초건설 수리비 4,100위안, 의료비 초과지출 4,000위안 제외)이 지출되어 7,069위안이 부족하다. 교직원 임금은 263,556위안, 실제 지불한 교직원 임금은 338,048위안으로 74,492위안 부족하다. 한 해 동안 이 학교에 대한 사회의 각종 할당비용은 4,050위안으로 공용 경비의 26%를 차지한다. 다른 모 초등학교에는 12개 반, 500명의 학생, 29명의 교직원이 있다. 이전 해 정부가 지급한 36,749위안은 모두 교직원 임금으로 지불되었다. 학교의 경상지출은 학비의 잔액으로 해결하지만 교육용 기구 및 설비의 구매비용, 교사의 상여금, 서적 구입비, 공공의료 보조금은 모두 방도가 없다. 이에 교장들은 앞을 다투어 "정부와 사회 각계에서는 초, 중, 고등학교에 중점적인 '수혈'을 하여 기초교육이 직면한 위기를 해결해야 한다."고 호소한다.

기초교육 경비의 부족, 기초교육 조건의 낙후는 기초교육수준을 정체하고 하락하게 하여 국민 문화 소양의 저하를 야기한다. 1987년 말까지 전국 2,200여 개의 현 가운데 성급 인민정부의 검사를 거쳐 초등교육을 보급한 현은 고작 1,240개로 총 현수의 60%를 차지한다. 이는

40%의 현이 아직도 초등교육을 보급하지 못했다는 말이다. 중국에는 문맹 및 반半문맹이 총 2억 3,000만여 명 있다. 4명 가운데 1명이 문맹 혹은 반문맹으로, 세계에서 문맹 및 반문맹이 많은 나라에 속한다. 추산에 따르면 중국은 이후 십 수 년 동안 매년 평균 400만 정도의 문맹을 퇴치해야 한다. 이와 동시에 중국에서는 매년 200만 명 이상의 새로운 문맹이 탄생한다. 새로운 문맹의 생산은 주로 아직 초등교육을 수료하지 못한 청소년에서 비롯되는데 상당수가 중도에 자퇴한 초, 중, 고등학생들이다. 혹자는 "만약 기초교육을 중시하지 않으면 중국은 세계에서 문맹이 가장 많은 국가가 될 것이다!"라고 경고한다.

기초교육은 교육이라는 빌딩의 주춧돌이다. 기초교육을 소홀히 하거나 약화시키면 고등교육을 공중누각으로 만들어 버릴 뿐만 아니라 전체 교육체계에 혼란스러운 국면이 등장하도록 한다. 세계적으로 선진국들을 살펴보면 기초교육에 대한 중시를 기본 국책으로 삼고, 교육에 대한 투자를 우선적으로 보장하지 않는 나라가 없다. 기초교육이나 법률 형식을 통한 기초교육 강화는 많은 국가들의 경제발전을 촉진시킨 성공적인 경험일 뿐 아니라 근대교육발전에 있어 세계적인 필연적 추세이다. "일본의 중요 경험 가운데 하나는 바로 9년 의무교육을 보급하고 소양이 뛰어난 우수 인력 자원을 제공함으로써 생산력의 발전을 추진해 일본의 현대화 실현에 길을 터놓았다는 것이다."

역사 발전의 방향에서 보면 교육경비 분배의 중점은 초등교육에서 중등교육으로, 다시 중등교육에서 고등교육으로 방향을 바꾸었다. 그러나 어찌 되었든 간에 기초교육은 항상 교육 투자의 주요 구성 부분이었다. 여기서 우리는 1885년부터 1960년까지 일본 교육경비의 내부분배 상황을 분석해 볼 필요가 있다(표 5-3 참조).

표 5-3 일본 교육경비의 내부분배 일람표

연도	초등교육		중등교육		고등교육		사범교육	
	교육 경비(%)	학생수(%)	교육 경비(%)	학생수(%)	교육 경비(%)	학생수(%)	교육 경비(%)	학생수(%)
1885	84.3	989.9	2.8	0.5	8.3	0.4	4.6	0.2
1890	76.9	98.6	3.1	0.6	10.9	0.6	9.1	0.2
1895	77.1	98.3	6.1	1.1	10.2	0.3	6.6	0.3
1900	67.6	97.0	16.5	2.3	7.0	0.3	8.9	0.4
1905	64.6	95.8	18.2	3.1	10.2	0.7	7.0	0.4
1910	68.0	95.6	16.5	3.4	9.6	0.6	5.9	0.4
1915	65.5	94.7	17.3	4.2	12.0	0.7	5.2	0.4
1920	67.6	93.8	17.9	5.1	10.6	0.8	3.9	0.3
1925	61.1	90.2	20.1	8.0	14.6	1.3	4.2	0.5
1930	58.4	89.2	20.1	8.8	17.8	1.5	3.7	0.5
1935	61.9	89.3	18.7	9.0	16.9	1.4	2.5	0.3
1940	55.7	86.7	21.8	11.3	20.1	1.7	2.4	0.3
1950	41.8	59.3	46.2	38.2	12.0	2.1	—	—
1955	46	57.4	42.3	39.7	11.7	2.9	—	—
1960	42.4	56.1	44.5	40.7	13.1	3.2	—	—

* 1950년부터 1960년까지 사범학교는 고등 교육에 포함.

표 5-3에서 우리는 일본은 근대화 과정 중에서 줄곧 기초교육 대한 투자에 중점을 두어 기초교육 경비가 지속적으로 80% 이상 차지했음을 알 수 있다. 기초교육 가운데서도 증가가 특히 두드러지는 것은 중등교육 경비이다. 이는 한편으로는 중등교육 대상이 나날이 증가했기 때문이기도 하거니와 한편으로는 사회의 인재에 대한 요구 수준이 나

날이 높아졌다는 것을 말하기도 한다.

어떤 이는 다음과 같이 지적한다. "현재 중국이 고등교육에 사용하는 경비는 전체 교육경비의 약 20%이고, 중등교육에 사용하는 경비는 전체 경비의 약 80%이다. 고등교육 중의 사범교육은 기초교육을 위한 것이기에 사범교육의 경비를 제한다면 기타 고등교육의 경비 비율은 15% 이하이다. 이는 세계 각국의 평균 수준인 22~25%보다 낮은 수치이자 개발도상국의 평균 수준인 22~24%보다도 낮은 수치이다. 격렬한 국제 경쟁 중에서 중국의 지위를 보장하여 높이고 4개의 현대화를 실현하려면 반드시 고급 전문인재 육성의 수와 품질을 보증해야만 한다. 또한 중, 초등 교육이 직면한 9년 의무교육의 수요 및 기초교육이 전체 교육 중에서 차지하는 위치, 역할 등을 고려해야 한다. 현재 교육경비의 고등교육과 중, 초등교육 사이의 배치 비율은 기본적으로 합리적이라 할 수 있다."

필자는 상술 자료의 신뢰성을 의심하지는 않는다. 그러나 필자는 교육경비의 절대치 비율만 사용해서는 부족한 감이 있다고 생각한다. 즉, 고등교육과 초, 중등교육 경비의 전체 비율을 보아야 할 뿐만 아니라 고등교육과 초, 중등교육 경비의 1인당 평균 비율도 보아야 한다. 만약 1인당 평균 비율로 중국의 교육경비를 본다면 신뢰도는 어렵지 않게 판단할 수 있다. 여기서 우리는 세계 일부 국가의 모든 초등학교, 중, 고등학교 및 대학교의 교육경비수를 살펴보아도 될 것 같다(표 5-4 참조).

표 5-4 세계 각국의 초, 중, 고등학교 및 대학교의
1인당 평균 경비 수(초등학생을 1로)

국가 / 학생	중국	일본	미국	소련	영국	독일연방	프랑스	이탈리아	태국	미얀마	오스트레일리아	스위스	노르웨이	네델란드
초등학생	1	1	1	1	1	1	1	1	1	1	1	1	1	1
중, 고등학생	2.5	1.5	1.4	1.2	1.2	1.9	3.2	2.6	3.1	13	1.9	0.9	2	2.7
대학생	74.2	5.7	4.6	4.5	1.3	4.8	4.0	4.5	2.5	16.6	4.2	4	8.8	1.7

물론 필자는 중국의 고등교육 경비가 증가했다고 말하고자 하는 것은 아니다. 사실상 이 역시 '수레에 가득한 땔나무의 불을 물 한 잔으로 끈다.'는 '배수차신'으로 거의 모든 고등학교에는 자신만의 '경제위기'가 있다. 필자 역시 기타 국가의 고등교육에 고액의 학비, 기업·재단의 보조 등 다른 출처가 있음을 부인하지 않는다. 그러나 어느 누가 중국의 초, 중, 고등학생(특히 초등학생)이 누리는 교육경비가 가련할 정도로 적다는 사실을 부인하겠는가? 어찌 '수레에 가득한 땔나무의 불을 물 한 잔으로 끄는' 정도일까? 그야말로 '수레에 가득한 땔나무의 불을 물 한 방울로 끈다.'고 해도 과언이 아니다! 장기적인 계획 면에서 볼 때 우리는 중국의 현대화 건설에는 생산량은 높게, 품질은 우수하게, 방식은 첨단으로 이끌 기술 인재가 필요하다. 그러나 현재 중국 경제발전의 실질적인 수요 면에서 본다면 기술을 이해하고 실행할 수 있는 중급 인재와 생산자, 양호한 정신적 풍모를 가진 국민이 더더욱 필요하다. 이것이 바로 기초교육이 담당해야 하는 임무이다. 유럽의 한 교육관리가 중국

의 교육을 시찰하면서 "중국은 노벨, 아인슈타인을 끌어들여야지 여러 노동자와 농민을 끌어들여서는 안 된다."라고 말했다. 요다 요시이에依田熹家 일본 와세다早稻田 대학 교수도 신화사新華社 기자에게 중국교육에 존재하는 문제에 대해 언급하며 다음과 같이 이야기한 바 있다. "일본이 메이지 유신 이래 성공적으로 현대화를 건설한 중요한 노하우 가운데 하나는 바로 교육의 보급에 적극 매진하여 '백년대계'를 책임질 인재를 육성하였다는 점이다. 프랑스 등 서유럽 국가에는 소수의 걸출한 과학자들이 있었으나 중간층 기술 인력이 부족했다. 이와 반대로 일본은 중등교육의 보급으로 인해 대량의 중간층 기술인재를 보유하였다. 이것이 일본이 전후에 해외 선진 기술을 도입, 흡수, 소화할 수 있었던 중요 조건이자 유럽 국가가 공업기술면에서 일본에게 패배한 원인 가운데 하나이다. 일본이 강대한 이유는 지식인에 있지 않고 각 기술 역량이 두텁다는 데 있다. 나는 전후 일본의 교육에 대해 여러 가지 비판을 한 바 있지만 교육의 보급에만은 찬성하였다. 만약 중국이 일본을 배우려고 한다면 교육의 보급을 배워 민중의 문화수준을 높여야 한다."

일본의 다른 학자는 중국이 기초교육을 경시하는 작태를 두고 더욱 직접적이고 날카로운 비판을 했다. "현재 중국은 대학교육을 중시해 응시자도 많고 경쟁률도 높으며 품질도 높은 편이다. 그러나 인원수가 더욱 많은 초등학교와 중학교 등 기초교육에는 충분히 매진하지 않는다. 만약 이 방면에 존재하는 문제를 즉시 해결하지 않고 기초교육을 강화한다면 후에는 소수만의 '영재' 교육으로 빠져들기 마련이다. 몇 년 후, 인재의 육성에서 보완이 불가능한 '단층'이 생겨나게 될 것이다.

중국 정부는 생산을 발전시키는 동시에 더욱 큰 역량으로 교육에 매진하도록 건의한다. 특히 광범위한 초등학생과 중학생의 교육, 인구의 절대 다수를 차지하는 농민의 문화교육에 중점을 두어야 한다." "기초교육 강화는 이를수록 좋다. 이 문제에 매진하는 데에는 큰 결심이 필요하다. 그렇지 않을 경우 훗날 후회막급일 것이다." 좋은 약은 입에 쓰고 나쁜 약은 입에 달다고 했다. 기초교육을 중요시 하는 일은 한시도 지체할 수 없다!

3. 무서운 병탄

유감스럽고도 놀라운 일은 이 가련할 만큼 적은 '물 한 방울'이 여전히 끊임없이 병탄되고 낭비되고 있다는 사실이다. 신문지상에 드러난 불완전한 자료에 따르면 전국 2,000여 개 현 이상의 교육 기관에서 최근 몇 년간 전용轉用된 교육경비는 많게는 무려 4,200만 위안에 달한다고 한다. 그 중 상당 부분이 자동차 구매, 사무실 건설에 사용되었다. 1986년 적발된 전용하고 유용한 교육경비로 사무실을 짓고, 자동차를 구매하고, 기업을 운영하고, 기타 재경 법규를 위반한 금액이 무려 4억여 위안에 달한다. 여기서 우리는 후난성을 한번 훑어보고자 한다.

1987년 2월, 후난 주저우株洲시 건설은행建設銀行이 시 교육국으로 경품 채권을 판매하도록 파견되었다. 그 와중에 교육국 회계재무과장이 교육경비를 전용하여 5만 위안어치를 구입하였다. 1988년 2월, 채권

경품 추첨에서 교육국이 1등상에 당첨되었고, 상품은 4천 위안의 실물이었다. 상품을 매각한 후 교육국 기관 내 모든 사람들은 1인당 현금 65위안을 받았다.

1987년, 후난 안샹安鄕현 청관城關진에서는 40만여 위안의 거액을 들여 사무 빌딩을 건축하였다. 그러나 1988년 4월 이 진에서는 청베이城北중, 고등학교에 교학 건물을 한 채 증축하면서 진 내 5개 초, 중, 고등학교 학생들에게 1인당 25위안에서 30위안을 부담하도록 했다. 불쌍한 아이들은 아무런 대책이 없어 현장縣長에게 원조를 요청할 수밖에 없었다.

1988년 12월, 샹탄湘潭시 1중이 보증인이 되어 샹탄시 교육국으로부터 10만 위안의 교육경비를 받아 한 청부업자의 장사에 자금으로 제공했다. 실제적으로 이 돈은 103개의 금반지를 불법 판매하는데 사용되었다고 한다.

필자는 어느 현의 교육국장이 교육경비로 자동차, 텔레비전을 샀다는 이야기, 또 다른 현의 교육국장은 교육경비로 술을 마시고 마작을 하고 심지어는 도박판에서 교육경비를 물 쓰듯 썼다는 이야기를 빈번하게 들어왔다. 만약 이들이 교육을 담당한다면 제아무리 교육경비가 많다 하더라도 그 추악하고 바닥이 없는 구멍을 절대 메울 수는 없을 것이다.

무서운 '병탄'과 '서로 어울려 아름다운 운치를 더하는' 사실은 1981년부터 1986년까지 전국적으로 수입한 자동차가 약 200억 위안에 맞먹고, 1987년 전국 각지에서 영수증 증명이 불가능하고, 먹고, 마시고, 호화 자동차를 사느라 흥청망청 써버린 공금이 무려 530억 위안이 넘고,

사회집단에서 소비된 호화경비는 665억 위안에 달한다는 사실이다. 설상가상인 것은 최근 전국적으로 기초건설에 13,000억 위안이 투자되었지만 1987년 전국 예산 내 교육경비는 고작 274억 6,200만 위안에 불과하다는 사실이다. 우리는 어떤 평계를 찾을 것인가?

4. 새로운 메커니즘 찾기

교육경비 문제를 해결할 탈출구는 어디에 있는가? 이는 1988년 교육 이론계의 '이슈' 가운데 하나로서, 《광명일보》에서는 전문 칼럼을 열어 토론을 진행하기도 했다. 여러 사람들의 의견을 종합해보면 관건은 교육경비 문제를 해결할 새로운 체제를 찾아야 한다는 것이다.

먼저, 인식상의 장애를 해결해야 한다. 오랜 세월 동안, 중국에서의 교육 투자는 '생산적인 투자'로 인식되지 않았다. 게다가 이것이 '경제를 발전시킬 수 있는 최선의 투자'라는 사실도 이해하지 못하였기에 그저 이를 '소비성 투자' '비경영성 투자'로 간주했다. 중국이 세계은행 IBRD에 전문 차관을 신청했지만 뜻밖에도 그 중에 교육관련 항목은 없었다! 외국인이 중국인에게 넌지시 이 사실을 상기시켜준 후에야 겨우 이 보잘 것 없는 항목을 추가했다.

사실상 로렌스 J. 류 미국 스탠퍼드 대학 경제학 교수는 교육은 경제를 발전시킬 수 있는 최상의 투자라고 말한다. "교육이 경제성장, 생산율에 영향을 미치는 채널은 무엇인가? 첫째, 교육은 개인의 집행력과 임무 이행력을 높이고 새로운 임무를 완성하는 능력을 배우도록 한다. 둘째, 교육은 개인이 새로운 정보를 받아들이고 처리하는 능력을 높인다. 셋째, 교육은 개인과 타인이 교류하고 서로 협조하는 능력을 높인다. 넷째, 교육은 개인이 새로운 상황을 예측하고 적응하는 능력을 높인다. 다섯째, 교육은 주관적인 사물 인식에 대한 모호성과 불필요한 우려를 없애고 이를 통해 새로운 기술을 운용하고 새로운 행동을 취할 수 있는 가능성을 높인다." 대량의 연구는 이와 같은 논단을 실시하였다. 예를 들어 데니슨Dennison은 미국의 실제 국민생산총성장 중의 10%~15%는 교육과 직접 연관지을 수 있다는 사실을 발견했다. 제임슨Jameson은 세계 30여 개 농업생산과 교육 사이의 관계와 관련된 연구 성과를 정리하였다. 그들은 농업 투입 자금이 변하지 않는다는 상황 하에, 모든 농촌 가구의 호주가 1년의 교육을 더 받으면 농업 생산량이 평균 2% 정도 증가한다고 한다. 한 교육전문가는 세계적으로 수많은 교육 수익률 관련 연구 성과가 나오고 있으며, 교육 수익률이 일반적으로 매년 10%를 넘거나 이를 훨씬 웃돌기도 한다는 사실을 발견했다.

때문에 반드시 국민들에게, 특히 정부 각 부문의 지도자들에게 교육의 경제적 가치를 진정으로 인식하고, 눈앞의 이익에만 마음을 뺏기지 말도록 해야 한다. 관념상의 변혁은 이미 코앞에 도착하였다.

그 다음으로 국민생산총액(약칭 GNP) 중 교육경비가 차지하는 비율을 합리적인 수준으로 조정해 법률 형식으로 확립한다. 중국의 공공교육경비가 GNP에서 차지하는 비율은 줄곧 3% 근처를 배회한다. 1985년에는 GNP의 2.95%, 1987년에는 GNP의 2.52%를 차지했는데 이 비율은 선진국보다도 훨씬 떨어질 뿐 아니라 개발도상국 중에서도 하위에 속한다. 경제 발전 속도가 비교적 빠른 국가는 모두 높은 교육 투자 비율을 보인다는 사실을 알 수 있다. 또한 교육경비가 GNP에서 차지하는 비율은 대다수가 5%였고, 일부 국가는 6% 이상이기도 했다. 일부 개발도상국에서도 이에 질세라 앞을 다투어 교육경비가 GNP에서 차지하는 비율을 평균적으로 3.9%로 끌어올렸다(표 5-5 참조).

표 5-5　1975~1984 개발도상국 혹은 (부분) 지역의 공공 교육경비가 GNP와 정부 재정 총지출에서 차지하는 % 평균치

국가 혹은 지역	공공 교육경비		국가 혹은 지역	공공 교육경비	
	GNP의 %	정부재정 지출의 %		GNP의 %	정부재정 지출의 %
알제리	6.7	23.7	인도	3.4	9.4
이집트	4.5	9.0	인도네시아	2.4	10.4
에티오피아	3.4	11.0	이란	—	15.1
가나	3.2	21.5	이라크	4.3	4.6
게냐	6.5	18.0	대한민국	3.9	20.8
모로코	6.3	18.5	말레이지아	6.7	16.0
나이지리아	3.1	12.9	네팔	2.1	11.5
수단	5.1	12.0	파키스탄	2.0	5.1
우간다	1.7	13.2	필리핀	1.7	9.7
탄자니아	5.4	15.6	사우디아라비아	6.7	9.9
멕시코	3.7	11.6	스리랑카	3.0	8.6
아르헨티나	3.1	12.6	시리아	5.3	10.3
브라질	3.6	18.4	태국	3.7	20.4
칠레	4.9	12.0	터키	2.9	10.5

국가 혹은 지역	공공 교육경비		국가 혹은 지역	공공 교육경비	
	GNP의 %	정부재정 지출의 %		GNP의 %	정부재정 지출의 %
콜롬비아	2.6	19.3	체코슬로바키아	5.0	7.0
페루	3.3	15.6	헝가리	5.0	5.6
베네수엘라	5.8	19.8	포르투갈	4.5	11.2
아프가니스탄	1.7	9.3	루마니아	2.8	6.9
앙고라	1.7	10.1	유고슬라비아	4.7	28.5
미얀마	1.7	13.8	각국 평균	3.9	13.3

　　선진국가든 개발도상국가든 모두 미래의 인재에 대한 투자를 중시하고, 교육 투자의 사후에 나타나는 효과에 주목하고 있다. 즉 오늘의 교육 투자는 내일, 모레의 인재를 위한 것이다. 만약 누가 뭐라 하더라도 우리는 여전히 평소 자기 방식을 고집하며 적절한 때에 교육경비를 증가시키고 합리적인 투자 비율을 확정하지 못한다면, 인재 위기가 일어났을 때 다시 교육 투자를 증대해봤자 이미 늦어버린 일이 된다. 첸자쥐千家駒는 이렇게 말했다. "60년대 초, 마인추馬寅初 선생이 중국의 인구증가를 제어해야 한다고 지적하였으나 당시 모두들 그의 의견을 귀담아 듣지 않았고 심지어 어떤 이는 이를 격렬히 비판하였다. 그러나 그 결과 오늘날 인구가 10억이 넘어 우리의 경제 업무에 심각한 어려움을 가져다주었다. 만약 일찍이 20년 전 마 선생의 의견을 중시하여 산아제한을 더 일찍 시행했다면 아마도 중국에는 오늘날 인구가 8억뿐이었을 것이고, 한층 더 즐거운 삶을 살았을 것이다. 초, 중, 고등학교 교육의 문제

도 이와 비슷하다. 만약 오늘 우리가 초, 중, 고등학교 교육을 중시하지 않고 교육경비를 대폭 늘이지 않으며 교육의 질에 주의를 기울이지 않고 이대로 살아간다면 중국 전체 민족문화와 과학기술 수준에 영향을 미칠 뿐 아니라 이후로 그 결과는 점점 더 심각해질 것이다. 그 때는 소 잃고 외양간을 고쳐도 아무 소용이 없다."

그렇다면 합리적인 투자란 도대체 무엇일까? 필자는 기본적으로 허쭤슈何祚麻, 마오쥔창茆俊強의 분석에 동의한다. 그들은 교육 투자를 세 과정으로 나누었는데 첫 번째 과정은 1989년부터 교육경비를 대폭 증가해 정부 교육경비가 GNP의 3.9% 이상을 차지하도록 하는 것이다. 동시에 여러 경로를 통해 사회적 자금을 모아 예산 외 부분이 GNP의 1.3% 이상을 차지하도록 조정해 이 두 항목을 합칠 경우 5.2%에 달하게 한다. 두 번째 과정은 1990년 이후 3, 4년 내에 예산 내 부분이 5% 이상이 되도록 조정하는 것이고, 예산 외 부분은 1.7%로 끌어올려 이 두 항목 합계가 6.7%에 달하게 하는 것이다. 이로써 교육투자의 성장을 앞당기고 미래경제의 발전을 위한 기초를 다져둔다. 세 번째 과정은 부단한 경제발전에 따라 예산 내 부분을 6%로 진일보 증가시키고, 예산 외 부분을 2%로 증가시켜 두 항목 합계가 9%에 달하도록 하는 것이다. 이로써 중국의 경제와 문화 발전의 수요를 대체적으로 만족시킬 수 있다.

혹자는 '현재 나라가 가난하고 재정이 어려운데 그렇게 많은 돈으로 뭘 하려 하는가?'라고 말할지도 모르겠다. 여기에 대한 나의 대답은 '하지 않는 것이지 할 수 없는 것이 아니다.'라는 것이다. 이 말의 이치는 진스바이＄世柏가 한 말과 같다. "진정으로 식견이 있는 학부모는 아무리 가난해도 아이를 학교에 보낸다. 나라 역시 그렇다. 가난하기 때문에 더욱 교육을 발전시켜야 하는 것이다." 사실 많은 개발도상국들이 바로 가장 어려운 시절에 교육경비를 증가하였다. 앞서 언급한 바 있는 전쟁 이후의 일본은 1946~1950년의 5년 동안, 교육경비가 GNP에서 차지하는 비율을 1.95%에서 4.78%로 증가시켰는데, 1950년 일본 1인당 평균 GNP는 고작 132달러에 불과했다. 10월 혁명 이후의 소련 경제 역시 수많은 어려움에 둘러싸이고 재력도 부족했다. 그러나 레닌은 먼저 감축해야 할 것은 국민과 위원부의 지출이 아니라 기타 부문의 지출이라 생각하여 감축을 통해 얻어진 돈을 교육에 사용하였다. 따라서 우리는 다시는 입으로만 중시할 것이 아니라 입법을 통해 교육경비를 제대로 시행하도록 해야 한다.

06

힘겨운 발걸음

신중국 건립 후의 교육발전사는 가히 교육개혁사라 할 수 있다. 교육개혁은 여전히 당대 중국교육의 주선율을 이루고 있다.

우리는 40년의 교육개혁 역정을 살펴보며 한 가지 사실을 발견했다. '개혁은 어렵다.' 교육은 지금 진흙투성이인 굽이굽이 산길을 비틀비틀 걸어가며 곡절 많은 발걸음을 남기고 있다.

1. 전통교육의 저항

'개혁'이란 바꿔버리다, 혁신을 하다라는 뜻이다. 교육개혁이란 과거교육 중 현대교육에 적응할 수 없는 부분들을 바꾸고 혁신하는 활동이다. 간단하게 말하자면, 교육전통의 변혁을 통해 현대사회에 적응하는 과정이다. 그렇다면 중국 전통교육의 특징은 무엇인가? 그 부정적인 특징이 현대교육의 발걸음과 교육개혁의 노력을 어떻게 가로막고 있는가?

전통교육의 본질을 알고 싶다면, 먼저 민족문화의 특징을 알아야 한다. 왜냐하면, 전통교육이란 전통문화라는 큰 줄기에서 갈라진 작은 줄기이기 때문이다. 민족문화의 특성은 민족생활의 뿌리 깊은 토양 즉, 민족이 생활을 지속하고 번영해 온 독특한 자연환경과 사회 환경에 뿌리박고 있다. 펑톈위馮天瑜의 분석에 의하면 중국문화의 토양은 3개 층면으로 구성된다.

(1) 반봉건 온대 대륙형 지리환경

기온대氣溫帶와 연해沿海 여부로 구분할 때 중국인은 온대 대륙성 민족이다. 온대민족은 한대, 열대민족과는 다르다. 생산 및 생활조건이 좋고 '풍부한 자연과 물산'을 갖추었기 때문에 문명의 발상지가 될 가능성이 높다. 해양민족과도 다르다. 우리의 조상은 자고이래로 동아시아 대륙에서 생활했다. 이 대륙은 한면은 바다에 접해 있고(망망한 태평양), 기타 삼면의 육로교통은 매우 불편한(고비사막과 고원) 반면, 내부의 육지는 매우 광활했다. 이는 외부세계와 상대적으로 격리되는 상태를 만들었다. 이런 지리 환경 때문에 중국인은 시종 자신의 나라가 세계의 중심이라는 자부심을 가졌다. 중국민족은 자아의식이 매우 강해 다른 문화와의 교류도 적고 외래문화와도 융합이 어려웠다.

(2) 농업형의 자연경제

대륙민족은 3가지 유형으로 나눌 수 있다. 대규모 대륙형(중앙아시아,

유목경제), 초원—삼림 대륙형(동유럽, 반농반목 경제), 중국을 중심으로 하는 대하大河 대륙형이다. 습윤하고 비옥한 토지는 우리 조상들이 정성스럽고 세심한 경작을 할 수 있는 농업생산의 전제조건이 되어주었다. 농업사회 경제는 자급자족식 자연경제로서 중국문화의 일련의 특징도 모두 여기서 파생되었다. 그 중 첫째 특징이 '현실을 중시하고 헛된 환상을 배격하는' 무실務實정신이다. 중국인은 실제적이고 믿을만한 것을 숭상하고 자연의 규칙을 중시하며 현세現世와 인사人事에 주의하기 때문에, 불같은 열정에 휩싸인다든지 극단으로 치닫는 경우가 거의 없다. 둘째 특징은 권위를 중시하는 의존심리다. 대자연의 위협 앞에 우리의 조상은 대항할 힘이 없는 매우 연약한 개체였다. 이는 보호할 대상을 찾고, 권위를 중시하는 의존심리로 발전했다. 그들은 저 높은 곳에서 이 세상 모든 것을 다스리는 집권정치 체제와 통치사상이 필요했다. 이것이 바로 '동양의 전제주의'이다. 셋째 특징은 안일과 안정을 추구하는 보수주의다. 끊임없이 반복되는 자체생산, 자체소비의 농업경제는 반드시 평안과 안정을 그 전제로 요구한다. 중국인에게는 '안정된 생활을 누리며 즐겁게 일한다.' '조금만 부유해도 편안한 인생이다.' 등 사상이 뿌리 깊다. 반면, '자기 주제를 넘는' 생각이나 군사적인 정복, 전쟁을 일으키려는 야심을 거의 찾아보기 힘들다. 만리장성 같은 방어적 군사건축물은 역대 이래로 통일과 평화를 추구한 중국인들의 심리를 가장 잘 상징하는 상징물이라 할 수 있다.

(3) 국가일체의 종법사회

　농경사회에서 아버지를 가장이자 집안의 중심으로 삼는 종법제도와
"임금은 임금답고, 신하는 신하다우며, 아버지는 아버지답고, 자녀는
자녀다워야 한다君君, 臣臣, 父父, 子子"는 등급관념, 그리고 삼강오륜三綱五
倫 등의 윤리규범은 중국고대 사회제도와 조직의 기본원칙이었다. 여
기서 파생되는 사회심리는 먼저 혈연관계를 매우 중시하는 현상으로
나타난다. "나와 다른 종족이면 반드시 다른 마음을 품었다非我族類, 其
心必異"라는 종법관념은 후에 점차로 인정을 중시하고, 친한 관계를 맺
고, 인륜을 중시하는 특징으로 변화했다. 다음 현상은 전통에 대한 극
단적인 존중이다. 정치적으로는 '전통'을 맹신하고, 학술적으로는 '전
통적으로 전해지는 학설'을 중시하며, 예술적으로는 '스승에게 받는 전
수'를 추구하고, 교육적으로는 '스승의 도를 엄히 따르는' 것이 그 전형
적인 모습이다.

　이 문화토양에서 자란 중국 봉건사회의 전통교육은 다음과 같은 주
요 특징을 갖는다.

　첫째, 도덕을 중시하고 실용을 경시하는 것을 목표로 한다. 공자의
"군자는 의리에 밝고, 소인은 이익에 밝다君子喩於義, 小人喩於利."라는 말
에서부터 송나라 명리학明理學의 "하늘의 이치를 보존하고, 사람의 욕
심을 멸한다存天理, 滅人慾"까지, 하나같이 윤리도덕 위주의 가치관을 강
조하고 있다. 이는 교육의 윤리적 가치를 숭상하는 한편, 교육의 실용
적 가치는 폄하하는 모습으로 나타났고, 사회 생산력을 발전시키는 교

육의 능동성에 커다란 제약이 되었다.

둘째, 내용적으로는 정무를 중시하고 자연을 경시한다. 중국고대에는 '정교합일政敎合一'의 전통이 있었다. 교육은 봉건 윤리도덕을 갖춘 통치계급이 필요로 하는 인재를 양성하기 위해 존재했다. "공부하고도 여유가 남으면 관리가 된다學而優則仕."라고 교육은 정치와 따로 떼어서는 생각할 수 없었다. 학술에 종사하는 이유도 스스로 윤리를 깨닫고, 이로써 관직에 들어서기 위해서였다. 따라서 교육내용도 주로 봉건 윤리도덕을 널리 전파하는 사서오경四書五經 위주였다. 자연과학적인 내용은 '벌레나 조각하는 하찮은 기술'쯤으로 치부했다. 그 결과 중국의 전통교육은 심한 정치 경도현상을 보이게 되었다. 이 특징은 전통 학교교육에서 두 가지 치명적인 병폐를 낳았다. 하나는 나라를 안정적으로 다스리고 백성들을 교화한다는 교육의 정치적 기능만 지나치게 강조한 것이다. 외적으로 보면 교육의 지위를 높여준 것 같지만 실제로는 교육 기능을 '협소화'시켜 배타적으로 만들어버렸다. 또 다른 하나는 과거科擧 교육제도, 즉 정무를 중시하고 자연을 경시하는 전통이 강력한 행정력을 통해 고착화되어 교육은 통치자가 덕행을 실행하고 봉건사회의 '안정적인' 질서를 유지하는 도구로 전락한 것이다.

셋째, 대상적으로는 전체를 중시하고 개인을 경시한다. 자연관적으로 고대 중국인은 천인합일天人合一을 중시하며, 서양인은 자연에 대한 정복을 중시했다. 사회관적으로도 중국고대에는 전체적인 개념을 가졌다. "개인은 종법혈연의 유대 안에서, 가정 및 국가라는 한 그물망 안에서 각각의 특정한 위치를 가진다. 이 특정한 위치는 개인이 존재하는 근거이며 이로 개체와 사회의 일체화된 구조를 구성한다. 개인은 사회에 대해 권리보다 의무가 강조되며 개인의 이익보다는 전체의 이익이 강조된다. 개인의 가치는 전체 사회 속에서 실현될 수밖에 없다.” 전체의식 강조는 민족의 결속력 강화와 국가와 백성을 위한 헌신에는 어느 정도 긍정적인 의미를 부여할 수 있다. 그러나 어떤 의미에서는 가부장주의, 왕권주의 내지 전제주의, 개인의 개성 및 능동성 억압, 구속을 유발할 수 있다. 오랜 세월동안 우리의 전통교육 역시 공통점을 최상으로 여기며, 개성은 말살한 채 ‘인의도덕’만을 추구하고 학생에게는 ‘군주에 충성하고 공자를 존중하며 공公과 무武, 실實을 숭상’하도록 했다. 학교는 봉건사회를 위해 ‘노예’를 양성하는 도구가 되고 결과적으로 획일화된 사람들이 양성되었다. 루쉰 선생이 비평한 바와 마찬가지로 말이다. “중국인들은 항상 자부심이 많다. -그러나 아쉬운 것은 ‘개인적인 자부심’은 없고 전부 ‘떼를 지어 나라를 자랑하는 자부심’만 있다는 것이다. 개인의 자부심은 개성적인 것이며, 어리석은 군중에 대한 선전인 셈이다……. 모든 새로운 사상은 그들에게서 나온다. 정치적, 종교적, 도덕적인 개혁 역시 그들이 발단이 된다. 따라서 이 ‘개인적인 자부심’을 가진 국민은 얼마나 축복 받은 국민인가! 이 얼마나 큰 행운인가!”

넷째, 방법적으로 축적을 중시하고 창조를 경시한다. 중국고대사회의 초안정적인 구조(이 구조에서 어떤 변혁도 모두 액운을 맞이한다.) 때문에 교육에서도 스승만이 학문을 전수하는 폐쇄적인 방식을 형성했다. 지식의 전달이란 안정적인 연속을 의미할 뿐이다. ‘학문의 전달, 학문의 전수, 문제의 해결', 이 모두는 교사를 중심으로 전개되었다. 이 역시 학생의 창조정신 발달에 크고 작은 영향을 미쳤다. 학생은 사고의 관점이란 면에서든 아니면 사람이라는 면에서든 스승과 강한 의존관계를 맺게 된다. 중국전통교육을 통해 양성된 인재는 축적형, 계승형이 많고, 발명형, 창조형이 적은 이유가 이 때문이다. 그들은 '성현의 길을 엄격히 준수함'을 자신의 임무로 여기고 혁신과 발전을 경전을 위배하는 배반행위로 여긴다.

전체적인 특징으로 볼 때 중국의 전통교육은 윤리화 색채가 강하다. 어떤 의미에서 중국 교육사상사는 중국윤리학사라 할 수 있기에 중국 전통교육이 학습자에게 전달하는 지식은 부산품으로 전락한다. 전통교육에서 이상적으로 여기는 인격은 도덕형 인격이지 지식형 인격이 아니다. 공자도 이렇게 말했다. "제자는 집에서는 효를 행하고 밖에 나가면 연장자를 존경하며, 언행이 조심스럽고 신용이 있으며 뭇사람들을 사랑하여 덕이 있는 사람을 가까이 해야 한다. 이런 행동 후에 힘이 남으면 글을 배운다弟子入則孝, 出則弟, 謹而信, 泛愛眾, 而親仁, 行有餘力, 則以學文" 송대의 사마광司馬光은 《자치통감資治通鑑》에서 사람을 4가지 유형으로 나눴다. 즉 재덕을 겸비한 성인聖人, 덕은 있되 재주는 없는 현인賢人, 덕도 재주도 없는 우인愚人, 덕은 없고 재주만 있는 소인小人이다. 그는 교육을 통해 덕이 있되 재주는 없는 '현인'은 양성할망정 덕은 없고 재주만 있는 '소인'은 양성해서는 안 된다고 여겼다.

윤리화된 교육은 혈연, 가정, 사회, 민족을 중시한다는 장점이 있다. 그래서 중국인은 적절한 인간관계 능력을 비교적 중시하며, 사람간의

온정을 누리기 좋아하고, 사회심리적인 면에서도 더 많은 위안을 받는
다. 이것은 사람들이 자발적으로 사회정의를 수호하며 민족과 국가에
충성하는 힘이 되었다. 그러나 윤리화 교육에는 단점도 있다. 예를 들
어 윤리의무의 절대적인 속박아래 인간의 자주성, 독립성은 억압을 당
하고 지식과 과학의 가치는 경시되며 심지어 과도하게 내향적인 민족
성을 유발하게 된 것이다.

중국전통 교육의 기본적인 특징 및 그것이 생존하고 발전한 토양을
분석함을 통해 우리는 현대중국의 교육개혁이 실제적으로 얼마나 유익
한 것인지 확인할 수 있었다. 사실, 만일 전통교육의 잠재적인 영향력
과 힘, 관성의 메커니즘, 재생능력을 주의하지 않는다면 교육개혁은 순
조롭게 진행되지 못할 것이다. 물론, 전통교육의 긍정적인 의의를 중요
시하지 않는다는 것은 민족적 허무주의의 발로이기도 하다.

2. 교육방식의 전환

이제 교육개혁이 전통의 저항과 현실의 영향이라는 틈바구니 속에서
어떻게 발버둥치며 힘겨운 발걸음을 내딛고 있는지 살펴보기로 하자.

현대교육사에는 두 가지 전형적인 교육 방식이 있다. 한 가지는 학술
적 교육 방식이다. 그 중심내용은 학술적인 교육의 제창으로, 지식획득
을 목적으로 한다. 학술적 교육방식은 비학술적인 흥미활동 및 과외활
동은 경시하며 학교중심, 지식위주의 교육방식으로 발전했다. 또 다른

한 가지는 변혁적 교육방식이다. 그 중심내용은 사회적 학습의 제창으로, 변혁을 목표로 한다. 따라서 변혁적 교육방식은 사회생활과의 단절을 반대하며, 사회중심, 행동위주의 교육방식이 되었다. 어떤 국가든 교육개혁은 이 두 가지 방식의 상호전환, 상호 교체되는 과정이라 할 수 있다. 이 현상을 '시계추 현상', 혹은 '이중변주'라 한다.

예를 들어, 20세기 초 미국은 기본적으로 유럽의 전통적인 학술적 교육방식을 답습했다. 총체적 지식과 논리를 중시하며 학교의 규율 및 규범을 강조하는 이런 방식을 통해 사회가 필요로 하는 이상적인 인재를 양성하려 했다. 그러나 1920년대 후반, 전통교육은 점점 사회에 적응하지 못했다. 존 듀이John Dewey(미국의 철학자, 심리학자, 교육운동가. 기능심리학을 주창하였으며 미국의 학교제도에 막대한 영향을 준 진보주의를 이끌었음―역주)가 태두가 된 진보주의 교육개혁은 교육방식의 전환을 부르짖었다. 즉 교사중심, 교실중심, 교재중심이 아니라, 아동중심, 사회의 교실화, 활동중심의 변혁을 주장했다. 《경험과 교육》중에서 듀이는 이 두 가지 방식에 대한 정확한 개념정의는 하지는 않았지만, 두 방식의 성질에 대해서는 명확한 대비와 분석을 실시했다. 그는 말했다. "전통교육의 주요목표는 교재를 통해 조직의 지식과 숙련된 기능을 익히며, 청년들이 미래에 책임을 지고, 삶의 성공을 준비하게 하는 데 있다. 교재와 정확한 행동규범이 과거로부터 전해져 왔기 때문에 학생들은 어쨌든 반드시 온순한 복종의 태도를 가져야 한다. 책, 특히 교과서는 과거 학문과 지혜의 대표로서, 교사는 학생과 교재를 효과적으로 연결시켜주는 유기체가 된다. 교사는 지식과 기능 및 행동준칙을 전수해주는 대리인인 셈이다." 이는 분명 학술적 교육방식이다.

변혁적 교육방식을 두고 듀이는 신교육의 특징이라 불렀다. 그는 말했다. "신교육의 실천이 내포하는 교육철학은…… 공통적인 원칙을 발견할 수 있다. 개성을 드러내고 양성함으로써 상술한 주입식교육을 반대한다. 자유로운 활동으로써 외부의 규율을 반대한다. 경험을 통한 학습으로써 교과서와 교사 중심의 학습을 반대한다. 획득을 통해 직접적인 필요와 목적을 달성하는 각종 기능과 테크닉으로써, 훈련으로 얻어지는 단일한 기능과 테크닉을 반대한다. 현실생활 중의 각종 기회를 최대한 이용함으로써 머나먼 미래를 대비함을 반대한다. 익숙하고 변화하는 세계를 통해 고정되고 변함없는 목표와 교재를 반대한다." 사회와의 단절을 반대하며 실용성을 강화하자는 변혁적 방식의 관점은 매우 오랫동안 사회의 사랑을 받아왔다.

2차 세계대전 후, 세계 과학기술은 신속하게 발전했다. 소련이 위성을 쏘아 올리자, 미국은 이를 두고 '과학기술의 진주만 습격'이라 평했다. 미국의 여야는 벌집이 되었고, 사람들의 시선은 순식간에 교육으로 향했다. 이는 진보주의 교육이 기초와 체계, 이론을 경시한 결과라는 질책이 봇물 터지듯 쏟아졌다. 그리하여 《국방 교육법》법안이 반포되었다. 고급 과학기술 인재양성을 목표로 하는 새로운 교육체계가 확립됨과 동시에 수학, 물리, 외국어 등 과목이 강화되었다. 또한 능력개발을 전인미답의 수준까지 끌어올려 교육의 시계추를 또다시 학술적 방식으로 되돌렸다.

그러나 1960년대 이후로 미국사회의 모순이 격화되며 민족주의, 여성주의, 청년운동, 반전운동이 도처에서 일어났다. 사람들은 또다시 학교 탓을 하기 시작했다. 그들은 학교가 학술적 기준만 강조하고 사회적 책임감을 경시했기에 사회적 폐단이 생겨났다고 여겼다. 변혁적 교육방식은 또다시 권토중래했다. 그들은 학생들이 학교를 운영할 자주권과 자발성을 외치며 실제 사회생활과 단절된 교과과정을 개혁했으며 '교육개방'을 통해 사회적 위기를 해결하려 노력했다. 학년의 구분은 사라졌고, 전통적인 교과과정은 '독립학습' '학생이 계획하는 교과'등으로 대치되었다.

1970년대 이후 미국 학교교육의 질은 해가 갈수록 떨어져, 다수의 교과내용은 부실하고 학술적 기준도 하향조정 되었으며, 점수는 낮아지고 학교규율은 해이해졌다. 미국의 교육연구원 폴 허더는 전국 학생들의 성적을 철저히 분석한 후 이렇게 경악했다. "우리는 지금 과학 문맹, 기술 문맹인 미국인을 길러내는 중이다!" 그리하여 미국의 교육수월성을 위한 국가위원회NCEE는 《국가의 위기: 교육개혁의 필연성A Nation at Risk: The Imperative for Educational Reform》이란 보고서를 제출하게 된다. 학술적 방식은 또다시 소리 없이 사라지고 1980년대 후반기 기초교육을 강화하면서 교육은 또다시 규범적인 발전을 시작했다.

이상에서 미국의 교육개혁은 기본적으로 학술적 방식과 개혁적 방식의 상호전환 과정임을 알 수 있었다. 사회모순이 심화되고 정치적 위기가 출현해 교육이 위기를 완화하고 곤경을 벗어나야 할 필요성이 느껴지면, 시계추는 곧장 변혁적 방식으로 향했다. 과학기술경쟁이 과열되고 사람들의 소양이 낮아져서 교육이 고급인재를 양성하고 첨단과학을 발전시켜 국력을 강화해야 할 필요성이 있을 때, 시계추는 다시 학술적 방식으로 향했다. "하지만 미국교육발전사는 이 두 간극 간의 움직임의 폭이 점점 작아지고 두 방식이 서로의 장점을 끊임없이 흡수하며 점점 융합되어 가는 추세를 보여주고 있다."

우리는 이런 두 가지 방식의 전환과정을 가지고 당대 중국의 교육개혁을 고찰해도 무방하겠다. 중국 40년의 교육개혁사는 대략 초창기(1949~1956), 탐색기(1957~1960), 안정기(1961~1963), 혼란기(1964~1976), 부흥 및 발전기(1977~1989)의 다섯 시기로 나눌 수 있다.

초창기(1949~1956) 교육개혁의 주요 임무는 옛 중국의 봉건, 매판, 파시즘적인 교육을 개조하여, 민족적이고 과학적이며 대중적인 신新민주주의 교육을 건립하는 것이었다. 교육개혁의 내용은 크게 5가지로 나뉜다. ① 구식 학교의 접수 및 개조 ② 구식학제 개혁, 신 학제 반포 ③ 노동자 농민에게 모든 교육시설 개방 ④ 교사의 사상개조 ⑤ 고등 교육기관의 학과 개편. 이 임무는 1952년에 기본적으로 완성되었다. 1949~1956년의 교육은 기본적으로 변혁 방식을 나타낸다. 이 방식으로 중국 교육사업은 회복과 발전을 이루었고 사회개혁 및 국민경제의 요청에 부응했다. 그러나 당시는 구식 학교교육을 간단하게 부정하는 태도, 농공업 교육발전에 대한 조급한 마음, 포악하고 단순한 교사의 사상개조 등의 경향이 나타났다. 1953년부터 변혁 방식은 학술방식에 자리를 내주고, "풍기정돈을 공고히 하며 중점 위주의 발전을 이룩하고, 품질을 높여 안정적인 전진을 하라"는 문화 및 교육방침이 제기되었다. 《인민교육》등 신문 잡지는 교수教授를 중심으로 한 일련의 논설을 발표하고 소련의 교육방식을 도입하는가 하면, 완전한 교수 시스템과 정규적인 학교운영 제도를 점차 확립함으로 교육은 안정적인 발전을 계속해갔다.

초창기의 방식 수립이나 전환이 사회의 객관적 발전과정에서 기인하여 교육의 객관적 규율에 부합했다고 한다면, 탐색시기(1957~1960)의 교육방식 전환은 교육정책 결정자의 주관적인 억측에 의했기에 교육의 객관적 규율에 위배되었다. 1957년 이후, 인식상의 실수로 우리 당의 지도자는 국내정치 형세를 너무나 심각하게 추정했으며, 계급투쟁을 사회의 주요문제로 제기해 풍기정돈과 우경화 반대 투쟁을 벌이게 된다. 이치대로 하자면 1957~1960년의 교육 방식은 초창기의 학술적 방식을 완전히 부정해서는 안 되었다. 건국 후 교육의 주요 임무도 그 시기에 아직 완성되지 않았고, 사회주의 건설은 고도의 문화적 소양을 가진 전문적 인재를 간절히 원하고 있었기 때문이다. 학술적 방식은 아직 그 사명을 다하지 않았다. 심지어 번영기의 전야로서 환한 내일이 보장되어 있었다. 그러나 정치운동은 변혁적 방식이 학술적 방식을 대체하도록 조급하게 재촉했다. 계급투쟁은 즉시 전국 학생의 주요과제가 되었고 관계자 지도자 동지들은 '대약진大躍進' 교육개혁으로 무산계급 교육의 우월성을 보여주려 했다. 교육발전의 대약진, 학교 운영형식의 대약진, 사상개조의 대약진은 이렇게 출현했다.

교육발전의 규모에서 보자면, 현실에 맞지 않은 수많은 목표들이 제기됐다. 예를 들어 허난河南, 산둥성에서는 '1년 안에 문화성省 되기' '연내까지 문맹 퇴치하기' 등의 구호를 제창했다. 《광명일보光名日報》

의 보도에 의하면 1958년 1~8월 동안 전국에서 9,000만 명의 문맹을 퇴
치했는데, 이는 건국 후 8년 동안에 퇴치한 문맹자 총수의 두 배보다도
많았다. 전국 67%의 현, 시가 문맹을 퇴치했으며 전국 취학아동 입학
률은 이미 93.9%에 달했고, 87%의 현, 시는 초등학교 교육을 기본적으
로 보급시켰다. 그 해에 설립된 전국 중, 고등학교 총수는 26,999곳, 학
생은 924만에 달하여 1957년에 비해 47% 증가했다. 설립된 실업 중,
고등학교는 6,000여 곳으로 재학생 비율은 전년보다 220% 증가했다.
새로 설립된 고등교육기관은 800여 곳으로 재학생 비율은 전년의 2/3
가 증가했으며, 비전문학교는 5배, 학생은 5,000여만 명이 증가했다.
허난성 옌郾현 바이포白坡 마을은 1957년에 4개의 초등학교에서 순식간
에 29개의 초등학교 및 4개의 중, 고등학교를 보유하게 되었으며, 남경
은 일주일 동안 무려 263개소의 실업 중, 고등학교가 설립되었다.

학교 설립 형식 및 지식인의 사상개조 문제에도 무모함과 편파적인
경향이 다수 나타났다. 수많은 학교의 정상적인 수업질서와 수업계획
은 어지럽혀지고 공장, 농장을 세웠으며, 소위 '삼동三同(하층 빈농과 함
께 공부하고 함께 일하며, 함께 먹고 잔다)'이 출현하여 변혁적 방식은 '맹
위'를 떨쳤다. 자연히 이 방식은 교육사업에 큰 타격과 재난을 몰고 왔
다. 학생의 소양은 낮아지고 지식인의 적극성은 상처를 받았다. 이 시
기 학술적 방식의 출현 및 변혁적 방식의 대체는 이미 시대의 외침이
되었다.

그 뒤를 이어 나타난 것은 학술방식 위주의 안정기(1961~1963)이다.
1961년 1월 15~18일, 중국 8차 구중전회九中全會가 베이징에서 열렸으

며, 국민경제의 실행에는 '조정, 공고, 충실, 향상'이라는 방향이 제정되었다. 교육면에서는 학교 규모와 수량을 압축하고 완비된 수업질서를 건립하며, 이를 통해 교육의 질을 높일 것을 강조했다. 1961년에는 《교육부 직속 고등 교육기관 임시업무 조례(초안)敎育部直屬高等學校暫行工作條例》(약칭 고교 60조)가 반포되었으며, 1963년 초에는 《전일제 중, 고등학교 업무조례(초안)全日制中學工作條例》와 《전일제 초등학교 업무조례(초안)全日制小學工作條例》를 각각 반포함으로 학교 내 업무를 기본적으로 회복시켰다. 1963년까지 전국 고등교육기관은 1960년의 1,289개소에서 조정, 합병되어 407개소로 줄어들고, 학생수는 96만 명에서 75만 명으로 압축되었다. 실업 중, 고등학교는 6,225개소가 합병을 통해 1,355개소로 줄어들고 학생수는 222만 6천 명에서 45만 2천명으로 압축되었다. 초충고교 역시 필요할 경우 조정을 실시했다. 그러나 1961~1963년의 학술적 방식은 너무나 단명했다. 막 엄마 뱃속에서 나온 어린아이처럼, 막 서기, 기기를 연습하다가 그만 불행하게도 요절하고 말았다.

1964년, 마오쩌둥은 학술적 방식에 대해 날카로운 비난을 했다. 2월 13일, 인민대회당에서 열린 교육업무 좌담회에서 그는 말했다. "과거의 교육제도는 인재를 못 쓰게 하고 청년을 못 쓰게 했기 때문에 나는 아주 싫어합니다." "교과과정도 많고 스트레스도 많다는 것이 사람을 못 쓰게 만드는 이유입니다. 학제, 교과과정, 수업방식, 시험방식을 전부 다 바꿔야 합니다." "지금 첫째로는 교과가 많고, 또 둘째로는 책이 많으며, 스트레스가 너무 큽니다. …… 책은 많이 읽는다고 해서 꼭 좋은 것이 아닙니다. 마르크스주의의 책은 읽어야 하되, 읽고서 꼭 소화를 해야 합니다. 읽기만 하고 소화를 하지 못하면 악영향이 생기게 되고, 책벌레가 되거나 교조주의자, 수정주의자가 됩니다." 3월 10일, 그는 베이징의 톄루鐵路 2중 교장인 웨이롄이魏連一의 편지에 이런 지시를 내리며 말했다. "지금 학교의 교과과정이 너무 많아서 학생은 스트레스가 너무 많습니다. 수업내용도 그다지 적절하지 않습니다. 시험은 학생이 적이라도 되는 양 갑작스럽게 공격해옵니다. 이 세 가지는 모두 청년들이 지덕체 각 방면에서 생기 넘치고 활발한 성장을 하는 데 불리한 요소입니다."

1964년은 이미 새로운 변혁적 방식을 준비하는 시기임을 엿볼 수 있다. 이 방식은 학술적 방식을 완전히 부정하고 건국 10여 년간의 교육 발전에 대해 잘못된 평가를 내리는 한편, 학생은 반드시 계급투쟁을 주요 과제로 삼아야 한다는 분명한 방향을 제시했다. '문화대혁명'중 교육동란을 몰고 온 일련의 이론사상의 기초는 이미 1964년에 기본적으로 완성되었고, '문화대혁명'중의 많은 제안과 교육 변혁적 방안은 1964년에 이미 초기적인 형태를 갖추었다. 1966년에 시작된 10년간의 '문화대혁명' 동안, 변혁적 방식은 이미 극에 달했다. 학생들은 강의를 자체 폐강한 채 '혁명을 했고', 나이 드신 선생님은 '반동적인 학술 권위자'로, 실력 있는 젊은 교사는 '수정주의의 싹'이라고 생트집을 잡으며, 혐의자 색출, 자아비판, 조림돌림, 노동개조, 수감, 구타, 가산몰수, '비행기태우기(반동분자를 결박한 후 긴 걸상에 앉히고, 홍위병이 두 팔을 뒤로 쭉 잡아당기고 목을 누르는 형벌―역주)', 흑색분자 딱지 붙이기, 죄명

씌워 비난하기, 비밀 고문실에서 고문 및 강제자백 강요 등 불법적인 수단을 자행하며 교사와 학교 지도자들을 잔혹하게 핍박했다. 수많은 학교는 '어린 장군이 하는 수업' '농민, 공장노동자, 군병이 하는 수업' 등을 실시하며, 변혁식 교육을 절정으로 몰고갔다. 이에 교육사업은 붕괴되기 일보직전까지 몰렸다.

1977~1989년은 부흥 및 발전기로서 고등교육기관의 입시제도 부활은 변혁적 방식이 다시 학술적 방식으로 돌아왔다는 상징적 지표가 되었다. 이 시기 학술적 방식은 학교의 정상교육 질서를 회복하고 일부 교육이론에 관한 문제의 시비를 가렸으며, 덕과 재능을 겸비한 전문 인재를 배양하고 국가 경제건설에 힘을 보태었다. 그러나 교육개혁의 목표가 아직 명확하지 않고 이론적인 지침 역시 그다지 성숙하지 않았으며, 외부 메커니즘이 건설되지 않고 내부 조치가 불완전한 등의 원인으로 학술적 방식은 여전히 생존과 발전을 위한 최적의 길을 찾지 못하고 교육 작업자는 여전히 탐색을 거듭하며 중국교육개혁의 방식을 찾아 헤매야 했다.

건국 이래 거듭된 교육개혁의 방식전환을 살펴보며, 우리는 이것이 권력주의 개혁노선이었음을 알 수 있고, 그것의 몇 가지 현저한 특징을 발견할 수 있다. 첫째, '변화무쌍한 교육정책.' 일반적으로 성공적인 교육방식 전환은 사회의 필요에 부응한 객관적인 변화에 의해 일어나지, 교육정책 입안자의 주관적인 억측에 의해 일어나지 않는다. 중국교육개혁의 역정 중 방식 선택은 교육계 자체가 요청한 것이 아니라, 대개는 상명하달 식으로 전달되어 왔다. 따라서 규율이 없고 변화무쌍한 정책 덕에 교육방식은 주마등처럼 이리저리 바뀌었다. 이로 인해 각 방식은 모두 일정 정도의 변형이 일어났다. 둘째, '일원화된 방식'. 방식의 선택 및 전환이 위로부터 전달되어 왔기에, 방식은 천편일률적, 통일적이었다. 비록 한 가지 방식의 치명적인 약점을 발견했다 해도 융통성 있는 전환을 할 수 없었고, 상반된 방식 속에서 합리적인 요소를 찾아 현재의 방식을 더욱 풍부하게 하고 완성해나간다는 것은 더욱 불가능했다.

3. 교육개혁의 돛을 휘날리다

교육개혁은 매우 복잡한 체계의 공정이다. 여기에는 교육사상, 교육내용, 교육방법, 교육체계, 교육제도 등 각 방면의 개혁이 포함된다. 건국 40년 이래 교육개혁의 길은 비록 평탄치 않았으나, 정正, 반反, 각 방면의 경험과 교훈을 얻었기에, 미래의 교육개혁을 위한 환경을 예비할 수 있었다. 우리의 사명은 중국의 케케묵은 항로에서 선배들이 남긴 항해일지를 참고하여 돛을 휘날리며 새로운 항로를 개척해 광명의 피안에 도착하는 것이다.

(1) 교육개혁은 이론을 지침으로, 실천을 그 근거로 삼아야 한다

교육개혁은 일반적으로 3개의 기본과정을 거친다. 즉 과학적인 정책

결정—부분적인 실험—전면적인 실시, 이렇게 할 때 개혁은 안정적이며 효과적으로 발전해 간다. 따라서 '목표 없이 활을 쏘는' 맹목적인 행동도, 눈앞의 작은 성공만 바라는 한탕심리도 없어야 한다. 건국 이래로 우리의 교육개혁은 이 점을 간과했다. 학제개혁을 예를 들자면 건국 이래 수차례나 실시된 초, 중, 고등학교 학제개혁만 해도 이론을 지침으로, 실천을 그 의거로 삼아야 한다고 강조는 했지만 실제로는 계통성 있고 장기적인 실천이 부족했다. 어떤 학제개혁이든 초, 중, 고등학교의 교육주기를 완벽히 넘긴 학제가 없었다. 예를 들어 1950년대 초, 초등학교 5년제 학제를 실험했는데 1950년 하반기부터 1951년 10월 1일까지 겨우 1년여가 지나자 정무원政務院은 신 학제를 선포했다. 1953년에 정무원은《초등학교 교육의 정비 및 개선에 관한 지시關於整頓和改進小學敎育的指示》를 공포해 5년제 학제 추진을 포기하고 초등학교 학제를 상급, 하급 2급으로 구분하는 4+2년제를 다시 사용하기로 했으니, 겨우 3년이 안 되는 시간 동안만 학제를 유지한 셈이다.

교육의 대상은 사람이며, 사람의 성장주기는 비교적 길다는 것은 누구나 아는 사실이다. 교육의 효과를 평가하려면 비교적 긴 주기가 필요하다. 초, 중, 고등학교 교육주기는 10년 이상이기에, 학제개혁 같이 중대한 개혁사안에 대해서는 초등학교 1학년부터 주도면밀하고 엄격한 실험을 해야만 성과여부 및 추진가치를 검증할 수 있다. 실험이라는 전제 하에서 진행되는 교육개혁은 학술적 방식과 변혁적 방식 간의 변환이 일어나더라도 본래의 시작점에서 한 단계를 높여 부정의 부정의 경험하는 것일 뿐이므로, 손쉽게 원점으로 되돌아가거나 후퇴를 하게 되지는 않는다. 따라서 교육개혁은 거시적, 미시적 개혁을 막론하고 모두 원칙을 고수해야 하고, 국가 혹은 교육부의 지도자는 자신의 개인적 관점으로 교육정책을 결정해서는 안 된다.

(2) 교육개혁은 정치운동의 부속품이 되어서는 안 된다

교육개혁의 영원한 목적은 각 방면으로 고루 성장한 인재를 더욱 훌륭하고 더욱 빨리 양성하는 것이며, 교육의 효과와 효율을 높이는 것이다. 그 외에는 다른 목적이 있을 수 없다. 그러나 건국 후 중국의 교육개혁은 자주 이 근본정신에 어긋나 수차례나 정치운동의 부속품이 되었다. 변혁적 방식은 여러 차례나 학술적 방식을 대체했고, 정치투쟁의 '마력魔力'에 부림을 당했다. 초, 중, 고등학교 학제개혁이 예가 되듯, 1950년대 말 이후의 초, 중, 고등학교 학제개혁에는 정치적 색채가 더욱 농후했다. '교육대약진'이란 중요 정책을 실현하느라 애쓰는가 하면, 금세 '수정주의 반대, 수정주의 예방' '무산계급혁명 사업의 계승자 양성' 등의 필수 절차를 밟고, 또 금세 '학제 단축'에 대한 찬반 여부를 가지고 '혁명을 하는가, 하지 않는가'를 결정하는 가장 중요한 기준으로 삼았다. 정치형세의 다변화로 교육적 방식은 긴박하게 전환되었으며 본래 안정적이어야 하는 학제문제는 장시간동안 극히 불안정했다. 교육내용의 개혁문제, 교육방법의 개혁문제(예를 들어 입시) 및 교육과 생산노동의 결합문제 등은 모두 교육의 내재적 필요였으나 실제로는 정치 세력의 압제 아래 정치투쟁에 붙잡힌 '포로'였고, 정말 필요한 교육과학은 계급투쟁의 '도구'로 전락하고 말았다.

(3) 교육개혁은 군중운동이 되어서는 안 된다

교육개혁을 군중운동으로 만드는 것은 실제로 교육개혁을 정치투쟁의 부속품으로 만드는 일의 일련의 파생이다. 정치투쟁이란 배경 속에서 인간은 운동을 벌이기 좋아하며, 운동만이 혁명의 성질을 고수하고 본래 있던 기초를 근본적으로 흔들어 수구세력을 타파할 수 있는 힘이라 생각한다. 이런 상황에서 안정적인 발전과 조심스런 실험을 주장하면 개량주의나 타협주의자라는 혐의를 벗기 어렵다. 이런 이데올로기 속에서 군중운동은 군중노선의 대명사가 되었다. 운동을 해야만 군중을 믿고, 군중을 의지하고, 군중을 선동한다고 여긴 것이다. 그 결과, 교육개혁도 자연스럽게 군중운동이 되었다. 첫째, 군중심리에 따른 행동. 지도자가 호령 한 번만 하면 모두 벌떼처럼 달려들어 앞 다퉈 '교육개혁'을 한다. 자신의 학교상황이나 효과적인 집행방식은 전혀 고려하지 않은 채 열정으로 과학을 대신한다. 눈치 빠르고 행동 빠른 사람일수록 더욱 '혁명적'인 사람이 된다. 둘째, 일원적인 패턴. 정치가 유일한 기준이 될 때 다양성, 독창성은 반역자가 된다. 미국계 중국인 차오룽칭喬龍慶도 바로 이 점에 대해 평가한 적이 있다. "통일된 학제, 통일된 시험제도, 통일된 교과서, 통일된 머리스타일까지. 중국은 이렇게 광활한데 전부 통일을 한다고 하면, 사람의 창조성은 사라지고 젊은이들은 권위에 도전할 수 없게 된다."

(4) 교육개혁은 눈앞의 성공에만 급급해 맹목적이고 무모한 돌진을
    해서는 안 된다

교육의 변혁은 정치, 경제와 달리 비교적 짧은 시기 동안 격렬한 변화가 일어나지 않는다. 또한 과학, 기술과 달리 비교적 짧은 기간 동안 눈에 띄는 비약적 성장이 일어날 수 없다. 교육은 점진적으로 영향을 끼치는 무의식적인 감화과정으로 정체성과 완만함이란 특징을 가진다. 그러한 기도는 교육개혁이 단번에 성공해야 한다는 관점이다. 한번에 승리를 얻으려는 생각은 현실에 전혀 맞지 않는 비현실적인 생각이다. 위안전귀 역시 말했다. "30년의 교육개혁사를 되돌아보면 매번 무모하고, 또 매번 무모함에 대한 반대를 했고, 또 매번 무모함에 반대에 반대를 하고, 매번 이전보다 더 큰 무모함을 반복하는 역사였다." 예를 들어 건국 초기 옛 교육의 개혁은 어느 정도 성과를 거두기는 했지만 이미 그 무모함의 전말이 보이기 시작했다. 1953년, 맹목적인 무모함을 반대했지만, 1958년 중공 정부와 국무원은 《교육업무의 지시關於敎育工作的指示》를 통해 또다시 무모한 열정을 반영했다. "전국은 3~5년 사이에 문맹을 퇴치하고, 초등학교 교육을 보급하며, 농업합작사合作社마다 중, 고등학교를 세우며, 취학연령의 아동 대부분을 탁아소 및 유치원에 보내는 임무를 완성해야 한다." "우리는 약 15년의 시간 안에 고등교육을 보급하고, 다시 약 15년의 시간 안에 교육의 수준을 향상시킨다." 만일 오늘날 누가 이런 말을 한다면 열정이 과도해서 이성을 잃고 헛소리를 한다고 질책 받을 것이다. 하지만 30년 전에는 이런 말을 엄숙한 문서

로 발표했으니, 이야말로 전형적인 소규모 경작경제의 광분이 아닐까? 우리는 교육개혁이 점차적인 변화와 질적인 변화가 필요하다는 점을 무시하고, 점진적인 과정을 인위적으로 축소하려 했던 것이다.

(5) 교육개혁은 학교의 자주권을 강화해야만 한다

장기적으로 우리의 교육개혁은 행정제한을 너무나 많이 받았고, 진학률 위주 교육의 영향을 너무나 많이 받았다. 학교는 학교운영의 독립성과 교육개혁의 자주권을 잃었다. "성공한 자는 왕이 되고, 패배한 자는 역적이 된다."고, 교사에게는 작은 실험도, 실패도 허락되지 않았다. 이런 출발점에서 첫째, 교육계에는 개혁에 관해 말하는 사람은 많아도 실제 행동을 하는 사람은 적은 풍토가 형성되었다. 누구도 '천하를 위해 감히 나서려' 하지 않고, 누구도 일반 학교가 걷는 교육궤도를 벗어나려고 하지 않았다. 둘째, 부분적 개혁은 많지만 전체적 개혁은 적고, 표면적 수준의 개혁은 많지만 심층 개혁은 적은 현상이 나타났다. 건국 이래로 중국에는 큰 영향력을 끼친 특급 교사들과 교육 전문가들이 등장했다. 그러나 타오싱즈陶行知, 수호믈린스키В. А. Сухомлински й(소련의 저명한 교육실천가 및 교육이론가—역주) 등의 대교육가는 출현하지 않았다. 이는 우리의 학교운영 체계가 경직되고 학교의 자주권이 너무나 적은 것과 무관하지 않다.

상술한 바를 종합하자면, 교육개혁은 매우 복잡하고 체계적인 공정이며, 교육개혁의 방식선택은 교육개혁의 성패 여부를 대부분 결정짓는다. 학술적 방식이든 변혁적 방식이든 모두 특정한 적용 환경 및 운영 메커니즘을 가지고 있다. 만일 방식과 환경의 조화를 고려하지 않고 방식의 내적 운용 메커니즘을 순응하지 않는다면, 교육개혁은 분명 갈림길로 내몰리게 될 것이다. 동시에, 학술적 방식과 변혁적 방식은 '이것 아니면 저것' 같이 완전히 대립되는 것은 아니다. 교육개혁은 주도적인 방식 한 가지를 임의 선택해야 하지만 다른 방식의 장점을 충분히 흡수할 수 있고, 주도적 방식의 잠재적 폐단을 버릴 때에만 건강한 발전의 길을 갈 수 있다.

07

직칭(職稱) 변주곡

직칭 문제는 중국 지식인계 가운데 아주 민감한 사안이다. 《광명일보》의 기자들이 묘사한 바와 같이, 이는 캠퍼스 안에서 조용히 전파되다가 천천히 길거리로 퍼져나갔으며, 식사 후의 화젯거리가 되었다. 이는 처음에는 즐거운 경음악이었지만, 후에는 기세가 웅장한 변주곡이 되었다!

직칭 개혁은 사람들에게 희망을 가져다주고 활력을 배가시켜주었으며 기쁨을 주었다. 그러나 어떤 이에게는 혼란과 근심, 방황을 안겨주었다. 교육계 내의 직칭 문제 역시 교육관리의 중점이다. 우리는 어떻게 그 공과 벌을 평가하며, 이를 완벽하게 할 수 있을까?

1. 사라지지 않은 불협화음

신중국 건립 이후, 중국은 직칭제도 수립을 위해 몇 차례의 노력을 기울였다.

건국초기부터 1966년까지, 중국은 기본적으로 전문기술직무 임명제와 직무등급 임금제를 실시했다. 직무등급 임금제는 1956년 기본적으로 동결되었으며, 기술직무의 진급 역시 정상적으로 진행되지 않았다. 이 기간 동안 직무에 맞는 수준과 능력을 갖춘 일부 전문 기술인력의 진급문제를 해결하기 위해 중국 정부와 국무원은 1955년과 1962년 전후로 전문팀을 구성해 직무와 구별되며 학술과 기술수준을 대표할 수 있는 직함 및 기술칭호 제도의 초안을 작성했다. 1960년 2월, 국무원은 《고등교육기관 교사 직무 명칭 및 그 확정안과 진급방법에 대한 임시시행규정關於高等學校教師職務名稱及其確定與提昇升方法的潛行規定》을 정식 승인했다. 이는 건국 후 전문기술직 직칭에 관해 제정한 첫 번째 규정이다. 하지만 안타까운 것은 이 규정은 여러 가지 원인으로 인해 순조롭게 시행되지 않았고, 십 년간의 '문혁文革'으로 직칭은 완전히 동결상태에 들어선 것이다.

1978년 전국 과학대회 후 새롭게 시작된 직칭 평가작업은 바로 이런 배경에서 시작되었다. 귀밑머리가 하얗게 센 연로한 지식인으로부터 재기가 막 피어나는 청장년 학자들까지 '네 세대가 한 자리에 모여' 직칭을 좇았다. 어떤 이는 이런 비유를 들었다. "이건 작은 시냇물들의 물살이 급한 폭포를 이룬 것이기도 하고, 천군만마가 외나무다리 앞으로 몰려든 것 같기도 하다. 머리가 어질어질하고 길이 꽉 막히지 않겠는가?" 1978년에서 1983년 9월까지 전국에서 승인을 거친 22개 계열 중 595만 명이 직칭의 '외나무다리'를 건넜다.

요행히 다리를 통과한 수많은 사람들이 실력이나 능력 면에서 통과하지 못한 사람보다 딱히 뛰어나다고 할 수도 없고, 부실 평가 현상이 나타나긴 했지만, 지식계에 활력을 불어넣고 경쟁의식과 경쟁 메커니즘을 형성한 공은 부인할 수 없다. 그런데 갑자기 '빨간 신호등'이 켜질 줄 누가 알았을까? 1983년 9월 정부는 직칭 평가 및 정비를 잠시 중지하기로 했다. 1985년 '빨간 신호등'이 꺼지고 '파란 신호등'이 켜질 때까지 직칭 평가는 소용돌이 속에 빠졌으며, '불협화음'은 다시금 출현했다.

먼저 1983년 직칭이 '동결'된 후 쌓였던 수많은 문제들은 적절한 해결책을 찾지 못했을 뿐 아니라, 80년대에는 대학을 졸업한 우수한 인재들이 쏟아져 나와 직칭자의 대오에 몰려들었던 것이다. 직칭이라는 '외나무다리'에 몰려든 사람의 수는 더욱 많아졌다.

그 다음으로, 장기간동안 직칭은 정지 혹은 마비상태에 빠졌다. 1983년의 '동결'은 많은 사람들로 하여금 앞날의 막연함을 느끼게 했다. 나이 육순이 가까운 사람들만 '취업막차를 놓칠까' 걱정하는 게 아니라 심지어 청장년마저도 동일한 고민을 하고 있었다. "중국에서 일어나는 일은 예상할 수가 있어야지. 앞으로 계속할지 안 할지는 하늘 말고 누가 알겠어?" "정말 해야지 하는 거지, 내일은 또 법이 어떻게 바뀔지 알아?" 이런 식이기에 누구에게도 양보하지 않고 앞 다투는 경쟁상황이 생겨났다.

그 다음으로 가장 중요한 원인은 직칭이 실제적인 이익과 점점 더 긴밀한 관계를 맺게 되었다는 것이다. '외나무다리'를 건넌 사람들은 이로 인해 모든 것을 얻게 되었다. 월급, 주택, 출장비, 농업 호구戶口 전환 등.

월급 : 8개 지구地區에서 교수의 기본 월급은 168.5 위안, 부교수는 128.5위안, 강사는 102위안이었다. 6개 지구에서 교수의 기본월급은 160위안, 부교수는 122위안, 강사는 97위안이었다.

주택 : 거의 모든 학교는 주택분배에 점수제를 실행했다. 각 교수의 근속년수, 강의년수, 호구 등을 점수화했고, 직칭 역시 가장 중요한 점수 요소로서 상응한 채점을 실시했다. 예를 들어 복단대학의 주택은 교수 25점, 부교수 20점, 강사는 15점이었다.

출장비 : 교수가 되면 40세 이상자는 출장 시 일등 침대칸 및 비행기를 탈 수 있다. 교수가 아닌 사람은 아무리 고령이라도 일반 침대칸을 이용해야 했다. 마찬가지로 숙박비 처리에도 등급별로 분명한 차등이 매겨졌다.

농업 호구 전환 : 규정에 따르면 중급 직칭 이상 획득자는 정부로부터 1인 자녀의 직장을 분배받을 수 있으며, 아내가 농촌에 있는 경우, 도시로 이주시켜 도시의 상품식량을 공급받을 수 있었다. 직칭이 없으면 어쩔 수 없이 견우직녀가 되어 살아야 했다.

연구 경비 : 직칭은 누가 우선적으로 연구경비를 지급 받느냐 까지 결정했다. 중국 과학원 식물연구소의 부연구원 중 한 명은 이렇게 밝혔다. "관련 부서의 규정에 따르면, 고급 기술직무 칭호를 가진 사람만이 연구경비를 신청할 자격이 있고 과제 책임자가 됩니다." 따라서 자기 과제를 얻어내려면 먼저 고급 직칭을 획득해야 했다.

그리하여 사람들은 서로 다른 '목적' 때문에 같은 길을 가게 되었다. 이렇게 서로 다른 '목적'들은 단 한 가지만 얻으면 즉시 해결이 가능했다. 그것은 바로 직칭이다. 직칭이라는 '조랑말'이 커다란 화물을 실은 '큰 마차'를 끌고 있으니 어찌 발걸음이 무겁지 않겠는가?

사람의 학술수준, 업무수준을 대표하는 직칭이 상술한 구체적인 '이익'들과 결부되어 있기에, 직칭 평가는 다원적인 평가기준을 가져야만 했다. 다원화된 표준을 참고해 직칭을 평가하니, '생사여탈권'을 쥐고 있는 평가위원들이 어찌 주저하지 않을까? 서로 다른 '요소'를 가지고 동일한 신청자를 평가하니, 서로 다른 관점을 주장하거나 첨예한 의견대립을 하지 않겠는가? 직칭평가의 '불협화음'은 자연히 사라지기 어려웠다.

임금이라는 '요소'를 예로 들어보자. 중국 지식인의 임금수준은 본래 비교적 낮기 때문에 임금을 향상시키려면 직칭을 승급하는 길밖에 없었다. 기술직무의 평가채용은 임금수준을 높이는 '외나무다리'가 되었고, 실제로 '임금조정'의 변종이 되었다. 이런 전제하에서 직칭 평가의 방향에 편차가 생기지 않을 수 없었다. 예를 들어 중노년 지식인은 외국어 수준, 기초이론, 수업실력, 창조적 능력에 따라 엄격하게 평가하지 않았다. 이는 그들이 업무능력을 발휘할 최적기를 놓쳤기 때문이기도 하지만, 그동안 임금수준이 너무 낮고 생활부담이 너무 컸던 것도 한 이유이다. 그들은 한 평생 동안 몇 십 위안의 월급을 받으며 너무나 '비참하게' 살아왔다. 그러니 부교수로 진급 평가된 한 중년 교사의 이런 말도 족히 이해가 간다. "과거 교사 때 월급은 겨우 180위안이었어요. 지금은 부교수가 되어 순식간에 몇 십 위안을 더 벌 수 있게 되었죠. 지금 월급이 물가만큼 오르지 않는다고 모두들 불만이지만, 월급이 조금이라도 인상된 건 인상이 안 된 것보다 나은 일 아닙니까? 지금 나라경기가 좋지 않아 돈을 많이 줄 수 없는 상황은 우리도 이해할 수 있습니다.” 여러 평가위원들 역시 이런 ‘동정 심리’ 때문에 한 표를 던져주는 것이다.

이런 전형적인 케이스도 있다.

상부에서는 중국과학원의 모某 연구소에 고급 직칭 인원을 한 명 더 추가하려 했다. 연구소장은 한참 고민하다가, 업무능력도 썩 좋지 않은 늙은 동지 한 명을 선정했다. 이 소식이 전해지자 연구소는 대번 떠들썩해졌다. 청장년 과학기술 핵심인원들은 연구소장에게 항의했다. “직칭을 평가하는 목적은 인재를 선발하고 인력을 합리적으로 사용하기 위해서 아닙니까? 왜 실제 능력이나 실적에 따라서 평가하지 않는 거죠?” 소장은 꿀 먹은 벙어리가 되어 한참 말을 하지 못하다가 겨우 이렇게 설명했다. “늙은 동지는 과거 ‘좌경세력’ 때문에 고생을 제일 많이 한 사람이오. 연구 성과가 적은 것도 바로 오랫동안 ‘정치운동’의 충격을 받은 때문이고 역사가 그 사람 인생을 빼앗은 때문입니다. 이 빚은 역사가 책임을 져줘야 하는 문제지, 그 사람들이 지금까지 손해를 보게 해서는 안 됩니다. 다시 말해서, 늙은 동지는 나이도 적지 않은데 이번에 진급시켜주지 않으면 진급기회도 없을 겁니다. 몇십 년 동안 고생스럽게 일만 했는데 좀 생각해 주는 것도 당연한 것 아니겠습니까!”

동정심리 때문에 중노년 동지의 임금을 배려하고 기준을 하향조정한 다는 것까지는 이해할 수 있다고 치자. 그러면 청년 지식인에 대한 '동정과 배려'는 이해할 수 있는가? 이 답안도 어쩔 수 없이 '예스'라는 것이다. 수많은 대학에서 77학번, 78학번 졸업생들은 소수의 출중한 인재들이 고급직칭으로 진급한 것 외에도 대부분의 학생들이 모두 강사로 진급했다. 사실 그들의 수준은 격차가 아주 크고, 일부는 강사 수준에도 미치지 못하고 있었다. 그러나 그들은 대부분 이미 결혼한 사람들이다. 겨우 70여 위안 하는 월급으로 가정의 무거운 짐을 질 수 있겠는가? 따라서 지도자나 평가위원 모두 그저 '사정을 봐 줄' 수밖에 없는 것이다. 이는 또 다른 잠재적 불협화음이다. 5년 내지 10년 후, 그들이 모두 고급직칭을 얻으려고 손을 내민다면 우리의 인사부서는 어떤 대책을 내세울 것인가?

직칭 평가의 '불협화음'은 서로 다른 업종 간의 불평등 현상으로 발생하기도 했다. 1985년 여름에 시작된 직칭개혁은 실질적으로는 직칭 평가작업을 전문 기술직무 평가채용제로 바꾼 것뿐이다. 몇 년간의 개혁을 통해 대략 2,000만 명의 전문 기술인원들이 개혁 작업에 참가했다. 그러나 서로 다른 업종을 수평 비교하는 중, 불평등현상이 발견되었다. 예를 들어 전국에서 같은 연대에 대학을 졸업하고 서로 다른 업무를 맡은 각종 전문기술 인력들이 직칭 개혁 중에서 얻은 결과는 크게 달랐다. 어떤 업종은 엄격한 제한이 있었다. 예를 들어 고등 교육기관의 교사직칭을 보면, 어떤 업종은 조건이 비교적 관대해 초등학교 졸업장만 있어도 별다른 실적 없이도 경제사經濟師로 초빙될 수 있고, 중학교 졸업자는 고급 경제사로 진급이 가능했다. 수평 비교 과정 중 불평과 원망은 자연스레 터져 나왔다. 필자는 이런 사람을 알게 되었다. 50년대에 대학을 졸업하고 성적이 우수하여 학교에 남아 학생들을 가르치게 된 교사 한 명이 있었다. 몇 십년간 고생하며 열심히 수업을 하고 연구성과도 남달랐다. 그러나 이 과의 고급직칭 정원이 너무 적은 탓에 그는 진급에서 계속 누락되었다. 그러나 대학 동창들 가운데 여러 명은 중, 고등학교 교사직을 분배받았고, 그 중 90% 이상은 고급직칭을 얻었다. 경직된 인사제도는 그의 이직도 막았고, 진급도 시켜주지 않았다. 불평이 없을 수 있을까?

이런 면에서 볼 때, 직칭개혁은 인재관리제도 개혁의 일부분이다. 인사제도, 임금제도등의 개혁이 함께 이루어지지 않는다면 직칭개혁은 완비되지 않은 정책 때문에 수많은 제약을 받을 것이며, '다원화된' 기준 아래 비틀거리다가 결국은 귀에 거슬리는 '불협화음'을 내고야 말 것이다.

2. 활력과 타성

1985년 여름 진행된 직칭개혁은 전문 기술직무 면에서 여전히 과거의 명칭을 답습하고 있었다. 예를 들어 고등교육기관에서는 여전히 교수, 부교수, 강사, 조교 등으로 분류한 것처럼 말이다. 그러나 내적인 요소는 실질적인 변화와 갱신이 있었다. 구체적으로는 다음 6가지 점에서 차이가 생겼다.

첫째, 과거 직칭은 칭호였으나 전문 기술직무는 실제 업무필요에 따라 설치된 전문 기술직위이며, 일정한 체계를 갖춘 전문 지식인재만이 담당할 수 있는 직무이다. 일회성으로 획득이 가능한 학위나 직함, 학술 기술칭호와는 다르다.

둘째, 과거 직칭은 직위와 같을 필요가 없었지만, 전문 기술직무는 업무의 필요에 따른 직위기 때문에 반드시 직위책임제를 실시해야만 한다. 이로써 직무와 직책은 긴밀하게 결합될 수 있다. 따라서 수준뿐 아니라 실력 및 직책 이행 여부까지 고려하게 되었다.

셋째, 과거 직칭은 정원에 제한을 받지 않았지만 전문 기술직무는 정원이 정해져 있다. 직무 배치를 위해서는 합리적인 구조와 비율을 생각하지 않을 수 없게 되었다.

넷째, 과거의 직칭은 종신제였으나 전문 기술직무는 임기가 정해져 있기 때문에 평가채용 후에야 효력이 생기게 된다.

다섯째, 전문 기술직무는 평가와 채용을 결합한 것이기에 직무에 적합한 인원을 채용할 준비가 되었을 때에야 전문가를 통해 심사를 받을 수 있다.

여섯째, 전문 기술직무 평가채용제 실시는 임금과 직접적인 관련이 있다. 즉, 평가채용을 한 후에야 직무에 대한 월급을 수령할 수 있으며 그렇지 않은 경우에는 기본 월급만 받게 된다.

전문 기술직무 평가채용제는 좋은 동기에서 시작되었다고 할 수 있다. 사실상, 이는 전문 기술 인력들에 활기를 불어넣어주었다. 그 예를 살펴보자.

(1) 지식인들에게 업무 열정과 진취적인 정신을 불어넣어 줌

과거 직칭은 '망치소리가 한번 울리면 평생도록 누릴 수' 있었다. "교수, 부교수 칭호가 있으면, 기회를 봐서 좋은 자리를 차지할 수 있고, 계속 눌러 앉을 수 있었다. 두 손을 소맷자락에 집어넣고 따뜻한 남향 벽에 기대어 햇볕을 쬘 수도 있다. 지금의 전문 기술직무는 평가와 채용이 결합한 것이기 때문에 어떤 직칭 자격을 얻게 되면 자격에 부합하는 업무실적이 필요하다. 직칭을 획득한 기쁨 내지 영광은 순식간에 무거운 스트레스로 바뀐다." 중난中南공업대학을 예를 들자면, 과거 매번 직칭 평가 후, 강단에는 교체의 바람이 불어 고급직칭을 얻은 교사들은 너도나도 강단을 '양보'하는 현상이 일어났다. 교수가 강의하지 않고, 강사도 수업하지 않는 것이 보편적이었다. 1983년 상반년, 전교에는 254개의 본과과목을 개설됐지만, 정, 부교수가 강의를 한 과목은 겨우 19%인 48 과목뿐이었다. 평가채용제를 실시한 이후에는 본과생 과목의 44%가 정, 부교수에 의해 강의되었다. 국가 교육위원회 소속의 대부분의 고등교육기관에서 본과생 강의를 맡은 교수, 부교수 비율은 평가채용제 실시 전의 25%에서 50% 가량으로, 대학원생 과정은 40%에서 80% 이상으로 향상되었다. 교사의 교수열정과 진취적인 정신 및 강의 수준이 크게 향상되었다.

(2) 우수한 청장년 지식인들이 진급 및 평가채용 심사를 받으므로
전문기술직 인원의 구조합리화 및 청년화를 가져옴

수많은 학교에서는 평가채용제의 요구사항에 따라 확실한 수준이 보
장되는 우수한 청장년 지식인들이 두각을 나타낼 수 있는 조치를 제정
했다. 예를 들어 장쑤성의 학교들은 이미 진급한 45세 이하의 교수 및
40세 이하의 부교수들을 학교 내의 직칭 정원제한에 포함하지 않는 방
법으로 각 학교의 청장년 교사 발탁을 적극 고무했다. 또한 전문 기술
인력의 연령 및 직무구조를 합리적으로 조정했다. 예를 들어 쑤저우 대
학은 직무 평가채용작업을 통해 교사의 평균연령을 74.4세에서 55.5세
로, 부교수는 59.6세에서 52.1세로, 강사는 50.7세에서 46.8세로 낮추
었고, 60세 이상인 정, 부교수 비율은 1.2%에 그쳤다. 그와 동시에 쑤
저우 대학의 고급직칭 교수는 교수 총수의 9.7%에서 21%로 상승했으
며, 강사의 비율은 본래 48.7%에서 45.3%로 떨어졌다. 교수직무 구조
는 교수 : 부교수 : 강사 : 조교 = 1 : 6 : 15 : 3으로 조정되었다. 중국 과
학원은 과거에는 50세 이하의 연구원이 11명뿐이었으나 1987년에는
159명으로 증가되었고, 45세 이하 부연구원 역시 평가채용 전의 80명
에서 500명으로 증가했다.

(3) 일정 수준에서 인재의 유동 및 이직휴양과 퇴직을 촉진함

일부 인재가 밀집한 학교 혹은 연구기관은 직칭 선정의 정원이 제한

되어 있으므로, 일부 교사는 자신의 재능을 발휘할 곳을 찾기 위해 자발적으로 업무조정을 요청하고 이로써 인재 유동 촉진의 결과를 가져왔다. 그와 동시에 전문 기술 인원의 직무 평가채용제를 실행함으로이, 퇴직제도의 실시를 불러왔으며 이 제도는 점진적으로 제도화, 정상화 되었다.

그러나 평가채용제의 1차 실시과정에서 여러 가지 요소의 제약도 있었다. 평가채용제의 진정한 목적은 각 학교에서 완전히 달성되지 못했다. 평가채용제가 불러온 활력 역시 제한적일 수밖에 없었다. 또한 어느 정도 타성이 생기고, 자격과 연배에 따라 서열을 정하거나, 자격요건 하향조정, 범위 확대실시, 사실적인 평가 후의 엉터리 채용, 직무 가치 하락 등 현상은 여전히 존재했다. 많은 이들에게 '새 신을 신고 옛길을 가는' 사고방식이 생겼으며, 심지어 어떤 이는 교원마다 평가채용서를 쓰는 것은 형식주의의 '눈가림 제도'라고 말하기까지 했다. 현재 직칭 개혁 중에 존재하는 타성에 대해 다음과 같은 고발 및 분석을 해보겠다.

(4) 직칭 공동식사 현상. 누구든지 직칭을 얻기만 하면 절대적으로 '평등' 해진다

교수를 예로 들어보자. 교수로 평가채용이 되기만 하면 임금, 주택, 복지, 대우 등이 모두 똑같아진다. 교수 소양정도나 업무량, 학술수준, 업무능력, 수업효과에 전혀 관계없이 모두 교수라는 대우를 누릴 수 있

는 것이다. 부교수, 강사 역시 마찬가지다. 필자의 한 친구는 미국에서 우수한 성적으로 박사학위를 얻은 후 나라의 부름을 받아 즉시 귀국해 1년 후에 교사 직칭을 얻었고, 그의 아내도 한 병원에서 주치의로 평가 채용되었다. 이 '외국물을 먹은 박사'는 내게 쓴 웃음을 지으며 말했다. "우리 내외는 둘 다 한 달에 97위안을 받아. 날마다 내가 일하는 시간이 아내보다 두 배는 많은데 말이야. 언제가 되어야 능력과 효율을 고려하는 직칭 평가채용 제도가 생기는 걸까?"

(5) 자격과 연배에 따라 서열을 정하는 현상

직칭 개혁은 비록 일부 청장년들이 두각을 나타낼 기회를 주었지만, 정말 '파격'적인 대우를 받은 사람은 그 중 극소수에 불과했다. 직칭 개혁의 뒷 배경에는 여전히 자격과 경력이 아주 중요한 요소로 자리 잡고 있다. 많은 학교에서는 아예 '민심 안정용 고지'를 붙여 놓는다. "이번에는 ○○○○년 이전 졸업생만 받습니다." 이는 청년 과학기술 연구자들을 크게 낙심시키는 일이다. 어떤 이는 화를 참지 못하고 말한다. "이건 직칭 평가채용입니까? 아니면 '도적놈' 평가채용입니까!" 어떤 이는 이런 세상에 냉소적이다. "자기 몸 하나 잘 관리해놓으면 그게 교수지!" 고급 기사技士이기도 한 한 대학의 학과장이 청년 조교들에게 열심히 공부하라고 격려하자 이런 대답이 돌아왔다. "선생님, 너무 재촉하지 마세요. 아무리 재촉을 하셔도 시간이 갈 때까지 기다려야 되지 않겠어요? 때가 되면 선생님이 저한테 강사직칭도 주시고, 부교수 직칭도

주지 않겠어요? 몸이 건강해야 다른 것도 다 하는 거지, 지금 저희가 목숨 걸고 열심히 하다가 탈이라도 나면 무슨 직칭을 얻겠어요. 선생님, 선생님도 좀 쉬엄쉬엄 하세요." 직칭 평가채용 중 역사가 남겨놓은 문제를 적당한 선에서 고려하는 것은 이해할 수 있지만 이에 너무 치우치다보면 자격과 연배에 따라 서열을 정하는 현상이 생겨나게 된다. 따라서 평가채용제를 실시할 때는 지도자와 평가위원회는 항상 '실력'과 '과부하' '보상', 이 세 가지 난제 중에서 항상 주저하게 된다.

기회가 있고 정열이 있기 때문에 지금 자신감으로 기세등등한 청년들은 손해를 본다고 생각한다. 그들은 실력 위주의 직칭 평가채용을 요구한다.

현재 위아래를 연결하는 과부하를 감당하는 중년은 손해를 본다고 생각한다. 그들은 과부하위주의 직칭 평가채용을 요구한다.

불에 들어갔다 양잿물에 들어갔다 구사일생을 겪은 고난의 노년들은 손해를 본다고 생각한다. 그들은 보상 위주의 직칭 평가채용을 요구한다.

사고의 논리를 따지자면, '실력'은 계속 유지될 수 있고, '과부하'는 잠시 동안 참을 수 있지만, 유독 '보상'만은 지체하다 시간을 놓쳐서는 안 된다는 것이다. 그러나 어느 누가 그 반대의 경우를 생각해 본 적이 없을까? 이는 사실상 '보상받을 후진'을 끝없이 양성한 것이다. '과부하'건, '실력'이건, 결국에는 '보상'의 행렬로 들어서야만 하는 것이다.

《광명일보》의 기자가 큰소리 외친 것도 전혀 이상한 일이 아니다. "재난과도 같은 반복, 갚지 못하는 옛 장부의 새 빚, 서글픈 서열 중시 현상아!"

(6) '학력 제일주의' 현상

각종 전문 기술직무의 거의 모든 조례에는 아주 분명하게 적혀있다. "업무 중 성과가 특별히 우수한 자의 경우, '임직은 학력, 학위, 임직연한 등 규정의 제한을 받지 않는다.'" 그러나 실제 집행과정에서 종종 학력이야말로 눈에 보이는 지표요, 성과는 쓸모없는 지표로 전락한다. 졸업장은 없지만 실력은 있는 사람들에게 학력은 족쇄가 되는 것이다. 깐수甘肅성 식량학교의 한 중년 교사는 수업과 연구 방면에서 모두 특출하여 전교에서 고급직칭을 신청한 교사 4명 중에서 수준이 으뜸이었다. 그러나 유달리 그의 신청서류만 상부의 퇴짜를 맞고 돌아왔다. 이유는 "이 교사는 고등학교 졸업자인데다가 학력고사에도 참가하지 않았기 때문에 고급교사 임직 자격을 갖추지 않았다."라는 것이었다. 민주당파가 소집한 한 회의 석상에서 푸젠福建성 영화제작소 소장 장이무蔣夷牧도 같은 고충을 털어놓았다. "역사적인 이유 때문에 우리 제작소의 많은 핵심인원들은 대학교 학력이 없습니다. 문서 규정에 의하면 직칭 평가채용에 참가할 수가 없지요. 그래서 결과적으로 '제작소에서 일은 잘 하지만 학력이 없는 사람은 직칭을 심사받을 수 없고 일은 못하지만 학력이 없는 사람은 반드시 직칭 심사를 해 주어야 하는' 웃지 못할 현상이 발생하게 됐습니다.”

  직칭 심사 중 ‘학력제일주의’ 현상은 어느 선에서는 이미 학력 ‘인플레이션’을 초래했다. 어떤 이가 정부 모처의 간부 직원들에 대한 조사를 한 적이 있는데, 1983년에 그 기관에서 전문대 이상 학력 구비자는 17명으로 전체의 6.8%를 차지했다. 그러나 1987년, 전문대 이상 학력 구비자는 102명에 달해 전체 간부 총수의 93%를 차지했다. 어떤 기관의 조사에 따르면, 방송통신 전문대 졸업장을 2개 이상 가지고 있는 사람은 전체의 42%에 달했다. 그 중 최대보유자는 4.5장(전공 중 8개 과목을 이미 수료하고 졸업장만 받지 못한 상태)의 졸업장을 가지고 있었다. 어떤 학교는 졸업장을 돈벌이 수단으로 보고 졸업장을 남발한다. 일부 실력이 없는 사람들이라도 학력상의 우위만 있으면 보란 듯이 직칭을 얻지만 실력이 있는 사람이라도 학력이 없으면 그저 직칭을 바라보며 한숨만 쉬어야 한다. 졸업장과 실력의 낙차를 어떻게 실측할 것인가는 이후 직칭 평가채용에서 반드시 고려해야 할 문제이다.

(7) 관계지상주의 현상

  직무 심사 과정 중에서 ‘관계’는 여전히 중요한 작용을 한다. 치마폭 관계, 인간관계, 세대 간의 관계, 학교간의 관계 등은 심사에 크나큰 작용을 한다. 심지어 친한 사람만 알아보는 ‘직칭 전문가’까지 생겨날 정도이다. 《광명일보》의 기자, 린위슈林玉樹는 다음과 같은 울지도 웃지도 못할 사건을 고발한 적이 있다.

　서북 변경 지역에 작은 공장이 하나 있다. 이날, 인사과장은 차를 마시며 불현듯 문서 하나를 뒤적이게 되었는데, 그 통지서에는 그가 일하는 공장도 직칭 심사를 실시한다는 사실이 적혀 있었다. 다른 때와 달리 특별한 점이 있다면 이번은 평가채용제라는 것이었다.

　우리의 인사과장님의 머리는 순식간에 돌아가기 시작했다.

　'하는 꼴을 보니 지식인들이 유리할 것 같군. 어떻게 해서든 손을 써서 친구들을 도와줘야 할 것 같은 걸. 물론 나도 빠질 수야 없지. 나야 대학은 안 나왔지만 관리업무라면 벌써 몇 년은 했으니까, 기사技士는 아니더라도 관리 경제사라면 문제없이 통과되겠지.

　처는 공장에서 경리를 맡고 있는데, 아, 근무년수가 좀 짧네. 방법을 써서 회계사 조리 정도 시켜주는 거야 다들 이해할 수 있겠지.

　이런, 아들은 막 차량과로 배치됐는데, 이래선 안 되지! 내일 바로 식당으로 보내서 무슨 수를 써서라도 기사 조리로는 만들어야지…….

　그리고 큰 이모님 아들, 고모님 사위, 내가 도와줄 수 있는 사람들은 이번에 힘을 아끼지 말고 다 도와줘야지. 암. 힘이 있는데도 안 쓰는 건 바보라는 말이 있지 않나? 자리에서 물러나고 권력도 사라지는데, 그러면 써보지도 못하고 버려야 되는 거 아니야?

　물론 나는 제일 큰 떡고물을 가지고, 다른 사람들은 좀 적은 걸로 주는 거야.'

　과장의 '구구셈'이 또 시작되었다. 그는 명함첩을 꺼내 간부 자제의 상황들을 정리했다.

　'공장장 아들은 작업장에 있고,

주임 딸은 물자 조달팀에 있고,

총 기사의 사위는 야학에 있고…….

좋아! 하나하나 다 생각해 주겠어.'

그리하여 과장은 전화 다이얼을 돌려 일일이 안부를 묻기 시작했다.

그의 손길은 참으로 신통했다. 위에 계신 분의 지지가 있으니 그가 가는 길이 어찌 파란불 일색이 아니겠는가!

그가 제출한 평가 위원회 구성원 명단도 통과되었다.

그가 제출한 심사서류도 이미 신속한 회답을 받았다.

관계가 있는 사람들에다가 과장의 사돈의 팔촌에 고모, 이모까지 모두 통과되었다. 당연히 이 지식인의 대열에는 과장과 과장 관계자등, 신예부대들이 합류했다. 연말에 시상되는 영예의 대상은 물론 과장이 따 놓은 당상이다.

만일 앞에서 말한 '직칭 전문가'가 그저 직칭 개혁과정 중에 출현한 기형적인 괴물이라면, 직칭 심사 중 인간관계는 보편적인 영향 요소라고 할 수 있다. 예를 들어 평가위원회의 전문가는 각종 전문인원으로 구성되는데, 보통 각 진급자들의 업무에 대해서 모두 꿰뚫고 있는 것은 아니기에 심사에는 편차가 생기게 마련이다. 업계 내 전문가가 진급대상자와 인간관계 갈등이나 학술적인 견해차이 때문에 반대의견을 제기할 경우, 다른 전문가도 이를 처리하기가 매우 힘들다. 이렇게 되면 조건이 되는 사람들이라도 진급할 수 없다. 필자의 한 망년지우_{忘年之友}는 모 대학 경영대학의 학과장이다. 1985년 부교수로 심사받은 후, 학술서적 7권과 수십 편의 학술논문을 발표했다. 또한 국제학술회의에서 논문을 발표하며 해외학술지에 세 편의 영어논문을 발표하기도 했다. 1985년 이후 방문교수 자격으로 캐나다에 가 1년간 연구를 하기도 했지만 누적 수업량과 업무량은 이미 규정수준을 넘어섰다. 국내 경제학계의 권위는 그를 높이 평가했으며 이 대학의 심사위원회 역시 전원일치로 그의 교수 임직신청을 통과시켰다. 그러나 성 평가위원회에 세 번이나 심사자료를 보냈지만 모두 통과하지 못하고 그의 진급 도전은 막을 내리고 말았다.

직칭 평가 중의 관계지상주의 현상은 수많은 전문 기술인원들의 적극성을 좌절시켰고 식사 접대, 선물 증정 등 사회의 부정부패 현상을 만연시켰다. 뒷문만 열어놓고 건물로는 들어오지 못하게 하니 사람들은 묻지 않을 수 없다. "실력으로 하는 경쟁입니까? 아니면 관계로 하는 경쟁입니까?" 인간관계의 영향은 심지어 개인을 넘어서 학교간의 경쟁으로까지 비화된다. 어떤 성의 고급 직칭 평가위원회에서는 이런 괴현상들이 자주 발견된다. 서로 라이벌 관계인 학교 간에 각기 평가를 받는 대상이 '순조롭게 통과'하느냐, 아니냐는 이 위원회에 어느 학교 출신의 심사위원이 더 많으냐에 따라 좌우된다.

(8) '관官' 위주의 직칭 평가채용 현상

직칭 평가채용 중에서 적지 않은 수의 지도급 인사들은 자발적으로 양보를 하며 평가채용의 기회를 포기한다. 자신은 사사로운 이익을 탐하지 않는다는 고상한 절개를 과시하려는 탓이다. 그러나 일부에서는 '기관'이 직칭을 평가하고 기관장의 뜻을 따르는 비정상적인 현상도 나타났다. 저장浙江성 예술학교의 교사인 허스중賀世忠은 이런 사건 하나를 밝혔다.

그는 1958년부터 예술학교에 재직해 재직연수가 가장 오래되었으며 월극越劇(중국 저장성 성嵊현 지방에서 나온 민속극과 그 음악－역주)계에서는 이미 공인된 능력자이다. 30여 년 동안 일선에서 제자 양성의 큰 짐을 지며, 수많은 곡들을 창작했다. 그러나 그는 직칭 평가채용에 통과하지 못했다. 그 대신 통과된 사람은 '장長' 직책을 가진 간부였다. 평위회 중 대부분이 지도급 간부인데다 그의 전문 분야인 희곡음악에 대해 알고 있는 사람이 한 명도 없었던 탓이다. 그는 분을 삭이지 못하고 말했다. "'오합지졸'들이 '정규군'을 평가하려고 하니 내가 승복할 수 없는 거예요." 한 초등학교 교사가 광명일보사에 보낸 제보를 살펴보면 문제는 더욱 명확해 진다.

이번 교사 직칭 평가채용 조건에 대한 상부의 규정은 구체적이고 명확하지 않아 모호한 면이 너무 많습니다. 그래서 무슨 장이나 관료들이 비집고 들어와, 객관적으로 봐도 지도급 인사들의 특권만 강화시켜주고 있늘 꼴입니다.

우리 초등학교가 평위회를 선정할 때, 교사들은 모두 무기명 투표를 했습니다. 하지만 교장을 투표용지를 자기 호주머니 속에 넣고 사라지더니 현장에서 결과를 발표하지 않았습니다. 며칠 후에 보니, 현縣 교육

위원회에서 이미 평위회 성립을 승인한다는 승인서를 보내왔습니다. 그래서 모두 명단을 살펴보고는 깜짝 놀라고 말았습니다. 평가위원들은 거의 전부다 학교 지도층이었고, 작은 감투라도 있으면 전부 평가위원이 되었습니다. 상부문서 규정에는 학교 평의회에 2/3 이상의 인원은 교사가 차지해야 한다고 되어있지만, 이곳에서는 전혀 지켜지고 있지 않습니다.

우리 학교에는 총 정원 7명의 고급직칭이 할당되었지만, 거의 대부분은 평위회 평가위원들이 나눠가졌습니다. 명단은 다음과 같습니다.

교장(평위회 책임자)

교감 갑(학교 평위회 평가자료 준비자)

교감 을(평가위원)

교도주임(평가위원)

부교도주임(평가위원)

교사 1명(교감 갑의 처, 평가위원)

이 사람들 중에는 수업을 전혀 안 하는 사람도 있고, 수업을 엉터리로 하는 사람도 있지만 전부 고급직칭을 통과했습니다. 얼마나 아이러니한 일입니까?

저는 이미 학교에서 30년을 보냈고, 학력은 4년제 정규대학 졸업에 수업경력으로 따지면 교실을 한시도 떠난 적이 없는 사람입니다. 과거 감투가 없었기 때문에, 또 아부나 아첨에도 소질이 없기 때문에 2차례

있었던 월급 40% 인상에서도 고배를 마셨습니다. 그런데 이번 고급직
칭 심사마저 낙방하고 말았습니다. 저는 심사숙고했습니다. '내가 무슨
희망이 있겠나? 감투가진 사람들이 이렇게 다 해먹는다니, 나는 구천에
서도 눈을 못 감겠구나.'

'관료 본위주의' 현상이 정치, 경제뿐만 아니라 문화, 교육 영역에까
지 파고들었음을 알 수 있다. 사람들은 '관리의 불법전매'나 '국영기
업'들도 극도로 혐오하는데, '관료들의 평가채용'현상에 대해서 원성이
자자하지 않을까?

3. 직칭의 오류지역을 벗어나라

전문 기술직무 평가채용 과정 중에는 활력과 함께 타성이 발생했고
성과와 문제도 나타났다. 사람들의 논쟁은 계속되지만 좋고 나쁨에 대
한 평가는 일치하지 않고 있다. 우리는 이미 직칭의 오류지역에 들어서
진퇴양난의 곤경에 처해있기 때문이다. 뒤로 물러서려고 해도 자연히
탈출구는 없다. 오히려 큰 후환만 남길 뿐이다. 그렇다면 유일한 선택
은 이 길을 쭉 걸어가 이 오류지역을 빠져나가는 것이다.

길 1 : 전문 기술직무 평가채용작업의 일상화, 제도화. 과거 직칭 평
가채용작업은 하는가 싶으면 중단되고 흐지부지되어 사람들은 마음속

에 큰 두려움을 심어주었다. 거의 모든 사람들은 '아침에도 저녁 일을 알 수 없는' 막차를 타는 심정이 되었다. 그래서 자리가 생길 틈만 생기면, '빨간 불' 신호를 봤다 하기만 하면, 모두 앞으로 달려들어 자리에 주저앉고 누구도 '양보'하려 하지 않았다. 《광명일보》에서는 자주 이런 방문자들을 맞는다. 무슨 이유로 방문했냐고 물으면, 자신이 전문 기술직무 평가채용에 불합격했다고 한다. 직장에서 채용을 끝냈냐고 물으니, 아직 끝나지 않았다고 한다. 첫 번째 채용명단에 없었고 두 번째 명단에도 없었는데, 세 번째 명단에도 자기 이름이 없을 것 같다고 한다. 그래서 그에게 왜 다음 번 기회를 기다리지 않느냐고 물으니 대답은 아주 간단명료했다. "그럼 말머리에서 뿔이 나고 돌에서 꽃이 필 때까지 기다려야 하는 걸요!" 따라서 '일상화, 제도화'라는 문제를 해결하지 않고 여전히 흐지부지하게 되면 문은 더 '붐빌' 것이며 더 큰 모순과 압력이 생길 것이다.

길 2 : 인사제도의 전체적인 개혁을 진행해 직무 평가채용제의 발전에 적합한 외부환경 창조. 직칭 평가채용의 개혁은 전체 인사제도 개혁의 일부분일 뿐, 전체 인사제도의 개혁을 포괄하고 대표할 수 없다. 실제 현상들을 통해, 전체 인사제도상 체계적인 정책들이 준비되어 있지 않다면 직칭개혁은 형식에 그칠 뿐 집행상으로 난항이 예상됨을 알 수 있다. 어떤 이는 아주 생생한 비유 하나를 들었다. "현재의 직칭평가는 쇠고랑을 차고 춤을 추는 것 같다. 아무리 기술이 좋아도 멋진 스텝을 내딛을 수 없다." 현재 상황으로 볼 때, 직칭개혁은 일정 부분에서는 너무 앞서가는 모습이 보인다. "그 점이 가장 눈에 띄는 대목은 직칭개혁에 알맞은 인사제도 개혁 방면의 부수정책들과 조치들이 아직 선보이지 않았다는 것이다. 예를 들어 교사 전문직무에 대한 '쌍방향 선택', 즉 학교는 업무직위에 따라 인원을 선발하고 채용하며, 계속 채용할 것인지 아닌지를 결정하고, 교사는 지원을 하거나 사직, 혹은 거절을 할 수 있는 정책, 채용기관의 채용을 받지 못한 인원의 배치, 임금대우, 사회보장, 인원의 유동, 겸직 등에 관한 정책을 말한다." 이런 부수적인 정책들과 조치들이 아직 선보이지 않은 상황에서, 직칭 개혁은 확실히 발전하기가 어렵고 '새 신을 신고 옛 길을 걸어가는' 폐단을 면하기 어려우며, '채용서' 역시 한 푼 값어치 없는 '종이 조각'에 불과할 뿐이다. 이런 의의에서 말하자면, 인사제도의 개혁이 직칭 개혁의 운명을 쥐고 있으며, 인재의 유동과, 채용된 개인의 거절권 및 직업선택권이 없다면 직칭개혁은 한 치 앞도 나가기 어렵다.

길 3 : 필요한 조사감독 기관을 건립해 직칭 평가채용의 정확성과 전면성, 공정성 보장. 현행 직칭 평가채용방법에 제도적인 결함이 존재하기 때문에, 한편에서는 일부 형식적이며 권모술수를 쓰는 행동이 겁 없이 횡행하고 있으며, 또 한편에서는 지식인 인재들이 이해 및 중시를 받지 못하고 심지어 억압을 받아 두각을 나타낼 수 없는 현상이 나타나고 있다. 중국 지질과학원 광상鑛床지질 연구소 연구원 보좌, 마오징원毛景文이 부연구원 직칭을 얻지 못한 사건이 바로 그 전형적인 예이다. 그는 현재 32세로 1982년에 석사를 졸업하고 1988년 박사가 되었다.

과학 연구논문 3편과 전문저작 2권을 완성했으며, 각종 논문 및 번역논문 26편을 발표했다. 1986~1987년 지하자원부 과학 기술성과 3등상을 2차례나 수상했으며, 광시廣西 좡壯족 자치구 과학기술 진보 2등상, 제1회 전국 청년 지질학자 학술토론회 우수논문상, 중국 과학협회 청년 과학기술상을 수상했다. 고급직칭 평가를 신청할 당시 그는 총 676점의 누적점수로 연구소 자체 직칭평가 심의위원회의 심의를 순조롭게 통과했다. 그러나 학술원 심의에서 떨어지고 말았다. 무엇이 문제였을까? 평의회의 위원들의 피평가자에 대한 이해도 부족했으며, 피평가자 소속처의 평가와 소개만 보았기 때문이다. 둘째, 필요한 제도와 감독 시스템이 부족하기 때문이다. 예를 들어 평가위원회의 심의 전에 한 피평가자가 영향력 있는 평가위원을 여러 차례 찾아 '로비'를 하고, 심지어 '몰래 머리를 써서' 사방으로 뇌물을 제공했다고 하자. 이런 로비는 어떤 면에서는 정상적으로 보여지기에, 아무도 나서서 제지를 하거나 비난을 하지 않는다. 조사결과, 마오징원은 이런 '로비'를 벌이지 않았다고 한다. 어떤 평가위원은 심지어 마오징원에게 이렇게 말했다고 한다. "왜 나한테 와서 부탁하지 않았나?" 이런 상황은 피평가자들이 평등한 조건에서 경쟁하는 분위기를 파괴하며 평가위원들도 자신의 의사에 따라 공정하고 독립적인 투표를 할 수 없도록 방해한다. 한 젊은 인사는 이 사건 후 침울한 태도로 말했다. "보아하니, 인재가 되서 두각을 나타내려면 평가위원들한테 특별요리 한번이라도 사 주지 않으면 안 될 것 같네요."

따라서 본인은 직칭 평가채용에 관한 조사, 감독 및 중재기구를 설립하여, 학술적 조예가 깊고 사사로운 이익을 따지지 않는 전문가들로 기구를 구성하며, 대중의 제보와 고발을 받아 1차 평의회를 통과하지 못한 억압받는 인재에 대해서는 재심의를 해주고, 이미 평가채용을 통과했더라도 명백히 규정에 부합하지 않는 사람들에 대해서는 철회 및 부정을 할 것을 건의한다.

길 4 : 직칭과 직무가 분리된 이원제를 실시하여 학술적 수준을 반영하면서도 '승은 많고 죽은 적은' 직칭 평가채용 체계상의 문제를 해결한다. 직칭은 주로 한 사람의 업무 능력과 학술수준을 반영하며, 국가는 각 전문 기술인원의 자격 및 고사 평가방법을 규정하여 국가 규정표준에 부합하는 전문 기술인력이라면 자격인가를 내주고 증서를 발급하도록 한다. 국가와 성은 개인적인 신청을 직접 접수하며 정기적으로 심사를 실시한다. 기술인력이 국민이나 집단 혹 개인에 속하거나, 기업이나 다른 회사에 속할지라도 모두 소속기관 관리층의 주관적인 의사의 간섭을 받지 않고 자신의 기술능력과 수준으로 국가 기술자격 부문의 객관적인 평가를 받게 한다. 이 자격은 채용업체의 채용 및 진급 결정에 근거가 될 것이다. 하지만 채용, 진급여부는 모두 채용기관이 자체적으로 결정하도록 한다. 이런 방식은 자동차 운전면허 시험 및 채용과 비슷하다고 할 수 있겠다. 운전면허증을 취득했다면 이는 그가 자동차를 운전할 자격을 구비했음을 말한다. 그러나 차를 운전할지 아닐지, 운전자에게 월급을 얼마나 줄 것인지는 순전히 채용기관이 알아서 결정할 일이다.

　이원제 실행 후, 직칭은 정원제한을 받지 않으며 임금과도 관련이 없고 임기도 정해지지 않는다. 그러나 직무는 반드시 먼저 상응하는 직칭을 취득한 후에 담당이 가능하며, 인원제한을 받고, 임금과 관련이 있으며, 임기가 정해진다. 이렇게 될 경우 결과적으로 직칭 평가채용은 사회 대순환의 길로 들어서고 채용기관은 시장으로 눈을 돌려 인재선발을 우대할 것이다. 직칭을 구비한 개인 역시 시장으로 눈으로 돌려 우수한 직장 선택에 노력할 것이며 이로써 진정 공평한 시장경쟁이 시작될 것이다.

08

근심스러운
도덕교육 기록

헤르바르트Johann Friedrich Herbart는 이렇게 말했다. "보편적으로 인류의 가장 높은 목적은 도덕성의 실현이라 여겨진다. 고로 가장 높은 교육의 목적은 도덕성을 실현하는 데 있다." 사실, 이는 교육가의 주관적인 바람일 뿐만 아니라 교육발전의 객관적인 법칙이기도 하다. 이 법칙을 위배할 경우 교육 변증법의 징벌에서 벗어날 수 없게 된다.

만약 10년 개혁의 최대 실수가 교육이라고 한다면, 교육의 최대 실수는 바로 도덕교육이다. 한편으로 우리는 학생의 덕德, 지智, 체體, 미美 등의 전면적인 발전을 소홀히 했고, 다른 한편으로는 새로운 시기 도덕교육 업무의 특징을 소홀히 했다. 그 결과 과거 효과적이던 '여러 가지 재능'들이 빛을 발하지 못하게 되었다. 어떤 이는 심지어 "우리의 교육 대상이 아무리 엄청난 노력을 기울여도 감동하지 않던 '하느님'이 칼도 뚫을 수 없는 절연체絕緣體가 되어버렸다!"라고 탄식한다.

1. 근심스러운 현황

11차 삼중전회 이래, 개혁 개방 역정의 추진과 상품경제 파도의 충격에 따라 사람들의 사상관념과 행위방식에 깜짝 놀랄만한 변화가 나타났다. 이러한 변화는 청소년기 학생의 행동에서 특히 더 뚜렷이 나타나는데 그들의 사상, 인품과 덕성 구조 위에는 뚜렷한 시대의 낙인이 찍혀 있다.

청소년의 총체적인 정신 면모로 볼 때, 여전히 굳은 진취적 태도, 인재를 갈망하는 태도, 새롭고 아름다운 것을 추구하고, 즐거움과 지식을 추구하는 태도 등, 적극적 특성이 나타난다. 그러나 이와 동시에 이상이 옅어지고, 고생과 피로를 두려워하고, 돈을 최고의 가치로 여기고 숭배하여 삶의 목적을 돈 모으기에 두는 배금주의拜金主義의 소극적인 요소도 존재한다. 상하이시가 최근 졸업한 대학생 3만 명을 대상으로 진행한 조사가 이 문제를 설명해준다. 고용 수치는 보편적으로 사상이 비교적 개방적이라든지, 새로운 지식을 비교적 많이 소유하고 있다든지, 실제 직장에서 능력을 발휘할 수 있을지 등 이들 대학생에게 어떤 장점이 있는지를 반영한다. 그러나 또한 일부 문제들을 폭로하기도 한다. 예를 들어 노동 관념이 떨어진다든가, 고생을 싫어한다든가, 개인의 이익을 너무 많이 생각한다든가, 사람을 대하는 도리를 알지 못하든가 하는 일들 말이다.

캠퍼스의 몇 미터 되지 않는 담벼락에는 유학바람, 장사바람, 나쁜 기풍 등 사회의 각종 '바람'들이 가득 차 있어 많은 학생의 사상, 인품과 덕성의 저울은 두려울 정도로 기울기 시작했다. 종합해보자면 청소년들 사이에 존재하는 소극적인 경향은 주로 다음과 같다.

(1) 이상이 흐릿해지고, 속세의 덧없음을 깨닫다

청소년 학생 가운데 상당수가 인생의 정신적인 지주도 없고, 원대한 이상도 결핍되어 있다. 저장성 후저우湖州시 교육위원회 황이黃逸 등이 917명 중학생을 대상으로 도덕 품성 상황에 대한 표본조사를 진행한 결과 50% 안팎의 학생들이 이상에 관한 문제에서 '생각해본 적 없다. 생각하면 재미가 없어 생각하지 않는다.'라는 대답을 선택하였고, 그외 10% 이상의 학생들은 '이상은 공허한 것으로 실제적인 내용은 없다.'고 생각했다. 양취안陽泉시 싼쾅三礦 중, 고등학교 285명 학생을 대상으로 "중국의 주석과 총리는 누구인가? 중국의 수도는 어디인가? 중국의 정확한 명칭은 무엇인가?"라는 질문을 하였다. 그런데 무려 47.7%의 중학생과 30.3%의 고등학생이 질문에 대답을 하지 못했다. 또한 중학교 3학년 한 반 53명의 학생 가운데 무려 76.9%의 학생이 왜 공부를 하는지 알지 못했다. 우한武漢대학의 한 여학생은 거리낌 없이 선생님에게 말한다. "선생님 세대는 고생을 하면서 컸지만 저희는 고생이라고는 모르고 자란 세대에요. 선생님 세대엔 아무리 힘들어도 '하느님'이 있었죠, 그런데 저희에게는 하느님이 없어요. 아무것도 믿지 않는다고요. 그래서 니체니, 쇼펜하우어니, 장자니, 아무리 봐도 '공허'라는 두 글자 밖에는 이해가 가질 않아요. 인생은 결국에는 빈손 아닌

가요?" 이런 정서가 중, 고등학생들 사이에 널리 퍼져있다. 난징시 모 중학교의 한 여중생은 자살하기 전, 다음과 같은 유서를 남겼다. "안녕. 이 세상을 떠나는 것은 내게는 해방이다. 나는 이 세계를 사랑했지만 이 세계는 나를 사랑하지 않았다……." 일부 중학생들은 공개적으로 말한다. "이 세상 모든 것이 나를 억압하기 때문에 나는 소외될 수밖에 없다." 이상의 파멸은 재기가 한창인 학생들에게 청춘과 이별을 고하고 황천길로 들어서게 한다. 난징시만 해도 최근 몇 년간 중, 고등학생의 자살 혹은 자살미수 사건이 30여 건에 달한다. 많은 캠퍼스에서 '이상'과 '전도前途'에 대한 해석이 유행처럼 퍼져있다. "이상, 이상, '이익'이 있으면 생각한다. 전도, 전도, '전錢'이 있으면 도모한다." 교사가 수업 시간에 이상과 인생관에 관한 교육을 진행하면 흔히 일부 학생들의 떠들썩한 웃음을 자아내고는 한다.

러시아 작가인 안톤 체홉Anton Chekhov이 한 말이 정확한 것 같다. "신앙은 정신적 노동이다. 동물은 신앙이 없고, 야만인과 원시인에게는 공포와 의심만이 있을 뿐이다. 고상한 조직체만이 신앙에 이를 수 있다." 우리의 다음 세대가 진정한 '고상한 조직체'가 되도록 하기 위한 도덕교육 업무의 중요한 사명 가운데 하나가 바로 그들이 이상의 날개를 달고, 신념의 추구를 확립하도록 돕는 것이다.

(2) 심각하게 나약하고 노동을 혐오한다

청소년 학생들 사이에서는 노동을 하기 싫어하고, 육체노동을 경시하는 현상이 비교적 보편적으로 퍼져있다. 베이징시 교육학회가 1988년 27개 초, 중, 고등학교 2,552명의 학생을 대상으로 표본조사를 실시한 결과 약 26%의 학생들이 학부모의 도움이 필요했고, 집안일과 관련해서는 학생들이 보편적으로 능동성과 열정이 부족하여 도시 학생 가운데 절반이 한번도 집안 청소를 해 본 적이 없다고 했다. 자주 집안일을 하는 학생은 고작 37%에 불과했다. 직업의 선택 방면에서 도시 초, 중, 고등학생 가운데 농민이 되고 싶다고 대답한 학생은 0.2%에 불과했다. 재미있는 사실은 오히려 농촌 학생들이 더욱 농민이 되고 싶어 하지 않았다. 순이順義현의 한 우수 초등학교 1~5학년 학생 280명 가운데 단 한 명도 농민이 되고 싶어 하는 학생이 없었다는 사실이 이를 증명한다. 난닝南寧시 어느 중, 고등학교에서 근로활동을 조직한 적이 있었는데 학생들 모두가 빈둥대기만 할 뿐 일을 하려 들지 않았다. 이에 교사들은 나이가 지긋한 교장이 몸소 노동에 참여함으로써 학생들의 모범이 되고자 하였으나 일부 학생들은 오히려 '나이가 많으면 일도 많이 해야 한다'고 말했다.

대학교 캠퍼스에서도 노동을 경시하는 현상을 쉽게 볼 수 있다. 필자가 재직하던 학교에 다음과 같은 일이 일어난 적이 있다. 청소부들이 담당하고 있지 않은 교실은 학생들도 청소를 하지 않아 교실에 종잇조각과 먼지가 세 포대기는 거뜬히 채울 정도로 쌓였다. 학생들에게 책걸상을 옮기라고 하면 어떤 학생들은 힘을 쓰기가 싫어 책걸상이 부서지든 말든 건물 위층에서부터 아래까지 끌고 내려가고, 심지어는 3층에서 창문 밖으로 던져 부서뜨린 책걸상도 열 개가 넘었다. 일부 대학생들은 한 번도 스스로 옷, 침대 시트 등을 빨지 않고 더러워지면 가방에 쑤셔 넣고 새로운 것으로 쓰다가 더러운 것들은 모두 모아서 방학 때 집으로 들고 돌아간다.

프랑스 교육가 루소는 다음과 같은 말을 남겼다. "인간의 삶에서 가장 중요한 것은 노동이다. 노동이 없으면 정상적인 인간의 삶을 살 수 없다." 우리는 물론 교육과 심한 육체노동을 결합하도록 주장하지는 않는다. 그러나 사회인으로서 만약 필요한 노동관념과 노동습관을 형성하지 않는다면 사회에 발을 붙이지도, 자신이 '체력, 지혜와 도덕에서 완벽에 다다르도록'(러시아 교육가 우신스키의 말) 할 수도 없다.

(3) 금전제일주의, 이익만 추구하다

상품 경제의 약진과 발전에 따라 '비즈니스' 선생이 학교로, 학생들의 생활로 스며들었다. 이는 한편으로는 학생들에게 평등, 공정, 호혜호리의 의식을 형성하도록 하고, 다른 한편으로는 적지 않은 학생들에게 금전 물신 숭배 사상을 형성하게끔 하여 동심이 물질만능주의에 물든 사건이 연이어 일어나고 있다.

상하이의 한 초등학교에서 벌어진 일이다. 한 학생이 자신의 어머니가 자신에게 준 사과를 0.5위안의 가격에 몸이 좋지 않아 식욕이 없는 친구에게 팔았다. 한쪽은 사고 싶어 하고, 한쪽은 팔고 싶어 하니 매매는 교실에서 순조롭게 이루어졌다.

어느 초등학교에서 연극 《위대한 마술사》를 보게 되었는데 일부 학생들은 0.1위안의 프로그램북도 구입하였다. 학교에 돌아간 후 교사들은 학생들에게 관람 후기를 쓰도록 했다. 이에 프로그램북은 갑자기 몸값이 치솟아 일부 학생들은 0.3위안의 가격으로 되팔았다.

어느 초등학교의 학생이 오렌지 주스를 사기 위해 친구에게 0.35위안을 빌렸다. 돈을 빌려준 친구는 이튿날에 안 갚으면 2배, 셋째 날에도 안 갚으면 다시 2배로 갚으라고 요구했다. 결국 돈을 빌린 학생은 1위안으로 그 '채무'를 해결하였다.

다른 한 초등학교의 학생은 상하이 성황묘城隍廟에서 하나당 0.2위안인 진흙인형을 구입했다. 학교로 돌아간 후 그 학생은 하나당 0.3위안에 친구들에게 판매하여 1위안을 벌었다.

상하이 루완盧灣구 한 학생은 실수로 샤프심을 한통을 전부 바닥에 쏟아버렸다. 그런데 허리를 굽혀 줍기가 영 귀찮았다. 이에 그는 친구들에게 큰소리로 "누가 대신 좀 주워주면 0.05위안 줄게!"라고 이야기를 했고, 결국 0.05위안이 '효력'을 발휘했다.

모 대학의 한 학생은 남쪽 지방에서 가죽 재킷을 팔기 위해 모든 수업을 팽개치고는 한 달이나 다녀왔지만 '대박의 꿈'은커녕 오히려 3,000위안의 본전만 잃었다.

난닝 모 중, 고등학교의 학생이 정치 수업이 끝난 후 선생님에게 말했다. "저는 자본가에게 착취를 당하면 당하지 나라에 착취당하고 싶지는 않아요. 자본가에게 착취당하면 그래도 돈은 많이 받잖아요." 반에서 이 학생의 의견에 동의하는 학생은 11%였다. 난닝시 제9중, 고등학교의 한 학생이 선생님에게 말했다. "선생님 한 달 월급이 제가 이틀

동안 장사로 버는 돈보다 적어요. 공부를 많이 한들 다 무슨 소용이에요?” 한 학생이 반 친구에게 말한다. “졸업증명서가 다 무슨 소용이야? 난 돈이 있으니까 나중에 널 고용할 수 있어.” 배금주의와 학업에 염증을 느끼는 풍조가 함께 작용하여 학생들의 영혼에 한 층 한 층 어두운 그림자를 드리워 심각한 편향 현상을 일으켰다. 학생끼리 서로 배금주의를 물들였고, 남의 어려움을 돕고, 남의 어려움을 이해하는 행위도 상품경제의 색채가 덧씌워졌으니 어디 가서 사람과 사람 사이의 진실한 마음과 우정을 찾는단 말인가? 누군가 중, 고등학생들의 인간관계를 조사한 결과 무려 42%의 학생들이 친구들 사이에 이미 아름답고 순수한 감정이 존재하지 않으며 이를 서로 간의 냉담함, 의심과 질투가 대신하게 되었다고 대답했다는 결과가 결코 놀랄만한 일은 아니다. 상하이시 일부 중, 고등학교의 여학생은 친구들의 괴롭힘을 피하기 위해 돈을 들여 학교 내에서 ‘보디가드’를 모집한다고 한다. 일부 학생들은 무려 한 달에 10여 원의 돈을 들여 두세 명의 ‘보디가드’를 고용한다.

(4) 패거리 범죄, 법을 위반하고 규율을 어지럽히다

최근 학생들의 범죄율이 상승추세를 보이면서 사람들의 놀라움과 우려를 자아내고 있다. 통계에 따르면 전국적으로 수사가 종료된 범죄 사건의 구성원 가운데 1978~1980년에는 청소년 범죄율이 전체 범죄율의 약 60%를 차지하였고, 1984년에는 63.3%, 1985년과 1986년에는 각각 71.4%와 72%를 차지하였으며, 1987년에는 74.3%를 차지하였다. 초,

중, 고등학교 재학생의 범죄는 1986년과 비교해 1987년에는 4.8%나 상승하였다. 재학생의 범죄율이 청소년 범죄의 10.1%를 차지하는 상황이다. 난징시를 예로 들자면 야오웨이웨이의 조사에 따르면 1986년 난징시 청소년 범죄는 시 전체 형사범죄 총수의 70.4%를 차지하였다. 1987년 상반기에만 무려 109명의 중, 고등학생 범죄자를 잡아들여 최근 몇 년 중 최고치에 도달하였다. 재학생 범죄의 특징을 정리해보면 다음과 같다. 첫째, 나날이 저령화 되어 간다. 평균 연령이 이미 16.7세에서 14.5세로 낮아졌다. 난징, 우시無錫, 양저우楊州 등 세 개 도시에서 최근 체포된 깡패 패거리 구성원의 평균 연령은 고작 17세에 불과했고, 최저 연령은 무려 12세였다. 둘째, 열등생과 이탈생, 대다수가 몇몇 과목에서 낙제를 한 학생들로 많은 학생들이 학교에서 처벌을 받은 바 있다. 셋째, 패거리 범죄가 두드러진다. 일부 지역에서는 '칠룡七龍' '팔봉八鳳' '천룡방天龍幇' '비호방飛虎幇' '칠성방七星幇' 등이 발견되었다. 베이징 차오양구 12개 중, 고등학교를 조사한 결과 '칠형제七兄弟' '팔선회八仙會' '팔채八彩' '구광九狂' '마귀구형제魔鬼九兄弟' '십삼태보十三太保' '십오대호법十五大護法' 등 7개의 패거리가 발견되었고, 구성원은 총 69명으로 그 중 남학생이 61명, 여학생이 8명이었다. 말썽을 일으키고, 학업 분위기를 흐리고, 힘으로 군림하며, 위세를 부리며 제멋대로 하고, 여학생들에게 집적거리고, 재물을 강탈하는 것이 그들의 기본적인 활동 내용이다. 난징시 모 중, 고등학교의 '색랑대色狼隊' '강남사걸江南四傑'은 놀랍게도 학교, 집 등에서 공개적으로 여학생을 모욕하였다. 이 때문에 야기된 질투로 인한 다툼, 서로 간의 '낚시질', 깡패 간의 집단

싸움 사건이 크게 증가하였다. 넷째, 범죄 수법의 성인화, 지능화, 기술화이다.

대학 캠퍼스에서 탈선 현장을 흔히 볼 수 있다. 어느 고등 교육기관에서든 거리낌 없이, 주변 사람들을 아랑곳 않는 포옹, 키스 장면을 쉽게 볼 수 있다. 후난대학의 남녀 커플은 연애를 시작한지 한 달 만에 이미 수차례 잠자리를 가졌다. 쑤저우 모 고등 교육기관의 한 여학생은 단체 기숙사에 남자친구를 머물게 하여 여자 친구들을 깜짝 놀라게 만들었다. 샹탄湘潭 모 고등 교육기관의 뒷산에서는 항상 콘돔을 발견할 수 있다. 상하이, 베이징의 일부 고등 교육기관에서는 도박이 공공연하게 이루어지고 있다. 일부 학생들은 밤낮을 잊은 채 도박을 하고, 매일 밤 백 여 위안을 잃는 것쯤은 별 일이 아니게 되었다. 도박이 가져온 부정적인 영향, 즉 도둑질, 싸움 등은 이미 흔한 일이 되어버렸다. 상하이 모 고등 교육기관의 87학번 학생 두 명은 마작을 하면서 끊임없이 말다툼을 하더니 결국에는 한 학생이 칼을 들고 다른 학생의 배를 찔렀다…….

프랑스의 계몽사상가 몽테스키외Charles Montesquieu가 다음과 같은 말을 한 적이 있다. "군주제에서는 법률이 힘이며 전제제도에서는 영원히 높이 들려진 군주의 철권이 힘이다. 그러나 공화제에서는 미덕이 지배적 원리이다." 마찬가지로 모든 국민이 '미덕'을 갖추어야만 진정한 '국민의 나라'를 건설할 수 있다. 유명한 물리학자인 아인슈타인은 《뉴욕타임스》 교육편집인의 요청을 받아 발표한 교육성명을 통해 다음과 같이 말했다. "전문적인 지식을 갖춘 교육자는 충분하지 않다. 전

문적인 교육을 통해 유용한 기구가 될 수는 있으나 조화적으로 발전하
는 사람이 될 수는 없다. 학생들이 가치에 대해 이해하고 열정적인 감
정을 갖도록 만드는 일은 가장 기본적인 것이다. 반드시 아름다움과 도
덕에 대한 뚜렷한 변별력이 있어야만 한다. 그렇지 않을 경우 자신은
물론이거니와 자신의 전문적인 지식까지도 마치 제대로 훈련된 개에
불과할 뿐 조화적으로 발전한 사람이 되지는 못한다." 만약 우리가 학
생들의 사상, 인품과 덕성의 불균형 문제를 해결하지 못하고, 도덕교육
업무의 경직되고 무력한 국면을 변화시키지 못한다면 어떻게 조화롭게
발전한 사람을 키우고, 진정한 '국민의 나라'를 만든단 말인가?

2. 주지주의intellectualism의 그림자

건국 이래 중국에서는 줄곧 마르크스주의를 지도사상으로 삼아 강조
해왔다. 청소년들에게 공산주의 사상 교육을 강조하고, 이를 통해 학생
들이 세계관과 인생관 문제를 해결하는 것을 도움으로써 그들이 정치
사상적으로 무장되고 기술지식에 정통한 생기발랄한 새로운 세대가 되
도록 했다. 비록 교육실천 중에서 편파적인 경향이 흔히 드러나고, 심
지어 과도한 좌파적 행동이 나타나기도 했지만 단 한 번도 마르크스주
의적 사상교육을 멈춘 적이 없다.
중국의 교육이 문화 대혁명에 의한 10년간의 대재난 속에서 깨어나
개혁개방의 장막이 걷히면서 사람들이 선진국과의 격차를 실감하게 되

었을 때, 중국인의 흥분된 머릿속에는 '경제'라는 딱 두 가지 글자만이 아로새겨졌다. 때문에 교육활동 역시 거의 완벽히 경제를 중심으로 전개되었다. 이론계와 정책결정층에서는 '성공적인 중국의 현대화를 위한 관건은 과학기술이고, 과학기술의 진흥은 교육에 기대어야 한다.'라는 데 인식을 같이하게 되었다. 교육의 정치적인 기능만을 인식했던 과거와 비교해 교육의 경제적 기능에 주목하게 된 점은 어쩌면 발전이라고도 할 수 있겠다. 그러나 이것에만 머무른다면 강렬한 '가난과 급박한 상황을 구제'하려는 색깔을 피할 수 없다. '사인방(왕훙원王洪文, 장춘차오張春橋, 장칭江淸, 야오원위안姚文元. '혁명'이라는 명목으로 생산을 파괴하는 각종 황당무계한 논리들을 만들어냈다. 그들은 생산력이 생산관계, 그리고 최종적으로 사회의 성격을 결정한다는 역사유물주의의 기본원리를 소위 '수정주의의 생산력 제일주의'로 해석하고 제멋대로 비판해서 사상적으로 큰 혼란을 빚어냈다.─역주)'이 분쇄된 초기, 중국의 국민경제는 붕괴의 기로에 서있었다. 교육의 이러한 '가난과 급박한 상황을 구제'하려는 실리적 성질 강요는 경제를 회복시키고, 생산을 발전시키기 위해 필수적인 행동이었으며, 또한 확실히 일정 수준의 효과를 거두었다. 그러나 경제의 회복 발전과 개혁이 심화되면서 이러한 강조는 차츰 자신의 일방성─方性을 드러내기 시작했다. 한편으로 경제 발전 및 과학기술 진흥과 밀접한 관계가 있는 고등교육이 엄청난 규모로 발전(당의 11차 3중전회 이전의 500여 개에서 지금의 1,075개로 급속히 증가하였고, 재학생 역시 두 배로 늘어났다)한 반면에 초, 중등 교육은 우물쭈물하고 심지어 상대적으로 위축되었다. 다른 한편으로 현대화 건설과 밀접한 관계가 있는 높은 기능은 사회적인 환대를 받고, 다시 회복된 대학입시제도는 기형적인 발전을 이룸으로써 중, 고등학교 교육을 가늠하는 유일한 잣대가 되었다. 이로써 주지주의와 진학률의 맹목적인 추구가 점점 더 심각해져 경이로울 정도까지 발전하였다. "매년 7월 상순, 중국의 진학시험 열풍은 거대한 소용돌이를 형성하여 수천수만의 수험생이 이에 휩쓸리고, 매일 피땀을 흘린 수많은 정원사(중국에서 교사를 일컫는 말─역주)들의 초조한 마음을 습격하여 교란시킨다. 이날은 고작 7장의 시험지로 수험생의 평생의 운명을 결정하는 시간일 뿐만 아니라 교사의 교육품질 수준을 확정짓는 심사기간이며 더욱이 교수법의 우열을 판정하는 날이다."

주지주의와 진학 교육의 그림자 밑에서 학교의 도덕교육 업무는 심각하게 약화되었다. 많은 학교들이 모든 수업을 진학시험의 수요에 맞추고, 도덕교육, 체육교육, 미술교육 및 노동교육은 모두 밀어내버렸다. 많은 학교들이 수업 진도를 마치고 사전에 교과 과정을 끝내는 일에만 목숨을 건다. 가장 빠를 경우 1년 전에 고등학교 교과과정을 모두 마치고, 일반적으로는 반년 정도 전에 교과과정을 모두 마친다. 상황이 이렇다 보니 음악, 체육, 미술 및 인품과 덕성 수양 과목들은 그저 다른 과목을 위해 자리를 내어줄 수밖에 없다. 일부 학교들은 진학률을 높이기 위해 소수의 '진학에 희망이 있는' 우등생만을 중시하여 대다수의 학생들은 '들러리'가 되어버리고는 한다. 심지어 일부 학교에서는 우등생을 미화시켜 인품과 덕성이 떨어짐에도 선생님의 비호 하에 순조롭게 대학에 진학한다. 어떤 사람이 중, 고등학교 교사에게 합격증을 발부하기 위해 치러진 《교육학》시험의 채점 업무에 참여한 적이 있다. 문답식 문제 가운데 "교육의 임무는 무엇인가?"라는 질문이 있었는데 시험에 응시한 절대다수의 교사들이 "지식을 전수하고, 지능을 개발시키기 위해"라고 대답하였고, 소수가 "그리고 교육을 통해 사상 정치 교육을 하기 위해서"라고 대답했으며 극소수가 "교육방침을 관철하기 위해"라고 대답하였다. 이를 통해 '주지주의'의 영향이 얼마나 깊이 침투해 있는지를 알 수 있다.

주지주의는 합격생의 기준을 좁힐 뿐만 아니라 청소년 학생의 자아 완성, 적극성과 자각성의 수양 강화에 직접적인 영향을 미친다. 많은 학교의 사상, 인품과 덕성 교육이 엄격한 심사 기준(사실상 지금까지도 여전히 운용 가능한 구체적인 기준이 없다)이 결핍되어 있어 학생들의 품행 평가가 천편일률적이며 심지어 성적에 따라 상하가 뒤바뀌기도 한다. 이는 학생과 교사가 더욱 도덕교육에 흥미를 잃게 만들 뿐이다. 일부 교사들은 이렇게 말하기도 한다. "도덕교육 업무는 말로는 중요하다 하지만, 직접 하려면 부차적이 되고, 바쁘다보면 필요 없게 된다." "도덕교육의 목표는 강경하지 않고, 지식교육의 목표는 강경하며, 체육교육의 목표는 실제적이며, 미술교육의 목표는 없고, 노동교육의 목표는 부가적이다."

그래도 많은 교사들이 주지주의와 진학 교육의 압력 하에서도 여전히 교육 업무 가운데 '지육智育, 덕육德育, 체육體育, 공중도덕교육群育, 예술교육義育 등 오육五育의 병행'과 전면적인 발전을 견지하고 있음을 인정해야 한다. 베이징시 우수 담임인 런샤오아이任小艾가 바로 그 전형적인 예이다. 그러나 많은 교사들이 새로운 형세, 새로운 교육 대상에 적응하지 못하여 도덕교육 업무 중에서 종종 속수무책, 어찌할 도리가 없음을 느끼게 된다는 사실 역시 인정할 수밖에 없다. '오래된 방법은 사용할 수 없고, 새로운 방법은 사용할 줄 모르며, 강경한 방법은 사용할 용기가 없고, 강경하지 않은 방법은 유용하지 못하다.'는 말이 바로 이들 교사들의 이미지를 반영하는 말이다. 이 밖에도 교육의 법칙을 위배하는 현상도 등장했는데 이를 종합해보면 다음과 같다.

첫째, 탄환관념. 1930년대에 서양에서는 '탄환이론'이 유행하였는데 전달자가 손에 '총알'(메시지)을 쥐고 '표적'(수용자)을 향해 쏜다면 '표적'을 맞출 경우 소리 내어 쓰러진다는 것이다. 우리의 도덕교육 업무 역시 많은 방면에서 '탄환이론'과 닮아 있다. 즉 도덕교육이 바로 일정 사회 정치의 수요에서 출발하여 청소년 학생들에게 일정 사상, 이론 혹은 관념을 전달한다는 것이다. 사실 도덕교육 업무의 대상은 전달 매개자의 대상처럼 모두 수동적으로 맞는 표적이 아니라 주체의식을 가진 사람이다. 미국의 심리학자 레이몬드 파워Raymond Power가 말한 것처럼 수용자는 '고집스럽고', 그들은 사격을 받은 후 이에 따라 쓰러지는 것이 아니라 반발, 저항 혹은 전달자의 정보에 대한 새로운 해석을 하기도 한다. 때문에 '혼낸다고 꼭 듣는 것도 아니고, 때린다고 통하는 것도 아니고, 명령한다고 모두 행하는 것도 아니다.' 개혁개방을 이루고, 인간의 주체의식이 강화된 오늘, 더욱더 그러하다. 어느 교사가 말한 것처럼 1950년대, 60년대는 선생님이 뭐라고 하기만 하면 학생들은 모두 듣고, 믿고, 행했다. 그러나 오늘날은 완전히 달라졌다.

"누군가 모델로 삼을 사람을 말하면 학생들은 그가 80년대에는 좋은 모델이 아니라고 말한다. 내가 《소나무의 품격松樹的風格》에 대해 말하면 학생들은 소나무가 사시사철 변하지 않는다는 점은 큰 단점이라고 말한다. 내가 '우공이산愚公移山'에 대해 이야기할라치면 학생들은 이사를 하는 게 산을 옮기는 것보다 쉽다고 이야기 한다……." 때문에 변함없이 피교육자를 수동적으로 맞는 표적, 소극적으로 수용하는 용기로 생각하고, 독립적인 사고능력이 없는 객체라 생각하여 폐쇄적, 주입식, 성인화된 단방향 교육을 진행한다면 그들의 마음의 문을 열 수 없음은 당연한 일이다.

요즘의 학생은 50, 60년대의 학생과는 이미 무척이나 다르다. 정보량이 점점 더 많아지고, 지식면도 점점 더 넓어진 학생들의 주체의식 역시 점점 더 강해지고 있다. '스콜라schola 철학'식의 설교는 그들의 날카롭고 예리한 반격에 힘을 잃는다. 그들은 당신보다 더욱 풍부한 자료, 더욱 강력한 증거로 당신의 결론을 뒤엎을 수 있다. 그들은 '교실과 사무실에서 두 가지 목소리로 이야기하는' 선생을 싫어하고, '자신도 믿지 않는 것들로 우리를 정복하려 하는' 선생도 싫어하며, 오만하고 교육자라고 자처하는 선생도 싫어한다. 그들은 자신의 눈으로 관찰하고, 자신의 머리로 사고하는 법을 배웠다. 그들은 교육의 흔적이 없는 교류를 환영하며, 심리적인 거리가 없는 대화를 환영하며, 속마음을 털어놓고 이야기하는 분위기를 환영한다. 다시 말해 그들은 교사에게 중간자(학교와 사회의 중간), 인도자, 토론자, 환기시키는 사람이 되어 자신의 친구가 되기를 요구한다. 반면에 교사가 거리가 있는 사람, 강요하는 사람, 훈계하려는 사람, 감독하는 사람이 되어 자신의 '선생'이 되기를 원하지 않는다.

이 방면에서 상하이시 특급 교사인 펑언훙馮恩洪은 값진 경험을 했다. 일찍이 1985년, 펑언훙은 '교육의 흔적을 옅게 만들어야 한다'는 관점을 제기하였다. 먼저 교육자의 역할의 흔적을 옅게 해야 한다. 그는 현재의 도덕교육은 역할 간의 분업이 너무 뚜렷하다고 생각했다. 너는 피교육자이고, 나는 교육자이기 때문에 수업 시간에나 회의 시간에나 내가 말하면 너는 듣기만 하라는 식이었다. 하지만 성공적인 교육은 역할을 잊은 교육이어야 한다. 다음으로 교육의 성인화 흔적을 옅게 해야 한다. 그는 우리의 교육은 종종 가장 엄숙하고, 정중한 분위기에서 진행되는데 이러한 성인화(사실 성인들도 반드시 좋아하는 것은 아니다—필자 주)의 교육 형식은 청소년의 생리적, 심리적 특징을 무시하고, 그들의 개성 차이를 무시한다고 이야기한다. 효율적인 교육은 흔히 알게 모르게 완성되는 것이라는 사실은 실전을 통해 이미 증명되었다. 세 번째는 교육의 '생태 환경'을 연구하여 개선해야 한다는 것이다. 그는 젠핑建平중, 고등학교의 교장을 맡은 후 '물질' '인간관계'와 '심리'의 세 가지 환경으로 구성된 이러한 환경을 건설하기 위해 노력했다. 소위 물질 환경이라는 것은 학교, 가정, 낙원, 화원이 하나가 된 곳으로 학교의 모든 문화 오락, 체육 수업 시설이 학생이 인재가 되는 데 최대의 편리함을 제공하도록 하는 것이다. 소위 인간관계 환경이라는 것은 교사와 학생 간에 서로 존중하고, 이해하며, 인정하고, 배우는 '사랑으로 사랑을 바꾸고, 믿음으로 믿음을 바꾸는' 환경이다. 소위 심리 환경이라는 것은 물질, 인간관계가 한층 더 내실 있게 되어, 전체 학생은 교사를 존경하고, 교사는 학생을 사랑하는 순환이 이루어지도록 하는 것이다. 이러한 '교육의 흔적을 옅게 하는' 방법은 '매끄러운 물건은 소리를 내지 않듯' '탄환이론'보다 더욱 학생들의 환영을 받는다.

둘째, 기준이 과도하게 높다. 도덕교육 업무 중에서 우리는 종종 학생의 연령적 특성과 수용 능력을 고려하지 않고, 사회주의 초급 과정의 사회적 특징을 고려하지 않고 학생들에게 수많은 정치용어와 도덕교육의 요구를 주입시키고는 한다. 학생들은 사유능력 발전의 한계로 인해 이를 이해할 수 없는데도 말이다. 초등학생에게 매일같이 '애국주의' '원대한 이상' 등을 요구하고, 중, 고등학생 및 대학생을 일률적으로 프롤레타리아의 선진적인 인물에 대한 표준에 근거하여 가늠하는 것과 같다. 지나치게 높은 '기준'은 많은 청소년들에게 '못 오를 나무'라는 인상만을 심어주어 '기준'에 대한 흥미를 잃고, 심지어는 학생들에게 속에 없는 빈말, 거짓말만 하는 습관을 기르게 하기도 한다. 이에 대해 수호믈린스키는 다음과 같이 경고했다. "학교에서 빈말을 하지 말고, 공허한 사상을 행하지 말라! 말 한 마디 한 마디를 아껴라! 아이들이 어떤 문장의 뜻을 이해하지 못할 경우, 그들에게 그 문장을 말하도록 하지 말라! 숭고하고, 신성한 언어를 가치 없는 낡은 동전으로 만들어 버리지 말라!" 도덕교육의 실천에서 수호믈린스키 역시 학생의 실제에서 출발하여 '기준이 지나치게 높은' 폐단을 극복하는 데 주의를 기울였다. 그가 몸담고 있던 학교에서는 매년 신입생을 맞을 때면 항상 교문을 들어서면 바로 보이는 벽에 "어머니를 사랑하라!"라는 표어를 걸어두었다. 누군가 왜 '조국을 사랑하라' '국민을 사랑하라' 같은 표어를 쓰지 않았는지 묻자 수호믈린스키가 대답했다. "7살짜리 아이에게 이런 추상적인 개념을 말할 수 없지요. 또한 아이가 자신의 어머니조차 사랑하지 않으면 다른 사람, 고향, 조국은 어찌 사랑하겠습니까?" 자신의 어머니를 사랑하라는 말은 이해하기도 쉽고, 실행하기도 쉽기에 향후 조국을 사랑하고, 국민을 사랑하는 교육을 위해 기초를 다지는 일이다.

도덕교육 심리학 연구를 통해 학생의 연령적 특정이 도덕교육 내용의 넓이와 깊이에 제약을 준다는 사실이 밝혀졌다. 넓이로 말하자면 각 연령마다 서로 다른 도덕교육의 내용이 필요하고, 깊이로 말하자면 여러 연령대의 동일 도덕교육 내용이라도 다양한 수준이 필요하다. 예를 들어 취학 전 아이들은 도덕의 요구를 파악할 때 교사와 부모의 믿음에 의지하며 유지된다. 때문에 이 과정의 아이들에 대한 도덕교육은 주로 그들에게 '무엇인가'와 '어떻게 할 것인가'를 가르치고, 외부의 규칙과 규율로 제약을 하는 것으로 진행된다. 이 시기가 '규칙 지키기' 교육을 진행할 최적의 시기이다.

자율 과정(7, 8세 이후)의 등장에 따라 아이들은 자신의 주관적인 가치 기준에 복종하며, 차츰 사람과 사람, 사람과 사회의 관계를 인식하고, '공정'한 관념으로 외부의 규칙과 규율을 분석하기 시작한다. 그들에게 행정적 힘과 강제적인 수단을 이용하는 것은 이미 문제해결 방법이 되지 못한다. 반대로 도덕의 의무감과 책임감이 이 시기의 아이들을 지배할 수 있다. 이 과정의 아이들에게는 '무엇'이며, '어떻게 할지'를 가르칠 뿐만 아니라 또한 그들에게 '왜'를 이해하게끔 해야 한다. 그들이 사람과 사람, 개인과 단체, 개인과 사회 간의 관계를 정확하게 인식하고 처리하도록 도움으로써 도덕적 품성을 형성하도록 해야 한다. 필자는 이 시기가 '도덕을 가르칠' 최적의 시기라 생각한다.

청년기에 오면(고등학교부터) 사회적 경험이 점점 풍부해지고 논리적 사고가 새로이 발전하기 때문에 청년들은 현실 사회에 대해 분석과 비교를 진행할 수 있다. 또한 현실세계에서 해방되어 시공을 초월하여 역사를 연구하고 미래를 동경하게 된다. 사고능력의 비판적 품성이 강해지기 때문에 각종 올바르지 않은 사상을 감별하고 비판할 수 있다. 이 과정에서 청년들은 일정한 사회적, 정치적 입장과 세계관을 기초로 한 이상과 신념을 형성하게 된다. 때문에 필자는 이 시기가 '이상이 있는' 교육을 진행할 최적의 시기라고 생각한다.

학생의 학령별 특징과 최적의 교육 시기를 파악하고 맞춤식으로 도덕교육을 진행하여야만 '기준이 지나치게 높은' 오류를 면할 수 있다.

셋째, 단편적인 이치만을 가르친다. 2차 세계대전 기간 동안 한 미국의 심리학자는 일방적 정보와 쌍방적 정보가 태도의 변화에 주는 역할에 대해 실험을 한 바 있다. 실험 결과를 통해 쌍방향적 정보(한 가지 관점을 홍보하는 동시에 상반된 관점도 언급한다)가 일방적 정보(한 가지 관점만을 홍보)보다 우위에 있다는 사실이 확인되었다. 동시에 일방적 정보는 단지 기존에 선전 관점에 찬성한 사람과 교육수준이 낮은 사람에게 효과적이고, 쌍방향적 정보는 기존에 선전 관점에 찬성하지 않은 사람과 교육수준이 높은 사람에게 효과적이었다. 이 연구 결과는 우리의 도덕교육을 개진하는 데 참고할 만한 의미가 있다.

장기간 우리는 학교 교육 중에서 일방적인 정보만을 전달하는 습관이 들어 한 가지 이치를 가르칠 때 좋은 점만 말하고 나쁜 점은 말하지 않아 왔다. 정세에 대한 교육을 진행할 때 항상 정세가 "매우 좋고, 점점 더 좋아진다."고만 하여, 존재하는 문제를 제기하면 바로, "정세에 먹칠을 한다."는 의심이나 받았다. 학생들에게 사회주의 제도의 우월성을 설명할 때도 항상 구체적인 국정과 결합하지 않고 추상적으로 "사회주의가 반드시 자본주의를 이긴다."라고만 할 뿐이었다. 약간의 의혹이라도 있다면 금세 "사회주의 제도의 우월성을 의심한다."는 딱지만 붙었다. 모델이 될 만한 인물과 영웅적 인물을 이야기할 때는 항상 그들이 욕망과 감정이 없고, 너무 높아 오르지 못할 모범이라고 완벽하게만 치장해서 이야기했다. 이러한 형이상학적인 도덕교육 방법은 자연스레 보편적인 반감을 일으킬 수밖에 없다. 학교에서 교사들이 정세가 좋다고 하면 항상 문제와 어려움을 밝히는 학생이 있기 마련이다. 교사가 사회주의 제도의 우월성을 가르치면 구체적인 국가의 실제 예를 들어 끊임없이 이야기하는 학생도 있다. 교사가 선진적인 인물을 가르치면 꼭 소리를 높여 거짓임을 말하는 학생도 있다. 교사가 변증법적 유물론의 원리를 잘 파악하여 한 가지 면만 가르치는 교수법을 포기하고 도덕교육 업무의 양면법을 제창한다면 아마도 예상 못한 효과를 얻게 될지도 모른다. 물론 '양면법'은 문제를 언급하는 데 어려움이 있을 수 있으나 그렇다고 모든 일을 뒤섞어 말해 문제의 한 가지면만 부각시키지는 않는다. 이는 실제에 부합하지 않을뿐더러 학생들의 믿음을 흔드는 행위 밖에는 되지 않기 때문이다.

넷째, 경찰 패턴. 독일의 한 심리학자는 교사를 여섯 가지 유형으로 분류하였다.

① 종교의식에 편중된 유형 : 이런 유형의 교사는 교사에게 가장 중요한 점은 도덕성이며, 도덕이 고상한 인재만이 어린이의 모범이 되고 그들의 존경을 받을 수 있다고 생각한다. 이 유형의 교사는 불굴의 정신을 가지고 아이들의 약점에 인내하고, 차근차근 잘 타이른다.

② 예술의식에 편중된 유형 : 이런 유형의 교사는 상상력이 풍부하고, 감정이 풍부해 아이들의 개성을 쉽게 알아차리며 다른 사람들보다 더욱 깊이 학생들을 이해한다. 그들은 교육의 목적이 아이들의 재능과 창의성을 발전시키는 것이라 생각하며, 건강하고, 활달하며, 청결하고, 수려한 아이들을 좋아하며, 자신을 표현하기를 좋아한다. 아이들은 흔히 이런 교사들을 친근하게 여긴다.

③ 이론의식에 편중된 유형 : 이런 유형의 교사는 모든 아이들을 누구나 차별 없이 대하나 재능이 부족한 아이들을 더욱 도와주고 싶어 한다. 그들은 물질적인 것에 집착하는 것을 지양하고, 모든 아이들이 재능을 발휘할 수 있기를 바라며 참을성 있게 가르치고 인도한다. 학생들은 이런 유형의 교사들에게 경의와 존경을 표한다.

④ 사회의식에 편중된 유형 : 이런 유형의 교사는 교육의 목적이 민족의 문화를 창조하는 일이라 생각한다. 때문에 그들은 지식의 전수를 중시하고 수업을 열심히 준비하며 새로운 자료를 끊임없이 수집한다. 이런 교사들은 학생들의 사랑을 받는다.

⑤ 경제의식에 편중된 유형 : 이런 유형의 교사는 효율을 중시하고, 교육의 역할은 아이들이 최소한의 노동으로 최대한의 효과를 얻게 하는 것이라 생각한다. 그들은 특히나 교육의 방법에 중시하고, 사회 생활과의 관계를 중시한다. 학생들은 이런 유형의 교사들을 중시한다.

⑥ 정치의식에 편중된 유형 : 이런 유형의 교사는 자신의 인격적 이상을 관철시킴으로써 학생들의 주장을 양성하고자한다. 교육을 할 때는 지도자를 자처하며 사사건건 타이르고 간섭을 하면서 학생들이 스스로 자유롭게 발전하도록 내버려두지 않는다. 그들은 직업 정신이 투철하지만 학생들은 이런 유형의 교사를 무서워하고 두려워한다.

도덕교육 업무에서 상술한 유형들로 우리의 도덕교육 종사자를 정의하기란 쉬운 일이 아니다. 때문에 필자는 '경찰 패턴'을 통해 일부 오만하고 냉담한 도덕교육 종사자를 요약해보고자 한다(여기서 경찰을 헐뜯고자 하는 의미는 눈곱만큼도 없다. 왜냐하면 그들의 직업은 교사의 직업과는 완전히 다르기 때문이다).

누구나 도로에서 교통경찰을 본 적이 있을 것이다. 그들은 일반적으로 규율을 잘 지키고 교통 법규를 준수하는 행인과 차량에는 크게 주의를 기울이지 않는다. 그들을 칭찬하거나 독려하지 않는 것은 물론 말할 나위가 없다. 그러나 일단 법규를 어기고 무단횡단을 한다든가 과속을 하는 모습을 발견하게 되면 바로 경고, 벌금 혹은 구류형에 처해진다.

이는 크게 비난할 것도, 질책할 것도 없는 당연한 일이다. 그러나 만약 이것을 교육 영역으로 옮겨놓으면 오류가 쏟아진다.

　조금만 신경 써서 살펴보면 우리는 곳곳에서 교육 경찰의 역할을 볼 수 있다. 가정에서 아이의 성공을 바라는 학부모는 아이가 학교에 입학하면 갑자기 딴사람이 되어 사랑의 말들이 금세 훈계로 변해버린다. 아이들도 어떻게 자신들이 갑자기 '똑똑하고' '장래성이 있는' 아이에서 '멍청하고' '장래가 없는' 아이로 바뀌는지 알 수 없다. 아이들이 조금 장난을 치기라도 하면 바로 부모님에게 붙잡힌다. 교통경찰이 교통법규를 위반한 사람을 놓아주지 않는 것처럼 말이다. 학교에서는 교사들이 알게 모르게 교육 경찰의 역할을 담당하고 있다. 그들은 학생들의 착한 행동은 본체만체하고 그것이 당연한 일이라 생각한다. 일부 교사들은 심지어 "학생들은 모두 경박스러워서 한번 칭찬하면 바로 엉망진창이 돼."라고 이야기한다. 그러나 만약 학생에게 아주 작은 문제라도 발생하면 돋보기를 들고 작은 일도 크게 만들며 엄격하게 비판을 한다. 일부 교사들은 심지어 수업시간에 잡담을 하고, 산만하고, 말썽을 피우는 학생들을 제일 앞에 앉혀 자신의 제어 하에 둔다. 그들은 미소, 칭찬을 사용하는 데 매우 인색하다. 공개적인 칭찬과 격려는 물론 말할 나위도 없다. 사회에서 도덕교육 종사자들은 평범하나 고상한 행위에는 관심을 갖지 않는다. 오직 '세상을 놀라게 하는' 위대한 행위만이 타인의 주목을 받기에 누군가 그들에게 '소방대'라는 별명을 지어주었다. 즉 어디에 문제가 발생하거나 불이 나면 조금도 겁을 내지 않고 달려와 '박멸'한다. 그들의 풍부한 역할은 이렇게 좁아졌다.

어느 심리학자가 학생에게 난이도가 동일한 일련의 덧셈문제를 매일 15분씩 5일간 풀도록 했다. 첫째 날 연습이 끝난 후 성적에 따라 조를 나누었다(각 조의 기본성적 동일).

1조는 칭찬조로, 이 조 학생의 성적에는 칭찬을 했다. 2조는 훈계조로 그들의 성적에 불만을 표시하며 비판하였다. 3조는 무시조로 그들에게 1조와 2조의 칭찬과 비판을 듣게 하고, 그들에 대해서는 언급하지 않았다. 4조는 제어조로 그들은 다른 3개조와는 격리하고 그들의 성적에 대해 어떤 평가도 내리지 않았다. 이후 4일 간의 실험결과는 매우 흥미로웠다(그림 8-1 참조).

그림 8-1을 통해 칭찬과 격려가 훈계, 꾸짖음, 체벌보다 아이들의 학습 적극성을 높이는 데 더욱 효율적이라는 사실을 알 수 있다. 도덕교육 중에서는 언제 이렇게 한 적이 있는가? 칭찬과 격려는 아이들에게 성공의 기쁨을 맛보게 하여 동일한 좋은 행동으로 다시 칭찬과 격려를 받고자 하므로 좋은 행동을 만드는 원동력이 된다. 비판, 훈계, 조소, 체벌, 협박이라는 부정적인 태도는 인간의 자존심과 자신감을 크게 해치고 마음을 우울하게 하고, 모든 일에 두렵게 만들고, 생기를 잃게 한다. 벨린스키Vissarion Grigor'evich Belinskii가 말한 것처럼 말이다. "인류 존엄을 훼손하는 각종 처벌을 아이들에게 가하면 아동정신 상 귀중한 자유, 자중감을 억제하고 또한 아동의 영혼이 열등감, 공포, 거짓과 교활한 추악한 감정들로 썩어가게 만든다. 이런 상황에서는 교육이 헛수고일 수밖에 없다."

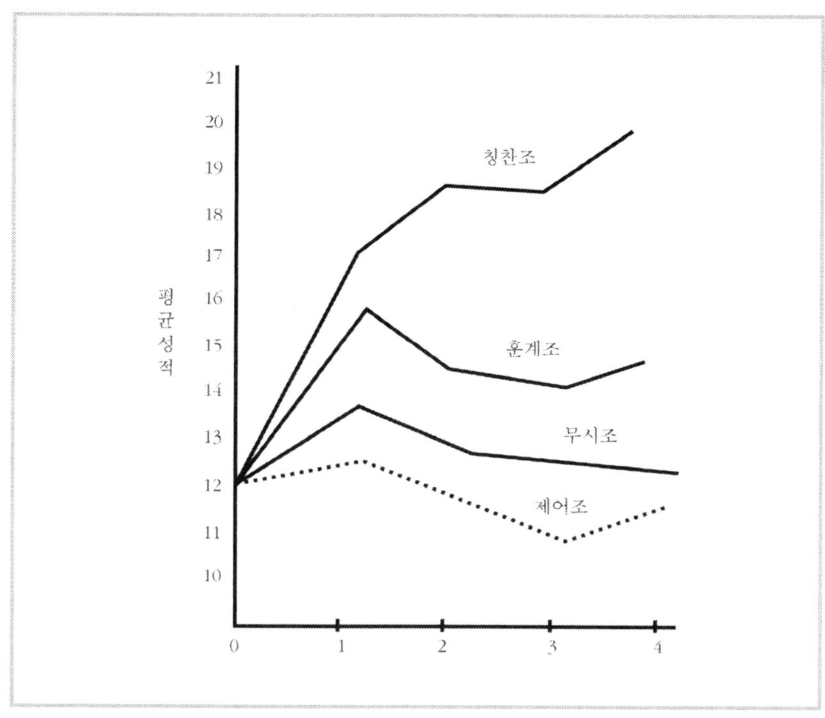

그림 8-1 칭찬, 훈계 등의 태도가 학습 성적에 미치는 영향

미국 《리더스다이제스트Reader's Digest》가 예전에 안도르 폴데즈 Andor Foldes의 문장을 실은 적이 있다. 이 문장은 별로 길지 않아 여기 서 전문을 싣고자 한다.

1985년 9월, 내가 서독 자브뤼켄Saarbruecken에서 청년 피아니스트들 에게 강의를 할 때 나는 내가 만약 저 학생에게 칭찬을 한다면 그는 아 마도 훨씬 더 좋은 연주를 할 수 있을 것이라 생각했다. 그래서 나는 전체 학생들 앞에서 그의 걸출한 연주 실력을 칭찬했다. 그러자 그의 연주 실력이 금세 원래 수준보다 높아져 그와 나머지 학생들은 모두 놀라움을 금치 못했다. 몇 마디 칭찬의 말이 그에게 이토록 좋은 효과를 나타낼 줄은 생각도 하지 못했다.

내가 처음 칭찬을 받았을 때 얼마나 행복하고 자랑스러웠는지를 기억한다. 내가 7살 때, 아버지가 정원 일을 도와달라고 하셨다. 나는 정말 열심히 일했고, 충분한 포상을 받았다. 그런 후에 아버지는 내게 키스하며 말씀하셨다.

"고맙다, 아들아. 정말 잘했다."

60년 후에도 아버지의 말은 여전히 내 귓가에서 맴돌고 있다.

16살 때, 나는 음악교사와 갈등이 생기는 바람에 개인적으로 위기에 빠져 있었다. 프란츠 리스트Franz List의 유일한 생존 제자인 세계적인 피아니스트 에밀 폰 사우어Emil von Sauer가 부다페스트로 공연을 왔는데 내게 연주를 부탁했다. 그는 온 마음을 기울여 바흐의 Toccata in C major를 듣고는 다른 곡도 쳐보라고 요구했다. 나는 나의 모든 감정을 베토벤의 '비창'소나타 연주에 쏟아 부었고, 이어서 슈만의 '나비'를 연주했다. 끝까지 듣고 난 에밀 폰 사우어가 내 이마에 키스를 해주며 말했다.

"나의 아들아, 내가 너 만한 나이였을 때 리스트 선생님의 제자가 되었었단다. 첫 레슨이 끝나자 선생님께서 내 이마에 키스를 해 주면서 말씀하셨다. '이 키스를 잘 간직하여라. 이 키스는 베토벤 선생님께로부터 온 것이란다. 나의 연주를 듣고 선생님께서 이 키스를 주셨었지.' 나는 이 신성한 유산을 물려주기 위하여 오늘까지 기다렸단다. 그런데 이날 바로 네가 이것을 받기에 가장 합당하다고 느꼈단다."

내 한평생 에밀 폰 사우어의 칭찬만큼 값진 것은 없다. 베토벤의 키스가 기적처럼 나를 위기에서 빠져나오게 해주었고, 내가 지금과 같은 피아니스트가 되도록 도와주었다. 훗날 나는 순서에 따라 이를 가장 합당한 사람에게 전달할 것이다.

칭찬은 강력한 힘이며 암실 속의 양초이다. 칭찬은 마력을 가졌다.

필자는 줄곧 이 스크랩을 간직해왔다. 왜냐하면 이 글이 나에게 중요한 교육의 법칙을 알겨주었기 때문이다. 어떤 의미에서 아이들의 자신감, 진취적인 예기, 활발한 본성, 밝은 성격은 부모와 교사가 칭찬, 찬미, 관용의 교육 방식을 취했기 때문이라고 생각한다. 우리의 교육 방식은 은연중에 새로운 세대의 모습에 감화 작용을 일으킨다.

미국의 교육 심리학자 케이지Cage는 《교육심리학》에서 다음과 같이 지적한다. "교사에게 칭찬은 가장 사용하기 쉽고, 가장 자연스럽고 효율적으로 동기를 형성하게 하는 방법이다. 가장 중요한 것은 칭찬은 어떤 행위의 빈도의 증가를 수반한다는 점이다." "가끔 교사들은 자신의 학생들에 대한 평론이 얼마나 중요한지를 잊어버린다. 우리는 일부 교사들이 단 한 번도 학생에게 좋은 말을 해주지 않는 모습도 보았다. 이런 행위는 절대 용서할 수 없다!" 필자는 이것이 교육 경찰 역할을 하고 있는 사람들에게 주는 가장 좋은 충고가 아닌가 싶다.

3. 사색을 하게 하는 전략

현대 교육가 타오싱즈陶行知는 말했다. "도덕은 사람됨의 근본이다. 뿌리가 썩어 버리면, 설령 학문이나 재주가 뛰어나더라도, 전혀 유용하게 쓸 곳이 없다. 그렇지 않을 경우, 도덕이 없는 사람이 학문과 재능이 클수록 나쁜 일을 더 많이 할 수 있다. 그래서 나는 얼마 전 '인격의 성'을 언급하여 우리 모두가 '인격의 만리장성을 쌓아야 한다.'고 했다." 이렇게 해야만 학생들이 자각적으로 '진선미의 인격을 창조'하도록 할 수 있다. 타오싱즈 선생의 이 말은 깊이 사고하고 참고할 만한 가치가 있다. 현재 우리의 도덕교육은 공간, 시간, 방향, 내용, 경로, 관념 등 '전방위'적인 모순에 직면해있다. 이들 모순이 설령 우리의 학교 도덕교육을 힘들게 할지라도 이는 도덕교육에 새로운 생명력을 불러일으킬 수 있다. 또한 이는 도덕교육에 대한 도전일 뿐만 아니라 도덕교육개혁을 촉진할 수 있는 계기이다. 기회와 도전을 마주하고 우리는 어떤 방안을 꺼내고, 어떤 답안지를 제출할 것인가? 우리는 어떤 대책으로 웅장한 '인격의 만리장성'을 쌓을 것인가?

대책 1 : 과정적이고 규격이 많은 도덕교육 목표의 입체적인 구조를 세우고, 현실성과 이상성을 겸비한 시각을 갖추도록 한다.

대책 2 : 학교, 가정, 사회의 삼위일체의 도덕교육 협력 네트워크를 구축하여 도덕교육의 우세한 역량을 형성한다. 도덕교육은 진행 과정 가운데 여러 방면의 요소로부터 영향을 받는데 이것이 지식교육과는 다른 도덕교육만의 특징 가운데 하나이다.

　대책 3 : 진실한 태도, 평등한 분위기, 풍부한 교양의 도덕교육 프로세스의 새로운 체계를 구축한다. 먼저 태도가 진실 되어야 하고, 참말만을 말하고 빈말을 하지 않고, 본의가 아닌 말을 하지 않고 거짓말을 하지 않아야 한다. 이것이 청년을 효율적으로 교육할 수 있는 중요한 조건 가운데 하나이다.

09

가정교육의
'소아병'

　사람들은 흔히 가정은 인생의 첫 번째 학교이자 영원히 졸업할 수 없는 학교이며, 부모는 인생의 첫 번째 선생님이자 영원한 선생님이라고 말한다. 우리는 모두 이 학교에서 사회로, 삶으로 나아간다. 우리는 모두 부모님에게서 보고 듣고 배우고, 영향을 받는다. 어떤 의미에서 보면 가정이 우리를 만들고, 영유아시기에 이미 인격의 실마리를 엿볼 수 있다고 할 수 있겠다.

　그러나 최근 들어 우리 가정교육에서는 위기 조짐이 엿보이고 있다. 지나친 '관심'과 '교육'으로 수많은 비극이 일어나고 있다. 1998년에 개최된 '전국 가정교육 세미나'와 '중국 아동발달센터 업무회의'에서 일부 전문가와 학자들은 '가정교육의 '소아병'이 만연하고 있는 현실이 실로 걱정스럽다.'고 부르짖었다.

1. 과도화된 교육

　누군가 다음과 같은 만화를 그린 적이 있다. 그림의 중앙에는 옷을 잘 차려입은 의기양양한 외동아이가 있고, 그 주위에서는 아빠, 엄마, 할아버지, 할머니, 외할아버지, 외할머니 등이 아이를 위해 동분서주하고 있다. 이 만화의 제목은 《'작은 태양'과 '위성'》이다. 어째 제목부터가 의미심장하다. 이 만화는 오늘날 가정에서 아이들이 차지하는 특수한 지위, 그리고 가장, 어른들이 그들을 키우는 태도와 방식을 생동감 넘치고 진실 되게 이미지화하여 보여준다. 심리학자와 교육가들은 이러한 현상은 '과도화된 교육'이라 부른다.

'과도화된 교육'이란 글자 그대로 자식을 향한 부모의 가르침이 '도'를 넘은 것을 말한다. 구체적으로 말하면 주로 다음의 세 가지 방면에서 나타나는데, 첫째는 생활에서의 과도한 사랑, 둘째는 학습에서의 과도한 관심, 셋째는 지나치게 규범화된 방법이다.

첫째, 생활에서의 과도한 사랑. 자식을 사랑하는 마음은 세계 어느 부모나 같을 것이다. 인류가 자식을 사랑하는 마음은 동물의 그것과도 차이가 난다. 인류의 자식 사랑에는 분별과 절제라는 미덕이 나타나며 사회성이 풍부하게 담겨 있는 것을 알 수 있다. 옛 소련의 교육자 마카렌코Anton Semyonovich Makarenko는 일찍이 다음과 같이 말했다. "과분한 사랑은 분명 위대한 감정이지만 자식을 망치는 일이기도 하다."

자녀를 축으로 돌아가는 가정이 많은 탓에 오늘날 중국은 '자식에 치우치고, 자식을 우선시하는' 경향이 심각한 수준에 이르렀다. 경제적으로 보면 대다수 가정에서 자녀의 양육비용이 가정 구성원의 평균 소비 수준을 훨씬 초과하고 있으며, 심지어 많은 가정에서는 자녀의 소비가 가정 구성원의 소비 총액을 초과하는 현상까지도 나타나고 있다. 가정의 많은 소비활동이 모두 자녀에서 비롯되고 자녀의 요구에 따라 진행된다. 예를 들어 먹을 걸 하나 사더라도 아이의 입맛과 기호를 따르는 것은 물론이요 명절이 다가왔을 때 가장 먼저 아이의 선물을 챙긴다. 많은 부모들이 허리띠를 졸라매면서도 아이들에게 고급 장난감, 고급 옷을 사주는 일에는 조금도 망설이지 않는다. 일부 가정에서는 아이들에게 피아노, 전자 피아노 등을 사주기도 하고, 많은 아이들이 디지털 카메라, 게임기, 컴퓨터 등을 갖고 있다. 이에 비해 부모 자신들이 바라는 것은 보잘 것 없다. 일부 가정에서는 많은 사람을 동원해 아이의 생일파티를 화려하게 열어주기도 한다.

감정적으로도 부모가 자녀에게 지나치게 연연하는 경향을 파악할 수 있다. 천커원 등은 일찍이 외동자식을 둔 부모들에게 '아이, 가정, 업무와 취미생활'이라는 네 가지 항목 가운데 어느 것이 자신의 삶에서 가장 큰 의미가 있는지를 고르도록 한 적이 있다. 그 결과 어머니와 아버지 가운데 각각 40.1%와 27.4%가 자식이라고 대답했다. 많은 부모들이 감정을 기탁할 유일한 존재로, 그리고 삶의 유일한 낙으로 자녀를 꼽는데 아이가 하루라도 곁을 떠나면 좌불안석이고, 삶이 따분하고 재미가 없다고 한다. 한 교사가 작성한 하기훈련 캠프일기의 에피소드를 살펴보자.

밤이 깊어 복도를 거닐며 순찰을 하던 도중에 남학생 방에서 기척이 들렸다. 그런데 내 발소리를 듣더니 또 잠잠해졌다. 가만히 보아하니 개나 고양이는 아닌 것 같고, 그럼 도둑인가? 나는 손전등을 켜 쉬徐 교장

선생님에게 신호를 보냈다. 교장선생님이 살금살금 걸어왔고 우리가 함께 손전등을 켜 비추어보니 남자 하나가 몸에 이불을 두르고 침대 밑에 웅크려 있었다.

"누구야?" 그 사람이 대답했다. "쑤핑蘇平 아빱니다." 그가 졸음에 겨워 게슴츠레한 눈으로 우리를 바라봤다. "저랑 집사람은 요 며칠 잠도 못 잤답니다. 쑤핑이 집을 떠난 적이 한 번도 없어요. 어제 꿈에 쑤핑이 침대에서 떨어지는 꿈을 꿨어요. 아이가 잠버릇이 심해요. 오늘 아이를 보러 왔다가 저녁에 경비원 몰래 들어왔어요." 나는 도무지 이해가 가지 않았다. "그럼 침대 밑에서는 대체 뭘 하신 거예요?" "쑤핑이 침대에서 떨어질까 봐 그래요. 바닥에 떨어지는 것보단 제 위에 떨어지는 게 낫잖아요!"

아이는 태어나는 직후부터 이렇게 지나친 '사랑'에 둘러싸인다. 젊은 부모들은 아이를 '머리에 이고 있으면 떨어질까, 입에 넣고 있으면 녹아버릴까 두려워' 아이들이 원하는 대로 들어주며 이를 자신들이 당연히 해야 할 일이라고 여긴다. 하지만 예상과는 달리 이런 과도한 '사랑'을 받은 아이들은 여러 가지 나쁜 품성을 갖게 된다. 예를 들어 편한 것만 좋아하고 일하기를 싫어하고, 자기가 세상에서 제일 잘난 줄 알고, 응석 부리고 제멋대로 하고, 의지박약인 것 등이다. 부모가 종일 제 품에만 안고 있는 어린 새가 어떻게 세상을 향해 날아가는 연습을 한단 말인가?

둘째, 학습에서의 과도한 관심. 부모가 자녀의 공부에 관심을 가지는 것은 당연한 일이다. 그러나 지나친 관심은 거대한 심리적 압력을 형성하여 자식들에게 무거운 심리적 부담을 안겨준다. 이는 오늘날 심각한 사회문제로 자리 잡았다. 허베이河北성 어느 지역에서 《가장의 바람家長的心願》이라는 제목으로 작문 시험을 본 적이 있는데 무려 수천 명에 달하는 중학생이 자신의 학업에 부모가 지나친 관심을 보이는 탓에 얼마나 불행한지를 설명했다. 아래에서 일부 글을 발췌해보았다.

"아빠는 내 공부 때문에 마음을 졸이신다. 한번은 시험 성적이 떨어졌더니 아빠가 몸져누우셨다. 밤에 아빠 곁을 지키다가 아빠 잠꼬대를 들었는데 '아, 우리 딸이 중등 전문학교에 합격했네. 아, 합격했어, 드디어 합격했어. 하하하.'라고 말하시면서 웃으시는 게 아닌가. 나는 결국 울음을 터뜨리고 말았다."

"중학교 이후로 아빠는 나를 밤 12시에 자고, 새벽 5시에 일어나 공부하도록 하셨다. 가끔 내가 아침에 못 일어날 때면 아빠가 나를 일으켜 세워 마당을 거닐며 책을 외우게 하신다. 가끔 너무 졸리면 나는 나무에 기대어 잠이 들어 책이 땅에 떨어지는 것도 모르고 잔다."

"나를 좋은 학교에 입학시키기 위해 우리 아빠는 '3무無' 정책을 실시하셨다. 첫째, 취미활동시간 전혀 없음. 둘째, 공부와 관계없는 책 모두 없애기. 셋째, TV 볼 시간 전부 없애기."

"중학교 1학년이 되자마자 나는 하교 후 집에 오면 숙제 외에도 아빠가 정해준 매일의 임무를 완수해야 했다. 다름 아닌 수학 50문제, 국어 30문제를 푸는 것이었다. 중학교 2학년이 되자 또 물리문제 30문제가 늘었고, 중학교 3학년이 되자 화학문제 20문제가 증가하였다."

"중학교 3학년이 된 이후로 나는 판다처럼 우리 집의 집중 보호 대상이 되었다. 부모님은 내게 집안일은 전혀 손도 못 대게 하셨고 맛있는 것은 모두 내게 주셨다."

"아빠 엄마는 돈을 아끼지 않고 나에게 분유, 맥아 엑스, 오렌지 주스, 로열젤리, 통조림 등을 사주신다. 처음에는 기뻤지만 지금은 별로 먹고 싶지도 않을뿐더러 심지어는 보기도 싫다. 나는 부모님의 기대에 못 미칠까 봐 걱정이 된다."

"어느 날, 나는 성적표를 들고 엄마의 사인을 받으러 갔다. 엄마는 성적이 떨어진 것을 보시더니 욕을 늘어놓기 시작했다. '밥 먹고 살만 쪄서는 이 돼지만도 못한 놈아. 돼지는 키우면 고기라도 나오지 너는 키운다고 뭔 소용이 있냐?'라고"

이와 같은 일들이 아마도 여러 가정에서 매일같이 일어날 것이다. 실제로 부모들은 아이들의 공부 때문에 항상 노심초사 마음을 졸인다. 일부는 심지어 아이의 심리적 발달 수준과 학습 기초는 전혀 고려하지 않고 현실과는 동떨어진 '목표'를 설정해 아이를 두려움에 빠뜨린다. 이러한 지나친 '관심' 아래서 많은 아이들이 사기가 꺾인 채 우울해한다. 1985년부터 현재까지 학생문제로 인해 발생한 비극은 이미 수십 건에 달한다.

1985년 가을, 베이징 모 중학교 1학년 여학생 12명이 살충제를 먹고 자살하는 사건이 일어났다. '시험에서 반드시 10등 안에 들어야 한다.'고 정한 부모의 목표에 못 미쳤다는 것이 그 이유였다. 1988년 2월, 난징南京공과대학 야간대학생 왕린王林이 자신의 친부모를 살해하는 사건이 일어났다. 시험에서 부정행위를 저질렀는데 부모님이 이를 아시고 상심하실까 봐 겁이 났기 때문이었다. 같은 해 초, 전국을 들썩이게 한 사건이 발생했다. 바로 '아이의 성공을 바라는' 어머니가 공부에 욕심이 없는 친아들을 죽이는 '샤페이夏斐' 사건이다. 얼마 후, 비극은 항저우杭州에서 재연되었다. 어느 젊은 어머니가 자신의 외동아들이 노는 데만 열중한다는 이유로 아이와 함께 밧줄에 목을 매어 동반 자살을 시도한 것이다. 어머니는 목이 매여 사망하였고, 8살짜리 아들은 밧줄이 벌어지면서 다행히 목숨을 건졌다. …… 이러한 사건들을 접하면 실로 머리가 복잡해진다.

셋째, 지나치게 규범화된 방법. 본 장의 시작 부분에서 이미 가정은 인생의 첫 번째 학교이며, 부모는 인생의 첫 번째 선생님이라고 말한 바 있다. 그러나 이는 넓은 의미에서일 뿐 사실 가정이라는 '학교'와 부모라는 '선생님', 그리고 규범화 된 학교 교육 중의 '학교'와 '선생님' 사이에는 엄연히 본질적인 차이가 존재한다. 베이징사범학교 교육과학

연구소의 자오중신趙忠心은 말한다. "이 '학교'는 저 '학교'가 아니고, 이 '교사'는 저 '교사'가 아니다." 양자 간에는 서로 대체할 수 없는 기능과 의미가 있다. 가정교육과 학교교육의 가장 큰 차이점은 학교교육이 목적을 갖고 계획적으로 일정 형식과 프로세스에 따라 엄격하게 진행되는 반면, 가정교육은 일상생활 속에서 알게 모르게 진행되어 부모의 말과 행동으로부터 은연중에 감화된다는 점이다.

그러나 현재 중국의 가정교육은 종종 이러한 차이를 소홀히 하여 교육 방법에서 지나치게 규범화된 것을 강조하고 있다. 때문에 '가정교육의 학교화'라는 말이 등장하기에 이르렀다. 유아에 대한 가정교육을 진행하면서 점점 더 많은 가장들이 초등학교 1학년의 교과서로 아이들에게 조기교육을 시키고자 한다. 아울러 교육방식도 학교와 같은 규범화된 방법으로 아이들이 단정하게 앉아 집중하도록 한다. 일부 가장들은 아예 아이들을 각종 '취학 전 아동반'이니 '예비반'이니 하는 곳에 보내 '규범화 된 교육'을 받도록 한다. 그러나 이 같은 방법에는 두 가지 부작용이 존재한다. 첫째, 많은 아이들에게 '공부는 무서운 일'이라고 인식하게끔 하여 취학 전부터 공부에 대한 두려움을 심어주는 것이다. 특히 성질이 급하고, 난폭한 가장을 둔 나이가 어리고 이해력이 낮은 아이들이 더더욱 '공부에 싫증을 느끼게 된다.' 둘째, 일부 아이들에게 초등학교에 입학한 이후 수업시간에 잡담을 하고, 딴 짓을 하고, 다른 생각을 하는 등 수업을 경시하는 태도를 심어주는 것이다. 이는 입학 전에 수업시간에 배우는 내용을 이미 모두 배웠기 때문에 일어나는 현상이다.

초등학생과 중, 고등학생의 가정교육에서 '규범화'와 '학교화' 경향은 나날이 뚜렷해지고 있는 상황이다. 많은 가장들이 자각적으로 교사의 '조교' 역할을 담당하여 아이들을 도와 받아쓰기를 하고, 외우기를 검사하고, 숙제를 교정해준다. 일부 가장들은 주동적으로 '두 번째 선생님'을 자처하고 나서기도 한다. 예컨대 교사용 참고서를 구매하여 먼저 '수업을 준비하고', 아이들이 집에 돌아오면 복습을 시키는 부모가 있는가 하면 어떤 부모는 학교에서 내주는 과제가 적다고 집에 더 많은 공부거리를 준비해두기도 한다. 이러한 방법 역시 여러 가지 부작용을 일으켜 결국 아이들이 '조교'에만 전적으로 의지하고 부모의 '지팡이' 없이는 한걸음도 움직일 수 없게 만든다. 게다가 아이들에게 가정을 '두 번째 학교'로 인식시켜 가정을 그리움의 대상으로 생각하지 않게 만든다.

과도한 교육은 '양호한 바람에서 시작하여 실패한 결과로 끝나기 마련이다.' 지나친 '사랑'은 아이들에게 나쁜 품성을 길러주고, 과잉'보호'는 아이들의 창조력을 억제한다. 지나친 관심은 아이들에게 공부에 싫증을 내는 정서를 키워주어 아이들의 지능과 개성의 발달에 영향을 미친다.

2. 가치관의 감화 : 불평형의 표징

교육은 어떤 의미에서는 가치관의 감화 과정, 즉 교육자의 가치관을 피교육자의 가치관으로 전환시키는 과정이라고도 정의내릴 수 있다. 이는 교육의 목표와 내용이라는 두 가지 면에서 가장 두드러지게 나타난다. 그렇다면 우리의 가정교육은 어떤 가치관의 감화를 진행하고 있을까?

가정교육의 목표에서 본다면 가치관의 감화는 아이들이 재빨리 '생물학적 인간'에서 '사회인'으로 전환하도록 촉진함으로써 이후 사회생활에 더욱 잘 적응할 수 있도록 기반을 닦아주는 일이다. 이 같은 목표를 실현하기 위해 가정교육은 다음과 같은 내용으로 진행되어야 한다.

첫째, 민족의 언어를 전수하여 아이들이 사상과 감정의 교류에 필수적인 도구에 숙달하도록 한다.

둘째, 아이들에게 기본적인 생활 상식과 일정 수준의 생활 능력을 길러주어 자립심을 키우도록 한다.

셋째, 아이들에게 사회적 관습과 도덕, 그리고 행위 규범을 지도하여 민족의 문화적 관념을 이해하도록 한다.

넷째, 아이의 감정과 정서를 키워줌으로써 부모에 대한 사랑을 차츰 타인에 대한 사랑, 단체에 대한 사랑, 국가에 대한 사랑, 민족에 대한 사랑, 그리고 나아가 인류에 대한 사랑으로 확장하게끔 한다.

다섯째, 아이에게 사람과 사람 간의 관계를 인식하도록 지도하여 인간관계의 기본적인 예의를 이해하고, 사회적인 교제를 배우도록 한다.

위의 다섯 가지 내용으로 미루어볼 때 가정교육에서 이루어지는 가치관의 감화는 사회생활에 적응할 수 있는 '사회인'을 키우기 위한 것이다. 다시 말해 아이들에 대한 전면적인 관심으로 눈을 돌려 도덕적인 행위 규범을 키우고, 사회적응능력을 배양하며, 개성의 발달과 인격의 형성에 주의를 기울여야 한다는 말이다. 그러나 우리의 가정교육은 이와 같은 가장 근본적인 것들을 망각하고 출세하기와 남보다 뛰어나기에 그 목표를 둔다. 이는 사실상 '작은 것에 집착하고 큰 것을 소홀히 하는' 것으로 이로 인해 가치관 감화의 불균형을 나타내는 표증이 나타난다.

많은 가장들이 자신의 아이들이 남들보다 훨씬 앞서는 '신동'이 되어 명성을 떨치기를 바란다. 때문에 가장들은 여러 가지 신동과 관련된 보도에 귀를 기울이고 아이가 태어나기 전부터 피아노, 전자 피아노를 준비해둔다. 그리고 아이가 옹알이를 시작할 때부터 미술 선생님을 모시고, 외국어를 가르치고, 글자를 가르친다. 그렇지만 아이들이 흥미를 느끼는지, 재능이 있는지, 지능이 월등한지 따위는 전혀 고려하지 않고 그저 자신이 설정한 목표만을 아이에게 강요한다. 심지어 어떤 가장은 채 몇 살도 되지 않은 아이를 하루 종일 집에 가두어놓고 피아노 연습을 시키고, 글자 연습을 시키기도 한다. 이처럼 무조건적이고 비과학적인 방법은 아이에게 역심리만을 키워줄 뿐이다. 예컨대 랴오닝의 어느 7살짜리 남자아이는 피아노를 배우기 싫다는 이유로 칼로 자신의 손가락을 자르고자 시도했고, 5살짜리 여자아이 역시 같은 이유로 피아노 아래서 참혹하게 죽어갔다. 가장들은 자기 자신의 가치관을 감화시키기만 하는 이 같은 행동들이 행복해야 할 아이들의 어린 시절을 고통의 나날로 바꾸고 있다는 사실을 인식하지 못한다.

심리학 연구에 따르면 거의 모든 사람의 지능이 평준화를 이룬다고 한다. 다시 말해 지능이 떨어지는 아이와 지능이 뛰어난 천재형 아이는 전체의 0.3% 정도에 불과하고, 평범한 지능수준의 아이가 99.4%를 차지하여 절대다수를 차지한다는 얘기다. 따라서 모든 아이들이 '신동'이 되게 하는 것은 불가능하다. 지능수준이 평범한 아이들에게 영재교육을 시키다보면 급히 먹는 밥이 체하듯 오히려 일을 그르치거나 비극적인 결과를 낳게 마련이다.

심리학 연구에 따르면 사람들의 심리적 발달 수준은 사람마다 뚜렷한 차이가 있다고 한다. 지능을 예로 들자면 어떤 이는 조숙하여 어려서부터 탁월한 재능을 드러내고, 어떤 이는 대기만성형으로 성년이 된 후에야 깜짝 놀랄만한 성취를 일구어낸다. 어떤 이는 이미지를 통한 사고에 뛰어나 문학, 예술, 언어, 의학, 역사, 생물 등 학과에서 두각을 나타내고, 어떤 이는 추상적 사고에 뛰어나 수학, 지리, 철학, 천문 등 학과에서 두각을 나타낸다. 만약 사람의 심리적 차이나 아이들의 흥미와 특기를 고려하지 않은 채 가장들이 자신의 이상과 바람만을 아이들에게 강조하고, 맹목적인 조기 방향 설정을 통해 아이들을 지도한다면 의도와는 정반대 결과를 초래하기 십상임은 물론이거니와 소기의 목표조차도 달성하기 어렵다.

내용적인 측면에서 본다면 많은 가장들이 가정교육의 내용의 풍부함에 소홀히 하여 아이들의 지능 요소의 양성과 지식의 주입에만 신경을 쓰고 감정, 의지, 성격, 사상과 품성, 행동습관 등 비지능적 요소를 키우는 데에는 무관심한 경향을 보인다. 이러한 지능중심주의적 경향은 가정교육의 내용적인 측면에서도 가치관의 감화의 불균형이 나타나게 한다. 많은 학생들이 '지능'(일부 가장들은 학습 성적 등을 지능과 동일시한다) 우선주의적 미명 하에 노동을 혐오하게 되었다. 나아가 사람들을 대할 때 냉담하고 이기적인 모습을 보이는 등 소극적인 심리상태를 형성하고 심지어는 범죄의 길을 걷게 되었다. 1987년, 상하이시 정신위생센터精神衛生中心와 세계보건기구WHO가 협력하여 4살에서 6살 반의 아동을 대상으로 심리건강상황을 조사한 결과 27%의 아동에게 정신편이精神偏異(정상적인 정신 기능에서 치우치는 일─역주)가 나타났다. 주요 원인은 가정교육의 환경 불량과 교육방식의 부당함이었다. 1987년 베이징시의 몇몇 교사들이 초등학생 2,294명을 대상으로 집안일에 참여하는 시간을 통계 내었다. 그 결과 학생당 1일 평균 노동시간은 고작 0.2시간에 불과했다. 이는 미국의 동일 연령대 아이들의 일인당 평균인 1.2시간에 훨씬 못 미치는 수치이다. 어느 초등학교 교사가 진행한 조사에 따르면 그가 가르치는 학급 32명 초등학생 가운데 무려 20명의 학생이 혼자서 옷을 입을 줄 모르고, 10명의 학생이 여전히 부모님의 도움을 받아 세수를 하고 발을 닦고 있었다. 저장浙江성 푸장浦江현의 한 중, 고등학교를 대상으로 통계를 낸 결과 무려 80%가 넘는 가장들이 아이들이 공부만 잘 하면 되지 집안일은 할 필요가 없다고 했다. 전국적으로 이름을 떨치고 있는 징산景山학교에는 다음과 같은 우스갯소리가 등장했다.

10살의 초등학교 3학년 학생이 매일 밤마다 엄마를 깨워 함께 소변을 보았다. 11살이 되어서도 여전히 혼자서는 옷을 입을 줄 몰랐는데 며칠 전에야 겨우 옷 입는 법을 배웠다.

4학년의 학생은 매일 점심마다 늘 도시락으로 다른 반찬과 함께 삶은 계란을 가져왔는데 계란껍질은 항상 부모가 깨끗이 벗겨 도시락통에 넣어주었다. 하루는 도시락통을 열자 껍질을 벗기지 않은 계란이 들어 있었다. 밥을 먹을 때 아이는 이를 보고 난감해하며 계란을 이리 저리 굴려보았다. 그러나 아무리 들여다봐도 깨진 부분이 보이지 않자 어쩔 줄 모르고 먹지 않은 채 도로 집으로 가져왔다. 어머니가 왜 계란을 먹지 않았는지 묻자 아이는 "깨진 부분이 없는데 어떻게 먹어요?"라고 대답했다.

일부 가장들은 아이에게 노동경시사상을 더 직접적으로 주입시킴으로써 '가치관의 감화'를 진행한다. 어느 선생님이 학교에서 3학년 학생들에게 말했다. "너희는 벌써 3학년이나 됐으니 자기 일은 자기가 하는 법을 배워야 한단다. 이를테면 손수건이나 양말이 더러워지면 너희 스스로 빨아야 해. 소년선봉대中國少年先峰隊(중국 공산주의 청년단共靑團 산하의 소년조직－역주) 대원은 어려서부터 노동을 사랑하는 습관을 길러야 한단다." 한 학생이 집으로 돌아가 정말로 자신의 손수건과 양말을 빨았다. 나이도 어리고 처음 하는지라 사방을 비누천지로 만들어놓았고, 옷도 더럽히고 말았다. 그런데 그의 어머니가 집으로 돌아와서 이를 보고는 칭찬은커녕 욕을 퍼부었다. "싹수가 노래. 공부도 잘 못하면서 누가 집안일을 하래? 나중에 우수 중, 고등학교에도 입학 못하고 대학에도 못 들어가서 구두닦이나 할래?"

사실 노동은 아이들의 인격 발달에 많은 영향을 끼친다. 수호믈린스키는 "노동은 가장 위대한 아름다움이다. 아이들에게 이 아름다움을 인식하게 하는 일이 교육의 오묘함 가운데 하나이다."라고 말했다. 그는 아울러 다음과 같은 말도 남겼다. "육체노동은 아이들에게 일정한 기능과 기교를 배우도록 할 뿐 아니라 도덕교육을 진행하기도 한다. 더불어 이는 무한하고, 놀랍고, 풍부한 사상의 세계이다. 이러한 세계는 아동에게 도덕적, 지능적, 심미적 감정을 불러일으킨다. 만약 이와 같은 감정이 없다면 세계를 인식하는 일(공부도 포함)은 불가능해진다." 이는 육체적 노동이 노동의 관념과 기능을 형성하는 것 외에 인간의 전면적인 발달을 촉진하는 데 더 큰 의미를 두고 있음을 말이다. 진정으로 '자식의 성공을 바라는' 가장은 반드시 수호믈린스키의 이 말에서 영감을 얻어 아이들이 이런 '가장 위대한 아름다움'을 깨닫도록 노력해야 한다.

그러나 일부 가장들은 흔히 시험점수를 학생을 평가하는 유일한 표준이자 학생의 가치를 가늠하는 유일한 참조대상으로 삼기 때문에 자신도 모르게 그 외의 부분에 대한 요구는 소홀하게 된다. 산시山西 타이위안太原시에서 적발된 중, 고등학생 강도단 사건이 이 같은 사실을 여실히 보여준다. 이 패거리의 범죄자 8인은 모두 학교 성적이 우수하여 가장들이 만족하고 학교에서도 걱정하지 않는 고등학교 3학년 학생들이다. 그 중 6명은 공산주의청년단共靑團 단원이고, 4명은 학생 간부이며, 심지어는 11년 연속 신체, 학습, 활동이 모두 좋은 모범생인 '3호三

好 학생', 타이위안시 '3호 학생'으로 뽑힌 학생도 있었다. 아이들의 부모는 어떤 이는 국급局級 간부이고, 어떤 이는 엔지니어, 어떤 이는 학교의 리더 혹은 선생님이었고, 어떤 이는 전국 노동조합의 활동가였다. 그렇지만 이들 학생들은 잇따라 42건의 범죄행위를 저질렀고, 이를 통해 손에 넣은 금품의 가치는 무려 1만여 위안이나 되었다. 아이들이 범죄를 저지른 이유를 살펴보니 그들의 가장이 보여준 '가치관의 감화'와 밀접한 관련이 있었다. 가장들이 그들에게 요구하는 것은 오직 두 글자, '공부'뿐이었다. 그들은 오직 자식들의 성적에만 신경 쓸 뿐 자식들이 여러 방면에서 고루 건강하게 성장하는지에 대해서는 전혀 관심을 기울이지 않았다. 한 학생의 부모는 모두 엔지니어였는데 아이가 학업에서 뛰어난 성과를 거두기를 절실히 바라고 있었다. 그래서 아이가 중학생이 되면서부터 정성을 다해 아이의 공부를 뒷바라지하며 아이가 배우는 것을 자신도 공부하였다. 아이의 시험문제를 아버지가 모두 외울 정도였다. 그들은 이렇게 아이의 공부에는 온갖 정성을 기울였지만 다른 영역에 대해서는 전혀 관심을 두지 않았다. 그런 탓에 그 금쪽같은 아들의 머릿속에는 점차 '사람과 사람 사이에는 금전관계가 존재하고, 사람과 사회 사이에는 유아주의唯我主義가 존재한다.'는 생각이 심어졌다. 아들이 차츰 범죄의 길로 접어들었는데도 부모는 이를 전혀 알아채지 못했다. 어떤 의미에서 본다면 바로 이런 불균형한 가치관의 감화가 아이의 미래를 사장시켰다고 볼 수 있겠다.

한 걸음 물러서서 바라본다면 '지능 중심주의'적 경향에, 지식과 성적을 유일한 가치로 삼는 가장이 지능의 발달에만 관심을 쏟고 다른 덕목들을 함양하는 데는 소홀히 한다면 적은 노력으로 큰 성과를 거두는 효과를 보기 힘들 것이다. 주지하다시피 사람의 심리는 완전한 통일체이다. 이 통일체 중의 지능적 요소와 비지능적 요소는 상대적으로 독립성을 갖고 있기는 하지만 둘은 서로 연결되어 서로 영향을 미치며 서로 제약하는, 떼려야 뗄 수 없는 관계를 갖고 있다. 두 요소가 최상의 운동 상태를 유지하도록 해야만 사람의 심리가 충분히 발달할 수 있다. 또한 비지능적 요소는 지능적 요소의 발달을 보증하고 촉진하는 역할을 한다. 혹자는 비지능적 요소를 잠재적 지능으로 일컬으며, 혹자는 비지능적 요소를 무시하는 것은 심리 발달의 원동력과 에너지를 잃는 것과 같다고 형상적으로 이야기하는데 매우 일리 있는 말이다. 심리학 연구는 또한 비지능적 요소가 아동의 학습에 미치는 영향이 해마다 증가하고 있음을 밝혀냈다. 어느 학습과정에서든 비지능적 요소가 성패의 기초이며 모두 다른 것으로는 대체 불가능한 가치를 가진다. 비지능적 요소를 키우는 데 소홀히 한다면 우리는 지덕체智德體를 갖춘 모든 면에서 고루 성장한 사람을 키울 수 없음은 물론이거니와 지능의 진정한 발달도 이루기 어렵다.

3. 금과옥조金科玉條(금이나 옥처럼 귀중히 여겨 꼭 지켜야 할 법칙이나 규정—역주) : 조화의 추구

중화민족은 전통적으로 가정교육을 중요하게 생각했다. 몇 천 년에 이르는 중화민족의 오랜 역사에는 감동적인 가정교육 미담과 경고의 이야기가 무수히 전해지는데 그 중 많은 이야기들이 오늘날에도 여전히 그 생명력을 유지하여 중국 가정교육이론의 중요한 유산이 되고 있다. 해방 후, 특히 최근 몇 년간 사회경제의 발전과 외동자녀 정책의 추진에 따라 가정교육은 한층 더 중요시되고 있다. 현재 전국적으로 이미 21개 성, 시, 자치구에 성급省級 가정교육연구기구를 설립하고 여러 지방급, 현급 부녀연합에서도 가정교육기구를 설립하였으며, 각지에서는 1,870개의 과학육아 혹은 가정교육 자문센터 및 가장학교, 임산부학교, 신혼부부학교 등을 설립하였다. 11개 성, 시, 자치구의 통계에 따르면 이들 학교의 수는 이미 11,400여 개에 달한다. 쓰촨四川성에서 개설한 방송통신 부모학교만 해도 12만 명의 학생을 보유하고 있는데 1986년 5월에 제1기 학생이 졸업하고 95,000여 명이 졸업증서를 획득하였다. 이는 가정교육이 이미 많은 학부모들의 자각적인 요청이 되었다는 사실을 설명한다.

어찌 되었든 간에 중국의 가정교육에는 여전히 적지 않은 문제가 존재하며 가정교육의 과학수준은 여전히 낮다. 이론적으로 정확하게 지도하는 능력이 부족한 탓에 많은 가장들은 '마음을 굴뚝같지만 힘이 미치지 못하고' '일이 마음 같지 않는' 느낌을 받는다. 아울러 과도한 교육과 불균형한 가치관의 감화 등 현상이 나날이 심해지면서 일각에서는 이미 가정교육의 위기가 도래했다고 보기도 한다.

그렇다면 가정교육의 위기에서 빠져나올 방법은 무엇인가? 답은 '조화의 추구'이다.

먼저 '조화'란 가정교육이 반드시 여러 방면에서 조화롭게 발달한 인간을 길러내는 것을 교육의 목표로 삼아야 한다는 말이다. 이에 대해 수호믈린스키는 매우 예리한 논술을 펼쳤다. "교육업무를 결정하는 기교이자 완벽한 조건 중 하나는 바로 교사 스스로가 생생한 이상을 목표로 삼고, 한 사람에게 있어 중요하고 결정적인 것을 파악해 이를 아끼고 사랑하는 능력이다. 전면적으로 발전하고 생동감 있는, 피와 살을 가진 인간에게서는 역량과 능력, 열정과 완전무결함 등의 조화가 나타나는데 교육자는 이런 조화 속에서 도덕적, 사상적, 국민적, 지적, 창조적, 노동적, 심미적, 정서적, 신체적으로 완벽한 모습을 구현해내야 한다."

예로부터 탁월한 안목을 갖춘 여러 교육가들은 조화로운 발달을 중시하면서 조화로운 방법으로 아동을 교육해야 한다고 주장해왔다. 명대의 교육가인 왕수인王守仁은《어린이 교육의 대의를 유백송 등에게 가르침訓蒙大意示教讀劉伯頌等》중에서 당시의 가정교육을 비판하면서 "우선 시를 읊조리도록 하여서 그 감정을 펴도록 하고, 다음으로 예의를 익히는 것을 가르쳐서 태도를 바르게 하고, 그 다음으로 책을 읽는 것을 가르쳐서 지능을 계발하도록 해야 한다."고 주장했다. 일본 재능교육연구회 이부카 마사루井深大 이사장은《영유아, 어떻게 교육할 것인가》에서 3세 전후 이전의 유아교육을 실시할 때 반드시 다음의 두 가지 내용을 포함해야 한다고 주장한다. "첫 번째, 언어, 음악, 문자와 도형 등 소위 지능을 다지는 대뇌활동의 기초적 패턴을 반복적으로 주입한다. 두 번째, 이 시기에 유아의 두뇌에 인생의 기본 준칙과 태도를 주입해야 한다."

　　1921년, 미국 스탠퍼드 대학의 터먼Lewis Madison Terman 교수는 지능검사를 통해 25만 명의 초등학생 가운데서 지능이 비교적 높은 같은 연령의 남녀학생 1,500여 명을 뽑았다. 이후 다시 진행된 테스트에서 그들은 성격 면에서도 점수가 비교적 높아 끈기, 자신감, 더 잘하고자 노력하는 마음, 열정 등의 품성에서도 우위가 두드러진다는 사실을 발견하였다. 터먼 교수는 그들에 대한 추적연구를 실시하여 그들이 성인이 된 후 사업에서의 성패 기준을 '매우 성공' '어느 정도 성공'과 '실패'의 세 가지로 분류하였다. 테스트 결과를 통해 그들의 차이가 지능에만 나타나는 것이 아니라 흥미, 감정, 의지, 믿음 등 심리 방면에서도 나타난다는 사실을 알 수 있었다. 터먼의 연구는 사람의 조화로운 발달은 사람들의 사업적 성공을 결정짓는 밑바탕이 된다는 사실을 말해준다. 때문에 우리의 가장들은 반드시 '조화로운 인간 키우기'의 관점을 강화하고 눈앞의 성공에만 급급하지 말아야 한다. 아이가 글자를 읽을 줄 알고 외국어를 몇 마디 할 줄 알고 시를 몇 수 외울 줄 안다고 만족할 것이 아니라, 아이의 인격을 조화롭게 발달시키기 위해 힘써야 할 것이다.

　　다음으로는 환경의 조화이다. 환경의 조화에는 두 가지 의미가 있다. 첫째는 활동을 통해 이루어지는 교육이다. 움직이기 좋아하는 것은 아이들의 천성이다. 아이들은 활동하면서 자신의 시각, 청각과 다른 인지적 능력을 발달시키고, 조작의 능력과 기교를 형성하며, 활동 중에 이루어지는 교류를 통해 언어를 발달시킨다. 아동의 흥미 및 세계에 대한 인식 역시 활동을 통해 발달되고 제고된다. 아동의 주요 활동은 놀이다. 놀이는 아동에게 활발한 성격, 강건하고 아름다움 체격, 자아제어 의지 등을 형성시키는 데 중요한 의미를 가진다. 아동발달 심리학자인 피아제Jean Piaget는 일찍이 놀이의 가치를 높이 평가한 바 있다. "놀이는 유기체의 신체 발달에 유익한 일종의 준비된 연습이다. ……아동은 놀이를 시작하면서 자신의 감각과 지능도 발달시키고, 시험의 충동, 사회적 본능 등등에 사로잡힌다. 이것이 바로 놀이가 유아와 아동의 학습과정 중에서 그토록 강력한 힘을 발휘하는 지렛대인 이유이다." 활동을 통한 교육과 서로 상충되는 것은 단조롭고, 침울하고, 무미건조한, 외부 세계와 단절된 교육이다. 이는 자연히 아동의 몸과 마음 발달에 좋지 않다.

조화로운 환경은 자연을 통한 교육으로 나타나기도 한다. 대자연은 조화로운 본질을 가장 잘 드러낼 수 있는 공간이자, 아동에게는 더할 나위 없이 좋은 교실이다. 러시아 교육가 우신스키는 다음과 같이 말했다. "의지, 자유, 자연, 아름다운 교외, 녹음 짙은 산골짜기, 울퉁불퉁한 벌판, 장밋빛 봄과 금빛 가을이야말로 우리의 선생님이 아닌가?" 그렇다. 붉은 복숭아꽃과 푸르른 실버들, 물푸레나무꽃과 연꽃, 시월의 금빛 국화, 섣달에 피는 매화 등 사계절의 화초, 춤추는 나비와 날아다니는 벌, 재잘거리는 작은 새, 소와 양 무리 등의 동물세계, 넓디넓은 들판, 해와 달이 뜨는 하늘, 모든 것이 아동의 무한한 흥미와 풍부한 상상을 불러일으킨다. 가장들이 자주 아이들을 데리고 대자연의 숨결을 느낄 수 있도록 해준다면 아이들은 자연스레 식물, 동물, 천문, 지리 등 다방면의 지식을 얻을 수 있는 것은 물론이거니와 아이의 품성을 바르게 길러줄 수도 있다. 이는 '온실'에 갇혀 배우는 폐쇄적인 교육에서는 절대 이룰 수 없는 것이다.

자연 속에서 진행되는 교육의 또 다른 의미는 자연스러운 분위기에서 교육한다는 것이다. 가장들은 최대한 조화롭고 자연스러운 분위기를 만들어 아이들의 이야기에 귀를 기울이고, 아이들이 조금이라도 발전을 보이면 격려해줌으로써 아이들이 가볍고 즐거운 분위기에서 지식을 얻고 지능을 발달시키도록 해야 한다. 오늘날 많은 가장들이 절박한 심정으로 아이들의 성공을 바란다. 단조로운 글자 외우기, 기계적인 계산, 무미건조한 암기는 아이들이 공부에 흥미를 잃게 할 뿐만 아니라 심한 경우 공부에 염증을 느끼고 공부를 두려워하게 만든다. 일본의 심리학자 요다 아키라依田明는 일찍이 다음과 같은 이야기를 기재한 바 있다. 모 보건소에서 3세 아동의 정기 검사를 진행했는데 한 아이의 언어 발달이 또래에 비해 더딘 것으로 나타났다. 아이의 어머니와 이야기해보니 어머니는 이 사실을 완전히 받아들이지 못하고 있었다. "전 아이의 언어수준을 높이기 위해 어른들이 자주 이야기하는 말들을 가르쳐 줬어요. 게다가 아이는 태어나면서부터 침대 맡에 있는 텔레비전으로부터 매일 언어와 접촉했어요. 아이의 언어가 충분히 발달하지 못했다는 걸 도대체 어떻게 이해해야 할까요?" 요다 아키라 교수는 가정교육의 분위기가 조화롭지 않다거나 자연스럽지 못하다면 제아무리 선진적이고 현대화 된 교육수단을 제공한들 아무런 쓸모가 없다고 따끔하게 경고했다. "엄마로서 아이를 합리적이고 현대적으로 키우고자 하는 마음은 알겠습니다. 하지만 안타깝게도 텔레비전의 소리는 단일방향의 전송에 속하므로 청자의 의지, 반응과 감정과는 전혀 무관합니다. 사람들의 대화와는 전혀 달라요. 아이들은 텔레비전의 소리를 언어가 아닌 소음의 하나로 간주하기 마련입니다."

마지막 방법은 조화이다. 방임과 전제, 이는 전혀 조화롭지 않은 가정교육방법이다. 방임의 교육방법은 종종 아이의 불합리한 요구를 무조건적으로 들어준다. 잘못된 걸 알면서도 계속 그러다 보면 아이가 제멋대로이고 난폭해지기 마련이다. 누군가가 절도행위를 저지른 중학생 37명을 대상으로 조사를 진행한 결과 22명에게서 가정의 방임이 원인으로 나타났다. 그들 대부분이 제멋대로이고 난폭한 불량 행위(불량 습관), 불량 품성을 거쳐 범죄 행위로 넘어가는 패턴을 보였다. 전제적인 가정은 종종 벌을 남용하는 것으로 나타난다. 가장은 아이들이 나빠질까 두려워하며 조금이라도 이상한 점이 있으면 매를 들고 한바탕 욕을 퍼붓는다. 그러나 이렇게 한다고 한들 딱히 좋은 효과가 나는 것은 아니다. 오히려 아이들은 소심해지거나 재기가 부족해지고, 냉정하고 난폭하면서 공격성을 띠게 되어 부모에게서 배운 폭력패턴을 생활에서 다른 사람에게 몇 배로 되갚는다. 때문에 진보적이면서도 엄격한 방법만이 아이들의 마음을 열고, 좋은 교육효과를 얻을 수 있다. 가장은 아이의 바람과 인격을 존중하는 동시에 아이들에게 명확하고도 엄격한 요구를 하여 스스로 배우는 법을 배우도록 해야 한다.

가정교육은 보기에는 '작은 일'처럼 보일지라도 국가의 미래와 운명이라는 '거대한 전략'과 연관되어 있다. 때문에 옛사람들도 '수신제가치국평천하修身齊家治國平天下'라는 말에서 가정을 가장 중요한 위치에 둔 것이다. 지금의 아동들은 20년 후면 여러 직업으로 달려가 국가경제 건설의 전선에서 자신의 두 손으로 중화민족 역사의 새로운 장을 열 주역들이다. 이런 의미에서 본다면 가정교육은 곧 '역사를 건설'하는 사업이다. 우리가 이 사업에 부끄럽지 않을 수 있을까?

10

희망의 빛

중국의 교육은 어려움에 봉착하기는 했으나 '사면초가'에 몰리지는 않았다.

그래도 우리는 위기감과 우환의식을 가져야만 한다. 미래에 대해 우환의식을 가진 민족만이 필사적으로 분발할 수 있고, 위기를 이길 수 있으며, 어려움에서 벗어나고 초월할 수 있다.

이런 때에도 우리는 반드시 자신감과 희망의식을 가져야만 한다. 미래에 대해 희망의식을 품은 민족만이 공포를 없앨 수 있고 비관적인 생각을 버릴 수 있으며 낙관적이고 설레는 마음으로 미래를 안을 수 있다.

모든 것은 이미 역사가 되었다. 역사는 되돌릴 수 없다. 그러나 현실 속에서 그 발자취를 찾을 수는 있다. 그렇지만 역사를 원망하고 이전 사람들을 비난하는 것은 아무 쓸모도 없다. 그런 행동은 단지 우리 세대가 무능하다는 사실을 이야기하는 것과 같다. 우리에게는 무거운 역사적 짐도, 전통의 방해도 있지만 풍부한 역사적 경험과 전통의 유산도 있다. 우리는 중화민족이 무한한 잠재력을 갖고 있음을, 중국인만이 중국을 구할 수 있음을 믿어야만 한다.

우리는 중국의 교육이 걸어온 길을 진지하게 반성하고 중국교육의 미래와 발전 전략을 적극적으로 연구해보고, 굳건한 믿음을 가지고 강력한 상대와 승리를 다투어야 한다.

정부에서는 '교육 영역에서 많은 움직임이 있을 것이며 교사의 지위를 '아홉째'에서 '첫째'로 끌어올릴 것이다. 나아가 경제 발전 억제라는 대가로 교육사업의 발전을 보증할 것이다!'라고 선포하였다. 전국인대, 정협에서도 교육을 중요한 의사일정議事日程에 올렸다. 만약 우리가 전 국민의 교육에 대한 위기감과 우환의식을 불러일으키고, 사회 전체에 교육을 이해하고 교육에 관심을 갖고 교육을 지원하는 여론과 풍조를 형성한다면 우리는 분명 교육의 위기를 극복하고 곤경에서 벗어날 수 있을 것이다.

1. 외침 : 주춧돌

교육은 사람을 만드는 사업이다. 마르크스는 "사람의 성격이 환경에 의해 형성된 것인 이상 반드시 환경은 인성에 맞는 환경이 되도록 해야 한다."라고 말했다. 우리는 이를 '사람이 교육으로 '만들어'지는 이상 반드시 교육이 인성에 맞는 교육이 되도록 해야 한다.'고 이해할 수 있다. 때문에 사람을 만드는 데 어려움이 발생하면 그것은 바로 교육이 진정으로 인성에 부합하는 교육이 되지 못했고, 사람은 교육의 진정한 출발점과 귀결점이 되지 못했다는 것을 의미한다.

전통 교육의 오류가 바로 여기 존재한다. 오랜 세월 중국의 교육은 사람에 대한 무시, 심지어는 박해로 귀결할 수 있다. 전통 교육은 교육을 사람을 만드는 사업으로 간주하는 대신에 봉건통치를 보호하는 도구로 간주한다. 오늘날 우리는 교육이 프롤레타리아 정치를 위해 봉사하고, 경제 건설을 위해 봉사한다는 사실을 강조해야 하지만 이 두 가지 '봉사 정신'을 실현할 수 있느냐의 관건은 학교가 합격점의 인재를 육성할 수 있는지의 여부에 있다. 이는 또 학생의 흥미와 취미, 독립성과 창의성을 발전시키는 데까지 영향을 미친다.

프롤레타리아 정치는 무엇을 위한 것인가? 현대화는 무엇을 위한 것인가? 경제 건설은 무엇을 위한 것인가? 정확한 답안은 단 하나, 바로 '국민을 위해서'이다. 국민이 바로 목적이다. 사람의 생명활동이 더 이상 사람 자신을 위한 것이 아니라 자신이 만든 각종 자신과 다른 힘을 실현하는 수단으로 사용될 때 사람은 주체를 잃은 육체가 된다. 사유제 사회가 바로 그러하다. "노예제도 아래서 살아가면 사람의 삶의 목적은 주인이다. 사람이 교권敎權통치 아래서 살아가면 그의 삶의 목적은 가르침이다. 왕권 통치 아래서 살아가면 그의 삶의 목적은 국왕과 황제일 수밖에 없다. 자본주의 사회의 노동자라면 삶의 목적은 거의 임금이라 할 수 있다. 그러나 실제로는 그가 자본을 증식할 수 있었기에 삶의 이유를 얻을 수 있었다." 사회주의제도 아래에서만이 인재가 자신으로 돌아갈 수 있고, 일어날 수 있으며, 또한 사람 자체가 자신의 모든 사회 활동의 목적이 될 수 있다. 안타까운 사실은 중국 봉건주의의 유풍과 우리의 전략 및 선전의 오류로 인해 우리가 여전히 이상 기류에서 빠져

나오지 못하고 있다는 점이다. 오늘까지도 교육에서 우리는 여전히 '물건만 보고 사람을 보지 않고' '권력만 중시하고 사람은 중시하지 않는다.' 우리는 경제를 잡는 것은 절대적인 임무로 간주하면서도 교육을 잡는 것은 절대적인 임무로 간주하지 않는다. 아울러 경제와 교육을 함께 추구하여 더욱 아름다운 삶을 살게 하는 일은 소홀히 한다. 우리는 교육에서 자주권을 갖고 있지 않다. 행정 권력은 시시때때로 교육을 앞지르는 '태상황太上皇(황제의 부친—역주)'이 된다. 이는 일정 선에서 사람의 주체성, 능동성과 창의성을 막고 부식시킨다.

교육의 내용적인 면에서 우리 역시 '인간다운' 분위기가 부족하다. 교사들은 학생들을 살아있는 인간이 아니라 소극적으로 받아들이기만 하는 기계 같은 존재로 보고, 맘대로 빚어낼 수 있는 진흙이나, 비료를 주고 제초하고 가지를 잘라줘야 하는 식물로 생각한다. 교사 역시 진정으로 자신을 살아있는 사람으로 생각하지 않고, '어떤 문화 명령의 전달을 책임진 중심'으로, 부지런한 정원사로 간주한다. 교사와 학생 사이의 교류는 '인간미'가 없는 교류가 될 뿐이다. 이는 물론 사람에 대한 믿음, 이해와 존중이라는 개성적인 품성을 형성하는 데 이롭지 않다. 교육 내용에서도 아이의 개성이 표현된 특정 취미와 재능이 싹을 틔운 발전을 고려하는 일이 거의 없고 통일된 교과과정 설치와 요강의 실행을 강조하며, 통일된 교학 진도를 규정하고 통일된 관념형태, 통일된 형식 패턴, 통일된 사상규범을 학생에게 요구하고, '말을 잘 듣는 것'이 좋은 학생의 기본 상징이 되었다. 이렇게 개성이 결핍된 교육 분위기에서 우리는 어떻게 전면적이고 자유롭게 발전된 조화로운 개체를 육성할 수 있는가?

사실 세계적으로 이렇게 인성이 없고, '인간미'가 없는 교육은 이미 도전을 받고 있다. 70년대 이후부터 휴머니즘 심리학은 이미 사람의 본성, 존엄, 이상과 흥미를 강조하는 교육 사조가 되었다. 휴머니즘 교육가들은 사람을 '커다란 흰 쥐 혹은 비교적 느린 컴퓨터'의 수준으로 떨어뜨리는 데 반대하였다. 또한 교육이 사람을 중심으로, 각자의 잠재능력을 충분히 발휘할 수 있도록 진행되어 학생들이 즐겁고 창조적으로 공부하고 일하도록 해야 한다고 했다.

(1) 뚜렷한 개성을 가진 사람을 키워내야 한다

학교의 특색 결핍과 학생의 장기長技 결핍은 이미 중국교육의 양대 폐단이 되었다. 사실상, 우리의 교육은 '표준 규격품'을 찍어내는 공장이 아니다. 교육의 사명은 각양각색의, 개성이 뚜렷한 각각의 독특한 개체를 만들어내는 것이다. 이 '공장'에서는 절대 '복제품'을 허용하지 않는다. 교육은 학생의 개성과 흥미에 따라 시행되어야 한다. 교육의 임무는 모든 학생의 잠재능력을 최대한 발휘시키고 모든 학생의 장기를 최대한 발전시키는 것이다. 부족한 부분을 보충한다는 구실로 모든 학생들에게 85점 이상을 받도록 요구해서는 안 된다. 소련의 어느 교육개혁가는 말했다. "과학의 길에 반 학생 전체를 나란히 세워 전진하게 할 수 있는 평탄한 길은 없다. 단체교육의 사상과 개개인의 개성적인 사상 간에는 조금의 갈등도 없다. 우리는 학생 개개인의 독특함이 많은 학생들의 보편성에 파묻히게 하는 우를 범해서는 안 된다. 개성은 그 무엇과도 견줄 수 없다. 개성은 다양화된 세계 속의 독특한 현상으로, 독특함이 없다는 것은 개성이 없다는 것과도 같다." 필자는 상하이 젠핑중, 고등학교 펑언페이 교장의 '합격 더하기 특색'이라는 교육사상을 매우 높이 평가한다. 이렇게 해야지만 학생의 인격을 충분히 존중하고, 학생의 장기를 충분히 드러낼 수 있다. 다양화 사회에서는 다양화 인재를 필요로 한다. 이는 현재사회의 큰 추세이다.

(2) 주체의식을 가진 사람을 키워내야 한다

오랜 세월, 우리가 키워낸 사람은 대다수가 강렬한 주체의식이 부족한 사람들이었다. 그들은 자신의 독립적인 요구 없이 무조건적으로 순종하고 심지어는 대학입시 지원서를 쓸 때, 직업을 선택할 때도 완전히 '부모의 뜻, 교사의 말'을 따라 결정한다. 또한 강렬한 책임감이 없고, '나라의 흥망은 국민 모두에게 책임이 있다'는 사명감도 없이 개인의 안위에만 신경을 쓴다. 따라서 이처럼 개성이 없고 무력화된 개인이 사회 정치에 참여하는 것을 경계해야 한다. 주체의식이 부족한 개체들로 구성된 사회는 강제적이며 전제적 색체가 짙은 사회일 수밖에 없다. 소농제의 농업경제 사회가 바로 그러하다. 때문에 고도의 민주적, 문명적 현대화 사회를 건설하기 위해 우리는 반드시 교육을 통해 학생들의 주체의식을 강화하고, 그로써 그들이 자신의 눈으로 관찰하고, 자신의 귀로 듣고, 자신의 머리로 생각하고, 스스로 삶을 답을 찾고, 스스로 삶에서의 선택을 하도록 해야 한다. 아울러 그들에게 자신의 힘을 믿으며 국가가 바로 하나하나의 개체로 이루어진 연합체임을, 또한 오직 하나하나의 개체만이 국가를 보호하고, 건설하고, 완벽하게 만들 수 있음을 믿게 해야 한다. 학생들의 마음 깊은 곳에서 잠들어 있는 '자아'를 깨우는 것이 우리 모든 교사들이 마땅히 해야 할 일이다.

(3) 생활의 즐거움을 가진 사람을 키워내야 한다

필자가 몸담고 있는 대학 캠퍼스의 게시판에 《캠퍼스에 '재미없어'가 유행하고 있다》는 문장이 걸린 적이 있다. '재미없다'는 말은 수많은 중, 고등학생 및 대학생의 말버릇이 되어 버렸다. 이는 중국의 교육이 실패했음을 반영하는 사실이다. 새로운 세대의 사람들이 생활의 즐거움을 잃고, 믿음, 이상, 추구가 사라질 때, 이 사회는 위기를 낳게 된다. 이는 사실 우리의 교육의 '실리성'이 너무 강해 진학을 목표로 수업 콘텐츠를 짜고, 오직 지식을 '우겨넣고' '지능교육'(지능의 발전), '도덕교육'(도덕 품성의 발전), '개성교육'(개성의 발전)을 살피지 않는 결과를 낳았다. 학생들은 학습생활에서의 '재미없음'을 사회생활로 옮겨갔다.

(4) 창조정신을 가진 사람을 키워내야 한다

뚜렷한 개성이 없고 주체의식이 부족하며 생활의 즐거움을 잃은 사람에게는 자연스레 창조정신을 논할 수 없다. 사실상 중국의 교육은 창조정신의 육성에는 크게 관심을 가지지 않는 형편이다. 미국의 저명 교육가 불룸Bloom은 중국의 어느 우수 초등학교에서 수업을 참관하고 다음과 같은 평가를 내렸다. "수업 시간 내내 학생들 스스로의 사고과정을 볼 수 없었다. 모두 선생이 계획한 것이었다. 학생들은 마치 피노키오 같았다. 이렇게 활기라고는 찾아볼 수 없는 교실 분위기 속에서 어떻게 학생의 창의의식과 창조정신을 키운단 말인가? 창조정신이 없는 교사가 어떻게 창조정신을 가진 학생을 키운단 말인가? 또한 창조정신이 없는 학생이 또 어떻게 정보사회의 리더가 되고 용맹하고 생기가 넘치는 건설자가 된단 말인가?"

종합해보면 교육학은 먼저 '사람을 배우고' '사람을 만드는 법'을 연구하는 과학이다. 우리는 이론과 실전의 결합점에서 진정으로 사람이라는 주춧돌을 확립해야만 한다. 그래야만 이 기초 위에 교육이라는 빌딩을 지을 수 있고, 진정한 교육과학을 이루어 이로부터 진정으로 어려움에서 벗어나고, 어려움을 초월할 수 있다.

2. 여유로운 환경 : 4개의 기둥

사람의 주체적 지위와 사람의 가치를 확립하는 것이 교육이라는 빌딩을 짓는 주춧돌이라고 한다면, 여유로운 환경은 이 빌딩을 떠받치는 기둥이다. 여유로운 환경은 교육의 발전을 위해 조화로운 외부 생태환경을 만든다. 이는 주로 여론, 경비, 입법과 과학연구의 네 가지 방면에서 나타나는데 이것들이 바로 교육의 4대 기둥이다.

① 여론. '01 중국교육 : 성과와 실수'에서 필자는 이미 보편적인 우환
의식이 교육위기 탈출에 갖는 의미를 논술한 바 있지만 여기서 다시
한 번 강조하고자 한다. 오랜 세월, 우리는 습관적으로 개혁의 희망
을 정책 결정자에게 맡겨두고, 개인의 운명도 국가 지도자에게 맡기
고는 했다. 국내 일부 교육 전문가들 역시 '지도인식을 높이는 것이
교육을 발전시키는 관건'이며, '교육개혁은 골칫거리지만 '최고 지
도자'(중국 공산당과 정부의 한 사람)가 틀어쥐면 어렵지 않다'라고 부
르짖었다. 그러나 사실 이는 본말을 전도된 것이다. 필자는 개인적
으로 중국의 교육현황을 제대로 바꾸고 중국교육의 어려움을 초월
하기 위해서는 민족 전체가 교육을 존경하고 중시하는 풍조를 형성
하는 길 이상은 없다고 생각한다. 광범위한 대중의 지지와 이해를
받지 못하는 개혁은 단명하는 개혁, 형식적인 개혁, 변질된 개혁일
수밖에 없다. 그러나 무수한 대중이 공동의 개혁을 요구하는 움직임
에 참여한다면 개혁은 파죽지세로, 일사천리로 진행될 것이다. 우리
는 여론의 역할을 얕잡아 봐서도, 대중의 수준을 얕잡아 봐서도 안
된다. 일본군이 초토화 되었을 당시에도 일본 정부가 초, 중, 고등학
교 학생들에게 무료 점심식사를 제공하자 굶주림과 추위에 떨던 일
본인들은 아무런 불평도 안 하지 않았는가?

우리에게는 교육 이론가, 교육 계몽가가 필요하다. 추상적인 이론
이 구체적인 현실이 되어 대중이 이해할 수 있을 때, 대중이 교육을
가장 가치 있는 투자요 자신의 생활과 긴밀한 관계가 있는 활동이라

고 간주할 때, 우리는 놀라운 열정으로 교육을 주목하고 이해하고 지원할 수 있다. 이런 때 누군가가 안이한 마음으로 교육개혁을 방해하려 든다면 대중의 미움을 받게 될 것이다. 이러한 배경 하에 우리는 왜 부시 등 외국정부의 정상이 '교육 대통령' '교육 총리' 등의 슬로건을 내거는지 쉽게 이해할 수 있을 것이다.

② 경비. 제4장에서 필자는 중국교육경비의 '계란으로 바위치기' 현황에 대해 분석하고 새로운 메커니즘을 제기한 바 있으니 여기서는 다시 언급하지 않겠다. 대신에 필자는 일부 사람들의 머릿속에 박혀있는 '경제 먼저, 교육은 나중에'라는 관점을 분석하고자 한다. 교육경비 문제를 해결하기 위한 길을 찾으며 많은 집권자들은 항상 '돈이 없다.'는 핑계로 먼저 생산을 발전시키고 나서 교육은 나중에나 고려해볼 수 있다고 한다. 때문에 전문가들과 지도자 사이에는 대립적인 노선이 형성되고 계란이 먼저인지 닭이 먼저인지 논쟁마냥 해결이 영 쉽지 않다. 이 문제를 어떻게 봐야 할까? 중국 학자 구밍위안顧明遠 교수가 제시한 공식이 어쩌면 이 수수께끼의 답을 풀어줄지도 모르겠다. 그는 교육과 경제의 관계는 다음과 같은 공식으로 나타낼 수 있다고 한다. "수공업 소규모 생산을 특징으로 하는 경제조건 하에서는 먼저 경제를 발전시켜야만 교육을 발전시킬 수 있다. 그러나 과학기술을 기초로 하는 집약적 노동의 경제조건 하에서는 먼저 교육을 발전시켜야만 경제의 발전을 촉진할 수 있다." 앞의 조건 하에서 수공업 소규모 생산경제는 교육에 충분한 물질적 조건을 제공하지 못하기 때문에 생산 자체도 교육에게 어떤 요구를 하지 못한다.

그러나 뒤의 조건 하에서 기술에 의존하는 경제는 노동력의 소양에 대한 요구가 높기 때문에 교육에 대해서도 요구가 높다. 그는 상술한 공식이 구체적인 경제조건 뿐 아니라 생산발전의 시대적 특징을 가리키기도 한다고 설명한다. 중국의 경제 발전 수준은 여전히 낮은 편이지만 중국이 처해 있는 시대는 집약화의 시대이다. 과학기술과 교육을 경제건설의 견인차로 삼아야만 선진국과의 격차를 줄이고 최단 기간 내에 세계 수준을 쫓아갈 수 있다. 때문에 "어떤 대가를 치르더라도, 심지어 잠시 생산 규모를 축소하더라도 교육발전에 더 많은 돈을 투자해야 한다."(중국에서 큰 따옴표는 강조를 말함. 한국의 방점과 비슷) 그렇지 않을 경우 악순환만 계속되고 수동적으로 두들겨 맞는 상황을 면할 수 없게 된다.

③ 입법. 세계 각국을 살펴보면 교육개혁 추진과정에서 탁월한 효과를 본 나라는 모두 비교적 완벽한 법률적 보장이 마련되어 있다. 프랑스가 교육보급을 위해 제정한 《기조Guizot법》은 이미 시행된 지 150여 년이나 되었다. 이 법령은 지방세 중 3%를 차출하여 공공 교육경비로 사용하도록 규정하고, 부족할 경우 다시 주州세에서 2%를 차출하고, 다시 부족할 경우 중앙정부가 보조하도록 규정한다. 일본은 1947년 《학교교육법》을 제정했고, 미국은 직업기술 교육과 인재양성을 위해서만 《지역발전법》(1961), 《취업기회법》(1964), 《성인교육법》(1966), 《직업교육법 수정안》(1968) 등 10여 개의 법을 반포하였다. 소련 역시 1973년 《소련과 각 가맹공화국 국민교육 입법 요강》을 발표하였다.

입법을 통해 각국은 교육경비, 교사에 대한 대우, 교육 품질, 양성 목표 등에 수량화된 규정을 제정함으로써 교육에 관한 보장을 받을 수 있었다. 이와는 상대적으로 중국의 교육입법은 매우 불완전하여 현재 단지 《중화인민공화국 의무교육법》(1986)만이 반포되었을 뿐이다. 그러나 의무교육법도 보장 조치, 필수적인 감독기구와 감사기준이 없어 형식에만 머물러 엄숙한 법률을 아무런 엄숙함도, 구속력도 없는 한낱 유명무실한 법률로 전락시켰다. 이는 이후 교육 입법의 또 다른 어려움임이 틀림없다. 때문에 우리는 반드시 '지도자에 의한 통치' 전통을 타파하고 최대한 빨리 완벽한 교육법 체계를 수립하여 교육의 발전에 양호한 법치 환경을 제공해주어야 한다.

④ 과학연구. 만약 교육경비와 교육입법이 교육발전의 '하드웨어'라면 사회여론과 교육과학연구는 교육발전의 '소프트웨어'라고 할 수 있다. '하드웨어'와 '소프트웨어'의 장점이 한데 모이면 교육에 활력을 불어넣을 수 있다. 허심탄회하게 말하자면 우리의 교육과학연구는 경비, 인원, 기구, 간행물 등 면에서 모두 일정 수량 증가하기는 했다. 이치대로 따지자면 이는 국가의 교육전략과 전체 교육사업의 발전에 중대한 영향과 지도적 작용을 하고, 전략, 해석, 비판, 영향력 등 네 가지 기능에서 교육과학연구의 효율성을 드러내야 했다. 그러나 실제로는 별다른 수확이 없었다. 그 원인을 조사하자면 첫째, 과학연구 관념의 노화 때문이고, 둘째, 과학연구 체계의 문란함 때문이다. 이는 아래의 몇 가지 면에서 드러난다.

▶교육과학 연구기관의 대다수가 각 교육행정부서의 부속부서로서 독립된 과학연구 실체가 아니다. 현, 시, 성의 교육연구실, 교육과학연구소를 예로 들자면 이들의 경비 지출, 인원 구성, 업무 중점 등은 일반적으로 모두 반드시 지도부서에 의해 결정되어야 한다. 이는 지도자의 주관적인 의지의 산물이라고 할 수 있다. 때문에 과학연구부문은 자연스레 힘을 잃어 세세한 것에 신경을 쓰지 못하고 자신이 흥미를 느끼는 교육과학연구 문제에 주력할 수 없게 된다. 이렇게 '권력'으로 움직여지는 과학연구기관은 종종 정책에 대한 선전과 해석을 중심임무로 삼고, 학술 연구의 '독립적인 인격'을 상실하게 된다. 때문에 현행 교육 정책에 대한 비평, 보충, 감독, 수정, 완비라는 중요한 역할을 수행하지 못하는 것은 당연한 일이다.

▶교육과학 연구기관의 인원 구성이 비이상적이다. 현재 여러 교육과학 연구기관의 상당수 과학연구인원은 교육행정부서에서 2선으로 물러난 간부들이기 때문에 어떤 의미에서는 '양로원'이 되었다고도 할 수 있다. 이들은 풍부한 교육경험을 갖추기는 했으나 결국 나이가 많고, 열정이 부족하고, 날카로움이 부족하기에 현대화의 교육과학 연구방법에는 비교적 낯설 수밖에 없다. 다른 부류의 인력으로는 각 고등교육기관의 각 전공을 졸업한 학생들이 있다. 그들은 열정이 넘치고 한 가지씩 특기가 있기는 하지만 일반적으로 교육이론에 소양이 부족하고 국내외 교육발전의 현황과 역사를 이해하지 못하기에 비교적 긴 시간동안 이론을 보충하고 실질적인 단련을 거쳐야만 가시적인 결과를 얻을 수 있다. 동시에 수가 가장 많은 실제 교육 종사

자들은 비록 매일 학생들 가운데서 생활하고 가장 현실적인 자료와 접촉하기는 하지만 교수 연구의식이 박약하다. 때문에 가치 있는 생각은 번뜩이다가 금세 사라지지고 많은 생동감 넘치는 자료 역시 머릿속 깊은 곳에 묻어둘 수밖에 없다. 아쉽게도 이를 이론으로 승화시켜 자신과 타인의 교육실전을 지도할 절호의 기회를 놓치게 된다.

▶교육과학연구의 계획에는 충분한 과학적 논증이 부족하다. 중국의 교육과학연구는 오랜 세월 자발적인 상태에 처해 있어 오로지 과학연구인원의 개인적 흥미만을 기초로 과제를 선택하고 확정하였기에 선택의 주관성이 비교적 강하였다. 동시에 평가 메커니즘이 균형을 잃으면서 과학연구 성과를 평가하고 과학연구 인원의 직책을 결정할 때 주로 논문과 전문저작의 수량에 근거하게 되었다. 이로써 장기간 개혁 실험에 헌신하고 희생한 사람에게는 공정성이 부족한 평가와 격려가 돌아가게 되었다. 때문에 사람들은 과제 선택과 계획에 있어서 눈앞의 이익에만 급급하여, 대다수는 과학연구 주기가 짧고 성과도 빨리 낼 수 있는 항목만 선택하지, 주기가 길고 성과가 더디 나오거나 실패할 가능성이 있는 과학연구는 물어보는 사람이 적다. 예를 들어 거시적인 종합실험, 학제와 교과과정 개혁의 시험, 향토화 교육패턴의 탐색, 교육기술의 연구 등은 매우 적은 비율만 차지할 뿐이다. 거시적으로 볼 때, 국가의 교육과학연구 계획부서 역시 필요한 지도와 인도를 제시하지 않아 정보 교류와 소통이 결핍되고, 적지 않은 중복노동과 효율성 없는 노동현상이 등장하였다. 《인민교육人民教育》이 일찍이 1951년 비판한 '대상의 불명확성, 지방성 부족, 비평

과 자아비판의 풍조 결핍, 중복 전재轉載 현상의 심각함' 등의 현상은 오늘날에도 여전히 각종 교육 신문, 잡지 등의 간행물에 보편적으로 존재하는 '일반적인 폐단'이다. 전국 각 성 교육잡지가 자신의 특색과 개성을 몰개성화 된 것처럼 말이다.

▶교육과학연구는 합리성과 필요한 외부관계가 부족하다. 첫째, 정책 결정 부서와의 관계가 충분하지 못해 교육과학연구의 교육실전에 관한 시대선도적인 지도 기능과 비판수정 기능이 차츰 위축된다. 둘째, 실제 집행 부서와의 관계가 부족해 교육과학연구가 교육 실전에서 자양분을 섭취하지 못하고 자신의 교육 관점을 검사하고 수정할 수 없게 된다(응용은 더 말할 필요도 없다). 셋째, 다른 학계와의 관계가 부족해 교육학은 다른 학과로부터 영감과 계시를 얻는 경우가 매우 적고, 오히려 '문외한'이 적지 않은 고품질의 교육서적과 문장을 써낸다. 이는 교육과학연구 인원이 사회학, 철학, 심리학, 미학, 윤리학, 사학, 정치학, 경제학 등 학과와의 횡적관계가 부족하기 때문이다.

3. 주체적인 자각 : 6개의 관념

교육의 현대화를 실현하기 위해서는 여유 있는 외부 환경만으로는 부족하다. 그 밖에도 주체적인 자각을 세우고, 교육 관념의 현대화를 실현해야 한다.

유물변증법적 규율은 사람들의 관념의 변화와 환경의 변화는 변증법적인 통일성을 가지고 있다는 사실을 말해준다. 관념은 객관적 환경의 주관적 반영이며 관념에 변혁을 일으켜 사람들이 현재의 환경을 바꾸도록 촉진하고, 변화된 환경은 다시 사람의 관념을 강화했을 뿐더러 관념의 새로운 발전을 촉진하였다. 역사의 긴 강에서 그들은 서로 원인과 결과가 되어 사람들의 실제 활동 중에서 통일되었다. 그러나 역사적인 횡단면에서 볼 때 사회적으로 새로운 관념이 싹트지 않는다면, 보편적인 심리적 분위기가 없다면, 현실적 요구와 새로운 지도 사상의 변혁이 없다면 진정 새로운 역사적 활동은 있을 수 없다. 미국 학자 엥겔스Ingels는 이에 대해 예리한 논술을 한 바 있다. 그는 현대화 실현을 위해 힘쓰고 있는 많은 개발도상국은 오랜 현대화의 진통과 산고를 겪은 후에야 국민들이 심리적으로나 정신적으로 여전히 전통 의식에 얽매여 있으며, 이것이 경제 사회 발전에 심각한 방해 요소로 작용하고 있음을 차츰 깨닫기 시작했다. "완벽한 현대적 제도 및 이에 수반되어진 지도 요강, 관리수칙 자체는 텅 빈 육체와 같다. 만약 한 국가의 국민이 이들 제도에 진정한 생명력을 부여할 수 있는 광범위한 심리적 기초를 갖추지 못하고 있는 상태에서, 이를 집행하고 운용하는 사람만이 심리, 사상, 태도, 행위 방식 등에서 현대화를 겪고 있다면 실패와 기형적 발전의 비극적 결말은 피할 수 없다. 제 아무리 완벽한 현대 제도와 관리방식이라고 할지라도, 또한 제 아무리 선진의 기술이라 할지라도 구세대적인 사람의 손에는 그저 한 무더기의 폐지일 뿐일 수도 있다." 전체적인 국면이 이러하듯, 중국도 마찬가지이다.

앞서 요구한 역사적 전통은 중국교육의 귀중한 유산일 뿐 아니라 중국교육의 무거운 짐이기도 하다는 사실을 언급한 바 있다. 이는 개혁의 원동력이 될 수 있는 것은 물론이거니와 개혁의 저항력이 될 수 있기도 하다. 변혁의 시대에서 역사 전통 중의 일부 폐단 및 부정적인 요소는 흔히 더욱 두드러지게 드러난다. 진부한 교육 구조와 조치는 흔히 전통 관념을 근거로 사람들의 손발을 옭아매고 고집스레 이를 지속해간다. 따라서 오직 관념적인 현대화를 실현해야만 교육의 현대화가 보장된다. 물론 교육관념은 다양한 수준의 복잡한 계통을 갖추고 있어 큰 일 작은 일을 막론하고 하나하나 구별하여 자세히 분석한다. 우리는 교육의 전체적인 국면에 영향을 미치고 현실에 부합하는 현대화 관념에 대해 자신의 생각을 제시할 수밖에 없다.

(1) 끊임없이 발전하고 변혁하는 교육 관념

인류가 공업화시대에 진입한 이후, 사회생활은 고대와는 견줄 수 없는 속도로 끊임없이 발전하고 변혁하였다. 이전의 간단하고 중복적인 소규모 생산은 그의 보수성 및 사회적 안정성을 결정하였으며, 또한 교육이 느린 속도로만 발전하도록 결정하였다. 공업혁명 이후에는 대규모 생산 자체의 혁명성이 기존 사회생활의 리듬에 충격을 주었고 기존의 교육전통에도 충격을 미쳤으며 일련의 새로운 교육 요구, 교육 체계를 형성하였다. 교육의 변혁 역시 이로부터 변화가 일어나기 시작했다.

신기술혁명의 파도가 사람들을 덮친 이후, 사회 변혁의 범위, 내용,

속도에서 전에 없던 변화가 일어났다. 거의 전 세계에서 모두 생활방식, 행위방식, 사고방식, 가치관의 변혁이 논해지고, 어디서든 정치체제, 경제체제, 교육체제의 변혁을 이야기하였다. '개혁' '변동' '조절' '적응'의 관념은 이미 모든 영역으로 침투하였다. 시공관념 역시 변화의 가운데에 서게 되어 어제 옳았던 것이 오늘은 그르게 되고 오늘 옳았던 것이 내일은 그르게 되며, 세계는 점점 작아지고 중국은 점점 커졌다. 앨빈 토플러가 《제3의 물결》에서 지적한 것처럼 인류는 수렵시대에서 농업시대로 진입하는 첫 번째 문명의 물결에서는 몇 천 년을 살았지만 농업시대에서 공업시대로 넘어가는 기간은 고작 몇 백 년 밖에 걸리지 않았다. 오늘날 정보시대로 전환되는 제3의 물결에서는 몇 십 년이면 충분하다. 따라서 만약 농업시대의 농민이 과거를 거울로 삼고 전통과 과거를 중시했다면, 이에 알맞은 교육제도 역시 '절대적으로 어제를 중시한다.' 공업시대의 기업가가 시대를 거울로 삼아 현실을 중시했다면 정보시대의 사람은 미래를 중시해야 한다.

교육은 자연히 예외가 될 수 없다. 제3의 물결은 이미 교육에 대해 강력한 충격파를 던져주었다. 먼저 학교와 사회는 한층 더 높은 수준에서 하나가 되었고 교육의 사회화와 보급화는 몇 % 정도는 현실이 되었다. 학교와 사회가 서로 거리를 두고 학교가 고집스러운 독립체계가 되는 상황은 이미 과거가 되었다. 다음으로, 학교가 과학문화 지식을 전수하는 면에서 보여준 우세 역시 차츰 엷어지고, 서적, 방송, 영화, 텔레비전 및 새로운 전달수단은 많은 과학지식이 더욱 간결하고 생동감 넘치고 직관적인 형식으로 학습자의 앞에 나타나도록 하였다. 심지어

는 실험 조작 역시 시리즈물로 찍을 수 있는데 슬로모션, 클로즈업 등
의 수단으로 더욱 과학적이고 더욱 섬세하고 더욱 효율적으로 나타났
다. 때문에 본래 학교에서 가장 현저한 특징을 나타내던 집중학습은 가
정에서도 대신할 수 있게 되었다. 이렇게 다양한 수요, 능력, 지식구조,
학습 특징 등에 따라 개성화 교육을 진행하면 이상은 현실이 될 수 있
다. 때문에 미국에서 누군가 '학교 소멸론'의 관점을 제기하였다.

현재 우리는 아직 정보시대에 진입하지 않았으나 결국 우리는 특정
시대적 환경 속에 위치해있기에 이미 정보사회의 진동을 느꼈다. 보수
적이어서 혁신을 원하지 않는 소농제의 농업 경제관념이 바뀌지 않는다
면, 그리고 모든 새로운 교육 사상, 교육 구조, 교육 콘텐츠, 교육 형식,
교육 수단 등등에 대해 적극적으로 연구하고, 응용, 개조하며 의심하고,
제압하고, 폐쇄하지 않는다면 교육의 현대화는 이루어질 수 없다.

하편
(1990~2003)

11

중국의 교육 : 성과와 문제

1900~2003년은 중국의 교육 사업이 왕성하게 발전한 시기이다.

10여 년 동안, 중국의 교육은 세상의 주목을 받는 찬란한 성과를 거두었다.

10여 년 동안, 중국의 교육에는 여러 가지 어려움과 문제도 존재했다.

10여 년 동안, 중국의 교육은 사방에서 여러 가지 도전을 받았고 또 여전히 받고 있다.

1. 예사롭지 않은 찬란한 성과

1990년대에 들어온 이후, 특히 1992년 덩샤오핑鄧小平이 남쪽 지방을 순회하며 행한 연설, 즉 '남순강화南巡講話' 이후, 사상해방과 개혁심화의 봄바람이 교육영역에 새로운 활력을 불어넣었다. 이로써 교육사업에 역사적인 변화가 일어나자 세상의 주목을 받는 찬란한 성과를 거두고 중국 역사상 가장 신속한 발전의 시기를 경험했고 또 경험하고 있

다. 10여 년 동안 중국이 교육에서 거둔 거대한 성과는 다음의 몇 가지
방면에서 나타난다.

(1) 국민소양의 전체적인 상승

1990년대는 중국의 교육 사업이 왕성한 발전을 거둔 10년이다. 2000
년 제5차 전국 인구조사의 주요 데이터에 따르면 전국(대륙) 31개 성,
자치구, 직할시와 현역 군인의 인구는 1990년 제4차 인구 일제조사 때
의 11억 3,000만에서 12억 70,00만으로 증가하였다. 1990~2000년에는
인구 10만 명 당 여러 수준의 교육을 받은 인구수에도 뚜렷한 변화가
있었다. 그 중 전문대 졸업의 학력을 가진 인구는 1,422명에서 3,611명
으로, 고등학교(중등전문학교 포함) 졸업 학력은 8,039명에서 11,146명
으로, 중학교 졸업 학력은 23,344명에서 33,961명으로 증가하였고, 초
등학교 졸업의 학력은 37,057명에서 35,701명으로 감소하였다. 또한
같은 시기 15세 이상 인구의 문맹률은 15.88%에서 6.72%로 감소하였
다. 전국 15세 이상 인구의 교육수준을 초보적으로 추정해본 결과 이미
1990년의 6년 정도에서 2000년의 8년 정도로 상승하여 중국 국민의 문
화소양은 크게 높아졌다.

(2) '두 가지 기본' 목표의 예정 기간 내 실현

'두 가지 기본'의 실현을 위해 다방면의 노력을 기울인 결과 매우 큰

성공을 거둘 수 있었다. 2000년 말까지 전국적으로 현 과정의 '두 가지 기본'(9년 의무교육의 기본적인 보급과 청장년 문맹의 기본적인 퇴치) 검수 기준을 통과한 현(시, 구)과 기타 현급 행정구획은 총 2,541개에 달하여 85%의 인구가 9년 의무교육의 영향을 받았고, 청장년 문맹률은 5% 이하로 떨어져 '두 가지 기본'의 목표를 전면적으로 실현했다. 2001년 1월 1일, 중화인민공화국 장쩌민江澤民 주석은 예정기간 내에 세계와의 약속을 지켜 9년 의무교육의 기본적인 보급과 청장년 문맹의 기본적인 퇴치라는 전략적 목표를 실현하였음을 전 세계에 선포하였다. 그러나 중국 정부의 9년 의무교육보급에 대한 노력은 여전히 멈추지 않고 진행되고 있다. 2001년 말까지 전국적으로 '두 가지 기본'을 실현한 현은 이미 2,573개가 되었다. 베이징, 톈진, 상하이, 장쑤, 광둥, 저장, 랴오닝, 지린吉林, 푸젠, 산둥, 허베이 등 11개 성 관할 현(시, 구)에서는 모두 '두 가지 기본'을 실현하였다. 중학교 입학률이 88.6%, 전국 초등학교 재학생이 약 1억 2,543만 4,700명, 초등학교 적령기 아동의 입학률은 99.05%로 1990년보다 2.75% 증가하였다. 중학교 재학생은 약 6,514만 3,800명으로 중학교 입학률은 88.7%로 1990년대보다 22% 증가하였다. 전국 청장년 문맹(15~50세)은 1990년의 6,167만 명에서 2,000만 명 정도로 감소하여 청장년 문맹률은 4.8% 감소하였다. 성인 문맹은 1990년의 1억 8,200만 명에서 2000년의 8,500만 명으로 10년 동안 거의 1억 명을 줄였다.

(3) 대對 교육 투자의 대폭적인 증가

교육경비에 대한 투자 부족은 줄곧 중국교육사업의 신속하고 건강한 발전을 저해하는 걸림돌이 되어 왔다. 1992년에 '교육발전은 중국의 현대화를 실현하는 근본 대계大計'라는 주장이 제기되면서 국가에서는 교육을 경제발전을 도모하기 위한 발판으로 삼기 시작했다. 이를 위해 1988년, 국무원에서는 교육경비를 매년 '1%'씩 늘리기로 결정하였고, 1998년부터 2002년까지 5년 동안 중앙정부의 재정지출 중 교육경비가 차지하는 비율이 해마다 1%씩 증가하였다. 각 성, 자치구, 직할시 인민정부에서도 각자 현지 사정에 맞추어 재정 중에서 교육경비가 차지하는 지출을 증가시켰다. 이와 더불어 '재산, 세금, 수수료, 부동산, 단체, 기초' 등 여러 채널을 통해 교육경비를 마련하는 방식이 한층 더 공고해지고 비의무교육 납입제도가 기본적으로 형성되었다. 10년 동안, 특히 그 중에서도 '9·5九五' 계획(1996~2000)기간 동안, 중국의 교육경비에 대한 투자는 신속한 증가 속도를 유지하였다. '9·5' 기간 동안, 전국 교육 총경비의 5년간 누적액은 1조 4,941억 2,500만 위안으로 '8·5' 기간의 2.48배에 달하였다. 2001년 전국 교육 총 경비는 4,637억 6,600만 위안으로 2000년보다 무려 20.5% 증가하여 1996년 이래 가장 빠른 증가속도를 보였다. 2001년 전국 재정성 교육경비가 GDP에서 차지하는 비율은 3.19%로 이 지표에 대해 모니터링을 시작한 1989년 이래 가장 높은 수준이다. 이로써 중국의 교육발전은 역사상 발전 속도가 가장 빠른 시기에 진입하게 되었다.

(4) 고등교육기관 개혁의 뛰어난 성적

① 고등 교육기관의 자원은 최적화된 조합을 얻어 '공동 건설, 조정, 협력, 합병' 등 여러 방식으로 '구역간·계통간의 분할, 학교와 전공의 중복 설치, 자원낭비의 국면'을 타파하고 건국 이래 제3차 고등교육기관 대 조정을 단행하였다. 관련 통계자료에 따르면 1995년, 즉 전국 고등교육기관의 대규모 합병 이전, 중국에는 총 1,054개의 고등교육기관이 있었는데 그 중 4년제 대학이 616개, 전문대학이 438개를 차지하였다. 합병 이후 비록 일부 중등전문학교가 전문대학으로 승격되었음에도 불구하고 전체적으로 고등교육기관의 수는 오히려 감소하였다. 수적인 변화가 큰 것은 아니지만 2000년 2월까지 전국적으로 4년제 대학은 1,022개, 전문대와 직업기술학교는 432개가 있다. 무엇보다도 고등교육 자원의 재조정과 최적화 부분에서 가장 큰 변화가 일어났다. 나라에서는 더 이상 학교를 운영함에 있어 과도한 전문화와 기업화를 주장하지 않게 되었고 각 부문의 기업적, 부문적 운영을 지원하지 않는 대신 종합적, 다원화, 입체화(새로 편성된 지린대학이 각각 교육부, 위생부, 국토자원부, 정보산업부에 예속된 5개 대학을 합병한 것처럼)를 주장하게 되었다. ② 고등교육기관 정원확대의 순조로운 시행. 고등교육기관의 정원확대는 국민의 교육 수요를 만족시키기 위해 채택된 중대조치이다. 3년 동안의 정원확대를 통해, 중국 고등교육기관의 재학생 총규모는 1998년의 643만 명에서 2001년의 1,214만 명으로 총 571만 명이 증가하였다. 이는 4년 동안에 거의 두 배로 증가한 수치로 세계 고등교육발

전사의 기적이라 할 수 있다. 고등교육기관의 인재 육성 구조로 볼 때 2001년에는 1998년과 비교해 대학 재학생이 가장 큰 폭으로 증가했고, 전문대 재학생 수의 증가율이 가장 크고, 전문대 재학생의 증가수가 가장 많다. 구체적으로 말하자면 대학원생의 총 규모는 4년 동안 약 19만 40,00명이 증가하여 97.7% 증가하였다. 학부생 규모는 약 274만 5,000명이 증가하여 105.2% 증가하였고, 전문대생 규모는 약 277만 5,000명이 증가하여 76.6% 증가하였다.

표 11-1 1998~2001년 고등교육기관의 재학생 규모 상황(단위 : 만 명)

	1998년	1999년	2000년	2001년
재학생수	643.0	742.2	939.9	1,214.4
그 중: 대학원생수	19.9	23.4	30.1	39.3
학부생수	257.6	320.8	411.8	535.4
전문대생수	365.5	398.0	498.0	639.7

3년 동안 지속된 신입생 정원확대로 중국 고등교육기관의 대략적인 입학률은 1990년의 3.4%, 1998년의 9.1%에서 2001년의 13.3%로 증가하였다. 통계에 따르면 2002년 중국의 대학 재학생 수는 이미 동일연령 인구(만 18~22세)의 14%를 차지하게 되었다. 2002년 가을까지, 중국의 고등교육기관 재학생 총규모는 1,400만 명을 돌파하여 1998년 미국의 1,420만 명 규모에 근접해질 전망이다. 중국의 고등교육은 엄청난 속도로 대중화 과정에 접근하고 있어 세계적인 신흥 고등교육 대국이 되었

다. 영국, 프랑스, 독일, 일본과 한국 등의 선진국 혹은 신흥공업국은 1960년대부터 1980년대 사이에 최소한 10년 이상의 시간을 들여 고등교육을 엘리트 교육에서 대중화 교육으로 변화시키는 데 성공했다.

이로 인해 학생 기숙사 부족, 식당 혼잡 등의 문제와 더불어 교육 조건이 변화의 속도를 따라가지 못하고, 고등교육기관 신입생 정원확대 정책의 순조로운 실시가 어려움에 봉착하는 등의 문제가 수반되었다. 그럼에도 불구하고 1999년부터 고등교육기관은 사회화 개혁을 추진하여 뚜렷한 성과를 거두고, 고등교육기관 정원확대의 순조로운 진행을 보증함으로써 고등교육의 발전이 '슬럼프'를 극복하도록 하였다. 통계에 따르면 2000년부터 2002년의 3년간, 전국적으로 총 4,300㎡의 학생 기숙사가 신축 혹은 재건되었고, 530㎡의 학생 식당이 신축 혹은 재건되어 신중국 건립 50년 동안의 건축면적 누적합계를 초과하였다. 최근 몇 년간 이루어진 대규모의 교육 투자는 더욱 많은 대학생들에게 우수한 학습 환경을 만들어 주었다. 고등교육기관의 신입생 정원확대는 수백 만 명의 꿈을 이루어주었고 세계 고등교육사의 찬란한 한 페이지를 장식하였다.

(5) 빈곤지역에 대한 투자 확대

빈곤지역, 소수 민족 지역의 교육을 발전시키고, 이들 지역에 대한 교육 투자를 증대하는 것 역시 중국 정부가 실시하는 '과학교육으로 국가를 발전시킨다.'는 과교흥국科敎興國 전략의 중요한 조치이다. 통계에 따르면 2002년 말까지 중앙 정부는 25개 성, 자치구, 직할시 및 신장新疆의 생산 건설 병단生産建設兵團(변경 지방의 개척에 종사하는 둔전병屯田兵적인 조직-역주)의 무너질 가능성이 있는 집의 개조에 120억 위안의 자금을 지원하였고, 곧 무너질 듯한 집(가장 위험한)을 3,000만㎡를 개조하였다. 이미 완성된 신축 프로젝트 초등학교는 1,102개, 프로젝트 중학교는 486개이고, 개축 혹은 증축한 초등학교는 2,357개, 중학교는 1,330개에 이른다. 신축한 초등학교 건물은 68만㎡, 중학교 건물은 191만㎡에 달한다. 빈곤지역, 민족 지역의 교육발전은 이들 지역의 경제발전에 탄탄한 기초를 다져 주었다. 또한 중앙정부와 지방정부에서 출자한 총 125억 위안으로 제1기 '국가 빈곤지역 의무교육 프로젝트國家貧困地區義務敎育工程'를 시행한 경험을 바탕으로 당 중앙과 국무원은 '10·5' 기간 동안 중앙 정부의 재정에서 다시 50억 위안의 전문자금을 마련하고 여기에 지방에서 모으는 자금까지 더해 제2기 '국가 빈곤지역 의무교육 프로젝트'를 실시하였다.

(6) 교사의 소양이 전반적으로 높아짐

① 교사의 학력이 높아지는 현상은 고등교육기관 교사의 학력이 대폭적으로 높아지는 데서 나타난다. 대학원 졸업 학력의 교사가 총 교사수의 약 31.35%를 차지하는데, 그 중 박사 학위 소지 교사는 약 3만 4,900명으로 총 교사수의 약 6.55%를 차지한다. 2000년, 초, 중, 고등학교 교사 가운데 고등학교, 중학교 교사의 학력 기준을 만족하는 교사

는 각각 68.4%와 87.1%(2001년에는 이미 70.7%, 88.8%에 달하였음)였다. 중학교 교사 가운데 학사 이상의 학력을 가진 교사의 비율은 14.2%였고, 초등학교 교사 가운데 전문대 이상의 학력을 가진 교사의 비율은 20.2%, 2001년에는 27.4%에 달하였다. ② 교사의 구조가 개선되어 2001년 말에는 전국 일반 고등교육기관의 전임 교사가 53만 1,900명에 달하였다. 그 중 교수가 5만 700명, 부교수가 16만 1,300명으로 각각 전체 교사수의 9.5%와 30%를 차지한다. 초, 중, 고등학교 교사 가운데 고급교원 직칭을 갖춘 교사는 끊임없이 증가하여 2001년 고등학교, 중학교, 초등학교 교사 가운데 고급교원 직칭을 가진 교사의 비율은 각각 16.8%, 3.6%, 0.18%이었다. ③ 핵심교사의 끊임없는 발전. 오늘날 전국 고등교육기관에는 중국과학원科學院 총 회원수의 39.3%를 차지하는 280명의 회원이 종사한다. 중국공정원工程院 회원은 234명으로 중국공정원 총회원수의 37.7%에 달한다. 다른 우수 중, 청년 교사들은 이미 고등교육기관 교학, 연구 업무의 핵심이 되었다. 2001년, 베이징사범대학 등 9개 사범학교는 새로운 기초교육과정 핵심교사 3,038명을 대상으로 국가급 교육을 실시하였다. 이 밖에도 베이징사범대 등 38개 학교는 초, 중, 고등학교 핵심 교사 10,000명의 국가급 집중 교육을 담당한다. ④ 교사의 연령대 저하. 2001년 말까지 고등교육기관 교사 가운데, 35세 이하의 교사가 총 교사수의 약46%, 35세부터 45세 사이의 교사가 약 33%를 차지하는 등 중, 청년 교사는 이미 고등교육기관 교사의 주요 역량이 되었다. 초, 중, 고등학교 교사 가운데 45세 이하의 고등학교, 중학교 교사는 중, 고등학교 총 교사수의 약 86%를 차지한다. 고급교원 직명을 가진 교사 가운데 45세 이하의 고등학교, 중학교, 초등학교 교사가 차지하는 비율은 각각 42.9%, 29.6%, 33.4%이다.

(7) 소양교육의 안정된 추진

1990년대 중반 이후, 소양교육을 핵심으로 하는 교육개념이 점점 사람들의 주목을 받기 시작했다. 1993년 당 중앙과 국무원이 발표한《중국의 교육개혁과 발전 요강中國敎育改革和發展綱要》에서는 "초, 중, 고등학교는 '입시위주 교육'에서 국민 소양을 전면적으로 높이는 방향으로 궤도를 전환한다."라고 이야기한다. 1999년, 중국 공산당 중앙 및 국무원이 공포한《교육개혁의 심화로 소양교육을 전면적으로 추진하기로 한 결정에 관해關於深化敎育改革全面推進素質敎育的決定》에서는 소양 교육의 사상을 전면적으로 논술하고, 소양 교육 추진을 위한 일련의 중대한 방법들을 언급하였다. 최근 몇 년간 소양교육의 추진을 통해 얻은 성적은 주로 다음에서 나타난다. ① 커리큘럼 및 교재의 개혁 속도를 높이고, 교학 콘텐츠를 신속히 업데이트한다. ② 입학시험 평가 제도를 개혁했다. ③ 교수 방법과 패턴을 개선하고, 학생의 창의성과 실천능력의 배양에 집중한다.

(8) 민영교육의 신속한 발전

최근 10년간, 민영교육은 신속한 발전을 이룩해왔다. 2001년 말까지 각 교육 행정부문의 심사 및 허가를 거친 각종 민영학교와 교육기구는 전국적으로 이미 56,274개에 달하고, 재학생은 923만여 명, 교사는 42만 명에 달한다. 전국 민영 유치원은 총 44,526개로 전국 총 유치원수의 39.9%를 차지한다. 민영 초등학교는 4,846개로 전국 총 초등학교수의 1%를 차지한다. 민영 고등학교 교육기관은 1,202개로 그 중 교육부 혹은 교육부 권한 대행 성(구, 시)의 허가를 거쳐 학력 증서를 수여할 자격이 있는 학교는 총 89개, 학력 증서제를 시험 중인 학교는 436개이다. 민영학교의 운영 유형은 다양화 되고 있는 추세이며 민영학교는 이미 유치원부터 대학원 학부까지 각 교과과정을 포괄한다. 그 중에는 한 가지 교과과정만으로 독립적으로 설립된 학교도 있고, 여러 교과과정이 혼합되어 설립된 학교도 있다. 학교 운영자의 유형은 다소 복잡해 민주당파, 사회단체, 기업도 있고 국민개인과 해외인사도 있으며 독립적으로 운영되는 학교나 협력을 통해 운영되는 학교도 있다. 거의 모든 학교들이 기본적으로 여러 교과과정, 표준, 부서를 완벽히 갖추고, 융통성 있고 다양한 운영 체계를 형성하였다. 80년대처럼 퇴직자가 운영하고 여러 채의 집을 한데 묶어 대학을 만드는 일은 이미 역사가 되었다. 20세기 말, 새로운 민영교육의 운영자는 높은 소양, 학력과 새로운 관념 등의 우세를 갖추었다. 이들은 운영 시작 수준이 높고, 투자 규모가 클 뿐 아니라 폭넓은 시야를 갖추고 있으며 눈앞의 당장의 이익에

만족하지 않는다. 그들은 민영교육의 지식인이자 중국 민영교육의 희망이다. 《민영교육촉진법民辦教育促進法》의 공포에 따라 민영교육의 발전은 한층 더 박차를 가하게 되었다.

(9) 나날이 완벽해지는 교육입법

교육은 이미 사회적으로 최대 규모를 자랑하는 사회성 사업으로 발전하여 사회의 발전에 있어 중추적인 역할을 담당하고 있다. 국가는 반드시 문화교육을 직접 간섭하고 조정하는 역할을 확대해야 한다. 이처럼 법률 제도에 따라 국가의 교육을 계획하고, 지휘하고, 협조하고 제어하는 것은 각국 교육의 현대화에서 일관되게 드러나는 상징이다.

1982년 제5차 전국인민대표대회 제5차 회의에서는 새로운 헌법을 제정하여 "국가는 청년, 소년, 아동을 품성, 지력, 체력 등 각 방면에서 전면적으로 발전하도록 키운다."라고 규정하였다. 헌법의 관련 규정은 교육법의 제정과 법에 의한 교육을 위해 최고의 제도적 근거를 제공하였다. 1986년 전국 인민대표대회에서는 《중화인민공화국 의무교육법》을 통과시켰고, 1990년대에 이르러 중국은 연이어 일련의 교육 법률과 행정법규 및 조례를 제정하고 통과시켰다. 예를 들어 1991년의 《중화인민공화국 미성년보호법》, 1993년의 《중화인민공화국 교사법》, 1995년의 《중화인민공화국 교육법》, 1996년의 《중화인민공화국 직업교육법》, 1998년의 《중화인민공화국 고등교육법》, 1999년의 《중화인민공화국 미성년 범죄예방법》처럼 말이다. 교육 행정법규에서는

1990년대에 《교사자격조례》, 《교육성과 장려 조례》, 《사회 역량 운영 조례》, 《유치원 관리 조례》, 《학교 체육 업무 조례》, 《학교 위생 업무 조례》 등을 통과시켰다. 이 밖에도 각지에서는 일련의 지역성 교육법규를 공포하여 교육법 콘텐츠를 풍부하게 했다. 이로써 중국에서 법으로 교육을 다스리는 국면이 형성되고 있다.

(10) 교육 정보화 과정의 지속적인 가속화

10년 동안, 중국교육 정보화의 발전은 대다수 학교가 모두 '3단계 진행'의 과정을 거쳤다. 첫 번째 과정은 PC를 구입해 사무와 수업 준비에 사용하는 것이고, 두 번째 과정은 각 교실마다 컴퓨터를 구비하여 수업 중에 컴퓨터를 사용함으로써 멀티미디어 컴퓨터 교실로 발전시키는 것이다. 마지막으로 세 번째 과정은 멀티미디어 컴퓨터 교실의 기초 위에 학교 내에 네트워크를 구축해 Internet과 연결하여 인터넷 자원을 활용하는 것이다. 최근 5년간, 중국교육 정보화의 발전은 매우 신속하게 이루어졌다. 예컨대 고등교육의 원거리 교육과 온라인학교의 신속한 발전부터 각종 고등교육기관이 15~30%의 커리큘럼에 멀티미디어 수업이 필요하다고 명확히 밝힌 것까지, 그리고 전국 초, 중, 고등학교에서 정보기술교육을 대대적으로 보급하는 것부터 정보기술교육과정의 개설과 각 학교끼리 서로 네트워킹이 되도록 하는 프로젝트의 추진까지를 보면 알 수 있다. 새로운 커리큘럼 기준의 실시 및 학과수업과 정보기술의 결합은 모두 중국의 교육기술이 선진국의 교육정보화 흐름을 따라잡고 있음을 말해준다. 개발도상국가로서 중국은 '디지털 격차'를 줄이기 위한 노력을 통해 전 세계 사람들에게 교육의 눈부신 발전과정을 보여주고 있다. 기초교육의 통계에 따르면 1999년 중국에서는 6,000개 초, 중, 고등학교가 컴퓨터 수업을 개설하였고 2002년 말에는 전국 초, 중, 고등학교에 총 530만 대의 컴퓨터가 구비되어 있으며 캠퍼스 네트워크를 구축한 초, 중, 고등학교의 숫자는 25,000여 개로 이미 1만 개가 증가하였다.

2. 간과할 수 없는 문제

10년 동안 교육은 큰 발전을 이루었으며 성과도 현저하다. 이것은 중국 및 세계에서도 괄목할만한 성과이다. 하지만 우리의 사업이 번창하고 전성기를 구가한 배후에는 또한 약간의 문제와 폐단들이 나타났거나 숨겨져 있었으니, 이것 역시 피할 수 없는 것이었다.

(1) 의무교육 과정에서 학업 중퇴율은 제자리걸음

농촌교육 및 소수계층 자녀들의 의무교육 문제가 두드러지고 있다. 현재 '9년제 의무교육 보급'이라는 성과는 낮은 기준이며 상당히 허약한 목표라는 것을 알아야 한다. 소위 '기본적인 보급'이란 85%의 인구 복개율을 보이는 지역에서 성과를 거두었다는 것이며, 그 외 15%의 인구소재지에서는-주로 서부와 빈곤지역-목표를 아직 이루지 못한 상태라는 뜻이다. 2000년까지 중국은 아직도 520개의 현이 '9년제 의무교육 보급'이라는 목표를 이루지 못했다. 그중 '6년제 의무교육 보급' 조차 이루지 못한 현은 100개에 달한다. 전국에는 8,500만 명의 성인이 문맹이고, 그 중 청장년 문맹자는 2,000만 명에 달한다. '9년제 의무교육 보급'이 이미 검수된 지역에서도 의무교육 보급의 성과와 질은 공고하지 못하다. 적지 않은 지역의 중퇴율이 다시 향상되고 있다. 예를 들어 1998년 전국 초, 중, 고등학생 중퇴율은 3.23%로 167만 명에 달했다. 반면 농촌 중퇴율은 4.2%로 전국 평균보다 0.97%가 높았다. 게다가 초, 중, 고등학교 입학적령기가 되면 교육에 대한 수요와 공급의 부조화 현상이 두드러진다. 어떤 지방의 농촌 중퇴율은 10%이상에 이르기도 한다. 수많은 지역의 현실을 관찰해 볼 때, 농촌 학생의 중퇴율은 통계수치보다 훨씬 높을 것이다. 1999년, 광시 변경 및 경제 낙후지역의 50개 산간 현 초등학교와 중, 고등학생의 중퇴율은 각각 2.44%와 6.41%에 달했다. '공부해봐야 소용없다.'는 독서무용론이 다시 고개를 들고 있다. 의무교육경비가 심각하게 부족한 관계로 붕괴위험에 처한 전국의 학교 건물은 1,300만 평방미터에 달하며 대개는 중서부 농촌에 집중되어 있다. 붕괴위험이 있는 학교 건물은 전국 초, 중, 고등학교의 총 학교 수로 따지면 1%도 채 안 되지만, 중서부 경제 낙후지역 중 농촌만 놓고 보면 이 비율은 비교적 높아진다. 닝샤寧夏의 중, 고등학교 중 붕괴위험이 있는 건물은 5.32%, 초등학교는 4.6%이다. 신장新疆의 중, 고등학교 중 붕괴위험이 있는 곳은 4.05%, 초등학교는 3%이다. 칭하이青海의 중, 고등학교 중 붕괴위험이 있는 건물은 3.16%이며 초등학교는 4.33%이다. 빈곤현의 경우, 붕괴위험이 있는 건물은 10~15% 이상이다. 예를 들어 간쑤甘肅의 싸라撒拉족 자치현에서 붕괴위험이 있는 초등학교 건물은 28.3%나 된다. 70~80년대에는 경비가 부족한 가운데 학교 건물문제를 해결하려 하다 보니 열악한 건물을 짓게 되었고, 80년대 말에 건설된 학교는 '두부' 공사(부당이익을 얻기 위해 재료 및 공정을 생략해 지은 건축물이 두부처럼 무너지는 모습을 빗대어 말한 것-역주)로 조악한 건물들이 많이 건축되었다. 또한 의무교육 과정에서도 여전히 교사의 월급 미지급 문제는 완전히 해결되지 못했다. 전국 교육 노동자 조합이 1999년 상반년에 조사한 결과 전국의 2/3의 성, 자치구, 직할시에서 미지급한 교사 월급은 100여 억 위안에 달한다고 한다.

동시에 농촌 의무교육은 오랫동안 실제적으로는 농민들의 책임으로 돌려져, 빈곤지역은 지방 재정상황의 열악함 가운데 의무교육을 시행하기 어려웠다.

그 가운데 농촌에서 갖가지 명목으로 징수하는 교육비 문제는 여전히 심각하다. 교육부 기율검사 및 감찰 부문에 의하면, 1999년에만도 초, 중, 고등학교에서 불법 징수한 학비 2.38억 위안을 정리했으며 1.48억 위안은 이미 반환했다고 한다. 그와 동시에 농민들의 부담을 덜어준다는 명목으로 국가는 농민에게 징수하던 교육비 부가세를 취소하고 각 지방에서도 교육 자금모집을 금지했는데, 이로써 과거 사실상 농촌 기초교육을 지탱해왔던 중요 자금줄을 끊어버렸다. 이런 상황 가운데 농촌의 기초교육이 어떻게 발전할 것이며, 의무교육을 어떻게 공고하게 할 것인지는 더욱 민감한 문제가 되었다.

(2) 날이 갈수록 심각해지는 대학 졸업생 취업 문제

2002년 전국 각지 대학 이상 졸업생은 145만 명이었으며, 2002년 10월 초까지 약 100만 명이 직장을 찾았다. 2003년 전국 대학 이상 졸업자는 212만 명으로 그 전해보다 67만 명이 늘어났다. 2003년 6월 20일까지 전국 졸업생의 취업률을 약 50%에 불과했다. 약 100만 명의 대학생들의 미래가 결정되지 않은 것이다. 산둥 둥잉東營시 석유대학 컴퓨터 학과를 졸업한 석사생 장화칭張華淸은 말하길, 취업을 위해 베이징에 적어도 7차례는 갔다고 한다. 처음에 참가한 것은 2002년 11월에 열린 베이징 대학원생 전문 채용박람회였는데 사람이 너무 많아 채용업체 사람들과는 말 한 마디 해보지 못했다. 어떤 부스에서는 사람들 머리위로 이력서만 간신히 밀어 넣고 돌아왔는데 후에 지원자들이 전부 돌아간 후, 채용업체들이 이력서를 모두 쓰레기통에 버렸다는 이야기만 들었다. 정말 어떻게 해야 할 지 알 수 없는 느낌이었다고 한다. 후에는 '사스SARS' 때문에 취업은 더욱 힘들어졌다. 그는 짐을 정리하다가 한 묶음이나 되는 베이징의 각종 채용박람회 입장표를 발견하고는 보기만 해도 마음이 서글퍼졌다고 한다. 2004년 전국 대학 이상 졸업생은 252만 명으로 2003년보다 40만 명이 더 증가했다. 대학 졸업생의 취업이 점점 더 힘들어 질 것임은 불을 본 듯 뻔하다.

이런 상황 속에서 대학생들의 취업비용은 높아만 가고 화려하게 잘 꾸민 이력서와 핸드폰은 이미 필수품이 되었다. 한 채용박람회 상에서는 한 학급에 반장 다섯 명과 회장 일곱 명이라는 웃지 못할 진풍경이 연출됐다. 취업 과정에서 더 괜찮은 스펙spec이 있는 것처럼 보이기 위해 허위 자료를 작성하는 것도 '필수 코스'가 되었다. 상하이의 한 매체의 보도에 의하면 상하이 시의 수많은 대학생들은 취업전쟁에서 연전연패하는 스트레스를 견딜 수 없어 자신감을 크게 상실했으며, 한편으로는 대학원을 준비하고 또 한편으로는 직업을 찾느라 과도한 피로와 긴장 가운데 살면서 스트레스를 견딜 수 없어 심리치료사를 찾게 된다고 한다. 한 여학생은 이미 학교에서 개최한 모든 채용박람회에 참가해 100통 이상의 이력서를 넣고, 수많은 회사의 면접을 보았지만 모두 실패했다고 고백했다. 그녀는 이미 깊은 절망에 빠져 더 이상 직장을 찾고 싶지 않다고 했다. 정부는 사회보장 제도, 호적제도, 취업제도 등을 포함한 더욱 편리한 취업 환경을 조성해 취업정보의 투명성을 보장하고 졸업생의 취업을 촉진해야한다고 하지만, 근본적으로는 경제발전을 촉진해 일자리를 창출하는 것이 가장 좋은 해결책이다.

(3) 심각한 교육 '부패' 문제

교육체계의 부패현상은 점점 더 두드러지고 있다. 그중 하나로는 교육 자체의 부패를 들 수 있다. 비교적 두드러진 것은 교육의 상업화이며 무분별한 학비 징수가 그 예이다. 누군가가 중국 국내의 품평회를 거쳐 '중국 내 10대 폭리 업종'을 찾아냈다. 명단은 다음과 같다. 부동산 업계, 서적 유통업계, 의약 소매업계, 고속도로 관련업계, 미디어업계, 이동통신 업계, 자동차 업계, 유학 중개업계, 민간항공 업계, 중, 고등학교 업계였다. 중, 고등학교 교육의 폭리는 어디에서 연유하는가? 물론 각종 명목의 고액 찬조금과 학비에서 비롯된다. 더욱 큰 문제는 대학교에서도 이런 문제는 더욱 심각해진다는 것이다. 일부 지방대학들이 학생을 모집한 후 징수할 비용을 대폭 올려 '학생을 먹어치운다.'는 것은 이미 공개된 비밀이다. 또한 졸업장 남발은 이미 대학원생 교육에까지 손을 뻗치고 있다.

또 다른 것은 학술계의 각종 부패이다. 양위성楊玉聖은 학술계의 부패는 수단이 다양하고 점점 더 심각해지는데, 주로 다음과 같은 특징을 보인다고 지적했다. 첫째, 낮은 수준의 반복. 그 중 대학교 교재 및 참고자료가 가장 두드러진다. 둘째, 어설프고 조잡한 저작. 형형색색의 사전류가 가장 대표적이다. 내용은 어설프고 종류는 가지각색인 별별 책들이 다 있다. 그러나 대개는 기존의 자료들은 이리저리 베끼고 갖다붙여 만든 것이다. 셋째, 거품 학술. 어떤 청장년은 3~40권의 책을 써내는가 하면, 2~300편, 심지어 3~400편의 논문을 발표하기도 한다. 넷째, 허위와 가식. 수많은 대학과 연구소의 연구부서는 고급 직칭을 얻기 위해 사람들을 찾거나 관계를 이용하고, 심지어 돈으로 사람을 사글을 발표하기도 한다. 박사 지도교수 직칭을 얻고 싶은 모 대학의 한 교수는 다른 사람을 고용해 논문을 쓰고 자신의 이름으로 발표할 속셈으로 허위논문 수권을 복사하기까지 했다. 다섯째, 표절과 베끼기. 여섯째, 수상자 선정상의 부패.

(4) 신입생 모집정원 확대로 대학생들 교육의 질은 점점 하락함

1999년부터 중국의 보통 고등교육기관은 매년 모집정원을 확대했다. 1999년에는 51.3만 명, 2000년에는 60.9만 명, 2000년에는 전국의 전문대 및 정규대 모집정원이 909.7만 명이 되어 1990년의 2.4배로 증가됐다. 신입생 모집정원 확대로 고등교육기관의 교육의 질은 급격히 하락하는 현상이 나날이 가속되고 있으며, 고등교육기관의 정원확대 후 어떻게 이 곤경을 탈출할 것인가는 이미 긴박한 문제가 되었다.

베이징 시 교육 위원회가 베이징 항공항천航空航天 대학과 연합하여 벌인 조사에서 모집정원 확대 후 학교에 나타난 문제를 묻는 질문에, 67.3%의 학교가 시설부족 및 미비를 들었고, 36.7%의 학교는 관리 면의 문제를 대답했다. 86%의 학교는 시설 부족, 미비 및 경비부족 문제를 들었는데, 이공계열 학교의 경우에는 이 문제가 더욱 심각했다. 그 외 10% 가량의 학교에서는 학생들의 사고 수준이 따라오지 못하는 문제, 학생의 질의 하락, 교사의 부적응, 수업의 어려움, 협소한 캠퍼스 등 기타 문제들을 들었다. 학교 기숙사 부족은 대부분의 학교들이 시설 면에서 가장 피부에 와 닿는 문제로 조사학교의 63.3%를 차지했고, 그 외 부족시설로는 교실, 도서관, 시험실 및 체육 시설을 꼽았다. 정부에 부속된 학교의 설비시설 부족 문제는 더욱 심각하다. 모집 정원 확대이 후 대부분의 학교는 교사채용 면에서도 어려움을 겪고 있다. 15%의 학교만이 정원확대를 할 여력이 있었고, 기타 65.3%의 학교는 이미 교사 부족으로 정원을 확대할 수 없는 상황이었다. 62.5%의 학교는 기초수

업 면에서 교사부족 현상을 인정했고, 31.2%의 학교는 전공수업 면에서 교사부족 현상을 호소했다. 조사 결과, 정원확대로 벌어들이게 된 수입은 대부분 수업환경 개선에 사용되기보다는 학교가 다년간 해결하지 못했던 교사주택 개선, 교사 월급처우 개선 등, 학교의 묵은 문제 해결에 우선적으로 사용되었음이 밝혀졌다.

동시에 모집 정원 확대로 인해 대학의 문턱은 순식간에 낮아졌지만, 학생의 질은 과거보다 훨씬 낮아졌다. 일부 커트라인이 낮은 대학교는 일학년 교양수업 시간에 상당수의 학생들이 수업 내용을 따라가지 못해 어쩔 수 없이 수업의 수준을 낮출 수밖에 없었다. 전국 정치협상회의의 진카이청金開城은 '쉽게 들어간' 학생들에 대해서 힘 있는 관리조치가 미비하고 졸업 기준도 엄격하지 않으면 '쉽게 들어갔다 쉽게 나오는' 현상이 생길 것이라 주장한다. 교육의 규모 확대라는 기초 위에 높은 기준을 정하고, 엄격한 수준을 요구하는 기제가 있어야 높은 소양을 지닌 창조적인 인재를 배양하는 데 유리하다. 학교는 시험제도를 개혁하고, 교실 학점제를 실시해야 한다. 학생은 커리큘럼에서 요구하는 만큼의 학점을 채운 후에야 졸업이 가능하게 해야 한다. 대학교에서는 수업과 시험을 분리해 개별적인 문제 데이터베이스를 만들고 시험지의 난이도를 보장해야 하며, 고사장의 규율을 엄격하게 해 시험 중 커닝을 한 학생은 일률적으로 처벌을 받도록 하고 교양과목과 전공 기초과목은 전교 수강생의 동시간 시험 실시를 건의하는 바이다. 현재 대부분의 학교에서도 일정한 조치를 취하고 있다. 예를 들어 교사 업무량을 증가시킴으로써 교사부족 현상을 완화한다든지, 대규모 강의, 전교시 강의 등의 방식으로 정원확충 후의 수업을 대비한다든지, 자습실 증가, 수업 후 보충강화라든지, 시청각 설비 및 시청각 교실 확충, 어학실험실 증설 등의 조치로 교육의 질을 높이고 있다. 그러나 이는 모두 정원 확충이 가져온 직접적인 문제를 해결하는 일시적인 방편일 뿐이며, 일부 실제 연습이 중요한 학교에서 전공에 관련된 장래 졸업 설계라든가 실습 등은 여전히 큰 문제로 남아 있다.

(5) 사생관계 문제가 '수면으로 떠오름'

소질 교육을 추진하면서 감춰져 있던 사생관계 문제가 두드러지면서 점차 사회 각계의 주목을 받고 있다. 중국의 교육은 교사 중심이며 사도師道가 엄격한 진부한 전통이 주류를 이루고 있다. 게다가 이에 대한 질문이나 비판도 거의 없는 실정이다. 시험 중심, 점수 중심의 입시 교육은 교사와 학생을 책에, 점수에 목매게 한다. 1998년 이래로 전국 다수의 매체는 교사에게 인격 모독을 받은 학생들의 자살이나 교사에 반항을 하고 부모를 잔인하게 해친 질 나쁜 사건들을 다수 보도했다. 또한 이 안건을 중심으로 토론을 벌여 2000년 3월에는 장저민江澤民이 《교육문제에 관한 담화》라는 특별연설을 발표하기까지 했다.

베이징 교육 과학 연구원이 2000년 8월에 공포한 조사에 의하면 절대다수의 초, 중, 고등학교 교사는 지식전수를 주요 목표로 삼고, 가르침은 중시하나 배움은 소홀히 하는 경향을 보였다. 이미 결론이 난 기억은 중시하지만, 학습의 과정과 학생의 적극적인 참여는 소홀히 하며,

인지능력의 배양은 중요시하지만, 사람됨, 일처리, 창조적 능력 배양은 소홀하고, 시험의 선발적 기능은 중시하지만 학생의 전면적인 종합평가는 소홀하고 있었다. 조사 결과, 초, 중, 고등학교 학생 중 학과 선생님이 '무섭다'라고 느낀 학생은 8할을 넘었다. 때로는 선생님이 '불공평하다, 편파적이다, 조롱과 비웃음을 좋아한다.'고 불평을 하며, 선생님이 학생을 야단칠 때는 '체벌이나 모양만 바꾼 종류의 체벌'을 실시한다고 했다. 학생들은 선생님이 하는 수업의 맥을 '끊지' 않고 자신의 문제나 고민도 이야기하지 않는다는 의견은 93%에 달했다. 학생들은 선생님이 설명한 관점에 절대 반대의 의견을 제기하지 않는다는 의견도 91%에 달했다. 학생들이 충분한 사고를 하고 사생 상호간에 질문을 하는 시간은 매우 적은 셈이다. 성적 공개에 대해서는 60.7%의 초등학생들과 43.5%의 중학생이 긴장감을 느낀다고 대답했다. 9.9%의 초등학생과 10.9%의 중학생은 두려움을 느낀다고 대답했으며 6%의 초등학생과 13.8%의 중학생은 혐오감을 표시했다.

상하이 교육학원 궈지둥郭繼東의 조사에 의하면 현재 중, 고등학교 학생 중 16.2%는 교사와 감정적 교류를 할 수 없다고 대답했으며 겨우 28.6%의 학생만이 교사와 사이가 좋다고 대답했고 교사와 함께 할 때 아주 즐겁다는 의견은 17.8%에 불과했다. 우시無錫 11중의 펑전더馮振德등의 교사가 벌인 조사에 의하면, 현재 교사들 중 학생들이 "과거보다 더 나빠지고 있다."고 여기는 교사는 70%에 달하며 "과거나 지금이나 비슷비슷하다."는 의견은 22%, 학생들이 "과거보다 더 나아지고 있다."라는 의견은 8%를 차지했다. 마음에 근심이 생겼을 때 겨우 3%의 학생만이 교사에게 알리겠다고 대답했고, 교사는 '단짝 친구' '형제자매' '부모'에도 뒤쳐진 꼴찌를 차지했다. 2003년 '사스'가 지나간 후, 베이징시의 일부 초, 중, 고등학생은 학교로 돌아가기보다 교사와 함께하는 긴장과 고민을 면할 수 있는 집에서 공부를 하는 편이 더 낫다고 여겼다. 각지의 학교에서는 일부 초등학생들이 개사해서 부르는 변형된 '동요'가 유행하는데, 이것도 학교 및 교사, 학부모를 대하는 아이들의 심리를 반영한다고 할 수 있다. 예를 들어 "내 마음속에는 선생님이 제일 무서워, 날마다 7, 8시까지 학교에서 자습을 시키지. 집으로 돌아오면 아빠가 제일 무서워, 날마다 멍이 시퍼렇도록 날 때리지……."라는 등이다.

양둥핑楊東平은 교사본위, 교사 중심의 전통적인 교육 가치관을 비판, 개선하는 것이 교육 현대화의 중요 과제라 주장한다. 20세기 초 진보주의 교육운동은 이미 이런 전통적인 가치를 전복시켰으며, '아동중심'의 교육이 그 자리를 메웠다. 그러나 중국의 문화전통과 교육현실 속에서 아동의 권리인식 및 보호, 아동의 인격존중 등은 여전히 계몽이 필요한 기본지식 상태를 벗어나지 못하고 있다. 이 문제의 나타난 이유가 외동자녀 세대가 더욱 강한 자아의식을 가졌기 때문이란 것뿐 아니라, 우선은 이 문제가 현실생활에서 이미 심각한 문제를 일으키고 있다는 점에서 우리는 문제를 직시하고 해결과 극복을 위해 노력해야 한다. 사생관계를 언급했다는 것은 교육의 가장 본질적인 문제를 건드렸다는 의미를 갖는다. 이런 의의에서 교육개혁은 점점 심화되고 있다고 할 수 있다.

(6) 교육 불균형 발전의 뚜렷한 경향

각 지역의 경제, 사회, 문화의 불균형한 발전과, 교육, 학교운영, 관리 체계의 지방화로 인해 교육, 특히 기초교육의 영역에서 발생한 불균형 발전은 이미 공인된 사실이 되었다. 이는 주로 연해 경제발달 지역과 중, 서부 지역 간, 도시와 농촌 간, 변경산간 지역간의 격차, 같은 지역 내에서도 중점 학교와 비중점 학교 간, 서로 다른 사회 집단 간의 교육 기회의 차이로 나타난다. 그 차이는 구체적으로 자금 투자, 교사층의 역량, 학교 운영 형식, 수업 조건, 설비 및 교육 사상, 교육 방법 등의 면에서 나타난다. 불균형한 교육발전 상황은 한편으로는 사회주의 사회의 본질에 어긋나는 결과이며 또 한편으로는 교육의 전체적인 구조와 시스템 측면에서 구역 혹은 집단의 수준 낮은 발전상황은 교육의 전체적인 발전을 저해하는 문제가 될 것이다. 교육과정과 교육의 질적 평등을 보장하고 교육의 균등한 발전을 촉진하는 것은 절대 이상이 아닌 책임이다. 이는 현재 교육현실의 필연적인 선택이며 현대사회 발전의 필연적 요청이다. 또한 장기적으로 막중한 임무이며 체계적인 공정이다. 국가는 구역과 학교와 집단이라는 3개의 차원에서 동시에 교육의 평행 발전을 추진해야 한다. 하지만 우선적으로는 재정의 이전지불을 통해 교육의 격차를 최대한 축소시키며 외국의 구체적인 조치들을 거울삼아 도입에 힘을 기울여야 한다. 예를 들어 태국에서는 빈곤학생에게 교과서를 빌려주고 점심식사를 제공하며 교통이 불편한 학생에게는 자전거를 대여하는가 하면, 빈곤가정의 아동에게 각종 비용을 면제하는 조치를 취하고 있다. 구소련은 땅은 넓고 인구는 희박하기 때문에, 모든 어린이들이 자기 마을을 벗어나지 않고도 교육을 받도록 하기 위해 각 마을은 보통, 마을 규모에 따라 8년제 학교를 설립하고 비교적 규모가 큰 마을은 10년제의 완전한 중, 고등학교를 설립했다. 학생에게는 점심식사가 무료 제공되었다. 그 때뿐 아니라 지금까지도 농촌 교사들의 임금 대우가 도시 교사들보다 25%가 더 높은 정책을 시행하고 있으며 러시아 현재 농촌 인구는 전체의 1/4밖에 되지 않지만 농촌 학교 수는 전체 학교 총수의 69.8%를 차지하고 있다.

(7) 교육 구조의 지속적인 조정

교육 구조란 교육 체계내의 각 구성성분들의 구성상태와 상호관계를 가리킨다. 교육 구조의 의거 및 귀결은 첫째로는 지식과 인재에 대한 사회의 요청이며, 둘째로는 교육 자체의 본질적 규율이다. 교육구조 문제에 대한 고려와 교육 검수구조의 합리성 여부는 가장 중요한 두 가지 기준이 된다. 하지만 지식과 인재에 대한 사회의 요청은 다원적이며 역동적이다. 이는 중국이 사회주의 시장경제 체제를 시행한 후 더욱 뚜렷해졌다. 따라서 교육 구조 역시 단일하거나 한 가지 일색이 되어서는 안 된다. 1990년대 이후로 중국 경제는 비약적인 발전을 거두었으며 사회는 일종의 전면적인 과도기에 처했다. 그러나 교육 구조는 상대적으로 변화가 더뎌 현재는 이미 사회의 발전요구에 부합하지 않는 곳이 나타났다. 예를 들어 수직적인 구조에서 학제를 살펴보자면, 1998년 고등교육기관의 모집정원이 확충되자 보통 고등학교의 학교운영 규모가 전체 교육구조에서 상대적으로 작아져 '초등과 고등 교육은 큰데, 중등 교육만 적은' 기형적인 모양새가 됐고 교육발전을 저해하는 병목이 되었다. 이로 인해 야기된 문제는 첫째, 고등교육기관의 학생자원이 줄어들었다는 것이다. 예를 들어 2001년 구이저우貴州성 보통 대학학력고사의 합격률은 74.6%에 달해 전국 수위를 차지했다.(교육전문가는 50% 가량이 가장 이상적인 학력고사 합격률이라고 한다.) 또한 전체 성내 중학교 졸업생은 37만 여명이지만 보통 고등학교 입학정원은 겨우 11만 명뿐이었다. 둘째, 직업 고등학교, 중등 전문학교, 기계공학교 등은 학교운영이 극히 어렵게 되었다. 교육구조 조정은 반드시 중등 직칭과 고등 직칭 및 직업교육과 일반교육을 관통할 것이다. 셋째, 의무교육 과정의 소질교육 실시가 어려워졌다. 넷째, 중등교육 기관이 부패의 온상이 되고 있다. 교육 구조체계 조정은 건물건축과 같다. 우선 구조를 확정한 후에야 다른 문제들도 착수할 수 있고, 그래야 품질도 보장할 수 있다. 전체 교육사업의 측면에서 보면 교육구조의 체계가 명확해지면 각 교육기구의 '자리매김' 역시 자연스럽게 이뤄지고 국민교육의 임무도 공동으로 완성하며 사회발전이라는 교육의 기능도 충분히 발휘할 것이다. 과거를 돌아볼 때, 교육사업의 성과는 매우 휘황했다. 반면 교육의 문제도 상당히 두드러졌다. 이런 상황은 교육사업의 찬란한 미래를 환히 제시해주면서도 기회와 동시에 우리에게 스트레스를 안겨다 준다. 임무는 무겁고 길은 멀지만 오직 끊임없는 노력만이 우리를 꿈꾸던 낙원으로 인도할 것이다.

12

의무교육,
누가 책임지나

  2002년 3월, 한 뉴스가 전인대 대표와 전국 정치협상회의의 근심을 불러일으켰다. 힘겨운 노력을 거쳤음에도 불구하고 중국 문맹자는 8,507만 명이나 되며 그 중 2,000만 명가량이 15~50세의 청장년 문맹이라는 소식이었다. 전 세계 10명의 문맹자 가운데 한 명은 중국인 문맹자인 셈이었다. 이 문맹자 중 절반에 해당하는 인구가 서부에 거주하며 70%가 여성이었다. 더욱 중요한 것은 문맹자는 계속해서 증가되고 있다는 것이다. 우리는 의문을 떨칠 수 없었다. '의무교육을 도대체 어떻게 했길래?'

1. 의무교육 재인식

  완전한 의미에서 본다면 중국 의무교육의 시작은 청말에 시작되었다. 1840년 아편전쟁이 중국의 문호가 개방되자 중국 사회는 사회전환기로 들어서 힘겨운 발걸음으로 근대화의 여정을 시작하게 되었다. 서구 문명 및 서구 사조의 충격 속에 중국의 사회제도, 전통 관념에도 급격하고 강렬한 변화가 생겨났다. 1904년 만청晚淸 정부가 《주정 학당장정奏定學堂章程》을 반포함으로 중국 근대의무교육의 막이 올랐다. 그러나 그 후에는 외적의 침입과 빈번한 내란 등의 원인으로 중국 근대 의무교육 추진은 끊겼다가 이어지며, 달아올랐다가 식는 풍전등화 같은 상황 속에 '애를 써왔다.' 신중국 성립 후, 특히 1986년 《중화인민 공화국 의무교육법》 반포 이래 당과 정부의 높은 관심과 적극적인 실시 하에서 중국 의무교육은 놀랄만한 성과를 거두며 '가난한 나라에서 큰 교육을 이루는' 휘황한 역사를 써내려갔다.

'의무교육' 개념이 처음 번역을 통해 소개됐을 때, '강제교육' '보급교육' '보급의무교육' '무료교육' 등 각양각색의 용어가 난무했다. 예를 들어 《제1차 중국교육 연감》병丙편 《교육현황》에는 "'의무교육'이란 말은 일본인이 영어 'Compulsory Education'을 번역한 것을 중국에서 가져다 쓴 어휘이다. 영어 Compulsory는 본래 강제의 뜻이 있으므로 다른 말로는 강제교육이라고도 한다."고 실려 있다. 그 명칭이 서로 다르기는 하지만 내용은 모두 같다. "국가가 법률정책 형식으로 일정 연령의 아동에게 일정 정도의 학교교육을 무료로 실시한다."는 것이다. 1986년 4월, 제6회 전국 인민대표대회 제4차 회의에서 통과된 《중화인민공화국 의무교육법》과 1995년 3월 제8회 전국 인민대표회의 제3차 회의에서 통과된 《중화인민공화국 교육법》에는 명확하게 규정하고 있다. "의무교육은 국가가 법률적 형식의 규정으로 입학적령기의 아동, 청소년이 필수적으로 받아들이며 사회와 가정이 필수적으로 보장하도록 강제적으로 요구하는 국민 기초교육이다."

'의무'라는 감투를 교육에 씌우기 전, 의무에 내포된 특정한 함의를 살펴보자. 《중화 인민공화국 의무교육법》에 의거하여 '의무교육'의 '의무'에 대해 설명하자면, 이런 의미를 가지고 있다.

제5조 : "나이 만 6세가 된 아동은 성별, 민족, 종족을 불문하고, 입학하여 규정된 연한의 의무교육을 받아야 한다."

제11조 : "부모 혹은 기타 보호자는 반드시 적령기의 자녀 혹은 피보호자를 적시에 입학시켜야 하며 규정된 연한의 의무교육을 받게 해야 한다."

제12조 : "의무교육 실시에 필요한 사업비용과 기본 건설투자는 국무원과 지방 각급 인민정부에서 마련하고 책임을 보장하도록 한다."

이 법률 중에서 가장 상세하게 설명한 부분은 정부와 지방 각급 인민정부가 반드시 책임져야 하는 교육의무이다. 그 안에는 학교 설치의 의무(제9조) ; 교육예산 및 빈곤지역과 생계곤란 학생을 보조할 자금 조달의 의무(제12조) ; 교사 양성의 의무(제13조) ; 및 입학적령기 아동과 소년들이 입학하도록 감독할 의무(제15조) 등이 포함되어 있다.

의무교육은 사회공공사업으로 반드시 정부가 설립하고 유지하며 발전시켜야 하고, 이는 논쟁의 여지가 없는 국가 정부의 행위임을 알 수 있다. 따라서 이는 의무교육이 다른 교육과 비교해 본질적으로 차별되는 독특한 특징이다. 국가가 의무교육 과정에 있는 피교육자들의 학비 전액 혹은 대부분을 부담하는 것 역시 의무교육이 기본적으로는 무료임을 의미한다. 동시에, 국가의 강제력을 통해 실시를 보장하는 학교교육으로서 의무교육은 다음과 같은 더욱 분명한 특징을 갖는다.

① 강제성. 의무교육은 국가가 반포한 《중화인민공화국 의무교육법》을 그 실시보장으로 삼으며, 의무교육실시를 방해하거나 파괴하는 어떤 행위라도 모두 위법에 해당하며 법에 따라 법률적 책임을 물을 것이며 법률의 제재를 받는다. ② 보급성. 의무교육법은 모든 입학적령기의 아동, 소년이 법률 및 법규가 규정한 입학연기 혹은 입학면제 수속을 밟은 경우가 아닌 경우, 모두 반드시 입학하여 규정한 연한의 의무교육을 마쳐야 할 것을 규정하고 있다. ③ 의무성. 국가, 사회, 학교, 가정은 모두 의무교육을 실시하는 주체로서 모두 법에 따라 각자의 의무를 이행해야 하며 그 의무는 법에 따른 정부의 보육, 법에 따른 사회의 지원, 법에 따른 학교의 교육실시, 법에 따른 가정의 교육 참여 등으로 집중, 개괄된다. ④ 공공성 혹은 국민성. 주로 의무교육과 종교 간의 분리로 나타난다. 의무교육은 세속적인 공공사업으로 국가가 설립 혹은 승인한 학교가 실시하며, 국가는 의무교육 실시에 대한 감독을 집행한다. 물론, 의무교육의 본질적인 특징에 대해서는 교육이 가진 가장 일반적이며 보편적이고 안정적인 공통속성, 규정 및 의무교육에 영향을 미치는 기타 비본질적 속성, 발전의 근본적 속성 등을 통해서 다방면으로 인식할 수 있다.

짚고 넘어가야 할 점은 의무교육 개념 및 그 특질을 재인식하는 목적은 단순한 개념의 정립 혹은 그 본질적 특징에 대한 간단한 반복을 하기 위함이 아니라는 것이다. 어쩌면, '의무교육'의 실질적인 내용에 대한 명확한 인식 부족과 교육의무의 '의무'에 대한 오해, 헛갈림, 경시 때문에 현실에서 '의무'에 대한 책임전가 내지는 교육유린 등 현상이 발생하고 있는지도 모른다. 분명한 인식과 이미 일치된 인식의 기초 위에서만 우리는 더욱 냉정하고 이성적인 시선으로 십 여 년 이래 중국 의무교육이 걸어온 역정을 살펴보고 경험을 결산하며 현재의 부족함을 직시할 수 있다.

2. 의무교육 : 성취와 과제

"교육은 우리 모두의 미래가 반드시 가야 할 길이다."《의무교육법》반포 이래로 중국 정부는 세계 전민全民 교육대회, 마드리드 선언, 다카르 행동조치 및 베이징 선언을 통해 잇달아 장엄한 약속을 선포했다. "모든 이의 기본적인 학습욕구를 만족시켜준다."는 약속이다. 십여 년의 노력을 거쳐 중국각지의 의무교육은 동부, 중부, 서부든 모두 비교적 큰 발전을 이루었고, 전방위적, 다차원적인 역사적 성과를 얻었다. 이에 우리는 다음과 같은 자랑스러운 사실을 가일층 강조하고 싶다.

(1) 성취

① 우리는 선진국이 몇 백 년에 걸쳐 이룬 목표를 최단 시간 내에 달성했다

《의무교육법》의 반포, 실시 및 지금까지, 중국은 15년 정도의 시간

에 선진국이 몇 백 년에 걸쳐 이룬 목표를 달성했다. 2000년, 전국 9년 제 의무교육의 보급률은 85%에 달했다. 9년제 의무교육의 기본 보급 및 청장년 문맹 기본 퇴치라는 위대한 목표를 목표한 기간 내에 달성했다. 2001년, '9년제 의무교육 보급' 인구 복개율은 90%이상에 달했으며, 청장년 문맹률은 5%이하로 감소되었다. 1990년과 비교할 때, 청장년 문맹 인구는 4,100만이 감소했다.

10억 이상의 인구를 보유하고 있으며 농촌인구 비율이 비교적 높은 일개 개발도상국으로서 이런 성적을 낸다는 것은 쉽지 않은 일이다. 선진국은 어쨌든 백 여 년이 넘는 의무교육 역사를 가지고 있기 때문이다. 프랑스는 의무교육 보급을 제안하고 실시한지 이미 200년이 되어간다. 독일은 일찍이 프리드리히 2세Friedrich II때에 초등교육 보급 의견이 제창되었다가 1888년에야 초등학교 무료 의무교육이 실현되었으니 그 전후로 1세기 정도 시간이 걸린 셈이다. 미국은 첫 번째 주가 의무교육 법안을 반포하여 48번째 주가 의무교육 법안을 실시하기까지 총 68년이 걸렸다. 일본은 1872년(메이지 5년)에 첫 번째 《학제》를 반포한 때로부터 1906년 6년제 의무교육을 무료보급하기까지 63년의 시간이 걸렸다. 영국은 1870년에 《초등교육법》을 반포한 후로 1918년 전국적으로 초등학교 무료 의무교육을 실시하기까지 전후 48년이 걸렸다. 중국과 국가상황이 비슷한 이웃나라 인도를 살펴보자면 1949년에 인도정부가 전국 6~11세 아동들에게 10년제 의무교육을 보급, 실시하자는 중앙협상회의 결의를 승인한 후부터 1984년 제 6차 5개년 계획이 끝날 때까지 교육을 받은 아동(10~12세) 수는 89.6%에 달했으며, 35년의 시간이 걸렸다.

따라서 중국이 짧은 10여년의 시간 동안 초등의무교육을 보급한 것은 세계 교육사 중 보기 드문 기적이며 중국인의 위대한 업적이다. 이는 중국 국민의 전체적인 소양을 제고시키고, 국가의 종합적인 국력을 증강시키며, 민족의 위대한 부흥을 실현하는데 있어 중대한 현실적 의의와 중대한 역사적 의의를 갖는다.

② 최소의 대가로 최대의 성과를 올리다

'가난한 나라에서 큰 교육을 이루는 것'은 중국의 현실 상황이다. 하지만 실은 우리는 세계에서 1%가 좀 넘는 교육 예산으로 세계 20%가 넘는 교육인구를 지원하고 있다. 중국의 제한적인 교육예산 총액에서 의무교육에 투입되는 예산은 비교적 적은 분량이다(자세한 사항은 표 12-1과 12-2를 볼 것).

표 12-1 초등 및 중등교육 일상교육예산이 공공교육
일상예산 총액에서 차지하는 비율(1996년)

국가	미국	일본	프랑스	러시아	한국	중국	인도
취학 전 초등 및 중등교육 일상교육예산이 공공교육 예산 총액에서 차지하는 비율	74.8	81.2	80.9	80.6	81.9	69.6	66

**표 12-2 학생 1인당 평균 일상교육 예산이 평균
국민생산총액에서 차지하는 비율(1996년)**

국가		미국	일본	프랑스	러시아	한국	중국	인도
학생 1인당 평균 일상 교육 예산이 평균 국민생산총액에서 차지하는 비율	취학 전 초등교육	17	17	16	9	17	6	11
	중등교육	24	19	27	22	13	12	18
	고등교육	25	14	28	23	6	67	100

표 12-1, 12-2 모두 유엔 유네스코Unesco가 발표한 《세계교육보고 2000》 참고.

그러나 바로 이런 상황에서 중국의 의무교육은 여전히 세계의 주목을 끌만한 성과를 내었다. 전국 '9년제 의무교육 보급' 과정에는 2차례에 걸친 역사적 성과가 있었다. 첫 번째는 1986년에서 1990년까지, 91%의 인구에 해당하는 지역에서 초등교육을 기본적으로 보급 완료됐고, 전국 초등학교 입학 적령 아동 입학률은 97.83%에 달하고 있다. 둘째, 1990년대, 정확하게 1992년에 '두 가지 기본(9년제 의무교육 기본 보급 및 문맹 기본 퇴치—역자)'이라는 목표를 정식으로 확정했다.

의무교육의 발전수준을 학생입학률이나 학생 진학률, 교사학력구조, 교육예산 투입 등으로 측정한다면, 구체적인 통계자료는 '최소의 대가와 최대의 효과'를 더욱 잘 반영해준다.

① 1996년(《의무교육법》 반포 10주년 시기), 전국에는 이미 91%의 인구와 지역에 초등의무교육이 보급되었으며 전국 초중고학교에서는 '1무2유(붕괴위험 건축물이 없고, 교실이 있으며, 책걸상이 없는)' 현상을 근절했고 초, 중, 고등학교의 붕괴위험 건축률은 80년대의 16%에서 2%

이하로 떨어졌다. ② 1996년, 중국 초등학교 순수 입학률은 98.8%, 초등학교 졸업생 진학률은 92.6%, 중학교 추정입학률은 82.4%이다. ③ 중국 각지의 의무교육과정에서 교사들의 학력구조도 대폭적으로 개선되었다. 1996년 전국의 초등학교, 중학교 교사합격률은 97.6%와 74.9%이며, 그 중 학력 기준에 부합하는 교사는 88.9%와 69.1%이었다. 2000년 전국 초등학교 전임교사 학력합격률은 96.9%이며 그 중 전문대이상의 학력비율은 20.04%, 중학교 전임교사 학력 합격률은 87%, 4년제 정규대학 및 그 이상의 학력비율은 14.18%에 달했다.

③ 의무교육이 중국 사회발전의 주춧돌로서 끼친 영향

교육은 국가발전의 선결조건이며 "시간, 에너지와 자금을 기초교육에 사용하는 것은 아마도 국민과 국가의 미래를 위해 할 수 있는 일 중 가장 의미 있는 투자"일 것이다.

개혁개방 20여년 이래로 중국교육사업은 왕성한 발전을 이루었고 국민경제와 사회발전은 신속한 성장 및 지속적인 진보를 이룩했다. 1990~2000년, 중국의 매 10만 인구 중 각종 교육수혜자의 비율은 과거에 비해 현저한 변화를 보였다. 그 중 대학(전문대 이상)교육자는 1,422명에서 3,611명으로, 고등학교(실업학교 포함) 교육자는 8,039명에서 11,146명으로, 중학교 교육자는 23,344명에서 33,961명으로 상승했으며, 초등학교 교육자는 37,057명에서 35,701명을 하락했다. 그에 비하면 같은 시기 15세 이상 인구의 문맹률은 15.885에서 6.72%로 하락했다. 제9차 5개년 기간 동안, 중국 국민경제는 시종 연평균 8.3%의 증가율을 보였다.

비록 경제성장을 결정하는 요소는 다원적이지만, 경제발전은 교육적인 지력이 바탕이 되지 않고는 있을 수 없음이 자명하다. 전국 범위로 볼 때, 1982~1995년 중국 경제는 소생하기 시작해 정상화 및 안정적 발전의 길에 들어섰다. 교육이 우리나라 GDP 성장에 끼친 공헌도는 18.13%였으며, 특히 1982~1995년에는 21.41%나 되었다. 이는 경제가 급속히 발달하는 초기에 교육의 작용이 뚜렷했음을 보여준다. 그 다음으로 성급 범위에서(안후이성을 예로 들면) 표 12-3과 연관해 볼 때, 1994년 안후이성 각 시의 1인당 평균 GNP와 평균 교육수혜연령 간에는 강한 비례관계가 돋보였다. 다른 요소는 고려하지 않는다는 조건 하에서 교육수혜 연수가 1년씩 증가될수록 1인당 GNP는 2,136.92위안이 증가되었다.

표 12-3 1994년 안후이성 각 시 평균 교육수혜연한과 1인당 GNP

지역	1인당 GNP(위안)	평균 교육 수혜 연수	지역	1인당 GNP(위안)	평균 교육 수혜 연수
화이난淮南시	3,576.23	6.12	쑤셴宿縣지역	1697.19	5.20
마안산馬鞍山시	7,172.12	6.11	쉬엔청宣城지역	3233.97	5.15
화이베이淮北시	3,296.32	6.01	차오후巢湖지역	2344.01	4.96
퉁링銅陵시	5,131.43	5.99	안칭安慶시	2363.35	4.98
허페이合肥시	3,270.93	5.69	추저우滁州시	3012.50	4.91
우후蕪湖시	3,592.73	5.60	류안六安지역	1661.63	4.78
황산黃山시	2,538.02	5.44	츠저우池州지역	2235.87	4.70
벙부蚌埠시	2,869.43	5.20	푸양阜陽시	1673.30	4.58

자료제공: 《1995년 안후이 통계연감》12p, 《1996년 안후이 통계연감》403p.

다시 말해, 시 범위에서(예: 쑤저우 시) 볼 때, 1992년 현재까지 쑤저우 시정부가 의무교육에 투입한 예산은 약 100억 위안에 달하며 매년 예산증가율은 15% 이상이다. 일찍이 1992년 쑤저우 시는 시 전역에서 '9년제 의무교육'을 실현했는데 중학교 졸업생 진학률은 49.7%에서 2000년의 95%로 향상되었다. 시가지역의 중학교 진학률은 99% 이상에 달하고 만 15세 인구 중 초등학교 교육 완성율은 100%에 달했다. 또, 과학기술이 경제에 미친 영향에서 확실한 증가세를 보였으며, 과학기술이 공업 및 농업 경제 성장에 끼친 영향분은 1989년의 32%와 37%에서 1998년의 45%와 52%로 증가해 장쑤성의 수위를 다투었다.

미국 경제학자, 브라운 대학 경제학 박사 데니슨E·F·Denison은《미국 경제의 성장요소와 우리의 선택》이란 책에서, 교육연수의 증가와 노동자의 지식 축적이 경제성장에 미치는 영향이 점점 더 커지고 있다는 점을 지적하고 있다. 그는 교육량 증가로 일어나는 노동자의 교육수준 향상은 과거의 경제성장을 촉진시켰을 뿐 아니라 교육의 경로를 통해 미래의 교육성장도 변화시킬 수 있다고 주장하고 있다. 바로 이런 의의 때문에 우리는 의무교육이 기초교육의 1차 과정으로서 사회생산력의 안정적이며 지속적인 발전에 가장 근본적인 조건을 제공하며 사회발전에 강력한 기초 작용을 한다고 여기는 것이다.

(2) 문제

중국 의무교육이 10여 년간의 역정을 통해 이미 괄목할만한 성과를 거두었으며 중국 교육사 및 세계 교육사에 눈부신 한 장을 기록한 것은 분명한 사실이다. 그러나 신세기의 입구에 서서 세계교육개혁과 발전의 조류 가운데 있는 중국의 의무교육을 회고하고 전망해볼 때, 중국의 부실한 농업 기초 및 국가 재정부족, 과다한 인구, 1인당 평균자원의 부족 및 지역경제와 문화발전 수준 차이 등 각종 제약 요소를 어렵잖게 발견할 수 있다. 중국의 의무교육은 선진국의 의무교육수준과 비교해볼 때, 아직도 기초단계에 머물러 있다. '9년제 의무교육'의 목표는 달성했지만 교육품질 향상은 여전한 막중한 의무이다.

현재, 우리나라 의무교육발전의 주요 문제는 다음과 같다.

① 구체적인 전략실시 과정 중에 발생 가능한 실수

중국은 세계에서 자연 지리조건과 생태인문 환경, 경제 사회발전 차이가 가장 극명한 국가 중 하나다. 지역발전 불균형이 심각하고 1인당 GNP만 보더라도 현과 현 사이의 격차는 수십 배 이상에 달한다. 따라서 전국 각지 교육발전은 총체적인 수준에서 확연한 차이를 보인다. 중국정부는 '지역별 계획, 유형별 지도, 단계별 실시'라는 지도방침과 '적극적인 진취, 실사구시'라는 방침을 제정했지만, 획일적이고 단순한 정책만 실시한다면 불균형한 지역교육발전의 특징 및 개별적 요청에 적응하기가 힘들 테고 일련의 문제들만 발생될 것이다.

의무교육 투자의 중심을 가지고 예를 들자면 1990년대 이전, 의무교육 공공투자의 책임은 거의 시, 현 및 기초 지방정부에 있었다. 의무교육의 공공예산은 사실상 거의 전부 지방정부의 재정에서 나왔다. 거대한 농촌지역, 특히 중국 중서부 농촌지역 및 변경지역, 소수민족 지역 등 불리한 여건의 빈곤지역은 자연자원이 빈곤하고 생황조건이 열악하며 경제사회발전이 더디고 정부재정도 많지 않고 민간의 자금 흡수능력이 떨어지는 등의 원인으로 의무교육은 재력, 물력, 인력 등 전면적인 결핍에 처하고 빈곤지역의 교육은 심각한 위협을 받고, 의무교육도 발전에 심각한 곤란을 겪고 있다. 교육부는 2002년, '현 위주'의 새로운 기초교육 관리체제를 추진했지만 현행 의무교육 공공투자체제는 여전히 하향 중심의 분권형 체제를 유지하고 있다. 전국 다수의 지역은 농업위주의 현縣재정을 유지하고 있어 자급이 어려우며 지역이 멀고 편벽하며 자연지리 환경이 열악한 곳은 재정이 궁핍하다. 만일 의무교육의 투자 중심을 상향조정해, 투자주체의 책임과 그 재정능력이 상응하도록 하지 않는다면, 재력의 충분한 뒷받침이 없는 수많은 지역, 특히 국가급 및 성급 빈곤현에서의 교육은 여전히 실행이 어려울 것이다.

짚고 넘어가야 할 점은 의무교육의 정부 공공투자 주체를 하향 조정한 것은 절대 중국에서만 일어났던 문제가 아니라는 것이다. 구미 유수의 국가도 의무교육 실시 초기에 공공투자 체제에서 분산 방식을 채택했다. 예를 들어 미국, 프랑스, 독일 등 국가는 의무교육을 추진하던 초기, 의무교육 공공투자의 책임을 전부 기초 지방정부에 돌렸다. 하지만 이런 하향 중심의 투자체제는 당시 기초재정에 심각한 부담이 되었고 의무교육 추진은 각종 어려움에 쌓였다. 이에 대해 각국 정부는 적정한 때에 공공투자체제 내부 메커니즘을 조정하고 개혁하는 대책을 채택했으며, 정부와 고위층 지방정부의 투자책임을 증가시켜 정부투자의 주체를 상향조정했다. 동시에, 조건이 불리한 지역과 집단의 의무교육에 대해 각국 정부는 예외 없이 특별지원을 실시했다. 지역 차이에 대처해 일부 국가의 무료 의무교육은 '사회 빈곤계층 우선, 초등교육 우선'의 원칙을 지켰으며, 경제가 낙후하고 상황이 불리한 지역에 우선적으로 실시했다. 한국을 예로 들면, 가장 가난하며 가장 낙후한 지역을 최우선으로 하여 경제가 발달한 지역 순으로 의무교육은 점차적으로 실시되었으며, 서울은 1990년대가 되어서야 초등학교 의무교육을 완전히 보급할 수 있었다. 이는 모두 중국교육 정책결정에 있어 참고할 만한 방법이다.

다음으로, 중국의 '9년제 의무교육'은 실제적인 시간운용이나 진도배분에 있어서 비교적 촉박했다. 중국 정부는 재력이 부족하고 지역발전 차이가 극대화된 상황에서 짧은 10여 년 시간 안에 '9년제 의무교육'만 보급하려했지만, 지역과 민족차이를 고려한 진정한 의미의 '단계별 실시'(예를 들어 상황이 열악한 지역은 '3년 의무교육' 혹은 '6년 의무교육' 보급)를 실천하지 못했다. 이로 '9년제 의무교육'은 고무 및 지도적 작용을 잃어버렸고, 중국 의무교육에는 다수의 '맹점盲點'이 출현해 높은 교육품질을 보장할 수 없게 되었다.

② 의무교육의 불균형한 발전 특징

교육의 균형적 발전이란 현실에 존재하는 교육의 수요와 공급 불균형에 대해 제기하는, 교육발전을 위한 아름다운 이상과 조건들을 말한다. 하지만 역사적, 현실적 원인으로 중국 의무교육은 발전과 더불어

늘 심각한 불균형 현상에 시달렸다.

▶동서부의 차이. 전국 범위에서 볼 때, 의무교육의 불균형한 발전은 동부와 중서부 지역 간의 교육발전 수준 차이로 나타난다. 그 예로 2000년 동부지역의 교육예산은 926.31억 위안(그 중 국가 재정예산 지급액은 529.26억 위안)이었으며, 중부지역은 483.48억 위안(그 중 국가 재정예산 지급액은 272.41억 위안)으로 그 해 전국 의무교육 총투자의 26.37%를 차지했다. 서부지역은 423.9억 위안(그중 국가 재정예산 지급액은 283.63위안)으로 그 해 전국 의무교육 총투자의 23.12%를 차지했다. 총투자액에 대한 대비율로 볼 때, 동부지역은 중부와 서부 두 지역의 총합을 넘어섰다. 교사의 자질 균형에서 볼 때, 1999년에 서부 12성의 초등학교 전임교사 중 초등학교 졸업이상 학력자는 92.86%를 차지했으나, 윈난, 구이저우, 티벳西藏 지역의 경우는 90% 이하였다. 반면, 동부의 성, 시는 97.28%를 기록했다. 중학교 전임교사 중 전문대이상 학력자는 82.7%를 차지했으나 산시陝西 지역은 78%에 불과했고, 반면 동부는 88.22%를 기록했다. 입학기회에 있어서, 1999년제 동부지역 초등학교 취학연령 아동이 학교에 취학한 비율은 97.82%였으나 서부지역은 82.33%였다. 동부의 초등학교 진학률은 97.24%였으나, 서부는 89.96%였다. 의무교육 불균형 현상은 점점 더 격차가 벌어지고 있으며 남북지역 간의 차이마저 보이고 있다. 성급 범위에서 본다면 상황은 서로 비슷하며 일부 성, 특히 장쑤성은 동서 및 남북 지역이 모두 현격한 차이를 보이고 있다.

▶도시와 지방의 차이. 즉 도시와 농촌 학생 간에는 교육시설과 교육

의 질, 교육의 기회 등에 있어서 불균형이 존재한다. 중국은 전통적인 '2원화 사회구조'의 영향으로 도시와 지방의 의무교육은 중국 재정예산의 교육예산 지출 중 의무교육이 차지하는 비율이나 재정예산 중 의무교육 예산의 지출수준, 구성비로 따지든 교사 대우나 교사 1인당 학생 수로 따지든 모두 현격한 격차를 보인다. 최근의 국가재정 예산 중 의무교육 예산지출 경비 및 점유비율 면에서 매년 재정예산 내 의무교육 지출비는 총지출의 50%를 차지하지만 광활한 농촌지역에서는 겨우 30% 밖에 되지 않는다. 이는 본래의 단계별 관리체제 하에서 의무교육이라는 가장 중요한 국민 소양교육이 실제로는 가장 형편없는 재정적 보장을 받고 있음을 보여준다. 《딩볜定邊 교육계》(2002년 7월 31일)의 자료에 의하면, 딩볜의 '9년제 의무교육' 예산 부족분은 이미 4,000만 위안에 달했으며 전체 현에서 가장 좋은 초등학교인 딩볜진 난위엔즈南園子 쑤저우蘇州 신구新區 초등학교에도 도서는 겨우 30만 권밖에 없었으며 현 내 공립학교 교사는 2,568명, 현 재정에서 지급하는 교사 연평균 임금은 1인당 1,320위안이라고 한다. 참고로 사립학교 교사는 1,151명이며 1인당 매월 수입은 150위안이다.

어쩌면 문제는 이 뿐이 아닐지도 모른다. 농촌 세수 개혁의 실시와 함께, 농촌에 본래 있던, 사실상 국가 교육 예산에서 지불하는 두 번째 큰 규모의 교육 예산 원천—교육부가세와 교육 자금모금은 이미 취소되었다. 만일 정부재정에서 대폭의 이전移轉지급이 없다면 농촌의무교육은 더욱 심각한 곤경을 피할 수 없을 것이다.

▶소외계층(예로 빈곤계층, 유동인구, 장애인, 언어, 문화가 다른 소수, 여

성, 여아 및 부녀, 저소득 계층과 문맹인구 등)은 교육기회가 불리하다. 한편으로 가계 곤란으로 자녀의 진학 불가 및 중퇴 문제가 발생한다. 2000년, 전국 초등학교 졸업생 진학률은 94.89%이며 제일 높은 베이징(98.99%)과 제일 낮은 구이저우(78.72%)의 격차는 20.27%이다. 전국 초등학교 중퇴율은 0.55%이지만 동부는 하이난海南만 전국 평균치를 넘어선 1.35%이고, 상하이는 전국 최저로 겨우 0.04%에 불과했다. 그러나 같은 해 서부의 20개 성, 자치구, 직할시 중에서는 네이멍구內蒙古, 닝샤寧夏, 산시, 신장만이 전국 평균 중퇴율보다 낮은 비율을 기록했다. 나머지 8개 성은 모두 전국 평균 중퇴율보다 높았으며 티베트, 칭하이青海와 구이저우는 각각 2.13%, 1.39%, 1.10%를 기록했다. 다른 한편으로는 돈이나 권력 및 사회관계를 통해 학교를 선택할 힘이 없는 가정 출신의 교육 수혜자는 성공의 기회 면에서 불리한 상황을 맞고, 계층에 따른 교육격차를 보이게 되었다. 이는 기초교육의 불균형적 발전이 가져온 가장 심각한 부정적인 영향이며 어떤 면에서는 사회문제라 할 수 있다.

중국 의무교육의 불균형적 발전이 객관적으로 존재하는 사실임을 부인할 수 없다. 이런 상황이 일어나게 된 가장 근본적인 원인은 지역 경제문화 발전 수준의 차이 및 그로 인해 야기된 교육의 효과적인 공급부족이다. 하지만 그 때문에 이런 상황을 야기한 정책적인 요소를 회피하거나 부인할 수는 없다. 즉 교육정책의 방향 혹은 편차가 지역 간, 도농 간, 학교간의 교육자원 분배 등의 면에서 불공평과 불균형을 인위적으로 증가시키고 있는 셈이다. 각급 정부 역시 최대한 역량을 발휘해 공평한 교육을 실현하지 못했다. 예를 들어 중점 학교에는 열심히 '금상

첨화'하는 한편, '실력이 떨어지는 학교'에는 '눈 오는 날 숯을 보내주는' 도움조차 무시하기 일쑤다. 이런 과정 중 지역 간, 학교 간에 본래 있던 차이는 9년제 의무교육 보급과정에서 점점 격차가 벌어져 서너 배에서 10배까지 달하게 되므로 많은 이들의 걱정거리가 되었다.

③ 의무교육 예산지급의 심각한 부족현상

국가의 교육투자 상황을 거시적으로 살펴보면 교육 투자의 총규모 및 각 교육별 교육투자 분배를 통해 확증할 수 있으며 정부의 교육투자 총규모를 반영할 수 있는 지표는 두 가지이다. 하나는 정부의 재정성 교육예산이 차지하는 GNP의 비중이며, 또 하나는 예산 내 교육지출이 국가 재정지출에 차지하는 비율이다. 교육투자 총규모를 보자면 중국의 재정성 교육예산은 비록 매년 상승하고는 있지만 국민 총생산량에 대한 비율로 볼 때 절대적으로 부족하다.

표 12-4 국가 재정성 교육 예산이 GNP에서 차지하는 비율

연도	1990	1991	1992	1993	1994	1995	1996	1997
재정성 교육예산 (억 위안)	563.99	617.83	728.76	867.76	1,774.74	1,141.52	1,671.70	1,862.55
재정성 교육예산이 GNP에서 차지하는 비율(%)	3.03	2.85	2.73	2.51	2.52	2.46	2.50	2.54
재정성 교육예산이 GDP에서 차지하는 비율(%)	3.04	2.86	2.74	2.51	2.51	2.41	2.41	2.49

중국교육 예산 통계 적요 1990-1997, 《교육발전 연구》1999년 제4기에서 발췌.

표 12-4에서 볼 수 있듯 1990년 중국의 재정성 교육예산이 GNP에서 차지하는 비율은 3.03%에 달하지만 이후 2년간 점차 하락해 일반적으로 2.5% 가량을 맴돌게 된다. 하지만 UN 유네스코의 통계에 의하면 1991년 세계 평균 공공교육 예산이 GNP에서 차지하는 비율은 5.1%로, 그중 선진국은 5.3%, 개발도상국은 4.1%, 후진국은 3.3% 수준이었다. 이에 비하면 중국은 1997년까지도 1991년의 세계 평균 수준에 미치지 못했을 뿐 아니라 3.3%라는 후진국의 기준에도 못 미쳤다. 중국의 재정성 교육예산이 GNP에서 차지하는 비율과 세계평균 수준 사이에는 아주 큰 격차가 존재한다.

표 12-5 국가 재정예산 내 교육 지원금과 재정수입

연도	재정수입		예산 내 교육지원금	
	금액(억 위안)	증가속도(%)	금액(억 위안)	증가속도(%)
1990	2,937.1	10.21	426.14	7.15
1991	3,149.48	7.23	459.73	7.88
1992	3,483.37	10.60	538.74	17.19
1993	4,348.95	24.85	644.39	19.61
1994	5,218.10	19.99	883.98	37.18
1995	6,242.20	19.63	1,028.39	16.34
1996	7,407.99	18.68	1,211.91	17.85
1997	8,651.14	16.78	1,357.73	12.03
1991~1995	22,442.10	16.27	3,555.23	19.27
1996~1997	16,059.13	17.72	2,569.64	14.90

중국교육예산 통계 적요 1990~1997, 《교육발전 연구》 1999년 제4기에서 발췌.

표 12-6 재정예산 내 교육 지원금과 국가예산 총지출

연도	교육예산총지출 (억 위안)	재정 예산 내 교육 지원금(억 위안)	재정교육 지원금의 교육예산 총지출에 대한 비율
1990	659.38	426.14	64.63
1991	731.51	459.73	62.85
1992	867.06	538.74	62.13
1993	1059.04	644.39	60.79
1994	1488.78	883.98	59.38
1995	1877.95	1028.39	54.76
1996	2262.34	1,211.91	53.57
1997	2531.73	1,357.73	53.63

중국교육예산 통계 적요 1990~1997, 《교육발전연구》 1999년 제3기에서 발췌.

표 12-5, 표 12-6에서 볼 수 있듯 1990년대 이래로 중국 재정수입과 예산 내 교육지원금의 절대치는 모두 계속적인 증가세를 보이고 있다. 1993년을 제외한 1991, 1992, 1994년, 예산 내 교육지원금의 증가율은 모두 재정총수입 증가율보다 높다. 그러나 1995년 이후 예산 내 교육지원금의 증가폭은 재정수입의 증가폭보다 낮아진다. 그와 동시에 1990년대 이래, 교육총예산 중 중국 재정예산 내 교육지원금 비율 역시 기본적으로 하향추세를 보인다.

따라서 부족한 교육예산과 빠듯한 교육예산이야말로 실제로 존재하는, 중국교육사업 발전의 발목을 잡고 심각하게 제약하는 '병목'이다. 15년 이래로 각 지방정부들은 의무교육 예산을 늘리기 위해 노력했지만 법률 조항과 실제 수요 사이에는 상당히 큰 격차가 존재했으며 공공

교육 예산은 시종 심각한 결핍에 처해 있었다. 1990년대 중국 공공교육 예산이 GNP에서 차지하는 비율은 여전히 3%를 넘지 못했으며 4% 목표까지는 상당히 큰 차이를 보였다. 비록 정부와 국무원이 교육개혁 예산이 부족한 상황을 바꾸기 위해 일련의 정책과 법규들을 연이어 발표하고 교육예산 증가에 관한 전문조항도 만들었지만 의무교육 예산에 대한 안정적인 보장 메커니즘 결핍, 교육 시스템의 온전한 예산 메커니즘 미비 등의 여러 가지 원인으로 이런 규정들은 완전히 자리 잡지 못했다. 《교육법》이 제기한 교육 예산 '3대 증가' 요구처럼 기준을 밑도는 해가 발생하기도 할 뿐 아니라, 일부 성, 자치구는 몇 년씩 기준치를 넘지 못했다.

하지만 교육예산의 부족은 너무나 쉽게 간과해 버릴 잠재적인 문제들을 야기했다. 즉 엄청난 교육비 채무를 갚을 길이 없다는 것이다. 수많은 학교들은 '단계별 학교 운영, 단계별 관리'라는 시스템에 따라 '우선 말에 올라타고 안장은 나중에 준비하고 보자는' 식의 조치를 취했다. 그들은 현급 정부의 승인으로 교육자금 유치작업을 벌여 학교운영 조건을 개선하며 나중에 매년 걷는 농촌 교육비 부가세로 조금씩 채무를 상환하려했다. 불완전한 통계에 의하면, 전국 범위의 교육비 채무는 이미 200억 위안에 달했으며 그 중 어떤 현은 심지어 5,000만 위안의 채무를 안고 있었다. 빚을 내 보급하는 '9년제 의무교육'의 악영향은 이미 점차 모습을 드러내고 있다. 예를 들어 간쑤성 징촨涇川 현은 2000년 세제개혁 시범 현으로 확정된 후 농촌교육비 부가세 징수와 교육자금 유치를 멈추어야 했다. 채무를 갚을 길이 없기 때문에 지금까지 '두 가지 기본' 사업 채무 689.58만 위안을 지고 있다. 구랑古浪현은 국가 빈민지원 개발 중점현으로 2000년에 '두 가지 기본 사업' 검수를 통과했다. 국가 '2차 의무교육 사업' 대상 중 검수를 통과한 현은 포함되지 않고, 또 '초, 중, 고등학교 붕괴위험 건축 개조공사'도 현재 붕괴위험이 있는 학교만 포함했기 때문에, 이 현은 지금까지 '의무교육 보급'에 관한 빚만도 2,247.6만 위안을 빚지고 있다. 일부 시공반이 학교를 직접 찾아와 빚 독촉을 하고 학교대문을 막고 교실을 잠가버리거나, 심지어 현 정부 지도자와 학교 교장이 법정에 고소되는 사건이 잇달아 발생하기도 했다. 이런 악영향은 현재 초, 중, 고등학교 붕괴위험 건축 개조에 큰 영향을 미치고 있다. 이 모든 것은 의무교육, 특히 농촌 의무교육의 진일보한 안정과 발전에 영향을 미치고 있다.

④ 의무교육의 전체적인 수준 향상

우선, 의무교육의 전체적 발전수준에서 볼 때 국가가 정한 '9년제 의무교육 보급' 목표는 비록 달성하긴 했지만, 아직은 초보단계로 낮은 수준에 불균등하며 불안정하고 심지어 서로 다른 정도의 '거품'을 가지고 있다. 첫째, '9년제 의무교육'으 검수기준은 편중되어 있으며 일부 지역에서는 기준을 낮춰 구색만 갖추고 있다. 학제를 논하자면, 현재 6, 3학제와 5, 4학제, 및 5, 3학제(8학년제)도 공존하고 있어 완전한 9년제 의무교육이 아니라 할 수 있다. 추정에 따르면, 1999년 전국에서 5년제 초등학교와 3년제 중학교를 실행하는 학교 수 및 학생 수, 졸업생 수는 각각 전국 총계의 31%, 25.2%와 34.1%를 차지한다. 다시 예를 들어 규정에 따라 중학교 추정 입학률이 3년 연속 95%를 달성하면 검수를 통과할 수 있다고 하지만 일부 실리적인 유혹을 못이긴 불법행동이나 눈가림식 현상 등도 적잖게 발생하고 있다. 일부 지역은 검수년도에 95%를 달성하고 이전 두 해 동안 성장세를 보이기만 하면 검수에 통과되었다. 게다가 '9년제 의무교육 보급' 검수는 보급률 조사만 중시할 뿐, 교육의 질은 전혀 중시하지 않아 의무교육은 연수만 채우는 교육이 되었다. 둘째, 일부 이미 검수가 끝난 지역은 지방정부의 정신이 해이해지는 현상이 발생되었다. 목표를 달성했다고 생각하면 계속 추진하려는 동기가 사라지게 마련이다. 의무교육을 과정적 목표로만 받아들이기 때문에 앞으로 교육의 무게중심은 보통 고등학교 교육 혹은 대학교 교육으로 옮겨갈 것이라고 생각하기도 한다. ……이렇듯 인식이 제대로 정립되지 않았기에 지속적인 예산편성이 방만해지고 결국 각종 지표가 하락하는 등 문제가 나타났으며, 의무교육 목표달성 후 교육수준의 안정적인 향상에도 영향을 끼쳤다.

그 다음으로, '9년제 의무교육 보급'의 보급률이나 입학적령기 아동의 중퇴율, 미진한 학생 수 등 상황으로 볼 때, 의무교육은 아직까지 완전히 그 '의무'를 다하지 않았다. 2000년을 기준으로 전국에는 15%의 인구지역에 아직 '9년제 의무교육'이 보급되지 않았으며, 그 중 6% 정도의 인구지역에서 초등교육 보급에 대한 검수가 이뤄지지 않았고 약 2%의 인구지역에서는 5~6학년 초등교육, 심지어 3~4학년의 초등교육도 보급되지 않았다. 동시에 전국에서 '5, 3' 학제는 3분의 1을 차지하고 있어 취학 적령기 아동의 유동량은 수백만 명에 가깝고, 매년 중퇴

학생도 근 백만 명에 달하는 등, 의무교육의 실제 보급률과 통계숫자 간에는 편차가 발생하고 있다. 예를 들어 중학교의 실제 졸업률은 통계 숫자보다 낮아야 한다. 1994~1999년, 초등학교 중퇴율은 점점 하락하지만, 중학교 중퇴율은 상승하는 추세다. 1985~1990년, 비록 미취학 아동의 비율이 매년 낮아지고 수량도 매년 감소하고 있지만, 1990년에는 여전히 211.4만 명의 취학적령기 아동이 교육을 받지 못했다. 다른 지역의 분포 상황을 통해서 볼 때, 이런 미취학 아동들은 주로 농촌의 빈곤지역에 집중되어 있음을 알 수 있다.

표 12-7　1994년 이래 전국 의무교육 과정에 나타난 중퇴율 상황(%)

	1994년	1995년	1996년	1997년	1998년	1999년
초등학교 중퇴율	1.85	1.49	1.1	1.01	0.93	0.9
중학교 중퇴율	5.11	3.98	3.0	3.14	3.23	3.28

자료 출처: 교육부 발전계획사 : 《중국교육사업 발전 통계 상황》(1994~1999).

표 12-8　1985~1990년 전국 적령기 아동 미취학률 상황 통계

	1985	1986	1987	1988	1989	1990
취학적령기 아동 (만 명)	10,362.3	10,067.3	9,750.9	9,723.9	9,699.1	9,740.7
미취학률(%)	4.05	3.24	2.81	2.81	2.56	2.17
미취학 아동 수 (만 명)	419.50	326.43	273.70	273.00	248.40	211.40

자료 출처: 1985~1990년 중국교육 통계 모음.

다시 한 번 의무교육의 질이란 측면에서 볼 때, 제일 중요한 가치는 구식교육 관념의 속박을 받아, 입시위주 교육 경향이 여전히 뚜렷하며 입시와 진학은 학교가 추구하는 '유일한 목표'이자 '궁극적인 목적'이 되었다. 비록 사람 중심, 학생의 발전을 목적으로 한 교육 이념이 전파되긴 했지만 많은 수의 학교 관리자들과 교사들도 틀에 박힌 사고방식과 오랫동안 습관이 된 교육관리 방식, 교육행동 방식의 제약을 받기 때문에, 학생의 주체적인 위치나 소양교육에 부합하는 교육방식, 학습방식, 교육 평가 제도를 온전히 확립하지 못했고, 학교는 모든 학생들이 공부하고 생활하는 낙원이 되기엔 너무나 부족한 곳이 되었다. 그와 반대로 일방적으로 진학률만을 추구하며 무게중심이 계속 하향 이동되자 학생의 인격모독 및 학업을 싫어하는 심리 가중, 범죄현상 등 문제들이 계속 증가하며 심각해졌다. '부담 감소'는 겉모양만 바꾸었을 뿐, '가정교육의 부담'은 점점 더 심해지는 부조화 현상이 발생됐다. 학생들, 특히 중학생, 농촌 중학생의 학습부담은 실질적으로 감소되지 않았다. 구소련의 교육자 안톤 마카렌코Антон Семенович Макаренко는 교육작업 중 "백분의 일의 쓰레기가 국가에 심각한 손실을 초래할 수 있다."고 말했다. 따라서 정부의 지렛대 작용을 발휘하고 과학적이며 과정성과 발전성을 갖춘 학교교육 학습 평가개념, 제도 등 수단을 이용해 학생들의 소질교육이 진정한 소질교육이 되도록 하는 것은 정부의 마땅한 본분이다.

⑤ 의무교육의 지도감독 평가제도의 상대적인 낙후

교육평가는 교육활동이 사회와 개인의 필요에 부합한 정도를 판단하는 활동으로서 교육활동의 현실적 혹은 잠재적 가치에 대한 판단을 하며, 이로써 교육발전을 이루려는 데 목적이 있다. 우리는 교육지도감독 평가가 의무교육의 발전에 끼친 작용에 대해 긍정해야 하지만, 한편으로는 의무교육의 지도감독 평가가 가진 불완전한 요소도 살펴봐야 한다.

본래의 지도감독 평가 체계는 실질적인 선발을 주요 목표로 하기 때문에 이런 문제들을 야기하고 말았다. ① 평가기준상 국가는 의무교육의 수업의 질, 학교 기초설비, 교사의 자질 등에 대한 필요한 교육기준을 제정하지 않고, 통일되고 과학적이며 구체적인 지도평가 지표체계를 참고로 하지 않으므로 평가과정에서 주관적인 요소가 크게 작용하게 된다. 결국 의무교육의 실제 수준은 큰 격차가 벌어지게 되었다. ② 지도평가 내용상, 외적 형식을 중시하고 실질적인 내용을 경시한다. 한 지역이나 한 학교가 기준에 합격하는지를 평가할 때, 더 많이 보는 것은 수량 혹은 외적 형식이다. 예를 들어, 보급률, 진학률, 교사합격률, 기초교육 설비의 수량, 설비의 우열 등. 그러나 학생의 전면적인 발전, 교사의 수업수준의 발전 등 내적인 질은 중시하지 않는다. 그러니까 소질교육의 수요에 부합하는 질적 평가기제는 아직 건립되지 않은 것이다. ③ 평가 방식상, 결과를 중시하고 과정을 경시한다. 이는 교육지원 및 기본시설 기준을 달성하는 데는 어느 정도 효과적일 수 있지만, 어떻게 기준을 제고하느냐 하는 유효달성도, 장기간 일정 수준을 유지하는 데는 부족한 감이 있다. 검수 중의 허위나 '조작'의 가능성도 배제할 수 없다. ④ 평가 대상상, 학교를 중시하고 정부는 경시한다. 의무교육을 학교의 일로만 여길 뿐 의무교육에 관한 정부의 지도감독 및 평가라는 의무는 경시한다.

만일 교육 지도감독 평가의 권위가 양호한 운용 메커니즘 및 소양 높은 지도 감독단이라는 기초 위에 건립된다고 한다면, 운용 메커니즘의 부족은 학교교육 수업평가 개념과 평가제도의 낙후를 더 한층 가중시킬 것이다. 조사 자료에 의하면, 현재 일부 학교의 교육수업평가는 여전히 시험성적에 편중되어 있으며, 시험의 종류와 수량도 과부하현상이 엿보였다. 평가의 기능과 목적 면에서 목표달성의 내용 및 최종적인 평가만 중시하고 시험에 대한 진단 피드백, 격려 등의 기능은 경시되고 있다. 시험내용 및 평가내용은 학생의 학업 성적, 특히 지식량의 평가에 심각하게 편중하고 있다. 시험내용은 진부하고 학생의 창의정신 및 실천적 능력배양은 간과되고 있다. 이 모든 것은 학생 소양의 배양, 향상 및 의무교육의 비전 성취에 불리할 뿐이다.

3. 의무교육 : 가는 길이 평탄하길

21세기, 의무교육의 비약적인 발전과 철저한 개혁이 있을 때만 국가의 발전 및 민족 진흥, 국제경쟁이라는 요청에 부합할 수 있다. 중국 의무교육의 득실을 종합하면서, 우리는 '먼 길을 계획하는 한편, 현재를 고려하는' 원칙에 입각해 의무교육과 기타 교육의 조화로운 발전을 촉진하고 국민들에게 희망을 주며, 실현 가능한 새로운 발전목표를 확립함으로써 목표달성후의 상황을 공고히 하고 사상관념, 메커니즘, 정책법규 등 면에서 의무교육의 과정을 지속적이며 전면적으로 추진해야 한다. 따라서 다음과 같은 사업에 힘을 쏟아야 한다고 주장한다.

(1) 국가의무교육 기준을 조속히 건립한다

특히 농촌학교의 건설기준과 초, 중, 고등학교 교사의 임금 기준을 확립한다. 기준에 의한 실시는 법률이 규정한 정부의 행위이지 학교가 해야 할 행위가 아니다.

국가 의무교육 기준이란 국가가 의무교육의 각 지표에 정한 가장 최소한의, 가장 기본적인 요구와 규범이다. 예를 들어 한 학교에 몇 명이 있어야 하며, 어떤 조건을 구비하고, 어떤 기구와 설비가 있어야 하는지 등등을 규정한 것이다. 국가에는 최소한의 기준이 있어야하며 이는 입법형식을 빌려 확립하고 보장해야 한다. 현재, 중국 의무교육 기준은 전체적으로 아직 완비되지 못했으며 대부분이 수준 높은 전시적 기준일 뿐 수준이 낮은 기준은 부족하다. 의무교육 기준을 설정하면 정책실행중 나타나는 인위적인 편차를 피할 수 있으며 또한 각 지방에 과학적인 참고기준을 제공할 수 있어 각 곳의 경제발전 상황, 인구상황에 근거해 현지의 교육기준을 확립하고 각 지역별 교육격차를 점진적으로 해소할 수 있다.

(2) 국가 교육 데이터베이스를 조속히 건립하며, 전국 의무교육 실시 상황을 네트워크로 연결해 전 사회의 감독을 받도록 한다

교육정책의 제정은 반드시 과학적인 정책결정에 의거해야 하며, 과학적인 정책결정은 실제적이고 믿을만한 데이터를 근거로 해야 한다. 데이터베이스의 건립 및 운영이 100% 과학적이며 100% 신뢰할 만하다고 단언할 수는 없지만, 과학적이고 신뢰성 있는 데이터 및 과학적 수리통계 방식과 정책결정 과정을 통해 교육관리 정책결정의 객관성 및 정확성을 향상시켜야 함은 의심할 바가 없다. 현재, 한편으로는 반드시 전국 교육 데이터베이스 건설에 박차를 가하며, 이로써 의무교육의 '정보 소스' 및 국가 의무교육 정보망을 건립해야 한다. 또 서로 다른 시기와 지역의 구체적 상황에 따라 적시적소에서 전국 각지의 교사들을 파트타임 교육정보원으로 활용하여 의무교육 검수와 피드백을 강화하며 전국 의무교육 실시상황이 네트워크를 통해 전 사회의 감독을 받도록 해야 한다. 다른 한편으로는 속히 중국의 상황에 알맞은 의무교육 감독 기준 및 체계를 건설해야 한다. 이로써 초, 중, 고등학교 중퇴율을 관리의 중점으로 삼고, 9년제 의무교육 졸업률 및 만 16세의 중학교 추정 입학률을 중요지표로 삼아 9년제 의무교육의 재검수 및 소양교육 평가를 서로 결합하는 한편, 빈곤지구 의무교육발전목표의 전체적인 감독과 구체적인 관리조치를 서로 결합해야 한다.

(3) 국가 교사 연수 사이트 및 기지를 조속히 건립하며, 의무교육 교
사층과 기본경비를 확보해야 한다

소양교육의 실시 및 교육과정, 교육내용 개혁이 고품질 의무교육의
핵심이지만, 의무교육이 '양'에서 '질'로 발전하는 과정 중, 교사의 수
준은 분명 핵심 중의 핵심이라 할 수 있다. "교사 자신의 적극적인 발전
이 없는 한, 학생의 적극적인 발전을 기대하기가 어렵고 교사정신이 해
방되지 않는 한, 학생정신의 발전도 기대하기 어려우며 교사가 교육적
으로 창조력을 발휘하지 않는 한, 학생의 창조적인 정신도 기대할 수
없기 때문"이다.

현재 초, 중, 고등학교 교사 층 확보에는 확실히 어려움과 갈등이 존
재하고 있다. 그 예로, 교사 층의 전반적인 소양이 소양교육 실시요구
및 현대적인 요구에 부응하지 못하거나 높지 않은 전문화 수준, 교사
층의 구조적 모순 돌출 등 문제를 안고 있다. 게다가 초등학교 입학률
이 계속 피크를 이루고 있으며, 8년제 의무교육에서 9년제 의무교육으
로 변화하는 과도기라는 점 등을 고려할 때, 본인은 정부에 다음과 같
은 사항을 건의한다. ① 조속히 현대적 교육수단을 운용하여 국가 교육
정보의 장을 건립하고, 우수한 교육이론가의 연설, 우수교사의 수업 동
영상을 CD로 제작하거나 인터넷 사이트에 올리되, 소스를 국가가 구입
하거나 무료로 제공하여 우수한 교육자원을 최대한 보유하도록 한다.
② '제10차 5개년 계획'기간 동안 '사립학교 교사'와 수십만의 '대리교
사'문제 등을 중점으로 삼아 문제를 전부 해결해야 한다. 교사합격률,

특히 농촌교사의 합격률을 보장해야 한다. ③ 우대정책을 책정하여 고교 졸업생이 변경 빈곤지역에 부임해 일정 기간 동안 교사를 담당하도록 하거나, 자원봉사 지원자들이 정기적으로 빈곤지역을 지원하는 등의 각종 방식을 통해 변경 빈곤지역의 교사 부족문제를 해결하도록 한다. ④ 현재 교사 총수를 기본적으로 유지한다는 전제하에서 조정, 유동, 진출입 등의 방법으로 교사층을 점차 우량화하며 교사자질을 향상하고 교육 서비스를 확대한다. ⑤ 교사 배출을 21세기 학교제도 건설의 핵심으로 삼고 의무교육 제 2기 프로젝트 자금 중 전용자금을 설립해 국가 빈곤지역의 교사를 교육하도록 하며, 각 학교는 현지의 상황에 근거해 전체교사를 위한 연수 및 학습기회를 제공하도록 한다.

(4) 의무교육경비 지원을 계속적으로 확대하되 의무교육경비 모집방법을 확대해 의무교육 부채문제를 해결한다

주지하다시피, 지식경제의 도전 앞에서 개발도상국은 경제와 과학기술이란 실력 면에서 선진국과는 이미 서로 다른 출발선상에 섰다고 할 수 있다. "세계화된 시장에서 판매시장 확보 경쟁 중, 노동력의 기능 수준과 소양은 경쟁자 간의 격차를 점점 더 크게 하는 요소가 되었다." 이는 곧 개발도상국과 선진국 간의 격차는 실제로는 '지식의 격차'임을 의미한다. 어떻게 하면 이 격차를 최대한 빨리 줄일 수 있을까? 교육체제 개혁의 심화, 교육제도 개혁의 가속화, 의무교육경비의 지속적인 투입, 이는 가장 중요한 조치라 할 수 있다. 물론 학계에서도 의무교육의

'경비가 있는 만큼 가르칠 것'인지 아니면 '가르쳐야 할 만큼 경비를 마련할 것' 것인지, 논쟁이 분분했다. 하지만 세계은행의 전문가들이 《21세기 중국교육의 전략목표》라는 보고에서 건의한 것처럼, "중국은 강력한 세수체계를 완벽히 건설하고 세수 충족조건이 구비될 때까지 기다려 투자균등 문제를 해결하려 해서는 안 된다." "내일의 돈으로 오늘의 교육에 투자"해야 한다. 이는 정부와 각지 지방 정부의 공통된 인식이 되어야 한다. 이럴 때만이 정책과 제도는 진정한 의미에서 의무교육을 지속적으로 발전, 추진시키는 최대의 자본이 될 것이다.

(5) 의무교육의 저중심적 분권형 투자 체제를 개혁하고, 국가의 자금 모집력을 확대하며, 소외된 계층의 교육지지에 박차를 가한다

중국이 본래 가지고 있던 저중심 투자체제는 각지 민생재정에 큰 압력이 되었음은 분명한 사실이다. 그러나 작금의 농촌세제 개혁은 농촌 의무교육의 추진에 더 큰 어려움을 가져왔다.

이를 위해 정부에서는 공공투자 체제의 내부적 메커니즘을 신속히 조정, 개혁하는 대책으로 각급 정부의 투자책임을 명확히 구분하며 공공경비를 합리적으로 분할해 중앙과 지방각급정부가 재정을 분담하는 메커니즘을 건립한다. 또한 현행의무교육 공공투자 분담주체의 무게중심이 하향 조정된 현상을 개혁한다. 농촌 빈곤지역에서는 의무교육에 필요한 최저 재정기준을 법으로 정하고, 이에 못 미칠 경우에는 중앙 및 성급 재정에서 하향지원식의 규범화된 지불전이 혹은 전문 지원제

도를 실시해 부실한 재정을 지원하도록 한다.

(6) 서부 지역과 빈곤지역에 의무교육 면제제도를 실시한다. 교육전
용 국가 보조금을 통해 빈곤학생의 교과서, 학용품, 교통비 및
점심식사비 등 문제를 해결한다

수많은 국가의 의무교육은 모두 변경지역과 빈곤지역 및 빈곤계층에
대한 중점적인 지원에서 시작되었다. 예를 들어 일본은 상황이 불리한
지역(예를 들어 섬이나 국경지역)에 특별교육 보조를 실시한다는 법률을
제정하고 있다. 한국은 1967년《도서, 산간지역 교육 진흥법》을 제정
하여 국가는 도서 및 농어촌, 산촌, 광산촌 등 생계가 곤란한 지역에 우
선적으로 의무교육경비를 지원하도록 정하고 있다.

세계 대부분 국가의 의무교육은 여러 가지 무료제도를 실시하고 있
다.(표 12-9 참고)

표 12-9 세계 대부분 국가가 실시하는 의무교육 연한과 내용

자료출처: 국가 교육발전 연구센터

	국가	의무교육 연한	학비 감면 등 조치 및 범위
1	이스라엘	13	학비면제
2	브루나이	12	학비면제, 무료 교과서
3	벨기에	12	학비면제
4	영국	12	학비면제
5	네덜란드	12	학비면제
6	미국	12	학비면제, 저소득 가정 학생 점심식사비 면제, 일부 주에서는 무료 교과서 교대사용
7	뉴질랜드	12	학비면제, 무료 교과서
8	북한	11	학비면제, 무료 교과서 교대사용, 교복, 식사비 면제
9	말레이시아	11	학비면제
10	싱가포르	11	학비면제
11	캐나다	11	학비면제
12	오스트레일리아	11	학비면제
13	프랑스	10	학비면제, 빈곤학생에 무료 교과서 제공, 교통비및 점심식사비 지원
14	러시아	10	학비면제, 빈곤학생에 교과서 전부 혹은 일부 면제, 교통비 혹은 기숙사비 보조
15	아르메니아	10	학비면제
16	노르웨이	10	학비면제
17	포르투갈	9	학비면제, 빈곤학생에 무료 교과서 제공, 교통비 및 기숙사비 보조
18	일본	9	학비면제, 무료교과서, 식사비 부분 지원
19	한국	9	학비면제, 무료 교과서 (초등학생 일률 면제, 중학교는 6대 대도시 외에 전 지역 면제)
20	태국	9	학비면제, 빈곤 농촌지역 점심식사비 면제, 자전거 대여
21	오스트리아	9	학비면제

	국가	의무교육 연한	학비 감면 등 조치 및 범위
22	독일	9	학비면제
23	폴란드	9	학비면제
24	스웨덴	9	학비면제, 무료 교과서, 교통비 및 점심식사비 제공
25	스위스	9	학비면제
26	핀란드	9	학비면제, 무료 교과서, 점심식사비, 의료비, 보험료 면제, 빈곤학생 교통비 지원
27	이집트	9	학비면제, 무료 교과서, 변경 농촌지역 전부 면제
28	쿠바	9	학비면제, 무료 교과서
29	마다가스카르	9	학비면제
30	튀니지	9	학비면제
31	루마니아	8	학비면제, 무료 교과서, 의료비 및 심리치료비 면제
32	쿠웨이트	8	학비면제, 무료 교과서
33	인도	8	학비면제
34	이태리	8	학비면제
35	불가리아	8	학비면제
36	브라질	8	학비면제
37	몽고	8	학비면제, 빈곤학생은 무료 교과서 교대사용
38	짐바브웨	7	도시는 부분면제, 농촌은 전액면제
39	시리아	6	학비면제
40	필리핀	6	학비면제
41	모리셔스	6	학비면제
42	베트남	5	학비면제, 빈곤학생은 무료 교과서 교대사용
43	방글라데시	5	학비면제
44	적도 기니	5	학비면제

이상에서 의무교육을 실시하는 국가라면, 모두 학비면제 정책을 선택하고 있으며 농촌과 변경지역에 대해서는 특수정책을 사용하고 있음을 알 수 있다. 불균형한 지역발전 현상이 매우 심각한 우리로서는 서부지역 교사들의 월급 지급도 어렵고 학생들의 학교 입학도 어려운 오늘, 이런 지역과 특정 계층을 위한 특수정책 제정은 매우 시급하고도 중대한 사안이 되었다.

“현재 세계에는 좋은 교육을 받고도 가난한 국민은 하나도 없다. 또한 무지하고 어리석은 국민들 중 가난하지 않은 국가는 하나도 없다.” 우리의 후대를 위한 것이며 아이들의 건강한 성장을 위한 사업은 그 어떤 일이이라도 모두 사람의 마음을 정화시키고 인간의 정신을 고양시키며 인간의 행위를 규범화하고 창조적인 영감을 제공할 수 있어야 한다고 말한다면, 의무교육이야말로 바로 이런 사업이 되어야 할 것이다. 이것이 바로 중국 의무교육이 깊이 사색해야 할 점이다.

13

균형적인 발전 : 즐거운 집과 슬픈 집

　1억 위안이 넘는 돈을 투자한 현대화 시범 고등학교가 연해 도시에서 하나둘씩 일어날 때, 윈난 등 변경 지역의 일부 초등학생들은 여전히 바깥의 바위 위에서 공부를 하고 있었다. 이는 화둥華東사범대학 휘이핑霍益萍 교수가 《기초교육 재진맥基礎敎育再把脈》이라는 책에서 묘사한 그림이다. 이 책은 다음과 같은 놀라운 사실들을 하나씩 밝힌다. 중국의 교육 격차는 확대되고 있으며 교육의 불균형은 나날이 심각해지고 있다! 동부와 서부, 도시와 농촌, 우수 학교와 일반 학교 간의 교육 투자, 교사의 수입은 몇 배, 심지어는 십 몇 배까지도 난다! 교육의 불균형 발전은 교육의 마태 효과Matthew Effect(매튜 효과, 부익부 빈익빈 효과)를 더욱 두드러지게 한다. 인재, 자금, 자원 등은 끊임없이 강세를 보이는 지역과 학교로 흘러들어가고, 박약한 지역과 학교는 그저 이를 넋 놓고 바라볼 수밖에 없다. 인재는 도시로 흘러간다. 정말 '몇 집은 즐겁고 몇 집은 슬픈' 상황이 아닐 수 없다!

1. 불균형 : 격차의 확대

교육의 불균형 발전은 역사적인 범주이다. 시대의 발전에 따라 그 의미 역시 함께 변화하였다. 세계 대다수 국가가 의무교육의 목표를 실현하기 위해 노력할 때, 교육의 균형적 발전이라는 주요 의미는 더욱 많은 사람들에게 더욱 많은 교육의 기회를 제공한다는 것이다. 세계 대다수 국가들이 기본적으로 의무교육을 보급한 이후, 교육의 균형적 발전의 가치 경향은 모든 사람들에게 기본적인 교육을 제공하는 것이었다. 사회의 경제, 정치, 문화가 일정 수준에 도달하게 되면 교육의 균형적 발전의 구체적 목표는 최대한 많은 사람들에게 최대한 좋은 기본 교육을 제공하는 것이다.

세기 전환 무렵, 중국교육의 불균형 발전이 사람들의 관심의 대상이 된 근본적인 원인은 상당히 긴 세월 동안 중국의 교육이 불균형 발전을 지속해오면서 상당히 많은 문제가 생겨났기 때문이다. 1990년대, 나라에서는 교육의 균형적인 발전을 위해 여러 중대한 조치들을 채택하였다. 1995년, 《중화인민공화국 교육법》을 반포하면서 국가는 소수민족 지역과 경제 발전이 상대적으로 낙후된 지역의 특징과 수요에 따라 각 소수민족 지역 교육사업의 발전을 돕고, 변경 빈곤지역 교육사업을 돕는다고 규정하였다. 법률 제정과정 중, 그리고 반포 이후, 중앙정부는 '빈곤지역 의무교육 프로젝트'를 가동하고, 중국 내륙지역 소수민족 지역과 변경 빈곤지역에 도움을 제공하여 이들 지역의 교육사업을 발전시키고, 청소년 아동에게 더욱 많은 교육의 기회를 제공함과 동시에 교육의 격차를 줄일 수 있기를 바랐다. 1990년대 정부의 '빈곤 지역 의무교육 프로젝트'는 전국 22개 성과 자치구에 영향을 미쳤고 의무교육에 총 100억 위안을 지원하였으며 56,921개의 학교를 건설하였다. 원래 별로 발달하지 않은 중국의 경제적 상황을 고려한다면 교육의 균형적인 발전을 위해 쏟은 노력은 매우 두드러지며 고무적이다. 그러나 현실은 우리에게 교육의 불균형 발전이 여전히 두드러진다고 말한다.

첫 번째, 교육 자원 배치가 불균형 형태를 나타낸다. 과거 10년 동안, 교육경비의 절대수치는 안정적인 상승추세를 유지하였다. 교육경비는 433.9억 위안에서 1,357.73위안으로 상승하여 상승폭이 무려 313%에 이른다. 그러나 거대한 교육경비 액수가 결코 각 급 학교, 각지와 각 유형의 학교에 평등하게 분배되는 것은 아니다. 기초교육의 교육경비 분배를 예로 들자면 각 과정의 학교 학생, 각 지역 학교 학생이 누리는 학생당 평균 교육경비에는 뚜렷한 격차가 존재한다. 1999년 전국 평균으로 계산할 때, 일반 고등학교의 학생당 평균 경비는 2,695.90위안으로 도시 중학교와 농촌 중학교의 학생당 평균 경비는 각각 1,101.84위안과 861.64위안, 도시 초등학교와 농촌 초등학교의 학생당 평균 경비는 각각 625.36위안과 519.56위안이었다. 교육경비의 분배는 일반 고등학교가 중학교와 초등학교보다 높게 나타나고 도시 학교가 농촌 학교보다 높게 나타나는데 그 격차가 상당히 뚜렷하다. 이러한 현상은 교육자원 배치의 불균형 성질을 설명하는 전형적인 예이다. 이러한 격차는 교육을 받는 사람은 각 과정의 기초교육을 받기 때문에, 혹은 각 지역에서 기초교육을 받기 때문에, 실제적으로 다양한 액수의 교육경비를 누리고 있다는 사실을 설명한다.

　기초교육의 학생당 평균 분배의 불균형 현상은 발전 지역과 변경의 낙후지역에서 더욱 두드러지게 나타난다. 베이징과 상하이의 일반 고등학교 학생당 평균 경비는 각각 5,504.85위안과 7,935.50위안이고, 장쑤와 광둥은 각각 3,506.45위안과 4,194.72위안, 구이저우貴州와 닝샤寧夏는 각각 1,253.65위안과 1,253.65위안이다. 베이징과 상하이의 도시 중학교 학생당 평균 경비는 각각 3,009.84위안과 3,523.46위안, 장쑤와 광둥은 각각 1,580.61위안과 1,619.71위안, 구이저우와 닝샤는 각각 520.78위안과 866.14위안이다. 베이징과 상하이의 농촌 중학교 학생당 평균 경비는 각각 1,948.50위안과 3,137.51위안, 장쑤와 광둥은 각각 1,102.97위안과 1,309.26위안, 구이저우와 닝샤는 각각 390.08위안과 779.25위안이다. 베이징과 상하이 도시 초등학교 학생당 평균 경비는 각각 1,808.49위안과 2,621.16위안, 장쑤와 광둥은 각각 830.66위안과 1,095.73위안, 구이저우와 닝샤는 각각 296.44위안과 648.50위안이다. 베이징과 상하이 농촌 초등학교 학생당 평균 경비는 각각 1,328.21위안과 2,142.16위안, 장쑤와 광둥은 각각 655.71위안과 893.65위안, 구이저우와 닝샤는 각각 260.10위안과 612.11위안이다. 이상 각 지역은 각각 중국의 발달도시, 발달지역과 변경의 낙후지역을 대표한다. 기초교육 과정에서 각 지역 간 학생 평균 경비의 격차 폭은 1배 이상이다. 이러한 정황은 중국교육의 불균형 발전이 여러 지역 사이에 광범위하게 존재하고 있다는 사실을 말한다.

두 번째, 교육 자원 분배의 격차는 확대되고 있는 추세이다. 1994년부터 1999년까지의 기간 동안, 전국 기초교육 과정의 학생 평균 교육경비는 뚜렷이 증가하였다. 그러나 증가가 결코 기초교육 과정의 각 급학교에 평균적으로 나타난 것은 아니다. 이 기간, 일반 고등학교 학생당 평균 경비는 1,162.17위안 증가하여 75.77%의 증가폭을 기록하였다. 도시 중학교 학생당 평균 경비는 353.21위안 증가하여 47.17%의 증가폭을 기록하였고, 농촌 중학교 학생당 평균 경비는 246.16위안 증가하여 39.99%의 증가폭을 나타냈다. 도시 초등학교 학생당 평균 경비는 236.87위안 증가하여 60.97%의 증가폭을 기록하였고, 농촌 초등학교 학생당 평균 경비는 189.96위안 증가하여 57.63%의 증가폭을 기록하였다. 이들 데이터는 1999년까지 고등학교 학생당 평균 경비 증가가 중학교와 초등학교보다 높고, 도시 중학교 학생당 평균 경비 증가가 농촌보다 높으며, 도시 초등학교 학생당 평균 경비 증가가 농촌보다 높고, 도시 중학교 학생당 평균 경비 증가가 농촌보다 높고, 도시 초등학교 학생 평균 경비 증가가 농촌보다 높고, 기초교육의 각 교육 과정에서 학생당 평균 교육경비의 증가격차가 확대되었다. 통계 데이터에 따르면 과거 몇 년 동안 각 지역 기초교육학교 학생당 평균 경비의 증가폭은 특히 뚜렷하다. 1995년부터 1999년 사이 상하이 일반 고등학교 학생당 평균 교육경비는 1,786.98위안 증가, 전국 평균 수준보다 9.01% 높은 55.09%의 증가폭을 기록하였다. 도시 중학생 교육 평균 경비는 966.84위안 증가하여 전국 평균 수준보다 16.59% 높은 55.22%의 증가폭을 기록하였다. 농촌 중학교 학생당 교육경비는 978.91위안 증가하여 전국 평균 수준보다 41.04% 높은 81.26%의 증가폭을 기록하였다. 도시 초등학교 학생당 평균 교육경비는 747.98위안 증가하여 전국 평균 수준보다 20.05% 높은 61.01%의 증가폭을 기록하였다. 농촌 초등학교 학생당 평균 교육경비는 670.1위안 증가하여 전국 평균 수준보다 24.78% 높은 66.21%의 증가폭을 기록하였다. 만약 상하이와 전국 각급, 각 유형 학교의 학생당 평균 경비는 본래 기준 수부터 차이를 둔다는 사실을 고려한다면, 전국 평균 수준과 비교해 상하이 기초교육 과정의 학생당 평균 교육경비 증가액은 실제적으로는 더욱 커진다.

상하이와는 반대로 전국에서 비교적 낙후한 지역으로 구이저우 각급 각 유형 학교의 학생당 평균 경비 증가 수치와 폭은 모두 전국 평균 수준보다 낮고, 상하이 수준보다 낮다. 이 기간 동안 구이저우 일반 고등학교의 학생당 교육경비는 349.31위안 증가하여 전국 평균 수준보다 37.14%, 상하이보다 106.00% 낮은 38.63%의 증가폭을 기록했다. 도시 중학교 학생당 평균 교육경비는 137.82위안 증가하여 전국 평균 수준보다 11.18%, 상하이보다 65.26% 낮은 35.99%의 증가폭을 기록하였다. 농촌 중학교 학생당 평균 교육경비는 88.55위안 증가하여 전국 평균 수준보다 10.63%, 상하이보다 131.08% 낮은 29.36%의 증가폭을 기록하였다. 도시 초등학교 학생당 평균 교육경비는 106.58위안 증가하여 전국 평균 수준보다 4.83%, 상하이보다 57.93% 낮은 56.14%의 증가폭을 기록하였다. 농촌 초등학교 학생당 평균 교육경비는 92.92위안 증가하여 전국 평균 수준보다 2.61%, 상하이보다 56.65% 낮은 55.02%의 증가폭을 기록하였다. 이들 데이터는 각 지역의 기초교육 과정 학생은 다양한 교육자원을 향유하고 그들 사이의 격차는 매우 크며 시간의 변화에 따라 격차가 나날이 확대된다는 사실을 말해준다.

세 번째, 교육 자원의 분배는 학교 간의 격차를 나타낸다. 지역성을 띤 연구를 통해 모 지역 우수 중, 고등학교와 일반 중, 고등학교 학생의 학생당 평균 경비 방면에 격차가 있다는 사실을 발견했다. 우수 중, 고등학교 재정 지원은 학생당 평균 경비가 700위안이고, 일반 학교는 학생당 평균 610위안이다. 1990년대, 우수 중, 고등학교는 매년 추가 경비 지원을 누릴 수 있었다. 1991년 2만 위안, 1992년 8만 위안, 1993년 28만 위안, 1994년 73만 위안, 1995년 220만 위안, 1996년 500만 위안이며 일반 중, 고등학교일 경우 추가 경비 지원은 없다.

2. 불균형적 발전 : 부정적 영향의 등장

교육의 불균형 발전은 매우 뚜렷한 부정적 결과를 낳는다. 이러한 부정적 결과는 중국 사회의 공평성과 사회의 진보에 모두 막대한 부정적인 영향을 미친다.

첫 번째, 불균형 발전은 각 지역 인구의 교육수준의 격차를 야기한다. 여러 지역 인구의 교육정도의 격차는 그 경제, 문화와 사회 발전의 격차와 서로 긴밀한 관련이 있다. 그러나 이 현상은 기초교육 관리체제와 마찬가지로 긴밀한 연관이 있다. 1980년대 이후, 중국은 기초교육 등급 관리 체제를 실행하였다. 이러한 체제 하에 지방정부는 모든 관할 구역 내의 기초교육 관리 직무를 담당하고, 일부 변경 낙후지역은 자신의 경제가 상대적으로 낙후된 이유로 기초교육의 발전을 지원하고 촉진할 충분한 재정적 지원이 없었다. 이러한 상황은 직접적으로 기초교육의 불균형한 지역 발전을 야기했다. 1998년, 전국적으로 6세 이상의 인구 가운데 전문대 졸업 학력이 2.78%, 고등학교 졸업 학력이 11.15%, 중학교 졸업 학력이 33.04%, 초등학교 졸업 학력이 39.79%, 문맹이 13.70%를 차지했다. 베이징과 상하이 두 지역의 전문대 졸업 학력자 비율은 각각 전국 평균 수준보다 13%와 7.12% 높았다. 고등학교 졸업 학력자 비율은 각각 전국 평균 수준보다 14.09%와 13.56% 높았다. 중학교 졸업 학력자 비율은 전국 평균 수준보다 각각 0.5%와 1.92% 높았고, 초등학교 졸업 학력자 비율은 전국 평균 수준보다 각각 17.02%와 18.5% 높았으며, 문맹 비율은 전국 평균 수준보다 7.83%와 4.56% 낮았다. 구이저우와 윈난 두 지역의 전문대 졸업 학력자 비율은 각각 전국 평균 수준보다 0.98%와 1.65% 낮았다. 고등학교 졸업 학력자 비율은 각각 전국 평균 수준보다 5.12%와 5.56% 낮았다. 중학교 졸업 학력자 비율은 전국 평균 수준보다 각각 10.25%와 10.75% 낮았고, 초등학교 졸업 학력자 비율은 전국 평균 수준보다 각각 4.25%와 9.11% 높았으며, 문맹 비율은 전국 평균 수준보다 11.43%와 8.41% 낮았다. 이들 데이터는 비록 90년대 후기, 지역 간의 6세 이상 인구의 교육수준의 격차는 대략 완화되고 있으나 중학교 이상 과정에서 다양한 지역 인구의 교육수준의 격차가 여전히 뚜렷함을 보여주고 있다. 이러한 격차는 여러 지역의 기초교육발전의 격차와 분명한 관련이 있음이 분명하다.

두 번째, 교육의 불균형 발전은 여러 민족 인구의 교육수준에 격차를 생성하도록 야기한다. 한족 인구가 집중된 장쑤와 티베트, 광시 등 소수민족이 상대적으로 집중 된 지역을 예로 들자면 다음과 같은 사실을 분명히 볼 수 있다. 1998년, 6세 이상의 인구 가운데 티베트와 광시의 전문대 졸업 이상 교육수준을 가진 사람이 차지하는 비율이 각각 0.13%와 0.99%로 각각 장쑤 3.04%와 2.18%보다 낮다. 고등학교 졸업 학력 인구는 각각 0.13%와 0.99%로 각각 장쑤 11.63%와 5.55%보다 낮다. 중학교 졸업 학력 인구는 각각 26.98%와 31.99%로 각각 장쑤 25.76%와 0.75%보다 낮다. 초등학교 졸업 학력 인구는 각각 42.62%와 48.48%로 각각 장쑤 8.02%와 13.87%보다 낮다. 문맹 인구는 49.10%와 11.63%로 그 중 티베트 문맹 인구가 차지하는 비율은 장쑤의 32.54%보다 높다. 광시 문맹 인구가 차지하는 비율은 장쑤의 5.23%보다 낮다. 중학교 이상의 과정에서 두 개 소수민족 지역 인구의 교육정도가 차지하는 비율은 장쑤보다 낮고, 그 중 티베트가 가장 두드러지며 이 지역은 중학교 이상 교육정도 인구가 차지하는 비율이 장쑤보다 낮고, 더욱 심각한 것은 문맹 인구가 장쑤보다 훨씬 많다는 점이다. 이러한 정황은 기초교육 관리체제가 소수민족이 자신의 낙후된 기초교육 상황을 바꿀 수 있도록 더욱 많은 도움을 제공하지 못하고 소수민족 지역과 기타 지역 간의 격차를 메울 수 없도록 하여, 소수민족 지역인구 교육정도가 1990년대에는 상대적으로 불리하거나 혹은 낙후된 지경에 이르도록 만들었음을 보여준다.

세 번째, 교육의 불균형한 발전은 사회 중 일부 집단이 불리한 교육

기회에 직면하도록 야기한다. 교육의 불균형 발전은 여러 지역에서 나타날 뿐만 아니라 동시에 동일 구역과 동일 교육 과정의 서로 다른 학교 사이에 우수 중, 고등학교와 일반 중, 고등학교를 분별할 수 있도록 한다. 전자는 정부의 중점적인 지원을 받아 비교적 높은 명성을 누리고 높은 교육품질을 갖추고 있으며, 후자는 교육 품질에서나 업무 명성에서나 혹은 학교 경영 시설과 경비 액수 방면에서 모두 우수 중, 고등학교와 비교할 수도 없다. 우수 중, 고등학교는 교사의 소양, 교육 시설과 진학률 등 여러 방면에서 모두 일반 중학교보다 우월하다. 우수 중, 고등학교의 교사 가운데 52.1%의 교사가 학사 학력을 갖추고 있고, 40.2%의 교사가 전문대 학력을 갖추고 있다. 일반 중, 고등학교의 경우 두 항목의 데이터가 각각 21.0%와 58.2%이다. 우수 중, 고등학교에는 평균 총 26개의 실험실이 있고, 일반 중, 고등학교에는 평균 7개의 실험실이 있다. 우수 중, 고등학교에는 1인당 25권의 도서가, 일반 중, 고등학교에는 1인당 11권의 도서가 비치되어 있다. 우수 고등학교의 고등교육기관으로의 진학률은 거의 100%라고 볼 수 있는데 그 중 절대다수의 졸업생들이 4년제 대학에 들어간다. 일반 중, 고등학교의 졸업생이 고등교육기관으로 진학하는 비율은 대강 50% 정도를 맴돈다. 게다가 고등교육기관에 입학한 학생 중 대다수는 전문대학교에 입학한다. 우수 중, 고등학교와 일반 중, 고등학교는 각각 한편으로는 보편적으로 유치원, 초등학교부터 중, 고등학교까지 학교 선택의 물결을 이끌고, 다른 한편으로는 돈, 권력과 사회적 관계를 통해 학교를 선택할 능력이 없는 가정 출신의 피교육자에게는 불리한 상황에 직면케 하며 계층교육의 격차를 형성한다. 이러한 격차는 기초교육 불균형 발전의 가장 심각한 부정적인 영향이다. 이러한 각도에서 볼 때 기초교육 불균형 발전은 결코 단순한 교육 문제만은 아니며 어떤 의미에서는 사회적 문제임을 알 수 있다. 조사(표본 : 13,511명)에 따르면 중국의 4년제 대학 가운데 어떤 직업의 가정 출신이냐에 따라 뚜렷한 불균형이 나타난다. 여러 직업의 종사자 가운데 농민과 노동자 가정 출신의 학생이 4년제 대학 학생 총수에서 차지하는 비율은 농민과 노동자의 종사 인구수와 극히 상반된다. 부친의 직업을 분류의 기준으로 볼 때, 당 혹은 정부 기관의 요직이나 기업 책임자로 종사하는 비율은 총 인구 중 고작 2.02%에 불과하다. 그러나 그들의 자녀들이 4년제 대학의 학생 총수에서 차지하는 비율은 15%에 이른다. 관리 인원의 자녀에 대한 조사를 덧붙인다면 이 계층의 자녀가 4년제 대학 학생 총수 가운데 차지하는 비율은 23% 이상에 이른다. 그와 비교해보면, 농민 및 농업 관련 직업에 종사하는 인구가 전체 종사 인구 가운데서 차지하는 비율은 무려 69.36%에 달한다. 그러나 그들의 자녀가 4년제 대학 재학생 가운데서 차지하는 비율은 고작 29.4%에 불과하다. 전문 기술인력 가정의 자녀 역시 교육과정 중에서 우세를 보인다. 이 직업의 종사인구가 전체 공업 종사인구에서 차지하는 비율은 5.43%이지만 그들의 자녀가 고등교육기관 학생 총수에서 차지하는 비율은 13%에 이른다. 이러한 현상은 기초교육의 불균형 발전이 실질적으로 계층교육 격차의 중요한 요인이 되고 있음을 설명한다. 다시 말해, 가정의 직업 지위가 비교적 낮은 학생은 기초교육의 불균형 발전과정 중 총체적으로 상대적으로 불리한 위치에 처할 수밖에 없다는 말이다.

통계 데이터를 통해 농업, 임업, 목축업, 어업 직과 생산 노동자, 운수 노동자 직에 종사하는 인원의 대다수는 교육수준이 낮다는 사실을 알 수 있다. 농업, 임업, 목축업, 어업 종사자 가운데 중학교 졸업 학력자는 33.05%, 초등학교 졸업 학력자는 45.62%, 문맹과 반문맹은 19.19%이다. 이와는 상대적으로 고등학교 졸업 학력자는 고작 4.12%, 전문대 이상 졸업 학력자는 거의 없다고 볼 수 있다. 생산 노동자, 운수 노동자도 마찬가지로 대다수가 교육수준이 비교적 낮다. 중학교 졸업 학력자는 53.25%, 초등학교 졸업 학력자는 23.17%이다. 이러한 데이터는 중국 내륙의 농업, 임업, 목축업, 어업 직과 생산 노동자, 운수 노동자 종사자의 전체적인 교육수준이 매우 낮아 여러 전문 기술직, 국가기관, 당 조직과 기업 책임자 직의 종사자와 비교했을 때 상대적으로 교육수준의 격차가 매우 크다. 때문에 만약 현행 기초교육 불균형 발전의 패턴이 지속된다면 농업, 임업, 목축업, 어업 직과 생산 노동자, 운수 노동자 등 취업 인원의 교육수준, 문화 소양은 지속적으로 열악해질 수밖에 없다. 이런 상태가 고착화되면 지위가 비교적 낮은 직업 계층은 영원히 직업 신분에 변화를 줄 수 없고, 변함없이 불리한 상황에 처할 수밖에 없다.

네 번째, 교육의 불균형 발전은 성별 교육의 격차를 조장한다. 앞서 논술하였듯이 교육 불균형 발전은 동일 구역의 동일 수준 학교를 우수학교와 일반 학교로 분류하는 데서 드러난다. 이러한 격차는 계층 교육의 격차는 물론이거니와 성별 교육의 격차를 조장하기도 한다.

교육의 불균형한 발전이 성별 교육의 격차에 미치는 메커니즘은 첫째, 우수 학교와 일반 학교의 구조 하에 전통적인 남존여비 관념의 영향을 받아 자녀를 위해 학교를 선택해 줄 능력이 없는 일부 가정은 여자 아이들에게 더더욱 일반 학교의 교육을 받도록 한다. 우수 학교의 교육 품질이 일반 학교보다 우위에 있음은 논쟁의 여지가 없기 때문에 많은 여자아이들은 불리한 상황에 놓이게 되고, 일정 수준의 교육을 받은 후 교육을 포기한다. 이러한 상황은 광범위한 농촌 지역에서 자타가 공인하는 사실이다. 둘째, 여자 아이는 교육에서 불리한 위치에 처해있기 때문에 진일보한 교육을 받는 과정에서도 지속적으로 불리한 처지에 처할 수밖에 없으므로 전반적으로 남성 피교육자와는 비교할 수가 없다. 때문에 기초교육의 불균형 발전은 불리한 위치에 처한 집단을 더욱 불리하게 만든다. 본질적으로 이는 격차를 확대시키는 교육발전 전략이다.

1990년대, 중국 여성은 교육과정 중 항상 불리한 위치에 처해있었다. 1990년, 중국의 고등교육 과정에는 뚜렷한 성별 격차가 존재했다. 해당 연도 일반 고등교육 과정에서 여학생이 학생 총수에서 차지하는 비율은 33.7%로 남학생보다 낙차가 뚜렷해 남학생 비율 66.3%의 절반에 불과했다. 중등 기술학교와 일반 중, 고등학교 가운데 여성이 차지하는 비율은 각각 42.4%와 41.9%에 불과했다.

1998년에도 1990년의 수치가 거의 유지되었다. 교육의 여러 과정에서 교육단계가 상승함에 따라 여학생은 점점 더 불리한 위치에 놓이게 된다. 초등학교와 유치원 과정에서 남녀학생의 비율 격차는 크지 않다.

이 격차와 인구 총수 중의 성별 비율은 거의 일치하는 편이다. 그러나 일반 고등교육기관에 들어간 후 여학생 비율은 남학생 비율보다 현저히 떨어지게 된다. 남학생이 고등교육기관 학생 총수에서 61.69%를 차지하는 반면에 여학생은 고작 38.31%를 차지해 무려 23.38%의 차이를 보인다. 성별 교육 격차를 야기하는 원인은 매우 복잡하여 그 원인을 완전히 기초교육의 불균형 발전으로 돌릴 수만은 없다. 그러나 기초교육의 불균형 발전 체제 가운데 여성에 더욱 유리한 목표와 방향을 포함하지 않는다는 사실을 긍정할 수밖에 없다.

현실에서 중국 사회 총인구수 중 각 교육수준의 인구 성별 비율은 상당히 불균형하다. 전국 인구 표본조사 데이터에 따르면 6세 이상의 인구 가운데 문맹과 반문맹 수준에서 여성 인구가 차지하는 비율은 70.01%, 남성 인구는 29.99%로 양자 간의 격차는 30%에 이른다. 초등학교 졸업 학력에서 남녀 인구는 각 50%를 차지하여 격차는 없다. 중학교 졸업 학력의 인구 가운데 남성 인구가 차지하는 비율은 57.25%, 여성 인구가 차지하는 비율은 42.75%로 양자 간의 격차는 14.5%이다. 고등학교 졸업 학력의 인구 가운데 남성 인구가 차지하는 비율은 57.26%, 여성 인구가 차지하는 비율은 42.74%로 양자 간의 격차는 15.02%이다. 고등교육기관 졸업 학력의 인구 가운데 남성 인구가 차지하는 비율은 63.29%, 여성 인구가 차지하는 비율은 36.71%로 양자 간의 격차는 26.58%에 이른다.

초등학교 과정을 제외하고 기타 모든 교육 과정에서 여성 인구가 모두 뚜렷한 열세를 보인다.

중국 사회의 취업 인구 가운데서도 성별 불균형 현상은 여전히 존재한다. 1998년, 전체 취업 인구 가운데 전문대 졸업 학력의 남성 인구는 4.1%, 여성 인구는 2.7%, 고등학교 졸업 학력의 남성 인구는 13.4%, 여성 인구는 10.2%, 중학교 졸업 학력의 남성 인구는 43.3%, 여성 인구는 33.8%이다. 이를 통해 중학교 이상의 학력 수준을 갖춘 취업 인구 가운데 여성 인구가 차지하는 비율은 남성보다 현저히 낮다는 사실을 알 수 있다. 그러나 초등학교 졸업 학력과 문맹 수준에서는 여성 인구가 차지하는 비율이 각각 36.7%와 16.5%로 남성보다 높다. 이러한 상황은 취업 인구 가운데 남녀 성별 비율이 뚜렷이 균형을 이루지 못함을, 여성이 뚜렷이 불리한 지위를 차지하고 있음을 보여준다(표 13-1 참조).

중국 사회 가운데 교육을 받은 인구의 성별 분포와 취업 인구 중 성별 분포의 불균형 현상을 종합해보건대, 현재 학교 교육 가운데 존재하는 성별 격차가 자연스레 발전하도록 방임한다면 향후 중국 사회 총인구수 가운데 성별 교육수준의 격차와 취업 인구 가운데 성별 교육수준의 격차는 더욱 심각해질 것이다. 또한 중국교육 사업의 발전, 교육품질의 제고와 전체 사회의 발전에 영향을 미치는 장해물이 될 것이다.

표 13-1 1998년 성별에 따른 취업 인원의 교육수준 단위 : %

	문맹	초등학교	중학교	고등학교	전문대 이상
평균	11.5	7.2	16.5	34.2	31.9
남	36.7	38.9	43.3	33.8	11.9
여	13.4	10.2	3.5	4.1	2.7

자료 출처 : 국가통계국 : 《중국통계연감》(1999), 중국통계출판사 2000년 판, 173p.

성별 교육의 격차와 기초교육 불균형 발전을 연결시켜보면, 사람들의 시야 가운데는 중국 사회의 남존여비 문화 전통이 나타난다. 그런데 기초교육의 불균형한 발전은 이를 더욱 강화시키고 있다. 총체적으로 교육이 여성의 계층과 직업 지위와 어울리는 인격과 생활 행위 습관을 양성시키며, 기초교육발전은 시대를 따라 진보하며 여성에게 더욱 많은 기회를 제공하기는커녕 오히려 여성이 교육을 받을 수 있는 기회, 특히 고등교육을 받을 수 있는 가능성을 약화시킨다는 사실을 알려준다.

실전 가운데 교육 불균형 발전에는 여전히 부정적인 일면이 존재한다. 첫 번째, 상술한 문제가 존재하기 때문에 중국 정부가 '의무 교육 빈곤 지원 프로젝트'를 통해 기울이는 노력의 효율이 억제될 수밖에 없다. 중국 정부가 한편으로는 힘껏 각 지역, 민족 교육의 발전의 격차를 축소하고 교육 기회를 확대하고는 있지만, 다른 한편으로는 지역, 민족, 계층, 성별과 자원 등 방면에서의 격차를 줄이지 못하고 있다. 불균형 발전은 실제 잠재적으로는 우수한 쪽으로 기우는 가치 방향을 포함한다는 사실이 더욱 두드러지게 드러난다. 품질, 수준이 비교적 높은 학교와 경제가 발달한 지역의 학교는 종종 더욱 많은 자원을 향유하며, 그곳에서 학습하는 학생은 더욱 좋은 교육을 받을 수 있다. 품질, 수준이 비교적 낮은 학교와 경제발전 수준이 상대적으로 비교적 낮은 학교가 받는 자원은 상대적으로 적기 때문에 그 곳 학교에서 공부하는 학생이 누릴 수 있는 자원과 교육의 품질은 확실히 떨어진다. 이러한 우수한 쪽으로 기우는 경향의 정책이 직접적으로 사회의 공정한 가치를 희미해지게 한다.

두 번째, 교육의 불균형 발전은 학교의 등급 의식과 학생의 등급 의식을 조장하고, 이러한 의식이 전체 사회로 발산되도록 한다. 우수 학교와 경쟁하는 스트레스 하에서 상당수 학생들이 교육 과정 가운데 불평등한 대우를 받고는 한다. 이러한 현상이 생겨나는 주요 원인은 경쟁에 놓인 학교와 교사는 주의력을 좋은 학교에 들어갈 가능성이 있는 학생들에게 집중할 수밖에 없고, 때문에 성적이 보통이거나 다소 떨어지는 학생은 소홀히 할 수밖에 없다는 것이다. 일부 학업 성적이 보통인 학생은 즐겁게 교육을 받지 못할 뿐만 아니라 가끔씩은 차별대우를 받기도 해 결국 중도에 학업을 포기하는 경우도 발생하고는 한다. 이러한 의식과 실제적인 상황 때문에 사회는 우수 학교에 더욱 많은 관심을 기울이고, 사람들은 발전한 지역을 선호하게 되며, 일반 학교의 학생 혹은 경제 발전 수준이 비교적 낮은 지역에서 생활하는 학생들은 흔히 사회로부터 다른 평가를 받고는 한다.

세 번째, 교육의 불균형 발전 상태는 직접적으로 보상 평등 가치를 부정한다. 보상 평등의 기본 의미는 처지가 좋지 않은 피교육자에 대해 실행하는 보상으로, 그들과 처지가 좋은 학생들 간의 격차를 축소한다. 그러나 교육 기회 혹은 자원의 분배에서 볼 때, 중국 기초교육의 불균형은 모두 보상 평등에 대한 직접적인 부정이다.

3. 교육의 균형적 발전 : 이상과 보장

실전 중에서 교육의 불균형 발전은 지역, 민족, 계층, 성별과 평등이라는 다원적 가치를 소홀히 하였다. 우리는 중국의 현 과정에서는 불균형 발전 정책을 차츰 옅게 하고, 이를 대신하여 균형적으로 교육을 발전시켜야 한다고 생각한다.

첫 번째, 교육 평등 원칙을 관철한다. 이 원칙은 입학 기회의 평등과 자원 분배의 평등을 포함한다. 입학 기회에서는 모든 적령기 아동과 청소년이 모두 학교에 입학하여 공부를 할 수 있도록 보장할뿐더러 기초교육 과정 학교 간의 차이를 한층 더 확실히 제거해야 한다. 이를 위해 기초교육 과정에서는 차별이 없는 개인 입학 기회의 평등원칙과 학교 간 교육자원 분배의 평등원칙을 실행해야 한다. 이렇게 해야만 진정으로 《중화인민공화국 교육법》의 평등정신을 실현할 수 있다. 법률이 규정한 평등교육 기회는 인생교육을 기점으로 한 입학기회의 평등을 가리키며, 더욱이 인생 기초교육 과정의 교육자원 평등과 나아가 모든 향유하는 교육품질의 평등을 포용해야 한다. 기초교육 과정 중의 학교 간의 교육자원 평등과 교육품질 평등 보장은 사실 피교육자 교육과정의 평등과 교육 성공확률 평등의 기본조건을 보장하는 것이다. 이러한 조건이 부족하면 교육기회의 진정한 평등도 없거니와 기타 모든 평등의 아이디어와 조치 역시 물거품이 되고 만다. 이러한 상황은 분명 《중화인민공화국 교육법》의 평등 정신을 체현할 수 없다. 때문에 기초교육 과정 학교 간의 차이를 제거하고, 기초교육 과정 중학교 입학기회 평등 원칙과 학교 간 교육자원 분배평등원칙을 관철하는 것은 진정으로 교육 불균형 발전의 기본 경로를 극복하는 것이다.

두 번째, 피교육자 이익의 최대화를 촉진하는 원칙을 관철한다. 이 원칙은 미국 학자 레이 더글러스Rae Douglas가 제기한 평등 문제를 처리하는 가장 중요한 원칙이다. 더글러스는 사람들이 여러 각도에서 평등을 이해할 수 있다고 한다. 첫째, 평등의 대상을 구분한다. 이 각도에서 보면 평등의 대상은 간단한 무차별적 개인 평등, 팀 내 평등과 팀 대항 평등을 포함한다. 개인의 평등은 모든 구체적인 개인이 무차별적으로 평등의 기회를 향유하는 것을 가리킨다. 무기명 투표 선거 중의 모든 표의 가치는 동등하기 때문에 개인 평등의 전형적인 예가 될 수 있다. 팀 내 평등은 서로 다른 평등의 대상을 서로 다른 조로 분류하고 각 조 내부 구성원의 평등을 추구하며 조와 조 사이의 평등을 소홀히 하는 것을 가리킨다. 팀 대항 평등은 평등의 대상을 서로 다른 조별로 분류하고, 조 대항 평등을 추구하며, 팀 내 평등을 소홀히 하는 것을 가리킨다. 남녀평등의 주장이 바로 이러한 평등이다. 어떤 페미니즘이든 간에 그 사이의 공통된 특징은 바로 남녀 사이의 평등을 추구하는 것이기 때문에 여성 내부의 평등까지는 생각이 미칠 겨를이 없다. 둘째, 자원평등의 유형을 명확히 한다. 여기에서 평등의 의미는 경계적 평등과 전체적 평등을 포함한다. 전자는 평등화 할 수 있는 자원을 평등하게 평등한 대상에게 분배하고, 모든 대상의 기존 기초와 이런 기초가 만들어내는 분배 결과의 불평등은 고려하지 않는 것이다. 후자는 평등화를 제공할 수 있는 자원이 평등화를 요구하는 자원보다 적을 때, 평등화할 수 있는 자원으로 불평등한 분배를 실시해 분배 결과의 불평등을 축소 혹은 확대할 수 있는 것을 가리킨다. 셋째, 평등 원칙을 분명히 나타낸다. 여러 가지 평등 방향을 조합하면 여러 가지 평등한 선택을 얻을 수 있다. 때문에 평등이 불러일으키는 논쟁은 사실상 사람들과 서로 다른 선택적 의미에서 평등을 토론하는 것과 일정한 관계가 있다. 여러 가지 선택을 마주하고 더글러스는 평등을 선택하는 원칙을 제시하였는데 평등한 고려, 차별적 대우와 이익의 최대화 원칙을 포함한다. 평등한 고려의 원칙은 사람들이 모두 평등한 대우를 받는 것을 가리킨다. 차별적 대우 원칙의 의미는 만약 사람들 사이에 차별이 존재한다면 이에 대해 차별적인 대우를 실행해야 하며, 차별적인 대우의 전제는 '평등한 고려'가 되어야 한다는 것을 가리킨다. 즉 평등한 기초 상, 그리고 관념상 서로 다른 방식으로 서로 다른 대상을 대하는 것을 말한다. 이익의 최대화 원칙은 평등한 고려와 차별적 대우를 처리하는 규범이다. 이 규범은 평등 혹은 차별 대우가 평등화된 대상에 적합하고 평등화된 대상의 이익에 부합하도록 요구하는 것이다.

더글러스의 사상은 우리에게 중국 현실의 경제, 문화와 사회 전체의 발전수준에서 기초교육의 절대적인 균형적 발전을 실행하는 길은 멀다는 사실을 일깨워준다. 현 과정에서 우리가 할 수 있는 것은 더글러스의 사상을 받아들여 중국 상황에 맞는 기초교육발전정책을 설계하는 것이다. 이런 정책은 다음을 포함해야 한다. 먼저 교육자원 방면에서 전체적인 평등원칙을 실현하여 조건이 비교적 떨어지는 학교, 시골 학교, 낙후지역과 소수민족 지역의 자원 편향적 방향을 재촉하여 동일 수준, 유형 학교 간의 격차와 서로 다른 지역 간의 격차를 축소하고, 피교육자가 서로 다른 학교 혹은 서로 다른 지역에 위치함으로써 받는 교육 자원 분배의 불평등을 최대한 옅게 한다. 둘째, 가치 방향에서 이익 최대화 원칙을 선택한다. 피교육자에게 어떤 교육 기회를 제공하든, 어떤 원칙을 채용하여 교육 자원을 분배하든 모두 평등적 대우, 차별적 대우와 최대화 원칙을 함께 중시하여야 한다. 그 중 특히 중요한 것은 피교육자의 이익을 최대로 촉진하는 것이다. 이익의 최대화 원칙은 차츰 교육 격차를 완화하고, 기초교육의 실행 가능한 현실적인 생각의 갈피를 균형적으로 발전시키도록 한다.

세 번째, 교정평등과 보상평등 원칙을 관철한다. 이는 미국 학자 제임스 콜만James Colema이 제기한 교육의 격차를 제거하는 원칙이다. 교정평등은 경제적 조치를 통해 능력이 우수하나 우월한 배경이 없는 사람들을 보상하는 것을 말한다. 보상평등의 핵심 문제는 유전적인 문제 혹은 열악한 환경에 처한 사람들에 대해 보상을 진행하는 것이다. 콜만은 새로운 교육평등을 토론할 사고의 방향을 개척하였으며 사람들의 인식과 교육 평가 등에 대해 중요한 계발적 의미를 가진다. 사실상 중국 정부는 이미 이상의 경로를 따라 노력을 기울여 왔다. 두드러지는 표지는《중화인민공화국 교육법》의 전문적인 규정에서 나타나는데 소수민족 지역과 낙후지역의 교육발전 사업을 지원하고 도와주도록 규정하였다. 정부는 전문적으로 빈곤지역과 소수민족 지역을 지원하는 교육기금을 설립하고 이들 지역의 교육발전을 촉진하였다. 이들 법률 규정을 제기하는 전제는 바로 교정평등과 보상평등의 아이디어를 확인하고, 이에 따라 여러 구역 간의 피교육자의 교육평등과 전체 사회 중 피교육자의 교육평등을 촉진하는 것이다. 이 밖에도 기초교육 과정 중 각 급 학교의 장학금제도 역시 교육의 격차를 축소할 수 있도록 시도하고, 일부 저임금 직업계층 가정출신 피교육자의 경제적 부담을 줄여주므로 그들의 불리한 상황을 돕고 있다. 그러나 상술한 모든 법률 규정과 상응하는 제도의 마련은 더욱 광범위하게 전체 기초교육 영역에 관철되어야 하며 낙후지역, 소수민족 지역, 저임금 직업 계층의 피교육자와 여학생이 우선 교육 기회와 자원을 얻도록 해야 할 뿐만 아니라 기초교육 불균형 발전으로 인한 여러 교육 문제를 극복하여 이들 법률 규정과 제도적 마련이 더욱 두드러지는 중요한 역할을 할 수 있도록 해야 한다.

이상의 건의들은 반드시 중국교육, 특히 기초교육 과정의 불균형 발전으로 인한 문제들을 완만하게 하고 나아가 변화시키도록 해야 할 것이다. 그러나 기초교육의 균형적인 발전을 실시하기 위한 가장 근본적인 전제는 사람들이 기초교육 발전에 대한 생각을 변화시키고 법률정신에 입각하여 기초교육의 균형적인 발전의 의미와 가치를 명확하게 이해해야 한다는 데 있다.

중국의 교육 법규 가운데 교육 사업 발전을 지배하는 중요한 원칙은 교육의 공공성 규범이다. 이 규범은 중국의 여러 수준의 교육 법규 가운데서도 마땅히 교육발전을 지도하는 법규정신이 되어야 한다. 중국 헌법 제36조 규정에는 중국의 국민에게는 '종교와 신앙의 자유가 있고' '국가는 정상적인 종교 활동을 보호한다. 어떤 사람이든 종교를 이용해 사회 질서, 국민 신체건강, 국가 교육제도를 파괴하는 활동을 해서는 안 된다.'라는 규정이 있다. 이 규정은 중국은 국민의 종교와 신앙의 자유를 보호하지만 그와 동시에 교육과 종교는 분리실행해야 함을 나타낸다. 《중화인민공화국 교육법》 제8조는 이를 한층 더 명확하게 규정하고 있다. "교육 활동은 반드시 국가와 사회의 공공 이익에 부합하여야 한다. 국가는 교육과 종교의 분리를 실행한다. 어떤 조직과 개인이든 종교를 이용하여 국가 교육제도를 방해하는 활동을 할 수 없다." 《헌법》과 《중화인민공화국 교육법》을 관통 있는 이런 규정들은 교육의 공공성 견지가 교육활동을 관통하는 하나의 기본법규 원칙임을 보여주고 있다.

교육법규의 공공성 원칙이 기초교육 균형적 발전의 법률 기초를 구성하는 것은 첫째, 이 원칙이 교육이 전체 사회 구성원을 위해 일하도록 하고, 전체 사회의 공공이익과 국가이익의 운행을 따라 운행하도록 하기 위함이다. 교육의 공공성 원칙에 관한 이 의미는 교육의 서비스 대상이 전체사회 구성원이며 사회의 일부, 특정 계층 혹은 특정 이익단체가 아님을 의미한다. 또한 학교 교육은 반드시 전체 사회의 공공이익 및 국가의 이익과 일치되어야 하며, 사회 공공이익과 국가이익을 촉진하여 사회 공공이익과 국가이익을 해치는 어떤 교육현상도 금지되어야 한다. 기초교육의 불균형 발전은 의심할 나위도 없이 교육의 공공성 원칙에 어긋난다.

둘째, 교육의 공공성 원칙의 요구는 학교가 모든 특정 계층 혹은 이익 집단과 분리되어 어떤 특정 계층 혹은 이익 집단의 이익을 위해 일하도록 하는 것을 거절해야 한다. 만약 교육이 사회의 특정 계층 혹은 이익 단체의 제약을 받는다면 진정 사회 전체 구성원을 위해 일하지 못하고, 전체 사회의 공익과 국익과 일치를 이루지 못하며, 사회 이익과 국가 이익을 촉진하지 못한다.

셋째, 교육의 공공성 원칙은 국가가 모든 교육의 주요 경비를 보장하도록 규정한다. 이는 전체 국가 교육제도 공공성을 보장하기 위한 기본 전제이다. 실전에서 국가가 모든 교육의 주요 경비를 보장한다는 것은 "국가가 재정 지원을 위주로 기타 여러 채널을 통해 교육경비 보조 체제를 마련하고 차츰 교육투자를 증가하여 국가가 진행하는 학교 교육경비의 안정적인 출처를 보장한다."는 말이다. 동시에 "국무원 및 현 급 이상 인민 정부는 반드시 교육 전용기금을 마련하여 중점적으로 변경 빈곤지역, 소수민족 지역의 의무교육 실시를 지원하여야 한다."

14

다시 시작되는 '아홉째'의 아리아

상편에 실린 《아홉째의 아리아》에서는 1980년대 말 교사의 정치적, 경제적 지위 및 심신건강 상태 등에 관한 문제를 토론했다. 그와 동시에 교사의 소양 및 교사의 지위를 현실에 맞게 향상시키며 이로써 양성순환을 이끌어내 교사가 모든 사람들의 선망의 직업이 되도록 해야 한다고 주장했다. 그 후로 십여 년의 시간이 흘렀다. 지금 지식경제의 파고는 나날이 높아져가고 세계교육개혁의 발걸음은 나날이 빨라지고 있으며 과학교육 중흥전략은 전 국민이 공감하는 과제가 되었다. 이에 우리는 교육개혁의 핵심요소인 교사가 이미 현실에서 사람들이 부러워하는 직업이 되었는지 살펴보도록 하겠다.

1. 시적인 삶과 곤궁한 현실

"인간이여, 시와 같이 대지에 거하는구나." 독일 시인 프리드리히 횔덜린Hölderlin, Friedrich의 이 구절은 우리들에게 무한한 상상을 불러일으킨다. 중국 전통문화에 익숙한 지식인들이라면 누구나 위진魏晉시대

선비와 같은 화합의 정신과 명리를 가벼이 여기는 기개, 생활 속의 자유, 즐거움 및 미의 체험을 얼마쯤은 동경할 것이다. 그러나 현실의 교사는 '시적인 거주자'일 수 없다. 그 이유는 바로 …….

(1) 교사의 경제적 대우에 대한 강력한 보장 부족

교사의 경제적 대우는 과거에 비해 확실히 일정정도 향상되었다. 그러나 교사라는 직업은 여전히 경제적인 면에서 상대적인 풍족함을 확보하지 못하고 있다. 자료에 의하면, 중국 국민경제 16개 부서 가운데, 교사의 수입은 꼴찌에서 몇 등 정도를 유지하고 있다. 이에 비해 홍콩에서 교사의 대우는 각 직업 중 중상위 수준을 유지하고 있다. 교사란 직업은 태양 아래 제일 영광스런 직업이지만 실제적인 대우가 개선되는 것은 아니고 교사는 그저 정신적인 귀족에 불과하다고 하는 말이 전혀 틀린 말이 아니다. 실질적으로 낮은 교사의 경제적 지위와 불안정한 수입은 현재 교사인구의 유동 및 전업을 야기하는 불가피한 현실적 원인이 되었다.

주지하다시피, 사회에 종사하는 어떤 직업을 가진 국민이라도 정해진 시기에 사회적인 보수를 수령할 권리가 있다. 《교사법》제8장 제38조에도 명확한 규정이 있다. "지방 인민정부가 본 법 규정을 위반하여 교사월급을 미지급하거나 교사의 기타 합법적 권익을 침범하였을 시에는 정해진 기한 내에 시정해야 할 책임이 있고, 직접책임자에게 행정처분을 실시하며, 죄질이 중한 범죄행위를 저질렀을 경우에는 법에 따라

형사적 책임을 물어야 한다." 현실 상황은 상상처럼 낙관적이지 않다.

교사의 월급을 예로 들자면 교사 월급 미지급은 아직까지도 보편적인 현상이다. 1993년, 교사월급 미지급은 전국 20여 개 성에서 나타났으며, 총액만도 10억 위안을 넘어섰다. 2000년 4월까지 전국에서는 베이징, 상하이, 천진, 저장, 티베트 등 5개 지역을 제외하고, 그 외 26개 성, 자치구, 직할시에서 모두 교사 월급 미지급 현상이 발견되었으며, 누적금액은 135.65억 위안에 이르렀다. 2001년 중국교육 지도감독단 사무실이 제공한 《전국 일부성, 구 기초교육 지도감독상황 분석》자료를 살펴보면, 일부 지역이지만 교사의 월급 미지급은 여전히 심각한 정도였다. 조사 대상이었던 8개 성 중 오직 저장과 장쑤 두 성만이 중앙정부가 일괄적으로 규정한 임금 항목과 기준에 따라 교사 월급을 지급하고 있었으며, 허난 성은 15개 현이 월급을 미지급했고, 간쑤 성의 누적미지급액은 13.8억 위안, 쓰촨 성은 4.68억 위안, 하이난 성은 2.34억 위안, 지린성은 10.17억 위안, 푸젠 성은 5962.7만 위안이었다.

"길이 맞는지 틀린지 고민할망정 가난은 고민하지 않는다."라는 말은 교사가 가져야 할 일종의 가치관이지만, 가장 기본적인 생활보장 요구마저 만족되지 않는다면 우리는 무슨 이유를 들어 교사한테 청빈한 삶을 요구할 수 있을까? 교사의 월급은 확실히 큰 폭으로 인상되었다. 하지만 월급통장 상의 숫자만 증가하거나 여전히 임시 월급명세서만 받고 있다면 그림의 떡과 다른 것이 무엇인가? 특별히 "가난한 것은 비웃어도, 몸 팔아 돈 버는 것은 비웃지 않는" 기형적인 사회분위기 속에서 교사직업의 사회적 지위는 어떻게 드러날까? 반드시 경제적인 대우를 기준으로 삼아야 하나? 아마도 그래야 할 것이다. 한 직업의 사회적 지위의 고저는 솔직히 말하자면 사회이익 분배를 통해 표현되는 것이지 신문지상의 선전선동이나 전형적인 영웅 표창으로 이뤄지는 것이 아니기 때문이다. 대우의 높고 낮음과 수입의 많고 적음은 비록 교사의 명예에 직접적인 영향을 끼치지는 못하지만, 한 사람 혹은 한 직업의 사회적 지위를 평가하는 중요한 기준이 된다. 교사는 경제적 지위만 중시한단 말인가? 물론 아니다! 그렇지 않으면 우리는 "정부가 임금을 증가시키고, 주택 문제 등의 조치를 취했는데도 불구하고, 왜 교사직은 여전히 우수한 인재들을 끌어들이는 못하는지? 왜 인재 유동정책이 실시되자마자 그렇게 많은 교사들이, 심지어 유능한 교사들마저도 모두 이직을 했는지?" 전혀 이해할 수 없을 것이다.

(2) 교사의 건강상태는 여전히 빨간불

먼저 이런 보도를 보기로 하자.

《현대교육보》의 기자 레이링雷玲은 《과로, 교사의 생명을 디스카운트하다》이라는 글에서 말했다. "베이징시 22중의 쑨웨이강孫維剛 교사가 사람들의 안타까움 속에 죽음을 맞은 지 겨우 1년이 넘은 때에, 중앙재경대학의 교사 샤오메이화肖梅花는 6교시 수업을 마치고 나오며 강의동 옆 자전거 보관대 앞에서 쓰러졌다.…… 39세의 교사 샤오메이화의 사망증명서는 그녀의 사망원인을 정확히 밝히고 있다. '쇼크사, 원인은 정밀 검사 중. 여러 장기의 기증 쇠약, 중증 취장염 증상.' 샤오메이화

를 응급처치한 의사의 증언에 따르면 그녀는 만성 피로가 누적된 과로
상태였다고 한다.”

　중산中山대학, 광둥 외국어 무역대학 등 유수대학은 설문조사 형식을
통해 광둥성 19개 대학 8,622명에 표본조사를 실시했다. 설문은 건강
정도에 따라 건강, 준건강, 입원 직전 상태 및 질병 상태 4가지로 분류
되었다. 설문조사 결과, 광둥 대학 교사의 건강 상태는, 건강 10.42%,
준건강 69.18%, 질병상태 20.42%를 차지했다. 광둥 대학교수의 평균
수명은 전국 평균 수명보다 10세나 낮았다. 조사결과는 교사의 준건강
상태는 연령, 성별, 학력, 직칭에 따라 다르게 나타냈다. 준건강 상태는
30~40세의 교수층에서 제일 높았고, 전체적인 건강상태로 말하면 남교
사가 여교사보다 건강문제가 많았다. 학력은 4년제 정규대학을 졸업한
집단의 건강도가 비교적 낮았고, 건강한 사람과 준건강한 사람의 비교
는 직칭의 향상에 따라 확실히 저하되었지만 질병에 걸릴 확률은 눈에
띄게 높아졌다.

　1990년대 상반년, ‘상하이시 초등학교 교사의 심리건강 문제 연구 과
제팀’에서 발표한 《초등학교 교사의 심리건강, 심리문제를 경시해서는
안됨》이란 보고에서는 상하이시의 초등학교 교사 중 심리문제 발견율
이 48%에 달했고, 그 중 12%는 심리적 병리현상이 눈에 띄며, 2%는 비
교적 심각하다고 밝히고 있다.

　랴오닝 성 14개 도시, 168개소의 도—농간 초, 중, 고등학교 교사
2,292명을 대상으로 표본조사를 실시한 결과에 의하면, 51.23%의 교사
가 심리문제를 겪고 있었으며, 그 중 32.18%의 교사는 ‘가벼운 심리장

애’를, 16.56%의 교사는 ‘중간급의 심리장애’를, 2.49%의 교사는 이미 ‘심리적 질병’을 앓고 있었다.

《베이징시 보건 통계자료 편람》에 의하면, 2001년 베이징시 시민의 평균수명은 75.85세지만 지식인의 평균수명은 평균보다 떨어졌다. 그 중, 교사의 수명은 짧은 축에 속했다.

국가 초, 중, 고등학생 심리건강교육 과제팀의 보고에 의하면, 2002년 광저우 텐허天河구 일부 교사들을 대상으로 한 심리건강 테스트 SCL-90 결과, 69%의 교사들이 과중한 스트레스 및 질투심리, 초조한 심리 등을 나타내고 있다.

……

“봄누에는 죽어야만 실토하기를 그치고, 촛불은 재가 되어야만 눈물을 그친다.春蠶到死絲方盡, 蠟炬成恢淚始乾” 천여 년 이래로 사람들은 ‘봄누에’와 ‘촛불’로 교사를 칭송하고 교사에게 수준을 요구하며, 더 나아가 어떤 개념까지도 만들어냈다. 즉 교사는 무조건 희생해야만 한다. 교사가 피를 토하는 가난한 생활을 고수하지 않으면 ‘인류 영혼의 엔지니어’란 ‘영광’을 가리는 것으로 치부하기 일쑤이다. 최후까지 마지막 한 올의 실을 토해내고 마지막 한 방울의 ‘눈물’까지 불태우는 열정은 좋은 교사와 나쁜 교사를 재는 척도가 되었다. 그러나 ‘교사는 어떤 사람인가?’라는 설명이 사람들에 의해 ‘교사는 어떤 사람이 되어야만 하는가?’라는 가치판단의 기준으로 변화하면서, 보통 사람으로서의 교사의 일면은 사회의 의해 무의식중 혹은 당연하다는 듯 경시되었다. 교사 역시 “범부凡夫요 세상을 사는 자로 현실 생활 속에서 생활 속의 참 사랑을 갈망하고 있다."는 등의 호소의 목소리는 무리들의 외침 속에 묻혀 버렸다. 교사의 가치는 희생에만 있단 말인가? 설마 이것이 교사의 필연적인 본분이란 말인가?

(3) 법적으로 보호받기 어려운 교사권익

《노동법》제 36조는 규정하고 있다. "국가는 노동자의 매일 근무시간이 8시간을 초과하지 않고, 평균 매주 근무시간이 44시간을 초과하지 않는 근무제도를 실시한다."

제 40조에는 규정하고 있다. "채용회사는 다음과 같은 법정공휴일에는 법에 따라 근무자의 휴가를 보장한다. ─신정, 구정, 국제 노동절, 국경절, 및 법률, 법규가 정한 기타 법정공휴일."

그러나 조사를 하면서, 현재 중국의 초, 중, 고등학교 교사들의 근무시간은 국가규정을 심하게 초과하고 있으며 노동 강도는 믿을 수 없을 만큼 세다는 사실을 알게 되었다. 일부 학교 교사의 하루 근무시간은 15시간이나 된다. 새벽 5시 50분에서 오전 11시 25분, 점심 12시에서 오후 5시 15분, 저녁 5시 40분에서 9시 10분까지. 대다수의 학교에서 주말을 쉰다는 것은 교사로서 일종의 사치이다. 심지어 여름, 겨울방학 때까지도 학생들에게 보충수업을 실시한다. 통계자료에 따르면 중국 초, 중, 고등학교 교사의 1인당 평균 근무시간은 9.67시간이며, 다른 직업의 일반 노동자에 비해 평균 1.67시간의 추가근무를 하고 있지만 수면시간은 일반 노동자 평균보다 1시간이 적고, 여가를 즐길 시간은 0.5

시간 정도 적다. 1년 누적 초과노동시간은 420시간에 달한다.

비록 《교사법》 제33조에서 "국가는 교사의 합법적인 권익을 보호하며 교사의 근무조건과 생활조건을 개선하고 교사의 사회적 지위를 향상시킨다. 교사의 임금과 복지는 법률 법규의 규정에 따라 처리한다."라고 정하고 있지만, 같은 《교사법》에 의거하면 노동자로서 교사의 권익은 보호할 길이 없어진다. 《교사법》 제39조에서 이렇게 규정하고 있기 때문이다. "학교 및 기타 교육 기관이 교사의 합법적인 권익을 침범하거나 교사가 학교 혹은 기타 교육기관의 처리에 불복할 경우, 행정부서에 제소가 가능하며, 교육행정부서는 제소를 받은 30일내에 이를 처리한다." 교장은 일반적으로 교육행정부서의 임명을 받았기에, 교사의 제소를 처리하는 것은 교장 자신이거나 상급 교육행정부서가 될 가능성이 농후하다. 이는 교사의 제소에 대한 공정성을 크게 저해한다. 만일 교육행정부서가 제소에 무관심하거나 소극적인 태도를 취한다면 제소제도는 일종의 장식품에 불과하다.

예를 들어보자. 한 학교는 '학교 명예를 훼손하거나 상급기관에 시정을 요청하며 말썽을 부리는 자는 월급에서 200위안/회를 제한다. 개인적인 교육을 실시하거나 유상으로 과외를 실시함이 제보되거나 조사 판명될 경우, 월급에서 100위안/회를 제한다. 인품이 거짓되고 신용을 지키지 않거나 공개적인 장소에서 상사에게 말대꾸를 하는 자는 월급에서 50위안/회를 제한다. '일기쓰기 수업시간'에 학생이 다른 일을 할 경우, 교사의 월급에서 30위안/회를 제한다.' 이런 규정이 교사의 권익을 침범했다는 것은 명백하지만, 교사는 제소를 할 수 없기 때문에 울며 겨자 먹기로 받아들일 수밖에 없다. 비록 학교에서 규정을 만든 동기는 좋은 것일지 모르지만 합리적인 것이 꼭 합법적인 것은 아니다. 학교의 권위가 법률의 권위보다 위일 수는 없다.

(4) 난처한 사생관계

오늘날, 교사들은 너도나도 사생관계의 어려움을 토로하고 있다. 현재 외동 자녀들은 점점 더 교육이 힘들고 예전 아이들처럼 '말을 듣지'도 않을뿐더러 예전 아이들처럼 인내심이 있지도 않기 때문이다. 공부를 잘하는 학생은 십중팔구 자신이 아이큐가 높고, 자기가 노력했기 때문에 좋은 결과를 얻었을 뿐이지, 선생님은 아무런 공로도 없다고 여긴다. 이런 현상은 교사들에게 받아들여지지 못한다는 허탈함을 주기 충분하다. 공부를 못하는 학생은 학부모들이 매번 교사들이 책임을 다하지 못했다고 원망을 쏟아놓으며 은근슬쩍 '자신의 아이가 예전에는 얼마나 공부를 잘했는지'를 들먹인다. 말속에 담긴 뜻은 "어떻게 이 반(혹은 이 학교)은 이 모양이에요."라는 것이다. 이는 교사들에게 이해받지 못한다는 섭섭함을 주기 마련이다. 사생관계에도 자유, 평등이 필요한 것은 맞지만, 교육경험이 부족한 젊은 교사들은 학생들과 함께하는 '정도'를 가늠하기 힘들다는 고충이 있다고 털어놓는다. 아이들의 의견을 존중해주면 학생들은 머리 꼭대기로 기어오르고 선생님의 권위대로 하면 선생님 마음대로라고 한다. 학교 규율을 어기고 매번 개선의 기미가 보이지 않는 '문제학생'의 경우, 논리적으로 설득도 하고 사랑으로 마음을 돌려보려고도 하지만, 이런 학생들은 대부분 한 귀로 듣고 한 귀로 흘려버린다. 만일 선생님의 인내심이 한계에 도달해 한 번이라도 화를 내고 벌을 주게 되면, 학생은 선생님이 학생을 체벌하는 건 《미성년자 보호법》위반이라며 선생님을 찾아와 따지거나 법정에서 만날 테니 옷 벗을 준비나 하라며 엄포를 놓는다.…… 본래 사생간의 화목함이나 의기투합은 교사들이 비록 물질적으로는 상대적으로 빈곤하더라도 항상 정신적인 만족을 주는 원천이었다. 그러나 지금은 과거의 아름다운 추억일 뿐이다.

현재의 사생관계는 확실히 우리를 난처하게 할 뿐 아니라, 심지어 두렵게까지 한다.

백 명의 교사와 학생들을 대상으로 한 무작위 설문조사의 결과를 살펴보자. "당신은 학생을 뜨겁게 사랑합니까?"라는 질문에 90% 이상의 교사는 "네."를 선택했다. 그러나 이 백 명의 교사가 가르치는 학생들에게 던진 "당신은 선생님의 사랑을 느낀 적이 있습니까?"라는 질문에는 90%의 학생들이 "느낀 적이 없다!"를 선택했다.

한 중점학교의 학생이 졸업식 날 칠판에 큼직하게 적은 글씨는 "감사합니다. 선생님!"이 아니라 "해방! 자유!"였다. 심지어 한 국가급 중점고등학교 학생들은 학력고사 전, '우울한 7월(당시 중국의 대학 입학고사는 7월에 치뤄짐—역주)'이 지나가면, 먼저 어떤 과목 담당선생님을 신나게 두들겨 주자는 약속을 했다. 이유는 평상시 그 선생님 때문에 죽도록 '문제를 풀고 시험을 보았기 때문'이었다.

또한 듣기만 해도 오싹하는 끔찍한 사건도 발생했다. 2001년 4월 25

일, 난징의 한 중학교에서 한 여교사가 초등학교 2학년 남학생에게 구타당해 중상을 입었다.

《삼상도시보三湘都市報》는 다음과 같은 사건을 보도하기도 했다. 7월 9일 오후 6시 30분 경, 천저우郴州시의 한 여교사가 이 시의 재래시장에서 장을 보다가 칼에 찔려 죽고 말았다. 나이 38세였다. 사건을 조사한 후 보니, 피해자는 천저우시 제2 중학 고등학교 물리교사이며 직업정신이 투철하고 인품이 뛰어난 우수교사였다. 범행혐의자는 과거 이 학교의 학생(2년 전 졸업)이었으며 학창시절 동급생들과의 관계가 매우 좋지 않아 수차례 동급생들과 다툼을 일으켰었다(한번은 쇠파이프로 학급친구를 때려 중상을 입힘). 이 일 때문에 그는 담임선생님의 심한 꾸지람을 들었고, 선생님의 사랑을 받아들이는 대신 지금까지 원한을 품고 있었다…….

다수의 교사들이 볼 때 이런 사태의 원인은 학생 및 가장들의 소양이 하락하고 세태가 변했기 때문이다. 그래서 일부 교사들은 젊은 교사들에게 '훈계'를 하거나 자기위안삼아 이렇게 이야기한다. "지금은 학생들하고 친할 필요 없어!"

이에 대해, 사람들은 묻지 않을 수 없다. "사생관계가 도대체 어떻게 된 거야? 새로운 사생관계는 어떻게 해야 옳은 것일까?"

2. '스핑크스의 수수께끼'를 푸는 교사들

'스핑크스의 수수께끼'는 고대 그리스의 신화이야기이며, 답은 '사람'이다. 교육의 대상 역시 '사람'이다. 인간의 자유와 존엄을 숭상하고 인본주의의 기치를 높이 들고 있는 오늘날, 우리는 교사가 학생들을 진정한 인간으로 바라봐야 한다는 점을 힘써 강조해왔다. 성장과정에 있는 인간이라 할지라도 이것이 그 권리를 무시하거나 박탈할 수 있는 이유나 변명은 될 수 없다. 그러나 우리는 교사에게 이런 요구는 하지만, 교사가 '사람'이라는 점은 무시하고 있진 않은가? 우리는 진정 교사의 세계로 들어가 그들의 느낌에 귀기울여본 적이 있는가? 교사를 비난하는 것이 일종의 유행이 된 지금, 누가 그들의 고통과 무력함을 진정 이해해 주었는가? 사람들의 몰이해에 대해 하소연할 수도 없는 이 심정을 누가 비통하다 하지 않을까? 특별히 학생들이 "선생님, 저는 선생님을 존경해요. 하지만 저는 선생님 같은 길은 선택하지 않겠어요."라고 할 때 얼마나 마음이 쓰라릴까?

교사의 아리아는 어쩌면 그저 교사 집단 내의 자기연민일지도 모른다. 그러나 사람들은 교사를 '이 세상에서 가장 영광스러운 직업'이라고 높이면서도 왜 교사의 탄식은 이해하지 못하는 것일까? 교사라는 직업은 숭고하고도 힘든 것이다. 교사임금 미지급이라는 사건 하나만 보더라도 표면적으로는 경제적인 문제인 것 같지만, 사실상으로는 교사의 실제 정치지위와 사회지위와의 갈등을 반영하고 있다. 이 문제를 야기한 원인은 다양할 수 있지만, 문제의 실질은 '지도층의 경시'이다. 작자가 볼 때, 근본적으로 수십 년간 교사의 탄식을 일으킨 원인은 교사 직위에 대한 전체사회의 가치인식에 편차가 생겼기 때문이다.

직업에 대한 명망은 한 직업에 대한 전체적인 평가를 대표한다. 이는 한 직업의 고유한 특성과 관계될 뿐 아니라, 이런 직업 특징에 대한 일반대중의 인식과도 관계가 있다. 그러면 교사직업의 명망은 어떠한가? 1995년 베이징 청년연합회는 시장조사기구 및 분석업체에 위탁해 조사를 실시했다. 그 결과 학부모의 경우, 자신의 자녀들의 장래 희망직업으로 제일 기피하는 것은 기업직원(0%), 자영업자(0.3%), 초, 중, 고등학교 교사(2.8%) 순으로 나타났다. 당시 교사의 명성이 비교적 낮았음을 알 수 있다.

현재 일반인의 직업 선택 시 교사직업에 대한 선호도가 조금 증가했다고는 하지만, 교사의 직업가치에 대한 대중의 인식이 완벽해졌다고 할 수는 없다. 더 엄격하고 추상적인 각도에서 볼 때, 중국의 고대, 근대, 현대를 막론하고 교사에 대한 인식은 전반적으로 사회의 공구로서의 가치를 강조했기 때문이다. '스승을 존경하고, 가르침을 존중하라.' '스승의 가르침은 존엄하다.' 등의 전통은 과거에도 이미 있어 왔다. 그러나 고대사회에서 강조한 것은 '스승'의 '도'에 대한 공구로서의 가치였다. 근대사회에서 교사의 직업가치에 대한 인식은 조금 변화되기는 했지만 고대의 도 전파자는 근대의 과학, 문화, 지식 전파자로 변화했을 뿐이다. 하는 일도 관료 및 신하를 배출하는 것에서 사회발전을 이끌어나가고 민주정치에 참여할 수 있는 새 국민을 배출하는 것으로 바뀌었을 뿐이다. 그러나 교사의 가치는 여전히 외재적인 공구, 기술의 면에 머물러 있을 뿐 교사의 진정한 내재적인 가치는 다루지 못하고 있다. 건국 후 1990년대 이전까지 역사와 비슷하게, 사회가 중시한 것은 교사의 노동이라는 외재적인 사회가치였으며 교사노동의 특징을 전달성 및 비창조성으로 규정했다. 그러나 '사심 없는 희생'이란 품격만 강조했지, '교사의 노동이 교사 본인의 인생에 갖는 의미 및 교사가 일상 근무 중 자신의 지혜와 인격에 대한 도전을 받고 있는지, 자신의 생명에 대한 발전적 가치를 깨닫는지, 이 직업에 종사하며 내재적인 존엄과 기쁨, 만족을 느끼고 있는지'에 대해서는 미처 돌아보지 못하고 있다.

교사들이 직업의식이 '희생' 이나 '기여'에만 머물러 있다면 이는 교사들 자신의 불행이라 할 수 있다. "희생적인 행동을 다른 사람에게는 의의가 있지만 자신에게는 전혀 의의가 없는 행동으로 여긴다면 이는 바로 자신이 도구로 전락해 인간의 가치를 실현할 수 없는 사람이 되었기 때문이다. 한 사람 자신이 무가치한 존재가 되어버린다면 그의 희생 역시 도덕적인 가치가 결여된 희생일 뿐"이기 때문이다.

객관적으로 볼 때, 교사 직업에 대한 가치인식의 편차는 사회, 시대가 만들어낸 일종의 역사적 제한이다. 이로 인해 야기된 부정적인 영향은 쉽게 찾아볼 수 있다.

사실판단과 가치판단의 전도: 고금이래로 교사에 대한 찬미가 이어졌으며 이는 교사의 수고와 그로인한 문화의 전달, 변화, 창조라는 면에서의 긍정이라 할 수 있다. 그러나 이 때문에 교사는 완전해야 한다고 여기며 교사를 인간 이상의 이상적인 기준으로 몰아가고 있다. 교사 자신은 알게 모르게 '완벽한 인간' 및 정신적인 귀족이 되어가고 있는 것이다.

이런 가치판단이 생겨난 원인은 여러 가지다. 전통문화 측면에서 볼 때 첫째, 중국문화라는 집단 본위가치의 움직임이 그 원인 중 하나다. 서방 문화와 달리 중국문화는 개체의 가치가 반드시 집단의 가치에 부속될 것을 강조한다. 개체는 자신의 가치를 자각적으로 억제하여 개인주의의 악성성장을 방지하며, 이로써 개체의 단결 및 안정을 유지한다. 이런 전통적인 단체적 움직임은 일정정도에서는 주류문화의 정상적인 연속을 보장하기는 하지만, 개체의 발전을 희생으로, 자아의식 약화를 그 대가로 삼는다. 둘째는 중국문화의 도덕중심 경향이다. 유가교육을 대표로 하는 중국 전통문화는 윤리도덕교육이 문화구조에서 중심적 위치를 차지하도록 노력해왔다. 또한 이를 문화의 보편적인 규범으로 삼아 인간의 도덕적인 본질을 강조하며, 도덕으로 인간을 속박하고 자신의 욕망을 제어하도록 했다. 그로써 인간의 자유로운 본성을 부정하며 심지어 인간을 도덕의 노예로까지 전락시킨 것이다.

교사의 사회적 지위 미확보 : 사회, 인간의 교사에 대한 직업적 가치가 진정한 인식을 얻지 못하기 때문에, 교사의 사회적 지위 역시 확보되지 못하고 있다.

모든 문제의 원인은 결국 모두 제도의 문제로 귀결될 수 있다. 국가 교육지원(특별히 의무교육부분)은 확실히 더욱 강화되어야 하며, 교육 지원 메커니즘 역시 개혁이 필요하다. 신화사의 '신화관점(2003년 4월 6일)'의 한 뉴스는 다음 소식을 전하고 있다. 후베이성 치춘蘄春현은 농촌 세제개혁 후, 교육경비가 날이 갈수록 적어진 탓에 전 현의 교사

800여 명이 교직을 그만두었으며, 어떤 촌의 초등학교에는 '지킴이' 선생님 한 분만 남아 있다고 한다. 이 현에 거주하는 한 농민은 "과거 우리는 하루 종일 세금을 내지 못해서 고민이었는데, 이제는 부담이 적어졌습니다. 하지만 선생님들이 떠났기 때문에 아이의 학업을 지속할 수가 없어 고민은 예전보다 더 많아졌습니다. 아이는 일 년을 낭비하면 평생을 낭비하는 것 아닙니까!" 이를 위해 농민들은 자발적인 조직을 만들었다. 각 가정에서 100위안의 돈을 걷어 5,000위안을 마련한 것이다. 이 돈으로 교사를 다시 청해올 수 있기를 소망했지만, 마을이나 학교에서는 모두 문제가 생길까봐 이 돈을 감히 받지 않았다. 상부에는 돈을 함부로 받는 관리를 처벌한다는 규정이 있기 때문이다.

그러나 제도는 인간이 정해야 하며 또한 인간을 통해 실시해야 한다. 만일 빈곤지역 교사들은 월급명세서만 받고 현지의 '서민의 심부름꾼'은 마음 편히 고급승용차를 몰고 다닌다면, 아무리 많은 이유를 갖다 댄다 하더라도 설득력을 잃은 핑계에 불과할 뿐이다. 어떤 이는 이런 생각을 했다. '사회 전체가 천박한데 교사만 모든 것을 이해하라는 것은 불공평한 것이다. 사회전체가 부도덕한데 교사에게만 깨끗한 삶을 사라는 것은 불가능한 일이다. 사회전체가 물질을 미친 듯이 추구하는데 교사에게만 청빈한 삶을 살라고 하는 것은 부도덕한 것이다.' 본인은 이 말에 완전히 동의를 하진 않지만, 이 말이 시대의 폐단을 잘 꼬집고 있다고 생각한다. 교사는 지식인 중 특수집단으로서 유가사상으로부터 깊은 영향을 받았다. "군자는 의를 깨닫고, 소인은 이익을 깨닫는다."고, 만일 이런 이유 때문에 교사가 경제적, 정치적으로 무시당했다면 이는 교육의 불행이요, 민족의 불행일 뿐이라 생각한다. 아이들은 미래의 희망이며, 교사는 아이들의 꿈과 희망을 이루어주는 전제가 되기 때문이다.

따라서 본인은 교육에 대한 중시는 현직 교사에 대한 중시로 이어져야 한다고 생각한다. 교사에 대한 중시란 현직 교사의 사회적 지위에 대한 정확한 인식으로 나타난다. "아무리 가난해도 교육은 가난해선 안 된다. 아무리 힘들어도 교사를 힘들게 해서는 안 된다."라는 말에 한 마디를 더 덧붙이고 싶다. "아무리 어려워도 교사의 마음을 힘들게 해서는 안 된다."

"수업의 질과 교사의 질의 중요성은 아무리 강조해도 지나치지 않는다." "이 세상에 가르칠 수 없는 학생은 없다. 오직 가르치지 못하는 선생님만 있을 뿐이다." 이런 생각들은 모두 좋다. 그러나 교육평가가 여전히 비과학적이고, 실제로 상급교육부에서는 여전히 진학률로 학교 수업의 질을 평가하며, 학교도 이에 발맞추어 학과 성적으로 교사의 평가기준을 삼는다면, 교사는 큰 스트레스를 받게 될 것이다. 사람들은 지금 학생들의 생활이 너무 고되다고 동정하지만, 교사, 특히 담임교사는 그들의 아이들보다 더 일찍 일어나고 더 늦게 자며, 더 고되다는 것을 알고 있는가? 학생들은 입시교육의 피해자라고 하소연하며 습관적으로 학교나 교사를 비난의 대상으로 삼을 때, 교사 역시 입시교육의 피해자임을 생각해 본 적이 있는가?

불완전한 평가제도, 불완전한 관리체계, 불합리한 분배방식 등은 교사에게 스트레스를 주는 주요 원인이 된 한편, 중국인들의 아이들에 대한 교육은 대대로 실용성과 공명심이 매우 강했다. 소위 말하는 "아들이 용이 되기를 바라고 딸이 봉황이 되기를 바라는" 마음은 실제로는 부모들 혼자만의 소망이요, 허영심과 공명심일 뿐이라 할 수 있다. 가정은 아이들의 첫 번째 학교이니 아이들의 성장은 학교나 교사들에게만 맡겨서는 안 된다. 이는 상식이다. 하지만 실제로 사회와 가정은 이 점을 진정으로 인식하지도 직시하기도 원치 않고 있다.

교사 건강악화의 원인은 교사의 생활습관 등과도 관계가 있긴 하지만 심각한 심리문제야말로 문제의 핵심이라고 할 수 있다. 교사가 규정된 이상의 과도한 짐을 질 때 그들의 마음에 여유를 즐길 공간은 얼마나 될까? 한 철학자는 건강을 숫자 1에 비유하고, 사업, 가정, 지위, 금전은 1 뒤의 0이라고 했다. 우선 1이 있고, 뒤에 0이 많으면 많을수록 부유하다는 것이다. 반대로 1이 없으면 아무것도 없는 것이나 마찬가지다. 대다수의 교사들이 이 이치를 모르는 것이 아니다. 자신의 생명을 낭비해버리고 싶지는 않을 테니까. 그러나 아닌 줄 알면서도 하게 되는 것이다. 그 어쩔 수 없는 이유들은 누가 과연 이해할 것인가?

3. 보통 사람의 손에 진심을 맡기라

교육은 사회의 과거와 미래를 연결하는 끈이다. 우리가 오늘날의 교육을 위해 행하는 모든 것은 근본적으로 미래사회의 발전에 영향을 끼치게 된다. 이런 의의 때문에 교육발전에 현실적인 우위를 보장해주는 것은 매우 중요하다. 그러나 현재 교육은 사람들의 기대를 한 몸에 받으면서도 엄청난 욕을 먹는 분야가 되었다. 존 듀이는 이런 말을 했다. "교사 중에서 천재는 다른 직업과 마찬가지로 많지 않다. 교육의 현재, 그리고 미래는 보통사람의 손에 달려있다." 그렇다면 마음으로부터 우러나오는 진심으로 교사의 진실한 감정을 느껴보고 기쁨을 함께하며 아픔을 함께 할 수 있을까? 현실 속에서 복음이 연주될 수 있을지 여부는 우리가 교사에게 어떤 일을 하느냐에 달려있다.

현재 교사의 대우 및 지위 개선 및 향상은 이미 세계 각국 교육개혁의 중점 중 하나가 되었다. 교사의 문제에 있어 대우 향상, 교사 스트레스 경감 등 적극적이고 현실적인 조치 외에 다음 사항을 중점적으로 완수해야한다고 생각한다.

(1) 완벽하고 과학적인 교사 가치관 확립

현재 중국은 사회의 전환기에 처해있다. 교사는 사회의 특정집단이며 사회와 문화의 방식전환은 교사의 가치관에도 영향을 미치게 된다. 만일 사회가치와 개인의 가치가 유기적인 통일된다면 개체발전 위주의 가치관을 점점 더 강조하는 오늘 날, 우리는 교사의 사회적 가치를 단순하게만 생각하지 않을 것이다. 오히려 적당히, 절절한 때에 그 자아가치를 중시하고 가치실현 욕망을 만족시킬 것이다. 교사의 숭고성 때문에 우리는 교사는 희생정신과 책임감이 있어야 한다고 말한다. 그러나 우리는 교사의 직업도덕을 강조하면서 교사를 도덕적으로 완벽한 존재로 추상화할 뿐 보통사람으로서의 그들의 일면은 간과하기 쉽다. 교사는 학교에서 교사의 직책을 다할 뿐 아니라 가정에서, 사회에서 부모와 자녀의 책임을 다해야 한다. 그들 역시 사회 현실 속에서 생활하며 정상적인 사회의 일원이 되고 싶은 욕망과 욕구를 가지고 있다. 가치다원화 시대에, 이상과 현실의 낙차 속에서 교사는 거대한 충돌을 느낀다. 이런 충돌은 그들의 업무와 생활 속에 눈에 보이는, 혹은 보이지 않는 영향을 끼친다.

어떤 이는 말한다. 교사는 부지런한 정원사로 아름다운 꽃들을 재배한다고. 또 어떤 이는 말한다. 교사는 봄날의 누에처럼 뱃속에 있는 실을 전부 다 토하고 죽을 때까지 일한다고. 또 어떤 이는 교사는 영혼의 엔지니어로서 학생의 정신세계를 만들어 간다고 한다. 심지어 어떤 이는 교사는 촛불로 자신을 불태워 다른 이를 비춰준다고 한다. 이는 전부 교육학 교과서에 쓰인 말들이지만 실제로는 적지 않은 문제를 일으키고 있다.

나는 교사는 정원사일 뿐 아니라 그 자신도 아름다운 한 떨기 꽃이라고 생각한다. 꽃은 정원사에 영향을 끼칠 수는 없다. 그는 정원사의 오감에 희열을 가져다주고 일의 성취감을 가져다줄 뿐이다. 그러나 현실 생활 속에서 학생이 교사에 끼치는 영향은 매우 크다. 교육과정은 교사와 학생이 상호 작용을 주고받는 과정이다. 그와 동시에 정원사는 자신을 어떻게 발전시키는가? 우리 과거의 교육이론은 교사의 가치는 반드시 학생의 가치를 통해 나타난다고 강조하며 교사가 자신의 가치를 드러낼 직접적인 방법을 간과했다.

교사는 봄누에가 아니다. 교사의 생명은 매 계절에 모두 살아있다. 누에가 실을 토하는 것은 목적이 없고 심지어 대가도 없다. 그의 사명은 자신을 위한 영원한 고치를 만드는 것이며, 아무리 좋게 생각한대도 인간을 위해 방직용 실 몇 가닥을 제공해주는 것에 불과하다. 누에는 현대 교사들의 이미지가 될 수 없다.

교사는 인류 영혼의 엔지니어도 아니다. 인류의 영혼은 기계가 아니기 때문에 엔지니어가 임의로 수리하고 일정한 기술공법에 따라 제조하거나 변경하는 것도 불가능하다. 게다가 교사 자신의 영혼은 누가 빚어준단 말인가?

교사는 촛불일 수도 없다. 교사를 자신을 불태워 다른 사람을 비춰준다는 그런 식의 이야기는 사실 황당무계한 것이다. 어떤 이는 이것도 모자라 교사의 양쪽으로 불을 붙여 빨리 재가 되도록 재촉한다. 학생성장의 전제를 교사의 희생의 기초위에 세운다는 것은 확실히 타당하지 않다.

어떤 이는 교사는 아름다운 저녁노을이라고 한다. 하늘을 아름답게 비춰는 동시에 자신의 아름다움도 나타내기 때문이다. 이 비유는 위에 말한 비유보다 훨씬 낫지만 그럼 저녁노을이 지고난 후, 별들과 달이 나타난 밤하늘은 아름답지 않단 말인가?

그렇다면 교사는 과연 무엇인가? 사실, 교사란 교사일 뿐이다. 교사와 학생은 서로 의지하는 생명이며 함께 성장하는 파트너이다. 교사는 날마다 신성함과 평범함 사이를 배회하며 미래와 현재를 위해 일한다. 교사는 우선적으로는 한 인간이고 그는 자신만의 희로애락과 조미료를 가지고 있다. 그는 반드시 한 인간이 되기에 힘써야 하고 학생의 건강한 발전에 영향을 미치며 학생들이 언제까지나 기억하고 배우고 싶은 인간이 되어야 한다.

교사는 위험을 감수해야 하며, 교직은 실제 위험한 직업이다. 위인과 죄인은 모두 그의 손을 거쳐 탄생된다. 그러므로 교사는 반드시 살얼음판을 건너가듯 최대한의 노력을 기울여 자신과 자신의 학생들이 숭고한 삶을 향해 걸어가야 한다.

교사의 행복 역시 학생의 성공에 국한되지 않으며, 자신을 충실하게 하고 성공하는 데서 행복을 얻는다. 교사가 이용할 수 있는 시간과 공간은 교사의 행복을 결정짓는다. 그는 자신에 대한 설계와 무장을 할 수 있으며 다재다능하며 더욱 풍부한 정신세계를 가지고 저속함을 벗어날 수 있다.

그러므로 교사에 관한 완벽하고 과학적인 가치관을 이상을 현실적으로 타협한 것이라고 단순하게 이해해서는 안 된다. 개체에 대한 권리의식이 점차 명확해지는 것으로 보아야 한다.

(2) 교사권익의 현실적인 보호

우선은 법집행을 더욱 강화해야한다.

교사 권익에 관한 여러 문제는 모두 법률적 의거를 가지고 있다. 《교사법》외에도 다량의 전문적인 법률법규가 있다. 예를 들어 초, 중, 고등학교 교사의 평생교육이 순조롭게 실시되도록 하기 위해 국가는 《초,

중, 고등학교 평생교육 규정》을 특별히 제정하기도 했다. 제13조에서는 초, 중, 고등학교 교사의 평생교육경비에 대해 다음 같은 규정을 하고 있다. "초, 중, 고등학교 교사의 평생교육경비는 정부 재정지원을 위주로 하며 여러 방법으로 조달이 가능하고, 지방교육사업비 중 특별비용으로 계상한다. 지방교육비 부가세는 일정한 비율로 의무교육 과정의 교사 연수에 쓰여야 한다. 성, 자치구, 직할시 인민정부 교육 행정부서는 초, 중, 고등학교 교사의 평생교육의 1인당 평균 기본비용을 제정해야한다. 초, 중, 고등학교 교사의 평생교육경비는 현급 및 이하 교육행정부서에서 일괄적으로 관리하며, 자금 억류 및 횡령은 금지한다." 초, 중, 고등학교 교사 평생교육경비는 정부의 재정지원 위주이며 현급 및 이하 교육행정부서가 일괄 관리하는 것을 분명히 알 수 있다. 하지만 교육부는 때로 교사의 평생교육을 돈벌이 수단으로 삼아 비용을 요구한다. 강의료는 담당 강사가 일부 수령하는 것 외에 대부분은 각급 교육부서가 나눠 갖는다.

그러므로 각급 정부와 교육 지도자 및 수많은 교사들의 법제 인식을 강화하여, 법 집행은 의거를 따라 엄격하게 집행하도록 해야 한다.

그 다음으로는 교육제소를 법집행의 일부로 포함시키고 각급 지방정부 역시 교사권익을 보장하는 법규를 제정해야 한다. 이럴 때 교사는 교육부서 뿐 아니라 지방정부에까지 선처를 호소할 수 있게 된다.

그 다음으로는 학교의 민주적 관리절차를 완비해야 한다.

교사권익 문제의 대부분은 실제적으로 학교 내부에서 발생한다. 교사의 날마다의 생활공간은 주로 학교가 된다. 교사가 행복한지, 즐거운

지, 자신의 창조성을 충분히 발휘할 수 있는지는 대부분 학교 내부의 관리 분위기에 따라 결정된다.

그러나 현실을 말하자면, 중국 학교의 민주적 관리는 아직도 형식주의에 머물고 있다. 수년 동안 교육 인사관리 면에서 우리는 '임명제'에 따라 학교의 지도계층을 구성하는 데 습관이 되었다. 교육인사 관리에서 '임명제' 역시 그만의 장점과 효과가 있기에, 초, 중, 고등학교 관리에서 장기간 안정적인 위치를 차지했다. 그러나 임명제의 심각한 단점에 대해서는 부인해왔다. 객관적으로 말하자면 '임명제'는 '장'의 의지를 대변하며, 상급 기관의 인재선발의 표준을 대표한다. 장기적으로 '임명제'를 실시할 경우, 가장 큰 악영향은 학교의 민주적 관리에 선도적 역할을 하는 메커니즘을 말살시킨다는 것이다. 따라서 학교 민주관리의 관건은 학교 측이 교무를 어떻게 공개하느냐, 교직원 회의를 얼마나 시끌벅적하게 치러내느냐 하는데 있는 것이 아니라 교사가 선거를 통해 교장을 관리하고, 교장은 학교의 법률과 제도가 부여한 권력에 따라 학교를 관리하느냐 여부에 있다. 임명과 선거의 차이점은 전자는 위쪽의 지도자가 책임을 지고, 후자는 아래쪽의 군중들이 책임을 진다는 데에 있다.

따라서 초, 중, 고등학교에서 교장 민주선거제도를 추진하는 과정은 아마도 이후 학교체제 개혁의 관건이 될 것이다.

(3) 교사 전문화를 위한 우수한 환경 창조

한 노인은 내게 생각할수록 의미심장한 한 가지 이치를 들려주었다. 사람은 빈 잔과 같다. 안의 물이 가득 차면 반잔은 비워 남에게 주어야 한다. 잔이 또다시 가득 차면 반잔은 또 남에게 준다. 계속 해서 붓고 따라줄 때만이 이 잔은 가치를 가지고, 그 안에 담긴 물 역시 깨끗하게 된다. 만일 붓기만 하고 따라주지 않는다면 그 잔은 아무것도 담을 수 없다. 한 잔의 물을 얻게 된다면 잊지 말고 그 중 반잔은 타인을 위해 기여하도록 하라. 그것이 싫다면 당신은 이후 아무것도 얻지 못할 것이다.

'반잔의 물'이 우리에게 주는 가르침은 물이 '깨끗할' 때에 물도 가치가 있다는 것이다. 흐르는 물은 썩지 않고 항상 신선하며 생명의 활기를 유지하기 때문에, 반드시 계속적으로 옛것을 밀어내고 새것을 받아들여야 한다. 교사의 한 명으로써 새로운 지식을 받아들이며 시대의 발걸음을 좇아갈 때만이 생명력과 활력을 지닌 인간이 될 수 있다.

교육의 질이 높고 낮음은 교사의 전체적인 소양에 달려있다. 교사 전문화가 세계적인 추세로 자리 잡고, 교사 및 교육개혁과 발전의 실천이 이를 목표로 하는 전체적인 배경 하에서 교사 전문화에 박차를 가는 것은 국가 및 학교의 필연적인 선택이 되었다. 그러나 교사는 자아발전의식을 확립하고 교사의 평생교육 권리를 보장해야 한다고 강조하지만, 현실에서의 권리는 박탈되거나 왜곡된다.

《현대청년보》의 기자 주인녠朱寅年은 중국 교사의 평생교육 문제에 대해 보도했다. 그중 가장 두드러진 점은 '수강명목이 너무 많아 교사들이 힘들다.'라는 것이다. 그는 이렇게 적었다.

교사 연수는 아주 커다란 케이크이다. 많은 부서들은 서로 나눠가지려고 다투며 모두 허울 좋은 명목을 댄다. "교사의 소양을 향상시켜야 한다." 한 교사는 자신이 다니는 한 방송통신대학에서 교사의 평생교육 과정을 전문적으로 운영하는데 사실상은 평생교육 증서에 도장 하나 찍어주는 것이 불과하다고 한다. 도장은 하나에 40위안에서 일, 이백 위안으로 가격이 천차만별이며 돈을 내기만 하면 만사형통이다. 교사라면 거의 누구나 다 돈을 내야 한다. 왜냐하면 소위 '평생교육'은 교사의 조기퇴직 및 진급과 연관이 있기 때문이다. 그 자신도 지난 학기 40위안을 내고 《교육개혁》이라는 책 한 권을 받아왔다고 한다. 학기 말에는 학교에서 평생교육 증서를 가지고 가서 도장을 받고는 끝이 났다고 한다.

국외의 다양한 방법도 검토해 볼 만하다. 예를 들어 교사의 양성 및 연수 면에서 미국은 교사의 자격증서 제도를 더욱 엄격히 시행하고 있으며 영국은 교사의 능력에 따른 임금 차등지급 제도를 도입하고 있는 중이다. 러시아는 교사 연수기관을 충실하게 하는데 힘을 쏟고 있으며 5년 연수 제도를 실시하고 있다.

사람과 사람 사이의 마음의 거리가 가장 좁혀졌을 때, 무언의 감동이 밀려오게 마련이다. 본인은 교사들의 교육에 대한 집념과 열정에 깊이 감동되곤 한다. 그래서 계속 그들을 위한 호소를 할 것이다. 교사의 한 일원으로서 본인이 하고 싶은 말은 매우 많다. 그러나 여기서는 본인이 썼던 교육수필로써 끝맺음을 하고자 한다. 《어머니와 세계》는 한 어머니가 세계에 쓴 편지로 전문은 다음과 같습니다.

사랑하는 세계에게

내 아들은 오늘 학교에 입학해 공부를 시작하려고 한단다. 우리 아이는 순식간에 신기와 재미를 느끼게 될 게다. 부탁이니 아이를 부드럽게 대해다오. 너도 보렴. 지금까지 우리 아이는 집안의 귀염둥이였고 뒤뜰의 왕이었잖니? 나는 항상 아이의 상처를 치료하고 마음을 위로하느라 바빴단다.

하지만 이제는 달라졌어. 오늘 아침, 아이는 앞문의 계단을 벗어나, 내게 손을 흔들며 자신의 위대한 역정을 시작하려고 한단다. 그 동안 어쩌면 분투와 불행, 혹은 상처도 있겠지. 세계에서 그의 나날들을 보내려면 믿음과 사랑, 용기가 필요할 거야.

그래서 세계야. 나는 네가 때마다 우리 아이의 고사리 같은 손을 잡고 꼭 알아야만 할 것들을 가르쳐주길 바란다. 가르쳐 줄때는 꼭 친절하게 대해줘. 아이에게 악인이 있는 곳에는 항상 호걸들이 있고, 소인들이 득세하는 곳에는 자신을 헌신하는 의사義士들이 있음을, 적을 하나 만날 때마다 반드시 친구가 그의 곁에 있다는 것을 가르쳐 다오. 아이에게 책 속에는 황금의 성이 들어있다는 것도 가르쳐줘. 하늘의 새들, 햇빛 속의 벌들, 푸른 산에 무성한 꽃들을 보고, 이세상의 비밀에 대해서도 깊이 생각할 시간을 주렴. 아이에게 수많은 실패는 속임수보다 훨씬 영광스럽다는 것을, 모든 사람들이 다 틀렸다고 할지라도 자신감을 가지라고, 자신의 힘과 지혜는 가장 비싼 대가를 치르고 줄 수 있지만 절대 양심과 영혼을 팔아서는 안 된다고, 등에 떼의 소란함에 현혹되지 말고 일어나야 할 때는 정확하게 일어나 싸워야 한다고, 가르쳐 다오. 제발 부드럽게 가르쳐다오. 세계야. 하지만 아이가 제멋대로 굴도록 하지는 말아다오. 강철은 뜨거운 불 시련을 겪어야만 단련이 되니까.

내가 한 말들은 정말 외람된 부탁이다, 세계야. 하지만 꼭 힘을 다해 도와다오.

애니 스톤

어머니의 편지는 세계에게 쓴 것이기는 하지만, 이 편지는 실은 각 학교, 각 교사들에게 보내져야 한다. 세계에 대한 어머니의 희망은 우리 교사들에게 담아준 편지라고 할 수 있기 때문이다. 사실, 어머니의 요구는 그리 많지 않다. 그저 우리가 '그를 부드럽게 대해 달라.'는 것뿐이다. 그렇다면 사랑하는 교사들이여, 이 어머니의 부탁을 기억하느냐고 자신에게 물어본 적이 있는가?

이 어머니도 집을 떠나 학교로 향하는 것이 위대한 역정의 시작임을 알고 있었다. 학교란 한 사람의 생명역정이 출발되는 곳이며, 출항하는 각 선원에게 있어서 가장 중요한 것은 믿음과 사랑, 용기이다. 그렇다면 사랑하는 교사들이여, 당신은 이런 인격을 이 어머니의 '아들'에게 보여주었는가?

이 어머니는 세계가 '때마다 아이의 고사리 같은 손을 잡고, 꼭 알아야만 할 것들을 가르쳐주길' 바랐다. 예를 들어 누가 악인이고 누가 호걸이며, 누가 소인배며 누가 의사인지, 누가 적이고 누가 친구인지, 어떤 때에 자신의 지혜와 힘을 쏟아야하며 어떤 때에 용감하게 일어서야 하는지 등 말이다. 그렇다면, 사랑하는 교사들이여, 당신은 아이들의 작고 보드라운 손을 잡아본 적이 있는가? 이 아이에게 진선미와 선악을 보여주고 분석해 준 적이 있는가?

이 어머니는 세계에게 간절히 부탁한다. 아이가 최대한 대자연을 만날 수 있도록. '하늘의 새들, 햇빛 속의 벌들, 푸른 산에 무성한 꽃들'을 볼 수 있도록. 또한 그에게 '깊이 생각할' 시간을 달라고 부탁했다. 그렇다면 사랑하는 교사들이여, 당신은 이 어머니의 요청을 들어줄 수 있는가?

이 어머니는 알고 있었다. 그녀의 부탁은 어쩌면 너무나 '외람되다'는 것을. 하지만 그녀는 세계가 '힘을 다해 도와주기'를 바랐다. 그렇다면 사랑하는 교사들이여, 당신은 그녀의 아이를 '힘을 다해 도와준' 적이 있는가?

본인은 이 어머니가 자신의 방식으로 세계를 이해하고, 세계에 소망하고 있으며, 이것 역시 어머니의 교육관이라고 생각한다. 사실, 우리 교사들은 절대다수가 부모의 역할을 담당하고 있다. 우리 역시 우리의 아이들을 '세계'에 맡겨야 한다. 우리 모든 이의 마음속에는 '세계'에 대한 기대가 있다. 어쩌면 우리는 이 어머니처럼 '사랑하는 세계'에게 깊은 사랑을 담은 편지를 쓴 적이 없을지도 모른다. 하지만 나는 천하의 어머니의 마음은 모두 하나로 통한다고 생각한다. 그렇다면 사랑하는 교사들이여, 다른 이의 '아이'와 자신의 아이를 위하여 아이의 미래를 자신의 어깨에 둘러매고, 어머니의 부탁을 자신의 마음에 간직할 수 있는가?

15

독서 :
내겐 너무 먼 당신

오래 전, 필자는 수호믈린스키의 책에서 "책의 힘이 무한하다고 믿는 것, 그것이 내 교육 신앙의 참뜻이다."라는 구절을 감명 깊게 읽었다. 오랜 시간이 흐름에 따라 필자는 이 말 뜻을 한층 더 깊이 이해하게 되었다. 그렇다. 인류의 물질문명은 건축, 도구 등 물화된 형태로 보존하고 지속한다지만 인류의 정신문명은 어떻게 보존하고 지속하여야 하는가? 갓 태어난 신생아의 정신세계는 기껏해야 인류의 어린 시절에 불과할 뿐이다. 그렇다면 성장하면서 그의 정신세계는 어떻게 신체의 발육 및 성숙과 함께 성장하고 완벽해지는 것일까? 필자는 독서가 이상의 목적을 실현하기 위해 반드시 거쳐야 할 길이라고 생각한다.

세계 여러 나라 가운데 독서를 숭상하는 대다수의 민족은 모두 강한 생명력을 지녔다. 전 세계에서 책을 가장 많이 읽는 민족은 유태인으로 1인당 매년 평균적으로 64권의 책을 읽는다고 한다. 유태인들이 거주하는 이스라엘의 인문 발전수준(출생 시의 예상 수명, 성인의 식자율과 실제 평균 국내생산총액 등으로 인생의 3대 요소를 평가하는 지수를 하나의 복합적인 지수로 합성)은 세계 21위로 중동 지역 수위를 차지한다. 유태인이 나라를 잃은 지 2,000년 만에 나라를 되찾을 수 있었던 주요 원인은 독서라고 할 수 있다. 나라를 되찾은 후, 신속히 현대화된 나라를 세울 수 있었던 주요 원인도 독서라 할 수 있다. 나라 없이 떠돌아다니는 처지에서도 마르크스, 아인슈타인과 멘델스존 등 수많은 걸출한 사상가, 과학자와 예술가를 낳을 수 있었던 주요 원인은 바로 독서이다. 전 세계 부호 명단 가운데 유태인의 이름이 꼭대기에 오를 수 있었던 주요 원인도, 역대 노벨상 수상자 중에서 유태인이 엄청난 비율을 차지할 수 있었던 주요 원인도 모두 독서이다. 이 밖에도 러시아인은 20명 가운데 한명은 《푸슈킨Pushkin전집》을 가지고 있고, 한국인은 술장 대신 책장을 가지고 있다는 점…… 등은 모두 우리에게 독서의 가치에 대해 한층 더 깊은 인식을 하게 해준다.

중국은 예로부터 책을 숭상하고 사랑하던 민족이었다. 그러나 과거 제도의 등장으로 인해 책을 읽는 사람들의 시야는 점점 좁아졌다. 오늘날과 같은 입시위주의 교육 역시 교사와 학생들의 독서율을 떨어뜨리는 주된 요인이 되었다. 때문에 책을 읽을 시간도 없고, 책을 읽을 마음도 없고, 읽을 책도 없다고 이야기하는 사람들을 여기저기서 흔히 볼 수 있다. 만약 사람의 정신발육의 역사가 즉, 그의 독서의 역사라고 한다면, 민족의 정신발육 수준은 그 민족의 독서 상황에 따라 결정된다고 할 수 있다. 그렇다면 진정한 의미의 문명의 계승 및 문화의 지속을 실현하려면, 그리고 교육이 진정한 의미의 교육이 되고 학교가 진정한 사람을 키우는 장소가 되게 하려면 어떻게 해야 할까? 필자는 오직 독서만이 이러한 무거운 짐을 떠맡아 모든 사람들이 충실하고 부유한 의미 있는 인생을 살도록 할 수 있다고 생각한다. '책이 인생을 변화시킨다.'

라고 하지 않는가.

1. 결코 쓸 데 없는 걱정이 아니다

셰익스피어는 말했다. "책은 전 세계의 영양품이다. 책이 없으면 햇빛이 없는 것과 같다." 톨스토이는 말했다. "이상적인 책은 지혜의 열쇠이다." 칼라일Thomas Carlyle(영국의 평론가, 사상가, 역사가―역주)은 말했다. "좋은 책은 인류 영혼의 가장 순결한 정수이다."

많은 역사 속 인물들이 일찍이 책이 인간의 정신세계의 생성에서 차지하는 의미를 상세히 풀이한 바 있다. 이뿐 아니라 그 누구도 책이 개인, 나아가 모든 인류문명이 발전과 계승에 미치는 거대한 역할을 의심하지 않는다. 그러나 이미 지식경제시대가 도래한 지금, 미래를 관찰하는 국민, 즉 학생 및 문명, 교육의 확산자인 교사 등의 독서 현황은 많은 우려를 자아내어 결코 낙관적이지 못하다.

소양 교육이라는 배가 출범한 지는 이미 오래 되었으나 실제 배에 실린 것은 입시위주의 교육이라는 무거운 짐뿐이다. 여전히 시험, 진학을 실질적인 목표로 생각하는 학교 교육 탓에 학생들이 읽는 책이라 해봤자 고작해야 교과서에 불과하다. 인터넷 문화, 대중매체의 범람으로 어렵사리 휴식 시간을 가진 학생들은 모두 인터넷 채팅, 컴퓨터 게임 혹은 가수나 배우 등 연예인에 열광하며 시간을 보내며 잡지, 만화 등 저렴한 정신 패스트푸드에 만족한다. 자의로든 타의로든 책을 접하게 되더라도 필수적인 독서 방법, 기능 혹은 흥미를 배우거나 키우지 못했기에 책으로부터 영양을 섭취해 자신의 마음을 살찌우지 못한다. 심지어 일부 학생들은 선생님이나 부모의 요구에 따라 책을 읽기는 하지만 그저 통째로 기계적으로 받아들이고, 주입식으로 건성건성 넘어간다. 물론 진정으로 책을 사랑하는 학생들은 많은 좋은 책들을 읽고 싶어 하지만 학교의 말도 안 되는 여러 '규정' '조례' 때문에, 더불어 도서관 장서의 한계로 인해 그저 한숨을 내쉴 뿐이다. 인문정신의 고양을 기치로 내걸고 학생들의 인문 정서의 육성을 부르짖는 오늘날, 학생과 책과의 거리는 교육의 비애가 아닐 수 없다.

사실, 가장 걱정스러운 것은 지식인 중의 일부 특정인들이 여러 가지 주관적 혹은 객관적인 요인 때문에 상당수 책과 소원하다는 점이다. 《중국교사보中國敎師報》에서 제공한 통계자료에 따르면 교사의 개인 장서 현황을 살펴본 결과 61.4%의 교사가 100권 이하의 책을 소장하고 있었고, 그 중 10.5%는 기본적으로 책을 소장하고 있지 않았다. 교사의 연간 책 구매액을 살펴본 결과 60.5%가 200위안 이하였고, 그 중 8.7%는 기본적으로 책을 구매하는 데 돈을 전혀 지출하지 않았다. 하루 독서 시간을 조사한 결과 70.4%의 교사가 매일 독서시간이 1시간 이내였고, 2시간 이상인 교사는 고작 8.7%에 불과했다. 어느 교사는 '교육온라인敎育在線'에 올린 《교사의 하루》라는 게시물에서 다음과 같이 적고 있다. "정신없는 아침에는 종종 출근 종소리에 맞추어 출근도장을 찍는다.······교무실에 들어가면 산더미 같은 과제가 우리를 맞이한다. 과제는 아이들이 우리를 위해 준비한 아침밥이다.······각 수업은 자신의 능력에 따라 진행한다. 새로운 교육사상이니 교육 관념이니 많이 듣기도 들었고, 읽기도 읽었다. 단지 얻는 게 있으면 잃는 것도 있기에 성공을 할 경우 그 안의 참뜻을 이미 깨달은 듯하지만, 실패할 경우 엉망진창이 되어 마음이 괴롭다. 이 강의법, 저 강의법 자주 바뀌다 보니 오늘날의 교사는 누구의 말을 들어야 할지 알 수가 없다.……반에 열등생이 없다면 다행이다. 방과 후 일찍 집에 갈 수 있으니까. 그러나 그게 가능할까? 항상 오늘 배운 것을 이해하지 못한 학생, 과제를 제출하지 않은 학생, 작은 잘못을 저지른 학생들이 방과 후에도 학교에 남아있다. 학생을 남아있게 하는 것은 자신을 남아있게 하는 것이니 날이 어둑해진 후에나 집에 돌아갈 수 있다. 그제야 자신을 기다리고 있는 집안일들이 떠오른다.…… 중년이 되면 끝날 줄 모르는 집안일에 대해 어떤 대책이 생길까?"

확실히 교사의 시간은 대량의 교육, 교수 업무로 가득 차 있거나 여러 가지 사소한 잡무들로 분할되어 있다. "사람이라면 영혼 깊은 곳에 정신의 보물이 있는데 이것은 바로 그가 밤을 새워 읽은 1,200권의 책이다."(수호믈린스키) 책 읽을 시간이 없다고 불평하면서도 일부 교사들은 휴식 시간에 장기, 바둑, 컴퓨터 게임, 수다, 그리고 포커, 마작 등을 하면서 시간을 보낸다. 이는 어떻게 이해해야 할까? 제2차 세계대전 때 어느 기자가 영국의 처칠 총리에게 다음과 같은 질문을 한 바 있다.

"셰익스피어와 인도 중 어느 것이 더 중요합니까?"

그러자 처칠이 대답했다.

"셰익스피어를 잃느니 차라리 50개의 인도를 버리겠습니다."

이에 대해 교사들은 어떤 생각을 할까? 물론 교사도 사람이니 휴식 시간을 갖는 것을 비난할 수는 없다. 그러나 기왕 교사라는 특수하고 전문적인 직업을 선택한 이상 더욱 높은 이상과 목표를 추구해야 한다. 한 민족의 위대함은 그 민족이 가진 문화에 있는 것이 아니라 국민들에게 깊은 사고력이 있는가의 여부에 달려있다. 그러므로 '스승'이 되고 싶은지 일반 '선생'이 되고 싶은지는 교사 자신에 달려있다.

2. 책을 사랑하기가 왜 이리 어려운 가

교사와 학생이 책을 읽을 시간도, 마음도 없고, 읽을 책(명작 등을 일 컫는다)도 없게 만든 원인은 복합적이다. 때문에 먼저 교사의 독서 문제를 야기한 원인에 초점을 맞추어 보겠다.

거시적으로 중국 사회 곳곳에 일어난 변화는 교육 영역을 포함한 오늘날 사회생활의 여러 영역에 막대한 영향을 미쳤고, 나아가 교사의 일상적인 교육과 교학 행위 중에 피할 수 없는 영향을 미쳤다. 어느 학자는 현재 사회에는 6가지 병리적 사회심리가 존재할 가능성이 있다고 지적했다. ① 물욕화 경향 : 물질을 중시하고, 정신을 경시하는 경향. ② 세속적인 경향 : 극단적인 정치화 경향에 보복하고, 원시적이고 본능적인 방향으로 돌아가는 경향. ③ 냉담화 경향 : 인간관계에 냉담해 동정심이 결핍되고 불의를 보고도 모른 척하고, 심지어는 죽어가는 사람을 보고도 구해주지 않는다. ④ 조급화 경향 : 감정적이고 비이성적인 행위가 증가한다. ⑤ 무책임화 경향 : 무흥미(냉담한 정서, 공허한 정신, 활력 없는 감정, 염세적인 생각), 무의미(적극성, 능동성, 창조성 결핍). ⑥ 허풍화, 허위화 경향 : 거짓말을 하고, 허풍을 떨고, 경제적 실리를 찾는다. 사람들의 교사 직업가치에 대한 인식이 변함없이 질적인 돌파를 찾지 못하고, 교사 자신의 전문의식과 직업소양이 사람들의 기대에 부흥하지 못할 때 내적, 외적인 충격을 받고 이상과 현실의 괴리를 느낀다. 상당수의 교사가 시대와 발을 맞추어 현대 교사의 역할 전환을 이루어내지 못한다. 교육 본질에 대한 깊은 이해가 결핍된 교사가 책에 냉담한 것은 어쩌면 필연적인 결과이다.

동시에 많은 현실적 객관적 요인이 교사의 독서에 제약을 가한다. 예를 들자면 다음과 같다.

시간의 실질적인 제한. 조사를 통해 보면, 교사, 특히 초, 중, 고등학교 교사는 업무, 학급의 복잡하고 사소한 일 등으로 자신의 시간을 갖기가 매우 힘들다. 이것이 독서에 시간을 할애하지 못하는 주요 이유이다. 주 5일, 주 40시간 근무를 기본으로 볼 때 교사들은 매주 평균 12교시의 수업을 한다. 수업(교시마다 45분으로 계산)과 수업 준비(수업마다 1시간으로 계산)에만 21시간을 소비한다. 이후 과제 수정(매일 평균 약 1.5시간으로 계산), 연습문제(매주 평균 약 4~5시간으로 계산)로 약 12~13시간을 소비한다. 여기에 매주의 시사 학습, 업무 학습, 각종 학급활동 및 학생과의 상담 시간 등으로 또 3~5시간을 소비하면 매주 남는 시간이 최대 2~4시간이 된다. 즉, 하루 평균 약 0.5~0.8시간이 남는다는 말이다. 여기에는 수업과 관련 없는 교직원으로서의 업무는 포함하지 않았다. 또한 주말 이틀간의 휴일은 진학 경쟁의 압력이 큰 중, 고등학교에게는 허울 좋은 말일 뿐이다. 왜냐하면 여러 가지 '취미활동' '보충 그룹'이 알게 모르게 학생 뿐 아니라 교사들도 옭아매고 있기 때문이다. 때문에 교사가 책을 읽는다는 것은 객관적으로 봐도 실행에 옮기기 힘들다. 상하이의 30대 여교사가 묘사한 것처럼 "월요일부터 금요일까지 오전 7시 전에 집을 나서, 저녁 6시에 집에 돌아가 저녁밥을 하고, 아이를 씻기고, 아이의 피아노 연습, 공부를 봐주면 시간은 눈 깜짝할 새에 10시가 된다. 마치 팽이가 멈추지 않고 돌아가는 듯하다. 휴일에는 학교에서 일이 있기도 하고, 연수를 받기도 해서 침대 맡에 둔 책은 몇 개월이 지나도 다 읽지 못한다……."

책값이 사람들을 뒷걸음치게 한다. 단순히 교사의 장서량, 연간 구매량의 지출로 교사가 책을 읽으려 하지 않는다고 판단하기는 성급한 감이 있다. 왜냐하면 읽을 책이 없다는 점도 현실적인 요인이기 때문이다. 서점에는 화려하게 사람들의 눈을 끄는 책들이 많지만 그 품질로 볼 때 교사가 정말 읽고 싶어 할 만큼 품질이 좋은 책은 극히 적다. 비싼 책값 역시 경제 사정이 좋지 못한 교사들을 뒷걸음치게 하는 요인이다. 요즘의 출판사들은 두꺼운 세트로 이루어진 책이나 시리즈의 총서를 선호한다. 20만 자 정도의 책의 정가가 보통 20여 위안인데 여기에 책 표지나 종이를 조금만 더 잘 꾸민다면 책값은 천정부지로 치솟기 때문에 교사들은 자연스레 한숨을 지을 수밖에 없다. 비록 요즘 서점들이 인간적인 배려 가운데 책을 훼손하지 않는다는 조건으로 서점에서 책을 읽도록 의자를 마련해준다지만 자유시간이 거의 없다시피 한 교사들에게 이는 '그림의 떡'일 수밖에 없다.

도서관은 교사들이 책을 빌리기에 이상적인 공간이기는 하지만 도서관, 특히 학교 도서관의 장서 현황은 그다지 이상적이지 못하다. 거의 모든 도시의 도서관들이 모두 내, 외부를 화려하게 꾸며놓기는 했지만 친근감이 부족하여 사람들은 도서관에 들어가는 것을 마치 '관아'에 들어가듯 쉽게 들어가지 못한다. 많은 학교의 도서관은 장서량에 있어서만큼은 만족할 만하지만 세세히 들여다보면 교사들의 실망을 자아내기 충분하다. 책의 구입경로가 그다지 과학적이거나 공개적이지 못하고 교사에게는 진정한 구입 결정권이 없기에 교사들이 흥미를 느끼지 못하는 책들이 대부분이다. 학교의 도서관이 교육적인 기능을 발휘하려면 아직 한참 멀었다.

그렇다면 교사들은 정말 책 읽을 시간이 없을까? 답은 부정적이다. 가치의 다원화, 사회의 시리주의가 가져온 부정적인 영향이 교사들에게 충격을 미친 것도 사실이고, 입시위주의 교육이 교사에게 부정당한 경쟁 압력을 가져다 준 것도 사실이며, 실제 교육, 교학의 어려움이 교사들에게 과부하 된 업무를 지워준 것도 사실이다. 그러나 교사가 느긋이 앉아 책을 읽지 못하고, 책을 읽을 마음이 없는 것도 사실이다. 책을 읽을 시간이 없다는 객관적인 이유를 찾기란 매우 쉬운 일이다. 그러나 이를 핑계 삼아 마음 편하게 있다 보면 머잖아 독서를 싫어하고, 혐오하게 변화할 것임이 틀림없다.

이 밖에 학생의 독서 문제에 대해 간단히 언급해보고자 한다.

교사의 독서 기풍은 학생이 책을 읽도록 이끌 수 있거니와 나아가 전체 사회의 독서 풍조를 이끌 수도 있다. 이에 대해 수호믈린스키는 다음과 같이 말한 바 있다. "만약 학생들이 당신의 사상이 끊임없이 풍부해진다고 느낀다면, 학생들이 당신이 오늘 가르친 내용이 어제 가르친 내용과 중복되지 않는다고 느낀다면 독서는 당신 학생의 정신적인 수요가 될 수 있다." 필자가 본의 아니게 교사가 책을 읽지 않는 문제에 대해 과도하게 질책하였는데 이는 책을 읽지 않는 문제가 비단 교사들만의 문제가 아니기 때문이다. 그러나 만약 교사가 오직 학생이 국어, 수학, 외국어 등 과목의 지식을 배우는 데만 열중하고, 필기하고 문제 풀고 시험 치는 것만 강조한 나머지, 학생이 어떻게 공부를 할지, 누구를 위해 공부를 할지 등에 대해서는 이끌어 주지 않는다면 그 교사는 좋은 교사가 아니다. 교과서 이외의 책을 읽는 행위의 효용은 교과서를 읽는 것보다 떨어지지 않는다. 만약 교사가 강의와 연습을 최대한 간결하게 하고 교육임무를 수업시간 내에 효율적으로 구현, 완성해 학생들에게 더 많은 자율독서 시간을 준다면 학생에게나 교사에게나 해방이 아닐 수 없다.

학생의 교육은 여러 가지가 결합된 과정으로 가정은 아이들의 첫 번째 '학교'이다. 부모의 품성, 태도와 행위는 아이들의 성장 초기 및 이후에도 지속적으로 아이에게 뚜렷한 혹은 잠재적인 영향을 미친다. 어떻게 학생의 학과공부와 과외 독서를 지도할지 등의 문제에서 부모 역시 마찬가지로 오류를 수정해야 한다. 과외 독서에 대해 실시한 조사에 따르면 상하이시 70%의 학부모들은 자식을 위한 과외 도서를 선택할 때 먼저 '교재보충서적'을 선택한다고 한다. 비록 아이의 성공을 바라는 마음에서 비롯됐다고 하지만 아이의 전면적인 발전을 촉진하는 의미에서 볼 때 학부모들에게는 눈앞의 성공과 이익에만 급급한 점이 없잖아 있다. 아이들이 과외 도서를 선택할 때는 통속문학, 로맨스소설, 무협소설 등에 편중된다. 이런 책들이 나쁘다고는 할 수 없지만 아이들의 명작 및 인생 수양, 정서 연마, 도덕성의 고양에 좋은 책들을 경시하는 사실은 학부모, 나아가 사회 전체가 중시하고 관심을 가질 문제이다.

3. '책향기 가득한 캠퍼스'를 만들기 위해

현재 영국, 일본, 독일, 러시아, 이스라엘 등 세계 많은 국가들이 모두 전국적인 독서의 날을 제정하고 있다. 베이징, 상하이 등 중국의 많은 도시들에서도 독서의 날을 성공적으로 개최한 바 있으며, 장쑤, 랴오닝, 산둥, 윈난, 충칭重慶, 선전, 쑤저우, 주하이珠海, 닝보寧波 등지에서도 각종 독서페스티벌의 형식으로 독서운동을 추진한 바 있다. 그러나 오늘날까지 중국에는 아직 전국적인 독서의 날은 존재하지 않는 상황이다. 필자는 학습형 사회의 건설을 위해 가장 간단하고 신속하고 영향력 있으며 효력 역시 가장 빠른 방법은 바로 책과 가까워지고, 전국민이 책을 즐겨 읽도록 하는 것이라 생각한다. 이는 필자가 2003년 전국 정협회의에서 제안한《국가 독서페스티벌 제정에 대한 건의關於設立國歌閱讀節的建議》의 주요 내용이기도 하다.

제안의 주제는 9월 25일을 중국의 독서의 날로 제정하자는 것이었는데 여러 작가 및 학자들로부터 지지를 받았다. 아울러《중국교육보》,《중국청년보中國靑年報》, 시나닷컴(sina.com.cn),《인민일보》사이트(people.com.cn), 왕이닷컴(NetEase.com) 등에서 앞 다투어 보도했고,《중국청년보》에서는《전국정협위원 주영신이 제기한 '책향기 가득한 캠퍼스'의 개념全局政協委員朱永新推出'書香校園'槪念》이라는 제목으로 지면의 절반을 할애했다.

학교는 인재를 양성하는 곳이다. 그러나 학교와 같이 인재를 양성하는 곳이라고 해서 모두 문화가 있는 것은 아니다. 어떤 학교가 진정한 의미의 문화가 있는 학교일까? 필자는 학교가 문화가 있는지의 여부를 결정하는 관건은 학교에 이상적인 도서관이 있는지의 여부, 그리고 교사와 학생이 마음으로부터 우러나와서 진심으로 '책을 끌어안고 대사大師와 대화'하고 싶은 갈망이 있느냐에 있다고 본다. 호화로운 건물, 현대화 된 교육설비, 깔끔한 육상트랙 등은 학교를 대표하는 얼굴도 아니거니와 문화는 더더욱 아니다. 왜냐하면 학교는 곧 책을 의미하기 때문이다.

사실 일찍이 쑤저우대학에서 교무처장으로 재임하던 기간에 필자는 캠퍼스 내 학생들의 독서 상황에 대해 조사를 진행한 바 있다. 그 결과 80%의 대학생이 중국의 4대 명저를 읽지 않았다는 놀라운 사실을 알게 되었다. 필자는 사람이 인류의 숭고한 정신과 대화하지 않는다면 그의 시야는 넓어질 수 없다고 생각한다. 또한 독서의 황금기는 초, 중, 고등학교 시기이므로 초, 중, 고등학교에서 독서 분위기를 만드는 것이야말로 문제를 해결하는 근본이라 생각한다. 이를 위해 우리는 당시 대학생들에게 필독서 목록을 내어주는 동시에 1990년대 중반부터 이미 '독서 프로젝트'에 착수하였다. 현재 우리는 이의 필요성과 절박성을 한층 더 체감하였기에 '책향기 가득한 캠퍼스'를 만들고 이것이 최대한 빨리 전 국민의 공감을 얻기를 바랐다.

'책향기 가득한 캠퍼스'를 만들기 위해서는 학교마다 이상적인 도서관이 있어야만 한다. '초, 중, 고등학교 도서관은 학교가 청소년과 어린이에 대해 효율적인 교육을 진행하도록 하기 위한 필수적인 사업이기 때문이며, …… 뛰어난 도서관은 학교가 교육적 성과를 얻는 데 기본적인 조건이 되기 때문이다.' 그렇다면 이상적인 도서관은 어떤 모습인가?

언제나 학생들에게 개방된 도서관. 선진국 도서관의 가장 큰 특징은 바로 편리하다는 점이다. 필자는 미국, 오스트레일리아, 일본 등 극가의 도서관을 방문한 적이 있는데 기본적으로 모두 그러했다. 미국 도서관의 경우 현지인이 써준 편지만 있으면 도서관에 들어가 책을 빌릴 수 있다. 도서를 반환할 때도 어떤 수속도 필요 없다. 이는 지역사회 도서관이 더욱 그러하다. 입구에 도서반환 상자가 있어 그 안으로 책을 넣기만 하면 된다. 낮에 책을 반환할 시간이 없다면 저녁에 산책을 하다가 책을 반환할 수도 있다. 이처럼 편리한 도서관은 독서를 더욱 편하고 즐겁게 만들고, 외부로부터 방해받지 않고 책을 읽을 수 있어 독서 습관의 형성에 무척이나 유리하다.

책을 사랑하고 아끼는 사람들을 위해 책을 보관한다. 현재 중국의 초, 중, 고등학교 도서관에 대한 감독과 지도는 수량에 대한 요구만 있을 뿐 도서의 구조배치와 내용에 대한 요구는 없다. 한편으로는 책의 구매에 있어 도서 시장에는 많은 '비밀'이 존재하여 얼마나 부패하였는지는 단언할 수 없을 정도이다. 게다가 중국 대다수 초, 중, 고등학교 도서관의 관리인원은 모두 전문가가 아니다. 일부 학교에서는 심지어 교육에 적합하지 않은 선생에게 도서관 관리를 맡기기도 한다. 일부 경제적으로 낙후된 지역의 초, 중, 고등학교에는 도서관을 관리하는 인력조차 없는 형편이다. 이는 도서관 사업의 건강하고 순조로운 발전을 저해하는 요인이다. 그러나 외국의 형편은 다르다. 대학의 도서관 관장은 모두 명망 높은 학자들이 맡고 있고, 공공도서관 역시 대부분 사회적으로 명망 있는 사람이 책임진다.

때문에 필자는 초, 중, 고등학교 도서관의 관리자직을 먼저 학문이 있는 사람에게 맡겨야 한다고 생각한다. 이치는 간단하다. 책을 이해하고 사랑하는 사람만이 책을 진정으로 아끼고 인류 문화의 정수를 교사와 학생에게 제공한다는 책임감을 가지고 일할 수 있기 때문이다. 예를 들어 학생의 성장에 가장 좋은 영향을 미치는 책을 학생들이 접하기 쉬운 위치에 두는 등 진정으로 교사와 학생의 요구를 만족시킬 수 있기 때문이다.

책향기 가득한 캠퍼스는 학교 도서관 발전의 궁극적인 형태이다. 제대로 교육을 받은 사람만이 학생과 교사가 읽기에 적합하지 않은 책을 볼 때, 수량만 맞추기 위해 책꽂이에 꽂혀있는 책을 볼 때, 먼지가 뽀얗게 쌓인 책을 볼 때, 그리고 항상 굳게 잠긴 도서관과 열람실의 대문을 볼 때 마음 깊이 형언할 수 없는 고통과 걱정을 느끼기 마련이다. 우리 초, 중, 고등학교 도서관은 교육, 교수 방면에서 얼마만큼의 역할을 하고 있는가? 도서관의 책이 교사와 학생의 성장에 진정한 정신적 양분을 제공하는가?

현실을 변화시키는 데에는 물론 시간과 여러 영역에서의 노력이 필요하다. 그러나 앉아서 이야기만 하는 것보다는 일어나서 행동하는 것이 낫다. 교육의 이상이 하룻밤 사이에 현실이 될 수 없듯이 오랜 시간이 걸리더라도 발걸음을 멈추지 말고 용감하게 나아갈 수 있는 신념이 있어야 한다.

현재 진행 중인 '신교육실험' 프로젝트 가운데 10 여 개 학교가 실험, 개혁의 핵심 목표를 '책향기 가득한 캠퍼스'를 만드는 것으로 잡고 있다. 이들 학교는 자신의 실제 상황과 결합하여 '좋은 책 읽기'를 교육실험의 목표로 삼고 학생과 교사의 독서를 이끌고, 독서를 배움과 가르침의 기초로 삼아 교육개혁을 이끌어 지혜와 생기가 가득한 캠퍼스를 만들고 있다. 필자는 이들 캠퍼스에는 책향기가 꽃향기처럼 캠퍼스 곳곳을 가득 채울 것임을, 독서가 교사와 학생들에게 가장 자연스러운 일이 될 것임을, 그리고 그들이 책에서 자연스레 햇살과 물을 흡수하게 될 것임을 믿는다…….

16

시험 :
1,000가지
슬픔의 이유

저장성 저우산舟山시 푸퉈普陀구 주자젠朱家尖 중, 고등학교의 탕첸밍唐潛明 선생님은 학생들과 '목동'과 '학생' 가운데 누가 더 행복한가라는 문제로 토론을 한 적이 있다. 그러나 의외로 학생들은 다음과 같은 발언을 하였다.

"소나 양을 치는 건 날이 밝은 후에나 하잖아요. 그런데 우리는 5시 30분도 못 되어 일어나서 날도 밝기 전 깜깜할 때 등교를 해요."

"소나 양은 날이 어두워지면 풀을 먹지 않잖아요. 저녁에는 쉴 수 있다는 말이죠! 그런데 우린 매일 밤 꼭 11시 넘어서까지 공부를 해야 해요."

……

탕 선생은 이에 다음과 같은 결론을 내렸다. 만약 학생들에게 목동이 되고 싶은지 아니면 학생이 되고 싶은지 진짜로 선택하라고 한다면? 아마 우리 교실은 90%가 텅 비었을 것이다. 남아있는 아이들도 공부를 좋아해서가 아니라 부모님과 선생님이 무서워서이다.

학생들은 왜 학생이 되기를 원치 않는 것일까? 왜냐하면 그들은 공부를 너무 피곤하고 고된 일로 생각하기 때문이다. 공부의 피곤함과 힘듦의 원인은 바로 시험이다.

오늘날 어느 집에나 큰일을 일으키는 일은 아마도 아이들의 성적만한 것이 없을 것이다. 심지어 아직 초등학생에 불과한 아이들도 아이의 성공을 바라는 부모님께 꾸중을 듣는다. "왜 조금 더 노력을 하지 않니? 98점, 99점이 100점이 될 수 있잖아!" 매년 7월, 수험생들은 수많은 간절한 눈빛의 배웅을 받으며 대입 고사장에 들어선다. 아마 일생이 이 한판에 걸려있다고 해도 과언이 아닐 것이다. 손에 쥔 연필은 운명의 동아줄이라 말할 수 있으리라. 게시판에 합격자 명단이 붙을 때쯤이면 합격한 이들은 기쁨의 눈물을, 불합격한 이들은 아픔의 눈물을 흘린다. 심지어는 불합격이라는 결과에 강물에 뛰어들어 목숨을 버리는 사람도 있다…….

중국의 시험은 대체 어떻게 된 것인가? 평가의 수단이 어째서 이토록 '중생'을 쥐락펴락 하는 것일까? 많은 학생들이 모두 그에 의해 조종될 수밖에 없단 말인가?

1. 한숨

'한 번의 시험이 평생을 결정한다.'는 말은 여전히 유효하다. 혹은 대다수 사람들의 관념 속에 여전히 깊이 뿌리 내리고 있다고 할 때, 시험의 온갖 문제들은 대학 입학시험에 주로 집중된다. 그러기에 갖은 어려움들이 저절로 생겨나는 법이다.

(1) 초점을 대학 입시에 맞추다 : 누가 시험을 보는가? 누구를 시험
하는가?

대학 입학률, 명문대 입학인수 등이 학교의 수준을 알리는 척도가 되
고, 나아가 지방정부가 교육을 중시하는지 여부를 판단하는 알림판이
되었다. 대학 입시가 다가오면 사회 각 방면도 함께 긴장하는 것은 매우
자연스러워 보인다. 만약 '학교―가정―사회'가 교육 전체를 형성하는
효율적인 네트워크라면 이 '삼위일체'의 협력은 대학 입시기간에 더욱
'흠잡을 데 없이 완벽하다.'

학교 : 줄곧 매년 7월(2003년부터는 6월) 5일, 6일은 학교가 초긴장 상
태에 빠지는 날이다. '모든 것은 대학 입시를 위한 것'이라 해
도 결코 과장이 아니다. 이 기간이면 학교는 전체 수험생들을
대상으로 교육을 실시하여 시험 기간에 주의해야 할 모든 문
제들을 끊임없이 당부한다. 또한 시험 감독관 및 업무인력을
대상으로 교육을 실시하고, 업무 직책과 대학 입시의 진행과
정을 한층 더 명확히 한다. 대학 입시 자원봉사자(보통 고등학
교 1, 2학년의 학생 중에서 지원을 통해 참여한다)는 규정에 따라
고사장을 준비한다. 벽과 책상에 글자가 쓰여 있지는 않은지,
책걸상의 앞뒤 간격이 잘 맞는지 등을 살피고 좌석번호를 붙
인다. 시청각 교육팀 교사는 반복적으로 음향설비를 조정하여
최상의 듣기 효과를 내도록 하고, 예비 녹음기와 전원을 준비

하여 만일의 사태에 대비한다. 조건이 허락하는 고사장에서는 예비 고사장을 준비한다. 기숙사 학교라면 적당한 행정인원, 학급담임 등을 배치하여 시험 기간 동안 캠퍼스, 시험지 보관 장소, 학생 기숙사 등에 철야로 당직을 서게 한다.

가정 : 대학 입시가 하루하루 다가오면 부모의 마음은 하루하루를 붙잡고 싶어진다. 1년 중 가장 중요한 큰일은 의심할 나위 없이 자식들의 대학 입시로서 모든 것은 이를 위주로 돌아간다. 그래서 고3이 있는 집안의 부모는 많은 수가 '아마추어 영양학자'가 된다. 머리에 좋다는 것은 모두 필수 구매품이 된다. 특히 대학 입시 카운트다운에 들어가면 경제적으로 곤란해지더라도 어떻게든 절약해서 아이에게 사주고 싶어 한다. 반 전문가가 다 된 이들에게 신문, 텔레비전 등 홍보매체에 나타난 대학 입시 '황금법전' '장원의 심경' 등은 그들이 관심을 가지는 초점이 된다. 최근 서점에 어느 유명 학교, 교사가 낸 참고자료가 들어왔고 자기 아이네 반에서 공부 잘 하는 아이는 어떤 문제집을 보는지 등도 모두 꿰뚫고 있다. 도시에서는 시험을 코앞에 앞두고 아이에게 더욱 편안한 휴식 환경을 제공해주기 위해 집이 학교에서 비교적 멀 경우 고사장 근처의 여관, 호텔에 머물기도 한다. 가격은 더 이상 신경 쓸 문제가 아니다. 오직 조용한 환경만이 중요할 뿐이다. 시골에서는 만약 수험생이 기숙학교의 학생이라면 부모 중 하나가 아이와 함께 여관, 호텔 등에서 숙박하며 며칠간 회사도 나가지 않는다. 이렇게

‘중요한’ 일에 쓰는 돈은 아까워하지도 않는다. 심지어 어떤 가정에서는 고3 1년 내내(고1, 고2 때 기숙사 생활을 한 경우) 어머니 혹은 할아버지, 할머니가 함께 공부를 한다. 학교 부근에 집을 빌려 어른은 아이에게 밥과 빨래를 해준다. 이는 모두 자신의 아이가 공부에만 전념하여 대학생의 꿈을 이룰 수 있도록 하기 위함이다.

사회 : 대학 입시가 가까워지면 사회 각계의 수험생에 대한 관심과 배려 역시 나날이 높아져만 간다. 행인들도 수험생들에게 한층 부드러워진다. 수험생이 시험 시간에 쫓겨 행인과 부딪혀도 너그럽게 보내준 일들도 신문지상에서 심심찮게 볼 수 있다. 시험기간 동안에는 수험생의 안전과 감정이 매우 중시되어 병원, 공안, 교통경찰 등 부문에서는 협력을 통해 고사장 부근에서 공사를 하거나 차량 통행 시 소리를 내지 않도록 하는 표지를 세워두고, 고사장 부근에 인원을 배치해 주변에서 당직을 서도록 한다.

시험 전날의 주인공은 수험생이란 사실은 말할 필요도 없을 것이다. 수험생은 전쟁준비를 위해 한껏 전력투구한다. 이때 각지의, 특히 유명학교에서 출제된 최신 모의고사 시험지가 벌떼같이 몰려온다. 학생들은 이미 힘이 들 정도로 풀어봤지만 누구도 교사들이 심혈을 기울여 뽑아낸 문제들을 포기하려고 하지는 않는다. 아마도 그들 마음속에는 늘 ‘비슷한 문제가 나올지도 모른다.’는 기대가 있을지도 모른다. 10여 년의 고생스러운 학업도 모두 견디어 냈는데 무엇 때문에 고작 며칠의 수고를 마다하겠는가? 필드 위의 선수가 필사적으로 싸울 때 필드 밖의 코치도 함께 긴장하는 것처럼 고3 졸업반의 교사가 그 누구보다 가장 힘들고, 걱정이 많은 사람이라는 사실에 이의를 제기할 사람은 없을 것이다. 고3 1년 동안의 고생과 피로는 말할 필요도 없고, 전쟁 전날 밤 학생들이 실력을 제대로 발휘할 수 있을지, 실수는 하지 않을지 그들의 마음은 더더욱 두근거린다.

한 해 한 해, 이런 어쩔 도리가 없는 상황이 끊임없이 되풀이되면서 학교, 교사, 학생, 가장은 항상 벗어날 수 없는 악몽처럼 대학 입시의 굴레에 묶여있다. 이쯤이면 시험은 이미 본연의 모습을 잃어버린 게 아닐까?

(2) 바쁜 가을 : 대학 입시에서의 부정행위는 어찌하여 끊이지 않는
　　것인가?

부정행위는 혐오스럽고 증오스러운 단어이다. 그러나 부정행위라는 유령은 항상 엄숙하고 심지어는 신성한 (대학 입시) 고사장을 배회한다……

광둥 뎬바이電白에서 일어난 대학 입시 부정행위 사건으로 인해 전국이 충격에 휩싸였던 적이 있다. 당시 각 매체에서는 앞 다투어 보도를 해댔고, 리란칭李嵐清 국무원 부총리는 이에 대해 엄격한 처리를 요구하며 각종 부정행위 안건에 대해 《교육 행정 처벌 임시 시행 방법》과 국

가교육위원회 18호령 등 관련 규정에 따라 발견되는 대로 엄격히 처벌하고, 즉시 교육부에 보고하도록 지시했다.

예로부터 대학 입시에서는 부정행위가 끊이지 않고 발생해 왔다. 그렇다면 대학 입시에서의 부정행위가 어떻게 이처럼 극성을 부리게 된 것일까?

원인은 여러 가지이다. 인터뷰를 위해 일찍이 대학입시 부정행위가 발생한 바 있는 자허嘉禾현을 방문했던 기자는 자허1중―中에서 발생한 부정행위가 결코 우연은 아니었다고 말한다. 당시 자허현의 일부 지도자들은 정치적 업적을 만들기 위해 여러 차례 공개적으로 속임수를 쓴 바 있다. 예를 들어 교육의 '두 가지 기본'의 달성 여부를 검수할 때 일부학생 이탈이 많고 교학 설비가 낙후된 시골 학교의 기준 달성을 위해, 연일 밤차로 다른 지역에서 학생과 책걸상을 실어와 기준에 맞추게 했다. '문맹퇴치' 검수 때에는 중학생, 중등전문학교생, 고등학생에게 문맹퇴치 검수시험에 참여하게 하기도 했다. 이상이 효과를 보자 기풍이 손상되어 대학 입시에서의 부정행위가 발생하게 된 것은 어쩌면 당연한 결과이겠다.

부정행위에 참여했던 수험생들에게 이는 인생 중 가장 참담한 교훈일 것이다. 인생의 길은 길지만 가장 중요한 선택은 고작 몇 발자국에 불과하다. 난정南鄭고등학교의 부정행위에 참여했던 학생은 다음과 같이 말한다. "제가 씻을 수 없는 실수를 저지른 것 같아요. 제 실력대로라면 부정행위를 할 필요도 없었는데. 부정행위를 하지 않고도 충분히 합격할 수 있었는데. 제가 제 자신을 망친 거죠."라고 말한다. 그러나 일부는 이에 이의를 제기한다. 난정고등학교의 어느 가장은 다음과 같이 말한다. "학교는 지식을 가르치고 사람을 키우는 곳 아닙니까? 지덕체를 겸비한 인재를 키워야지요. 그런데 학교 선생이 아이들에게 휴대폰으로 답을 전송하는 방법을 제안하다니요. 이는 아이들을 망치는 일 아닙니까?" 한 수험생 역시 다음과 같이 말한다. "담임선생님이 저희에게 사례비를 요구하는데 저희가 내지 않을 수 있나요? 선생님은 겉으로는 우리를 도와주는 것처럼 하지만 실제로는 진학률을 높이려는 거죠. 진학률을 높인대놓고 결과는 우리를 곤경에 빠뜨렸어요."

대학 입시 뿐 아니라 고교 입시 상황 역시 걱정스럽다. 2003년 6월, 후난 이양益陽 제19중학교는 '성적이 떨어지는 학생'들을 학교에서 내쫓아 고교 입시에 참가하지 않도록 '충고'했다. 조사에 따르면 258명 가운데 51명의 학생(후에 2명이 다시 '충고'에 의해 집으로 돌아갔다)이 '충고'를 받고 돌아갔다고 한다.

2. 떨어지는 낙엽으로 가을이 다가옴을 알다

《중국청년보》는 다음과 같은 가슴 아픈 사건을 보도한 바 있다.

19세 양잉楊穎은 부모가 딸의 진학을 위해 사람을 구하고 뇌물을 주고, 심지어는 무릎을 꿇는 것을 보아왔다. 그러나 자신이 희망하던 학교에 떨어지자 집에서 가스를 틀어놓고 오랜 세월 자신과 함께 한 책상 위로 쓰러졌다.

왜일까? 왜!

대학 입시가 인생의 마지막 만찬이란 말인가? 한 제도가 계속 사람들에게 생명의 가치를 무시하게 한다면, 최소한 이 제도에는 휴머니티가 부족하다는 말이다. 만약 시험의 목적이 오직 입학신청서를 추려내는 데만 있다면 시험 자체는 완전히 의미를 잃고 터무니없이 변할 것이다.

미국 밥 오브리Dr. Bob Aubrey 박사는 《캠퍼스를 넘어서》에서 코끼리인 조상인 매머드를 현행 교육에 비유했다. 매머드는 초식동물로 일반적으로 남이 상처를 입히지만 않는다면 남에게 큰 상처를 입히지 않는다. 오브리 박사는 매머드의 긴 이빨을 시험에 비유했다. 시험에 불합격하는 것은 곧 급사를 의미한다. 심지어 시험과 싸우는 과정 중에 주위의 모든 것을 의식하지 못해 장래가 상처를 입는 것을 보지 못할 수도 있다. 매머드의 거대한 다리는 엄격한 입학 선발 과정으로, 무수한 젊은이들이 이 과정 중에 밟혀나간다.

교육이 일종의 종교가 된 것은 아닌지에 대한 우려는 우선 접어두고라도 시험의 심각한 변질은 더욱더 우려스럽다. 시험의 본래 의미는 평가와 선발로서 그 출발은 능력을 판단하는 평가기준이었다. 그러나 현실교육 중에서 시험은 학습의 평가도구에서 학습의 최종목적으로, 학습의 보조수단에서 학습을 제약하는 지배자로 변화되었다. 학생들은 어떻게 하면 효율적으로 지식을 파악할 것인가가 아니라 어떻게 하면 '성공적으로' 시험을 칠 것인가를 생각한다. 때문에 시험 및 그 원래 기능의 변질은 흔히 볼 수 있는 일이 되어버렸다.

베이징 사회과학원社會科學院 사회학연구소에서 편찬한 《시험의 이화 및 개혁》 등 문장에서는 오늘날의 시험의 이화를 다음과 같이 정리한다.

(1) 시험 목적의 실리화

시험 점수에 두드러지게 나타나는 가치판단에서 점수의 가치기능을 과다하게 확대하여 지식의 누적, 기억을 목표로 삼아 심사하고 판단한다. 특히 학업성적과 장학금, 우수생 선정 등이 결합하여 학생의 실리화 경향을 더욱 심화시키고 학생들이 투기행위에 만족하게끔 한다.

(2) 시험 내용의 교재화

교재는 학생들에게 교육을 진행하고 지식을 전달하며 테크닉을 연마하고 지능을 발전시키는 주요도구이다. 그러나 과학 기술의 발전으로 인해 지식의 업데이트 속도가 끊임없이 빨라져 교재 자체(편집, 출판, 발행)가 완벽히 적응하기 힘든 정도가 되었다. 이로 인해 교사들은 끊임없이 새로운 지식, 과학, 기술을 습득하여 수업내용을 풍부하게 해야 한다. 시험문제의 선택은 기본적으로는 교재에 기대지만 교재에만 머무를 수는 없다. 그러나 실제로는 출제자가 여전히 수업, 교사, 교재를 중심으로 출제하는 데 익숙하기에 학생들에게 수업시간에 필기를 하고, 시험 때 필기를 외우고, 시험이 끝난 후에는 잊어버리는 등의 상황이 여전히 존재한다.

(3) 시험 문제형의 표준화

표준화 시험은 일정 수준에서 시험의 공평성, 공정성, 효율성을 높이고, 개인적인 친분, 관계, 오차를 줄인다. 그러나 다른 방면에서 표준화 시험은 학생이 문제분석능력, 해결능력, 구두표현능력, 서면 작문능력, 그리고 일탈적 사고와 창조적 사고를 키우는 데는 도움이 되지 않는다.

(4) 시험방식의 단일화

시험방식의 구분에서 현행 시험은 면접고사, 필기고사와 종합시험의 세 종류로 나눌 수 있다. 먼저 각 시험 형식마다 일장일단이 있다. 면접은 문자의 제한을 받지 않아 학생은 교사가 제출한 문제의 범위 내에서 새로운 지식을 자유롭게 발언하고 견해를 밝힘으로써 재능을 충분히 펼쳐 보일 수 있다. 그러나 면접은 일반적으로 개별적으로 치러지기 때문에 시간과 힘이 많이 들고 점수 기준을 관리하기 힘들며 전후 효과가 떨어진다. 다음으로 각 시험마다 응용 범위가 다르다. 예를 들어 실기고사는 일반적으로 체육, 음악, 미술 등 방면의 기능, 기교, 기예를 측정하는 데 응용된다. 마지막으로 각 시험은 각각 서로 다른 곳에 중점을 둔다. 예를 들어 오픈 북 시험(소논문 포함)은 창의성, 종합성 항목의 테스트에 주로 쓰이고, 학생의 지식파악 상태 및 지식 응용능력에 중점을 두고 그 내용은 교재 안팎에 미친다. 실제 운용에서 우리는 대다수가 이미 클로즈 북 시험에 익숙해져 있고, 오픈 북 시험, 반 오픈 반 클로즈 시험, 구술시험, 실기시험 및 필기와 면접의 결합 시험 등 시험의 형식은 비교적 적어 학생들은 따분해지고 시험을 두려워하게 된다. 때문에 능동성과 창의성을 제대로 발휘하지 못하고 학생의 학습품질을 제대로 검사할 수 없게 된다.

(5) 평가기준의 정밀화

오랫동안 우리는 점수를 학생 능력의 구체적인 외적 표현이라 보아 점수가 높으면 능력도 월등하다고 믿어왔다. 때문에 사람들은 학업성적의 정확성을 나타내기 위해 종종 백분율을 통해 시험 성적을 표시하였고, 심지어 1, 2점을 가지고 따지기도 한다. 등급평점제, 모호평점제, 격려평점제 등의 평가방법은 거의 사용되지 않는다. 그 결과 학생들은 기말만 중요시하고 평상시는 중요시하지 않고, 결과만 중요시 하고 과정은 중요시하지 않으며, 점수만 중요시하고 실행은 중요시하지 않게 되었다. 성적표에 적혀 있는 점수는 사실 그 자체로는 아무런 의미도 없다. 성적의 우열을 가릴 수 없을 뿐 아니라 기타 시험 성적의 호불호를 가릴 수도 없다.

사실 시험이 학습의 평가 도구, 수단으로부터 일약에 지배자가 된 원인은 시험 자체에 있는 것이 아니라 이를 도구로 사용하는 사용자 자신에 있다. 중국의 교육평가의 역사는 유구하지만 현대교육의 평가에서 본다면 중국의 교육평가의 발전은 이제 막 전문화 과정에 들어선 정도이다. 그 중 교육의 측량은 더욱 뒤처져있다. 때문에 일정 수준에서 교육평가의 과학성에 영향을 미친다. 본질적으로 평가는 일종의 가치판단이다. 이러한 판단의 의거는 가치 주체의 객관적인 수요에 있다. 그러므로 평가 중에서 우리는 다음의 몇 가지 문제에 주목해야 한다.

첫 번째, 누가 평가하는가?

평가방식은 일반적으로 '타인의 평가'와 '자신의 평가'로 나뉜다. '타인의 평가'는 다시 상급 행정부문의 학교 평가, 학교의 교사 평가, 교사의 학생 평가 및 교사와 학생의 상호 평가 등으로 나눌 수 있다. 현실에서 '타인의 평가'는 대부분이 위에서 아래로 내려오는 행정적 평가로서 피평가자는 흔히 수동적인 위치에 놓인다. '자신의 평가' 역시 여러 외부 '간섭'으로 인해 형식주의적이라는 혐의를 면치 못한다. 그렇다면 누가 평가의 진정한 주체란 말인가? 사제관계에 누가 주체가 될 것인가와 같은 평가 주체에 대한 논쟁에 있어서도 사람마다 관점이 다르다. 혹은 상급 부문, 혹은 학교, 혹은 평가자와 피평가자 서로가 주체이다……. 사실 전통에 따라 움직이는 주객이분법적 사고로 주체를 구분하는 것은 의심할 나위 없이 편파적이다. 때문에 조직 활동에는 여러 주체가 존재한다. 활동주체가 있으면 가치주체, 평가주체 등도 존재한다. 만약 주체 혹은 '주—객—주'의 각도에서 본다면 학교 교육의 이행자야말로 평가의 진정한 주체이다. '타인의 평가' 가운데 평가주체는 바로 피평가자이다. 그러나 현실에서는 흔히 주객전도 혹은 혼란이 일어난다. 상급 행정부문, 학교, 교사가 평가의 '주체'로 인식되는 경우가 더욱 많지만 '주체'의 평가근거에는 또 오차가 발생한다. 그럴 경우 평가의 과학성 역시 가장 기본적인 근거를 잃게 된다.

두 번째, 무엇을 평가하는가?

한 학교의 학업 수준을 평가할 때는 흔히 다음과 같은 두 가지 이해하기 어려운 경향이 존재한다. 첫째, 소위 관례라 불리는 빈번한 분기별, 연도별 비교 평가이다. 특히 우수 학교의 신고, 검수에서 상급 행정부문은 "평가의 대상은 학생 혹은 학교 구성원에 국한 짓지 않아야하고, 거의 모든 것이 평가 대상이 될 수 있다."는 기준에 근거하지만 종종 '모든 것이 평가 대상이 될 수 있다.'는 말을 '모두 평가의 대상이 되어야 한다.'라고 이해한다. 때문에 학교 업무와 관련이 있는 사물이라면 모두 평가의 대상이 되고 평가지표는 적게는 몇 십 개, 많게는 몇 백 개가 된다. 둘째, 모든 학년, 특히 고교 입시와 대학 입시 이후, 학교에 대한 평가는 실질적으로 진학률을 평가의 기준으로 삼기에 학교 교육의 이행에 있어 추구해야 하는 학교 운영의 특색, 교육특징 등은 제대로 관심을 받지 못한다. 이처럼 학교는 시험성적, 교과목의 균등분배 등을 교사에게 요구하고 교사는 점수, 등수 등으로 학생을 대한다. 이는 결국 입시위주 교육의 끊임없는 확산을 야기한다. 그래서 사람들은 '손에는 수갑을 차고 발에는 쇠고랑을 차고 춤을 춘다.'는 말로 한 걸음도 내걷기 힘든 교육의 현실을 설명한다.

셋째, 어떻게 평가하는가?

평가의 기본 프로세스는 일반적으로 '평가방안 설계―지표체계 공표―현장평가 구성―평가결론 교환'의 몇 가지를 따라 진행된다. 그러나 이는 일종의 예정식 평가이기 때문에 개성을 표현하기란 여간 어려운 일이 아니다. 예를 들어 평가방안은 학교 교육에 대한 평가방안이

상급 주관부문이 정해준 것이지 피평가자의 교육가치관, 교육활동에 의거하여 자주적으로 설계된 것이 아니다. 이렇듯 도구적 목적을 가진 방안은 학교의 객관적인 수요와 능력의 실제를 진정으로 반영하지도 또한 이에 부합하지도 못하기에 마땅히 갖추어야할 목표의식과 자주성은 떨어지고, 더욱이 보편성을 가진 가치를 갖추지 못한다.

아울러 평가방법 방면에서 우리는 습관적으로 '듣고, 보고, 조사하고, 이야기하고, 묻는' 다섯 과정의 방법을 사용한다. 이러한 방법은 비록 어느 정도 합리성이 있기는 하나 결국에는 감정적이고 간략화 되는 경향이 있다. 때문에 주관적으로는 사람들이 사실판단을 가치판단으로 삼거나 사실판단으로 가치판단을 대신하기도 하며, 심지어 때로는 일부러 혹은 무심코 이 두 가지 서로 다른 성질의 판단을 동일시하기도 한다. 객관적으로는 평가지표의 일방적 행위화, 평가도구의 비과학성 등의 요소의 제약을 받아 흔히 피평가자의 전체적인 수준, 내재적 소양 등을 소홀히 하여 평가의 효율과 신뢰도를 떨어뜨리기도 한다.

3. 하나의 기둥으로 하늘을 받치다

나라의 흥망성쇠는 교육과 관련이 있다. '과학으로 국가를 발전시킨다.'는 과학기술교육의 진작 등의 전략적 사고의 제기 및 끊임없는 이행을 통해 사람들의 교육에 대한 인식과 기대를 엿볼 수 있다. 물론 국가의 발전과 민족의 부흥은 단지 교육에만 멈추지 않는다. 그러나 중요한 기둥으로서 필수적인 기능을 제대로 발휘할 수 있는지는 우리가 관심을 기울여야 할 문제이다. 현실의 교육은 여전히 입시위주 교육의 어두운 그림자에서 벗어나지 못하고 있다. 시험이라는 무거운 화제를 마주하고 학교, 교사, 가장, 학생은 늘 무력해질 수밖에 없음에 심지어 슬픔을 느끼기도 한다.

여기서 우리는 가장들이 속으로는 어떤 생각을 하고 있는지 알아보자.

"딸이 시험을 보면 제가 긴장이 돼요." : 시험 이야기를 하면 부모로서 어떤 마음으로 표현을 해야 할지 모르겠어요. 어떻게 말을 해야 할까요? 딸아이가 시험을 칠 때마다 마치 제가 시험을 치는 것처럼 초조한 심정으로 딸아이가 돌아오기만을 기다려요. 돌아오면 첫마디가 "시험 어땠어?"죠. 그러고는 천천히 딸의 대답을 기다려요…… 그런데 딸아이가 힘들게 공부하는 모습을 보면, 아침부터 저녁까지 책에 머리를 파묻고 공부만 하고 쉬는 시간도 짧고 그런 모습을 보면 마음이 아프지요. 중국은 인구가 많아서 모든 학생이 다 대학입시라는 다리를 건너기는 힘들어요. 조금이라도 잘못하면 물속으로 떨어져 물에 휩쓸려가죠. 어쩌다 시험에 실패라도 하면 제자리에 묶여서 다시는 앞으로 나아가지 못하죠. 이게 어떤 이는 성공을 하고, 어떤 이는 실패하는 세상 이치기는 하겠지만…… 기왕 시험이 학생을 검사하는 유일한 기준이니만큼 저는 딸아이에게 "너에겐 전진만 있지 절대 후퇴란 없다." "어떻게든 이 '시험'을 잘 쳐야 한다."라고 요구하죠. 사실 저도 아이에게 이렇게 스트레스를 주고 싶은 건 아니에요. 그저 '시험'이 아이들을 기다리고 있으니 그렇게 할 수밖에요. 세상 부모들은 전부 불쌍해요.

시험 : 여름에 아무리 더워도 딸아이는 책장이 넘어간다고 선풍기를 끄라고 해요. 입이 말라도 딸아이는 정신이 분산될 수도 있다고 찬 음료를 도로 가져가라고 해요. 딸아이가 시험을 대하는 태도는 기특하지만 마음속에서는 자주 "시험 때문에 이렇게 해야 하나?"라는 의문이 드네요.…… 졸음이 몰려오면 저는 몸을 일으키며 딸아이 옆에서 '늦었어, 자.'라고 하죠. 그럼 딸아이는 "아뇨, 먼저 주무세요. 곧 시험이잖아요. 조금 더 공부하다 잘게요. 엄마 먼저 주무세요!"라고 다정하게 말해요.……그리고 나서 딸아이 방 불은 오래도록 꺼지질 않죠. 조심히 딸아이 방문을 열어보면 책상에 엎드려 잠이 들어있어요. 한창 곤히 자고 있는 아이의 얼굴을 보면 마음이 시리고 아파요. 무거운 다리를 이끌고 침실로 돌아가 침대에 누우면서 계속 자문해요. "시험이 대체 뭐지? 우리 딸한테서 휴식시간을 뺏어가고, 놀 시간을 뺏어가고, 어린 시절 아이들이라면 당연히 느껴야 할 즐거움들을 앗아가고, 또……. 이 세대 아이들은 잃은 게 정말 너무나 많아요, 너무……. 아이들이 잃은 걸 나중에 보답 받을 수 있을까?!"

"아들이 95점을 받았어요." : 1학년 1학기 중간고사가 끝난 후, 아내가 학교 학부모회의를 다녀와서 말하더군요. "당신 아들 완전 멍청해! 반에서 20명이 두 과목 다 100점을 받았어. 그런데 당신 아들은 국어는 98점, 수학은 겨우 95점을 받았어. 반 평균보다도 3점이나 낮다고. 오늘 정말 창피해서 얼굴을 들지 못했네. 쥐구멍에라도 숨고 싶었다고. 이제부터 우리 둘이 분업해서 매일 돌아가면서 녀석 과외를 시켜야겠어. 두 과목 다 100점을 받을 때까지. 안 그러면 나 다시는 학교 못가.” 나는 할 말이 없었다. 중국은 인구가 많아 경쟁도 격렬하다. 경쟁이 있으면 시험을 통해 점수의 높고 낮음으로 공평함을 드러내야한다. 상황이 이러니 아이의 성공을 바라는 부모들이 학생들의 시험 점수에 신경을 쓰지 않을까? 겨우 1학년짜리의 시험 결과에 이토록 열을 올리니 중국교육의 희망은 도대체 어디에 있는 걸까? ……

누군가가 말했다. “우리가 역사를 바꿀 수는 없지만 역사의 재연을 막을 수는 있다.”고. 교육은 미래에 대한 가장 좋은 투자이다. 그러나 현실의 교육이 전과 다름없이 소양 교육의 변두리만 배회한다면, 입시 위주의 교육이 전과 다름없이 드러나게 혹은 드러나지 않게 아이들에게 압력을 가해 아이들이 천진한 미소를 잃고 공부의 즐거움을 느낄 수 없게 된다면, 아이들의 재기와 순수가 이미 점수에 마음을 졸이느라 흔적도 없이 사라지고, 잔혹한 일방적인 경쟁에 의해 심리적으로 날마다 괴롭힘을 당한다면, 우리는 어찌 내일을 걱정하지 않을 수 있을까? 필자는 지금이 중국교육에 확실한 개혁을 단행할 때라고 생각한다.

도구 자체는 선악이 없는 가치중립적인 것이다. 테크놀로지(당연히 테크놀로지는 도구로만 머물지 않고 인문학적 가치의 일면도 지니고 있다)는 인류에게 행복을 가져다 줄 알라딘의 요술램프이기도 하거니와 인류에게 위협을 가져다 줄 판도라의 상자이기도 하다. 복을 가져다줄지 해를 가져다줄지의 여부는 사람들이 이러한 양면의 칼을 손에 넣었을 때 내면의 선악의 동기에 따라 결정지어진다. 시험에 대해서도 우리는 다음과 같은 시각으로 인식을 달리할 필요가 있다. 곧 시험의 이해를 확실히 인식하되 단순한 이해에 대한 논쟁에만 머물지 않고, 시험(예를 들어 대학입시)의 폐지 혹은 존속의 판단에도 또한 머물지 않도록 해야 한다. 시험에 관한 문제는 결코 단순하지 않다. 문제의 깊은 곳에는 현행 교육체제로 인한 원인도 존재하므로 있기에 시험에 대한 개혁은 결코 시험 자체에만 머물러서는 안 된다. 그렇지 않을 경우 우리는 변함없이 자신도 모르는 사이에 기술 운영의 영역으로 나아가게 될 것이다. 시험 문제를 해결하려면 필자는 먼저 과학적인 시험관을 확립하고 과학적인 출제제도와 채점제도를 수립하며 다양한 시험형식을 시행해야 한다고 생각한다.

물론 시험 개혁에는 우리가 연구하고 탐색할 만한 더 많은 방법들이 있다는 사실을 잘 알고 있다. 우리는 시험이 사람의 간섭을 절대적으로 피할 수 없기에 절대 이상적인 공정성에 도달할 수는 없다는 사실을 잘 안다. 일방적인 면을 피할 수 없기에 시험은 단지 한 사람의 능력의 제한된 부분만을 고찰할 뿐 진정한 의미의 전면적인 평가가 될 수 없다. 그러나 오늘날의 교육개혁상황을 보면 대학입시를 개혁하지 않는 한, 기타 개혁 역시 형식에만 머물 수밖에 없다. 일단 대학입시를 개혁하기만 하면 기타 교육영역의 일련의 근본적인 개혁은 자연히 따라오기 마련이다. 따라서 시험은 끊임없이 변화하는 사회 다양화 현상과 창의적 인재의 수요에 적응함으로써 인재 선발과 인재 평가의 과학적 유도 기능 측면에서 이미 중국교육개혁 중에서 매우 중요한 단계가 되었다. 또

한 오직 이를 통해서만 학교 교육은 입시위주 교육의 어려움에서 벗어
나고 학생은 지옥과도 같은 교육의 감옥에서 해방될 수 있다.

17

인터넷의 희비

“인터넷은 나를 즐겁게도 슬프게도 한다.” 이는 어느 중학생이 인터넷을 체험한 후 쓴 글이다. 인터넷은 양날의 칼과도 같다. 인터넷은 사람들에게 간편한 학습과 교류의 기회를 제공하고 즐거움을 주기도 하지만 사람을 중독에 빠지게 하고 심리적으로 의존하게 하는 위험한 도구다. 최근 들어 아이들이 인터넷과 PC방에서 밤을 새면서 학업을 등한시하고, 심지어는 범죄의 길로 접어들게 되는 여러 가지 사건이 여러 매체를 통해 보도되고 있다. 어떻게 해야 인터넷이라는 문명의 이기를 유익하게 이용하고 청소년의 건강한 성장을 보장할 수 있는지를 알아내는 것이 우리 앞에 놓인 중요한 과제이다.

1. 천당과 지옥의 공존

“천당에 가고 싶은가? 그렇다면 인터넷에 접속하라! 지옥에 가고 싶은가? 그렇다면 인터넷에 접속하라!”

인터넷은 대체 무엇을 위해, 어떻게 이토록 강력한 마력을 갖는 것인가?

1990년대에 제대로 두각을 나타내기 시작한 인터넷은 인류사회가 정보화시대로 한 걸음 내딛는 데 있어 가장 중요한 발걸음이다. 인터넷은 미국 국방부가 냉전 시기에 내부 테스트를 위해 만든 네트워크인 아르파네트Arpanet에서부터 미국 교육과학 연구기구의 인터넷까지 더딘 과정을 겪어왔다. 1993년 WWW 웹 브라우저를 발명한 이래 오늘날까지 발전하는 데 오랜 세월이 걸리지 않았다. 그러나 오늘날의 규모와 발전의 속도는 처음과 다르다. UN무역개발회의의 보고에 따르면 1933년에는 고작 몇 십 만 명에 불과하던 인터넷 사용자는 2002년 연말에 이르러 전 세계적으로 무려 6.55억 명에 이르게 되었다.

중국에 인터넷이 보급된 시기는 다른 국가보다 조금 늦은 편이다. 1994년 4월 20일은 중국이 인터넷을 쓸 수 있도록 승인된 날이다. 그날, 중국교육과학연구망NCFC은 미국 NCFnet와 직접 네트워킹 되었다. 그 후 10년 정도의 발전기간을 거치면서 인터넷은 중국 경제와 정부체제의 개혁성과에 힘입어 거대한 잠재력을 드러냈다. 중국 인터넷 정보센터CNNIC가 발표한 《중국 인터넷 발전 상황 통계보고中國互聯網絡發展狀況統計報告》에 따르면 2003년 6월 30일을 기준으로 중국 대륙에는 인터넷 접속 가능한 컴퓨터 2,572만 대, 네티즌 6,800만 명 이상이 있는데 이는 전 세계 네티즌의 10%를 차지하는 수치이다. 그 중 청소년 네티즌은 80% 이상을 차지한다. 네티즌의 일주일당 평균 인터넷 접속 시간은 9.7시간으로 증가하였다. 보고서는 또한 2003년 중국의 인터넷 산업과 전통 산업의 결합 정도, 인터넷의 침투정도가 한층 더 강력해져

2003년 연말이면 네티즌의 수가 8,630만 명으로 46%의 증가율을 보일 것이라 예측하였다.

인터넷은 중국의 정치, 경제, 과학연구, 문화, 교육 및 개인 업무와 생활에 나날이 깊은 영향을 남기고 있다. 인터넷은 이미 중국인, 특히 청소년의 학습 지식, 교육 사상과 레저 오락의 중요 플랫폼이 되었다. 인터넷과 친밀한 접촉을 해 본 사람이라면 누구나 온라인상의 '물결'이 가져오는 흥분과 자극을 잊기 힘들 것이다. 인터넷은 마치 《아라비안 나이트》의 램프의 요정 지니처럼 신기하고, 무궁한 매력을 가진 정보의 시간과 공간을 가져다준다. 인터넷의 정보는 널리 공유가 가능하고 개방적이다. 인터넷에서 최신 국가 지리 잡지를 찾아볼 수도 있고, 최신 이론 저서를 읽어볼 수도 있다. 또한 인터넷으로 필요한 책, 사진, 시청각 자료, 소프트웨어 등 공유 자원을 찾을 수도 있다. 인터넷이 당신에게 제공하는 것은 이게 다가 아니다. 온라인상의 학습형 커뮤니티에 정착함으로써 자신의 정신세계를 다시 빚어내고 인터넷의 하늘에서 여행하면서 진짜 세계와는 다른 즐거움을 느끼며 온라인 쇼핑을 하면서는 특별한 놀라움도 경험할 수 있다……. 설령 많은 가장과 학교 교사들이 전자게임을 극도로 '혐오'한다 해도 전자게임에도 물론 좋은 점이 있을 수 있다. 이는 아이들에게 새로움을 갈구하고 차이점을 분석하는 즐거움을 가져올 수 있고, 아이들의 긴장감과 자극을 추구하는 심리적 수요를 만족시키고, 재빠른 반응능력을 훈련시키고 학생의 과외활동을 풍부하게 할 수 있다. '작은 새小小鳥'라는 아이디의 상하이의 고등학생은 《해방일보海方日報》에 편지를 보내 인터넷의 좋은 점을 다음과 같이 열거하였다.

"먼저, 인터넷은 외국어 공부를 도와줍니다. 저 역시 채팅방에 자주 가요. 그러나 보통 영어 채팅방에 가죠. 거기서 친구를 많이 사귈 수 있을 뿐만 아니라 영어능력을 향상시키고 어휘량을 풍부하게 할 수 있어요. 채팅 중에 등장하는 일부 문법적 오류는 다른 네티즌분들이 열성을 다해 즉각적으로 지적해줘요."

"둘째, 인터넷을 통해 최신 교육의 동태를 살필 수 있어요. 요 몇 년 동안 대학 입시는 여전히 개혁을 위한 탐색 과정에 있죠. 해마다 여러 새로운 조치들이 실시돼요. 평소 많은 친구들이 텔레비전이나 신문 지상의 뉴스에는 별다른 관심을 두지 않아요. 인터넷에서 교육에 관련된 뉴스를 검색하는 학생들이 많아요. 이를 통해 어디에 중점을 두고 복습해야 할지 조정하면서 대입 입시의 새로운 조치에 적응하죠."

"셋째, 인터넷은 우리 공부를 도와줘요. 현재 온라인에는 인터넷 학교가 여럿 있는데 경험이 풍부한 선생님들이 언제나 온라인에서 학생들이 어려워하는 문제에 답을 해주죠. 인터넷 학교에 다니는 게 가정교사를 두는 것보다 훨씬 편해요."

"넷째, 인터넷은 우리의 과외 생활을 풍부하게 해주고, 우리의 학습 시야를 넓혀줍니다. 인터넷상의 자원은 무궁무진해요. 우리처럼 양 세기를 걸쳐 살아가는 청소년은 각 방면에 대한 지식의 수요가 매우 크죠. 그래서 학교에서 가르치는 지식만으로는 우리의 수요를 충족시키지 못해요. 인터넷이 바로 우리에게 이런 수요를 충족시킬 기회를 제공해주죠."

"다섯째, 인터넷은 환경보호에 좋아요. 친구들이 인터넷을 하게 된 이후로 편지를 쓰고 카드를 쓰는 습관이 차츰 e-mail로 대체되었어요. 편지지도, 우표도 아끼니 자원을 절약하는 셈이죠. 그밖에 힘도 시간도 절약하는 셈입니다."

인터넷이 21세기의 통행증이라는 말에는 아무런 부정도 할 수 없다. 미래 사회의 인재가 인터넷 기술을 이용해 과학정보를 획득하고 교환하고 전파할 능력이 없다면 여러 방면에서 오는 경쟁에 적응할 수 없을 것이다. 그러나 "Every coin has two sides(모든 동전은 양면을 가진다)."라는 말처럼 새로운 사물이 탄생하면 항상 모든 것이 다 맘에 드는 것은 아니다. 인터넷의 하늘도 항상 파란 것은 아니다. 최근 때때로 인터넷으로 인한 비극적인 사건이 발생하고는 한다. 아래에서 '인터넷 중독'에 관한 뉴스를 일부 모아보았다.

2002년 2월, 쑤저우 왕팅望亭진 시자奚家촌에 사는 중학생 궈펑郭峰은 하루 종일 인터넷을 하는 탓에 과도한 자극과 피로가 순간 심장 문제로 나타나 자신이 사랑하던 컴퓨터 옆에서 급사하였다. 2002년 3월, 훙청洪城에 사는 중학교 3학년의 14세 소녀가 인터넷에서 알게 된 '채팅 친구'에게 과도하게 집착하다 정신착란을 일으켜 부모님에게 쪽지 한 장만을 달랑 남긴 채 가출하였다. 4월 6일, 간쑤甘肅성 징타이景泰현 춘위春雨중학교의 중학교 2학년 학생이 자주 PC방에 가서 비현실적인 자유를 누리다가 어머니로부터 여러 차례 꾸지람을 들었다. 그러나 그는 이를 자신의 '자유를 제한하는' 행위라 생각해 칼로 어머니를 베어 죽였다. 5월 1일, 신장新疆 우루무치烏魯木齊시에서 중등 전문학교 학생인 천陳 모 군이 밤을 새면서 PC방에서 살다시피 하다가 급사하였다. 4월 30일 밤 10시, 그는 3명의 친구와 함께 PC방에 가서 아침까지 게임을 하였다. 8시가 넘어서 천모 학생은 갑자기 머리가 기울더니 옆에 있던 친구의 어깨로 쓰러지고는 이어 의자에서 떨어졌다. 병원에 도착했을 대 그의 온몸은 이미 자색이 되고, 동공이 확장되었으며 혈압이 0으로 떨어지고, 심장 박동도 멈춘 상태였다. 5월 4일, 충칭重慶시 위중渝中구의 14살짜리 소년은 게임을 하러 PC방에 갈 돈을 모으기 위해 두 친구와 함께 벽돌로 자신과 서로 의지하며 살던 할머니를 내리찧고는 38위안을 훔쳐갔다. 8월경 우한武漢에서 '종일 컴퓨터 게임을 하면 어린 나이에도 머리가 센다.'는 뉴스가 등장했다. 여름 방학 첫날부터 14살의 샤오강小剛은 하루 종일 컴퓨터 앞에 앉아 게임을 했는데 한번 했다 하면 하루 종일이고, 걸핏하면 밤을 새기 일쑤였다. 어느 날 샤오강의 부모는 샤오강의 뒷머리에 흰머리가 생긴 것을 보고는 깜짝 놀랐다. 진찰을 받으러 갔더니 의사는 컴퓨터 게임이 그 원인이라고 지적했다. 9월, 난충南充 모 대학의 대학생 리李 모와 저우周 모는 온라인게임에 빠져 PC방 비용을 대기 위해 미친 듯 도둑질을 했고 난충시 순칭順慶구 법원에 의해 각각 7년과 5년형을 선고받았다. 11월, 랴오닝 테링鐵嶺시 경찰은 범죄 패거리를 잡아들였다. 17살도 되지 않은 세 학생은 PC방 비용을 마련하기 위해 1개월 동안 무려 4차례에 걸쳐 강도 범죄를 저질렀다…….

이들의 비극적인 사건은 인터넷이라는 도구의 기능의 이용이 변질되었기 때문에 발생한 것이다. 중국 사회과학원 학자 귀량郭良이 진행한 《중국 청소년의 인터넷 사용 현황 및 영향 조사보고》에 따르면 청소년 사용자가 인터넷을 사용하는 본래 목적은 학습, 오락, 인터넷 기술의 사용과 정보 검색이지만 정작 50% 이상의 사용률을 보이는 기능은 온라인게임(62%)과 채팅(54.5%)이고, 그 다음이 이메일(48.6%)이다. 푸젠성에서 초, 중, 고등학생을 대상으로 진행된 인터넷 사용 현황 조사에 따르면 인터넷을 사용하는 학생 가운데 성인 사이트를 방문한 적 있는 학생이 46%, 채팅에 열중하는 학생이 76%, 게임을 하는 학생이 55%였고, 고작 20%도 되지 않는 학생이 정보검색을 위해 인터넷을 사용하고 있었다. 조사 데이터를 통해 청소년이 컴퓨터를 사용하면서 가장 흔히 사용하는 기능이 게임 기능이라는 사실이 밝혀졌다. 이처럼 실제상황은 학부모들이 청소년에게 인터넷 접속 조건을 만들어준 의도와는 거리가 멀었다.

(1) 온라인게임 온라인 인생

전자 게임은 사람의 손과 두뇌 능력을 함께 훈련시킴으로써 두뇌를 개발하고 지능을 높이는 역할을 하며 탐구심과 욕망을 불러일으키고, 학습 흥미를 고취시킬 수 있다. 그러나 미성년자는 사회인식이 부족하고 자아보호의식이 결핍되어 있으므로 한번 게임에 빠지면 법을 어기고 범죄를 저지르는 등 게임은 사용자에게 생리적, 심리적 상해를 입힌다. 아울러 온라인게임은 인터넷에 기반을 둔 문화적 함의를 지닌 컴퓨터 소프트웨어로서, 줄거리와 배경이 제조국의 도덕관념과 가치관을 반영할 수밖에 없기에 제조국의 문화적 특징을 지닌다. 때문에 미성년자가 게임을 하다보면 세계관, 가치관과 행위에서 적잖은 영향을 받을 수밖에 없다. 이러한 영향은 구체적으로 다음과 같은 모습으로 나타난다.

첫 번째, 인터넷 중독은 심리적, 신체적 질병을 가져온다.

2003년 2월 26일, 중국 민주동맹民盟 베이징시 당위원회에서는 '전자게임과 미성년자 교육에 관한 문제'라는 제목의 연구조사보고를 발표하였다. 그들은 베이징시 9개 구와 현의 600 여 중학생을 대상으로 조사를 진행한 결과 88%의 학생이 전자게임을 하며, 밤낮 연속으로 (20시간 이상) 전자게임을 해 본 적이 있는 학생이 7%에 달하였고, 무려 14.8%의 학생이 인터넷 중독증을 앓고 있었다. 인터넷 중독증과 전자게임 사이에는 밀접한 관계가 있다. 전자게임을 할 때 매번 평균 6시간 이상의 전자게임을 하는 인터넷 중독자가 37%를 차지하였고, 일반 사용자는 2.7%에 불과했다.

인터넷 중독증은 인터넷을 과도하게 사용하는 일종의 심리적 질병으로 환자는 항상 인터넷을 접속하고픈 생각에서 벗어나지를 못한다. 현재 인터넷 접속 인구 가운데 인터넷 중독증의 발병률은 점점 더 높아지고 있으며, 연령은 15~45세 사이이다. 관련 전문가들은 인터넷 중독자를 인터넷 사용시간에 대한 제어가 불가능하고 쾌감이 증가함에 따라 인터넷에서 더욱 헤어 나올 수 없는 사람으로 묘사한다. 이들은 인터넷을 통한 채팅과 인터랙티브 게임에 빠져 현실생활을 소홀히 하거나 만족하지 못한다. 초기에는 정신적인 의지 상으로 인터넷 접속을 갈망하는 정도에 불과하나 이후에는 신체적인 의지로 발전하여 정서 하락, 식욕부진과 체중 감소, 수면장애, 정신운동 지연과 흥분, 자기평가절하와 능력 저하, 사고의 지연, 자살 충동, 사회활동의 감소, 대량의 흡연, 음주 및 약물 등등으로 나타난다.

일부 '인터넷에 중독된' 학생들은 정력의 과도한 소모로 인해 평상시에 무력감을 느끼고 인터넷에 접속하기만 하면 극도의 흥분 상태에 빠지는 상황을 경험하게 된다. 매일같이 더 이상 인터넷에 접속하지 말자고 다짐을 하지만 방과 후 집에 돌아오기만 하면 자기도 모르게 인터넷을 찾게 된다. 게임을 했다하면 새벽까지 하면서 멈추려고 해도 멈출 수 없다. 학업 성적도 꽤 괜찮았지만 점점 더 '빨간 불'이 많아진다……. 이것이 흔히 볼 수 있는 '인터넷 중독' 증상이다. 이러한 현상은 심리학계, 의학계와 교육계로부터 광범위한 주목을 받고 있다.

인터넷 중독은 사람의 심리에만 영향을 미치는 것이 아니라 사람의 신체건강에도 영향을 미친다. 게임을 할 때면 온몸을 집중하기 때문에 신체는 줄곧 동일한 자세를 취하게 되고, 장시간 모니터를 보기 때문에 시력 저하, 눈의 통증, 빛과 어둠에 대한 적응 능력 저하, 목의 통증, 어지럼증 등을 야기할 수 있다. 조사에 따르면 전자게임을 한 후 눈의 통증을 느끼는 사람이 36%, 목의 통증을 느끼는 사람이 27%, 어지럼증을 느끼는 사람이 15%에 달한다. 아울러 인터넷 게임에 빠지게 되면 미성년자의 인간관계 상호교류를 감소시켜 자폐 경향을 나타내기도 하며 심지어는 '컴퓨터 자폐증'에 걸리기도 한다. 인터넷 중독증이 아이들의 몸과 마음을 상하게 하여 사망에 이르게 하거나 범죄의 길로 빠지게 되는 경우가 적잖이 발생한다. 2002년 중국 안팎의 여러 매체의 이목을 끌었던 난창南昌의 고등학생 위빈餘斌이 게임을 하면서 나타난 과도한 심리적 긴장과 흥분으로 인해 급사한 사건보다 이를 더 잘 나타내는 사례는 없다.

위빈은 난창시 위장豫章고등학교 3학년 4반 학생으로 다른 친구들이 대입 준비를 위해 긴장에 휩싸여 복습을 하는 동안에 혼자서 매일같이 책가방을 메고 집과 PC방을 왔다 갔다 했다. 위빈의 담임선생인 제리빙捷利兵의 말에 따르면 겨울방학 보충학습 기간부터 3월 개학 이후까지 위빈은 줄곧 학교에 나오지 않았다고 한다. 그러나 위빈의 부모는 아들이 매일 제시간에 등교하고 제시간에 집에 왔다고 말한다. 4월 17일, 위빈은 다른 날과 마찬가지로 학교에 가지 않고 '후이룽輝榮 인터넷 카페'에 들어가 늘 하던 온라인게임 《미르의 전설(중국명 傳奇)》을 계속했다. 오후에 그가 게임 속에서 공을 들여 키우던 주인공이 '사살' 당하자 극도의 흥분에 휩싸여 일시에 의자에서 몸이 마비가 되어 심장이 멈추고, 결국 PC방에서 급사하였다. 위빈 옆자리에 앉았던 젊은이에 따르면 자신이 오후 5시가 조금 넘어 PC방에 왔을 때 얼굴이 익은 위빈이 30번 컴퓨터에 앉아 게임을 하고 있는 것을 보았다고 한다(계산해보면 이 날 위빈은 이미 최소한 9시간 이상을 쉬지 않고 게임을 했다는 말이 된다). 몇 분 후 이 젊은이가 '펑'하는 소리를 듣고 옆을 쳐다봤더니, 위빈이 의자 뒤로 몸을 젖힌 채 양손을 끊임없이 떨며 거친 숨을 몰아쉬고 있었다고 한다. 근처 진료소로 옮겼지만 의사는 위빈의 심장이 이미 멈추고 맥박도 잡히지 않음을 확인하였다. 마지막으로 난창시 제3인민병원 응급실에서 위빈의 '임상사망'을 선고하였다.

분석에 따르면 위빈은 결코 병으로 죽은 것이 아니다. 위빈은 어려서 부터 몸이 건강해 병원에 간 적도 없었기에 치명적인 병이 있던 것은 아니다. 그를 인터넷 카페에서 급사에 이르게 한 원인은 바로 심리적인 원인, 즉 인터넷 중독증이었다.

두 번째, 인터넷 중독은 학생들의 성적을 떨어뜨린다.

현재 재학생 중 인터넷 중독으로 인해 학업성적이 하락하고, 심지어 는 수업을 빼먹고 무단결석하는 현상이 나날이 보편화 되어가고 있다. 일부 학교 교사들에 따르면 학교 근처에 '인터넷 카페'가 있으면 학생 들의 무단 결석률이 높아진다고 한다. 중, 고등학교의 국어, 수학, 영어 등 주요 과목은 그래도 상황이 조금 나은 편이지만 체육, 음악, 미술 등 의 과목은 학생들이 무단결석을 하는 최적의 시간이 된다. 과외 활동 시간도 기본적으로 학생들에 의해 'PC방'에서 게임을 하는 시간으로 이용된다. 학생들은 게임을 하면서 서로 수업을 빠지는 방법과 경험을 나눈다. 많은 학생들이 '온라인게임'에 중독 되어 수업시간에 집중하지 못하고 과제를 제때 끝내지 못하여 결국에는 성적 하락, 무단결석으로 이어지고, 심지어는 공부에 염증을 느끼고 자퇴를 하기도 한다. 조사 데이터에 따르면 전자게임을 하는 학생 가운데 쉽게 중독 되고 자신을 제어하기 힘든 학생이 65%, 게임을 한번 시작하면 끝낼 줄을 몰라 자신 을 제어할 수 없는 학생이 18.1%, 늘 게임만 생각하며 학교도 가기 싫 고 과제도 하기 싫은 학생이 5%, 게임에 너무 많은 시간과 정력을 투자해 학업성적에 영향을 미칠 것 같은 학생이 73.4%였다. 2000년 화둥華東이공대학은 237명 학생을 유급 혹은 퇴학 처리했다. 그 중 80%의 학생이 평상시에 무절제하게 컴퓨터로 인터넷을 사용하고 채팅을 하며 영상물을 보고 게임을 했다고 한다. 《핑딩산일보平頂山日報》의 보도에 따르면 2002년 11월 옌산燕山대학 학생 120명이 학점부족이 20학점에 달하거나 초과하여 퇴학처리 되었는데 그 중 85% 이상의 학생이 과도하게 인터넷에 빠져 학업을 등한시했다고 한다. 《양즈만보揚子晚報》의 보도에 따르면 난징 항공대학南航, 둥난대학東大 등과 같은 장쑤江蘇성 우수고교에서도 자주 인터넷에 접속하는 사람이 70%를 넘으며, 퇴학, 유급학생의 80%가 과도한 인터넷 게임, 채팅으로 인한 것이었다.

세 번째, 불량 온라인게임이 사회문제를 야기한다.

전자게임은 일반적으로 '공격, 전투, 경쟁'을 위주로 이루어진다. 그 중 몬스터를 죽이고, 복수를 위해 격투하는 등의 비현실적이고 폭력적인 내용이 알게 모르게 아이들의 미성숙한 영혼에 영향을 미친다. '초월'이라는 이름의 인터넷 카페는 100㎡에 달하는 공간에 컴퓨터 50여 대를 놓고 영업을 하는데 대부분의 고객이 학생이다. 중학생으로 보이는 학생이 '코만도스 스트라이크 포스commandos strike force(중국명 盟軍敢死隊)'를 하며 2차 세계대전 중에서 특수부대를 이끌고 각지에서 임무를 실행하고 있다. 어떤 이는 처마 위를 날고 벽을 타며, 어떤 이는 어디든 마음대로 왔다 갔다 하고, 어떤 이는 기계에 정통하여 가는 곳마다 적을 무찌르고 백전백승한다. 다른 컴퓨터에서는 한 학생이 《포켓몬스터Pocket Monster(중국명 口袋妖怪)》를 하고 있었다. 게임 속에서

지우(일본명 사토시智, 중국명 샤오즈小智)라는 소년이 포켓몬스터 마스터가 되기 위해 모험을 시작하고 여러 포켓몬스터를 이겨서 자기가 사용하기 전에 정성을 들여 키운다. 이 게임은 아이들을 매료시켜 하루 종일 각종 포켓몬스터를 수집하고 누가 더 많이 모았는지 경쟁하게 한다. 또 다른 게임은 《더 킹 오브 파이터즈The King of Fighters(중국명 格鬪之王)》로 각자의 스킬을 지닌 네 인물이 복수를 한다는 이야기로 폭력적인 장면이 시종 스크린을 떠나지 않는다. 그 중 우아한 자태를 뽐내는 바네사는 무척이나 고혹적인 자태를 보인다……. 이들 컴퓨터게임은 모두 강렬한 자극과 긴장된 대립 상황을 연출해 아이들을 매료시키고, 아이들을 게임을 멈출 수 없게 만든다. 전문가들은 미성년자가 오랜 시간 과속하고, 칼로 찔러 죽이고, 폭파하고, 총싸움을 하는 등의 게임을 한다면 그들의 도덕적 인식은 모호해지고 게임의 비현실과 현실 생활 사이의 인식능력이 약해져 타인에게 해를 입히며 목적을 달성하는 방식이 합리적인 것이라 오인하기 쉽다고 말한다. 전자게임이 야기하는 도덕규범의 상실, 탈선행위, 그리고 위법 범죄행위 문제가 나날이 심각해지는 상황이다. 어느 조사 데이터에 따르면 게임으로 인해 성격이 난폭해졌다는 경우가 27%, 게임과 학교폭력이 관련 있다고 생각하는 경우가 29%에 달하였다.

불량 온라인게임으로 인한 해가 청소년에게만 해당되는 것은 아니다. 이는 성인의 심리, 나아가 전체 사회문화에도 파괴적인 영향을 미친다. 《취작臭作》이라는 게임은 게이머들이 반드시 규정된 시간 내에 비디오캠코더, 카메라, 미약媚藥, 밧줄 등의 도구와 협박, 납치 등의 수단으로 여교사 1명과 여학생 7명을 성폭행해야만 관문을 통과할 수 있다. 한동안 가장 의론이 분분했던 《온라인에서 남자 기르기罔上養男人》 게임 역시 같은 예라고 할 수 있다. 이는 타이완臺灣의 여성 사이트 핑크전자신문粉紅電子報이 2002년 7월 출시한 온라인게임이다. 게이머는 여주인 혹은 남자 펫pet으로 등록한 후 여주인은 돈을 벌고, 남자 펫은 항상 자신의 매력을 기르는 데 신경을 쓴다. 남자 펫은 매일 여주인에게서 기본적인 생활비를 받고, 여주인은 언제든지 자신의 펫을 비판하고, 욕하고, 키스하고, 채찍질할 수 있다. 만약 펫의 매력지수가 떨어져 기를 여주인이 나타나지 않는다면 굶어 죽을 수도 있다. 이러한 게임이 남녀 간의 평등하고 조화로운 관계를 왜곡하고 심리건강과 사회윤리를 파괴하는 것이 분명하다.

(2) 채팅으로 친구를 사귀는 것의 저속함

모 시 다칭로大慶路 부근의 눈에 잘 띄지 않는 곳에 위치한 '에게해愛琴海 인터넷 카페'는 창 앞에 붉은 등을 걸어놓고 유리창에는 '왕바吧罔(PC방)'라는 두 글자를 붙여 놓았다. 안으로 들어서보니 규모가 꽤 커 거실 하나에 방 세 칸이 있는 집에 30여 대의 컴퓨터가 놓여있고, 일부 소년소녀들이 컴퓨터 앞에서 열심히 채팅을 하고 있었다. PC방 내부를 한 바퀴 돌아보니 미성년자인 아이들이 모두 인터넷에서 '나쁜 남자' '다시 사랑해줘' '방탕한 여자' '상냥한 여자' 등의 닉네임을 사용하고 있었다. 채팅 내용은 실로 난장판이었다. 중학생 정도로 보이는 학생이 채팅방에서 상대에게 "날 사랑하니?"라고 물었다. 어떤 학생은 인터넷에서 '성숙한' 요청을 하기도 한다. "외로운 여자아이에요. 저랑 이야기를 나누실래요?" 어떤 학생은 채팅방에 들어오자마자 상대방에게 차마 입에 담을 수도 없는 욕설을 퍼붓는다. '흥정(傾貨)'은 인터넷 카페에서 살다시피 하는 18, 19세 아이들이 인터넷에서 예쁜 여자나 멋진 남자를 찾을 때 사용하는 언어이다. 게다가 '속전속결'을 중요하게 여겨 최단 시간 내에 오프라인에서 실제로 만나고, 연애하는 사이가 된다. 일부 고등학생들이 자주 인터넷 카페를 찾는 이유가 바로 채팅, 친구 사귀기 때문이라고 한다. 그들은 채팅방을 통해 '마음을 훔치는 사람' '첫 키스를 선사할 여자아이' 등의 닉네임으로 이성친구를 찾는다. 말이 잘 통한다 싶으면 금세 전화기를 들어 연락을 취하고 만나서는 자신의 이상형이면 연인이 되고 아니면 그냥 헤어져버린다. 어느 PC방 주인의 말에 따르면 '흥정'하는 수법은 여학생과 연예인 이야기를 많이 하고 자신이 잘 생겼다고 말하며, 마음이 공허하다고 말하고 공부를 싫어하고 아무도 자신을 이해해주지 않는다고 말하는 것이라고 한다. 그의 PC방에서 '흥정'에 성공한 사람들은 상대와 길어봤자 보름 정도 만나고, 대부분이 만나자마자 혹은 며칠 만나다 헤어진다고 한다. 그러나 그들은 어떻게 '흥정'하는지, 얼마 만에 '흥정'에 성공하는지, 상대가 예쁜지 아닌지, 만난 후 또 무엇을 하는지를 일종의 이야깃거리요 성과로 생각하여 여기저기 떠벌리고 다닌다.

(3) 성인사이트의 범람

　우리는 PC방에서 손으로 쓰거나 프린트한 성인 사이트 전단지를 들고 팔러 다니는 사람을 흔히 볼 수 있다. 기자는 모 시의 별로 크지 않은 PC방의 컴퓨터 책상이 모두 칸막이로 가려져 있는 것을 보았다. 컴퓨터 앞에 앉으면 서로 다른 사람의 모니터 내용을 보지 못하도록 하기 위한 조치였다. 당시 컴퓨터마다 모니터에 열중하고 있는 젊은이들을 볼 수 있었는데 옆에서 보니 모두 머리를 칸막이에 숨긴 채 키보드를 치는 경쾌한 소리만 내고 있었다. 기자는 빈자리를 찾아 컴퓨터를 켜고 익스플로러의 '열어본 페이지 목록'을 열어 과거 다른 사람들이 방문했던 웹사이트를 살펴보았다. 하나하나 살펴본 결과 예전에 그 컴퓨터를 썼던 누군가가 성인 사이트를 여러 군데 방문했다는 사실을 알 수 있었다. 차마 쳐다볼 수도 없을 정도로 야한 사진들이 수백 장씩 있었다. 다른 인터넷 카페에서는 손님이 PC방을 떠나면 종업원이 즉각 컴퓨터 앞으로 달려가 몇 십 초에 걸려 매우 익숙한 손놀림으로 컴퓨터를 만지는 것을 볼 수 있었다. 종업원이 작업을 마친 후 기자가 컴퓨터를 켜자 익스플로러의 열어본 페이지 목록이 말끔히 지워져 앞서 컴퓨터를 사용했던 사람이 어떤 사이트를 방문했는지 알 도리가 없었다. 성인 사이트가 PC방에서 열리면 그 전파 속도가 얼마나 빠를지는 불 보듯 뻔하다. 성인 사이트의 내용을 아직 애티를 벗지 못한 학생이 보면 어떤 악영향을 미칠지도 눈에 선하다.

(4) 인터넷용어는 중, 고등학생의 민족문화소양을 심하게 떨어뜨린다

　온라인상에서는 오자와 오류를 쉽게 발견할 수 있다. 게다가 '886
((헤어질 때의) 안녕. 중국에서는 영어 bye bye(중국어로는 음을 따서 拜拜
(bai bai)라고 씀)와 동작의 완료, 변화를 나타내는 중국어 了(le)를 혼합해서
사용하고는 하는데 영어 bye와 8을 뜻하는 중국어 ba의 발음이 비슷하고, 了
(le)의 발음이 6을 뜻하는 중국어 liu와 비슷하다고 하여 채팅용어로는 이를
886이라 쓴다.—역주)', 'mm(여동생. 중국어로 여동생을 뜻하는 메이메이(妹
妹, mei mei)에서 앞의 m자를 따서 만든 말.—역주)', '공룡(못 생긴 여자를
가리키는 말, 폭탄—역주)' 등과 같은 인터넷용어에 영어와 중국어가 혼
용된 말까지 사용한다. 중, 고등학생이 장기간 이런 언어 환경과 접촉
할 것이라 생각하니 참으로 걱정스러운 일이 아닐 수 없다.

　최근 《창춘일보長春日報》에 난 기사를 보았다. 창춘시 안양安陽초등학
교의 관왕關旺이라는 교사가 겪은 웃을 수도 울 수도 없는 일화를 적은
것이었다. 관왕 선생님 반의 11살짜리 학생 하나가 '알파벳＋숫자＋한
자'의 '잡탕일기'를 제출했다.

　일기의 시작부분은 다음과 같다. "오늘 저녁 내 GG(형. 형을 가리키
는 중국어 거거(哥哥, gege)에서 앞의 g자를 따서 만든 말.—역주)가 자기
공룡(못 생긴) GF(여자친구. 영어 girlfriend에서 나온 말.—역주)를 집에
데리고 와 밥을 먹었다. 밥을 먹으면서 GG의 GF는 계속해서 엄마한
테 PMP('비위를 맞추다' '알랑거리다'라는 뜻의 중국어 拍馬屁(pai ma pi)
에서 나온 말.—역주)하는데 그 모습이 정말 BT('변태'를 뜻하는 중국어

變態l(bian tai)에서 나온 말.—역주) 같았다. 7456('짜증나 죽겠다.'라는 뜻의 중국어 氣死我了(qi si wo le)를 발음이 비슷한 7(qi), 4(si), 5(wu), 6(liu)로 대체했다.—역주). 그래서 난 몇 숟갈도 안 먹고 886(bye bye했다)……"

이러한 형식의 일기는 초, 중, 고등학교에서는 이미 더 이상 신기한 일이 아니다. 심지어 글짓기 시험 때도 이러한 형식이 등장한다. 일부 학생은 심지어 이러한 '인터넷 용어'를 일종의 트랜드로 생각하여 입만 열면 '인터넷 용어'를 내뱉기도 한다. 교사들은 이와 같은 글들에 그저 속수무책일 뿐이다.

광저우廣州대학 중문과 언어학연구소의 쑨융장孫雍長 교수는 현재 아이들의 인터넷 접속시간이 점점 더 많아지고 있는데 인터넷용어 특히 품위가 낮고, 제멋대로 지은 인터넷 외계어에 대해 제재를 하지 않는다면 제대로 된 언어를 배우는 데 악영향을 미치고, 국어교육에 소극적인 영향을 가져올 뿐 아니라 언어의 순수성과 건전성에도 악영향을 미칠 것이 뻔하다.

(5) 인터넷 연애가 연출하는 비극

인터넷 연애는 현대인의 동화이다. 낭만적인 정서를 가진 젊은 학생들은 사랑에 대한 동경과 갈망으로 가득 차 있다. 그들은 이런 방식으로 동화가 현실이 되고 아름다운 꿈이 이루어지길 희망한다. 많은 청년들이 인터넷에서 마음이 맞는 이성 인터넷친구를 알게 되면 이에 심취하여 하루 종일 인터넷만 끼고 산다. 그들이 오랫동안 염원해온 '백마 탄 왕자' 혹은 '백설 공주'는 인터넷을 통해 그들의 곁으로 왔다. 그러나 인터넷에서 비롯된 무수한 사랑이야기가 남긴 것은 상처와 후회뿐이다. 학생들이 인터넷 연애로 받은 상처, 심지어는 피의 교훈을 직시할 필요가 있다.

인터넷은 무엇 때문에 천사에서 많은 이들, 특히 부모들이 '이야기만 들어도 얼굴빛이 달라지는' 악마로 변한 것인가? 그 이유를 살펴보면 다음과 같다.

첫째, 인터넷의 특성

인터넷을 통한 교제는 전통적인 인간관계에서의 교제와는 사뭇 다르다. 이는 텍스트의 교류를 위주로, 개인을 신체특성과 사회특성을 소홀히 할 수 있는 위치로 떨어뜨린다. 때문에 실제 만나서 하는 교제에서 보편적으로 받아들여지는 규범들도 인터넷상에서는 더 이상 기준이 될 수 없다. 따라서 사람들의 도덕적 자율에 대한 더욱 엄격한 요구가 필요하게 된다. 어떤 이는 인터넷 교제의 특징을 이용해 불법활동에 종사한다. 그 밖에도 인터넷은 일종의 신생산물로서 국제적으로, 특히 중국 내에서 인터넷 관련 전문 법률, 법규는 아직 미성숙한 단계에 있다. 인터넷의 개방성, 자유성, 비경계적 특성이 이들 법률, 법규를 무력하게 만든다. 니콜라스 네그로폰테Nicholas Negroponte가 말한 것처럼 인터넷 세계에서 인류사회의 현존하는 법률은 마치 '갑판 위에서 퍼덕이며 가쁜 숨을 쉬는 물고기'와 같다.

현재 인터넷에는 세 가지 해결하기 어려운 문제들이 존재한다. 첫 번째는 인터넷의 안전문제로 주로 해커, 바이러스와 온라인 사기 등의 문제이다. 두 번째는 음란성 정보나 폭력과 복수 등과 관계된 유해정보들을 퍼뜨리는 것이다. 세 번째는 형형색색의 정보 오염과 쓰레기이다. 현재 및 예측 가능한 미래에도 인터넷의 이러한 폐단은 여전히 존재한다.

둘째, 청소년의 특징

청소년기에는 인터넷 중독에 빠지기가 쉽다. 이는 이 연령의 학생들이 특수한 집단이기 때문이다. 그들은 새로운 사물을 받아들이기 쉽고, 지식욕구가 대단히 강렬하다. 반면에 생리, 심리적인 면에서 여전히 성숙하지 못한 탓에 새로운 사물을 대할 때 시비를 가릴 능력이 모자라고 자제력이 떨어지며 외부의 영향을 받기 쉽다. 이러한 고유의 특징과 인터넷 고유의 문제는 본질적으로 중, 고등학생과 인터넷 접속 사이에서 고유한 타협할 수 없는 갈등을 만들어낸다. 대학생이 설령 나이 때문에 자제력이 다소 강하다손 치더라도 그들 역시 '자칫 잘못하면' 인터넷의 함정에 빠져들기 마련이다. 왜냐하면 그들은 대부분이 부모님에게서 멀리 떨어져 나온 상태인데다 대학교에서는 교사가 학생들의 과외 활동에 관여하지 않기 때문이다.

셋째, 양호한 인터넷 사회환경의 결핍

현재 중국에서 발생한 '인터넷 애호가'의 비극은 대부분이 '불법 PC방'에서 발생하였다. '인터넷 애호가'들이 무엇 때문에 잇따라 '불법 PC방'로 몰려드는 것일까? 이유는 복잡하다. 그 중 불가피한 상황, 즉 인터넷에 접속할 곳이 없는 경우가 매우 많다. 아울러 불법 PC방의 저렴한 가격과 '자유의 정도' 역시 중요한 요인이다. 가정, 학교, 지역사회 및 '녹색' PC방은 본래 인터넷을 접속하기에 더할 나위 없이 좋은 장소이다. 허나 실제 상황은 별로 낙관적이지 못하다.

집은 인터넷 사용의 주된 장소 가운데 하나이다. CNNIC의 조사 결과에 따르면 62.1%의 네티즌들이 집에서 인터넷을 사용한다고 대답하였다. 그러나 인구가 많고, 전화 보급률이 여전히 낮은 중국에서 집에서 인터넷을 사용한다는 것은 대다수 사람들에게는 매우 요원한 일이다. 학교와 지역사회의 컴퓨터실도 학생들에게 개방하는 경우가 흔치 않다. 신화新華사 기자는 조사를 통해 톈진天津의 일부 초, 중, 고등학교 컴퓨터실이 그냥 방치되어 있다는 사실을 알고 학교 컴퓨터실을 학생들에게 개방하도록 요구하였다. 베이징시 모 중, 고등학교에서는 과거 학생들에게 컴퓨터실을 개방하였으나 여러 가지 원인에 의해 2개월 만에 문을 걸어 잠갔다. 가정과 학교 이외에 지역사회 역시 주된 교육의 장소이다. 현재 지역사회에는 이미 노인들을 위한 활동장소가 마련되어 있다. 그러나 초, 중, 고등학생을 위해 마련된 시설은 극소수에 불과하다.

'녹색' PC방은 합법적인 등록증을 가지고 관련 법규를 준수하는 PC방을 말한다. 이들이 인터넷 공간을 넓히고 국민의 문화생활을 풍부하게 하는 데 유익하다는 사실에는 의심할 여지가 없다. 그러나 여러 가지 이유 때문에 진정한 '녹색 PC방'의 걸음걸음은 무척이나 힘들다. '작은 신도神刀'라는 닉네임의 '녹색' PC방은 '중국네티즌신문中國罔友報 (wy.cnii.com.cn)'에 다음과 같은 글을 게시하였다. "경영자의 한 사람으로서 저는 완벽한 기업 규범을 갖추는 것이 가장 중요하다고 생각합니다. 제가 경영하는 인터넷 카페는 모든 행정서류를 구비한 PC방입니다. 하지만 매일의 지출 면에서 우리는 불법 PC방보다 약 100위안이 넘는 비용을 더 지출해야 하고, 그 밖에도 항상 각종 검사비와 각양각색의 비용을 지불해야 합니다. 하지만 불법 PC방의 사장들은 저보다 돈도, 마음도 덜 씁니다! 제 생각엔 정부와 주관부문이 주도하고 PC방 사장들이 참여하는 협회 혹은 클럽 형식의 관리 및 감독 기구를 설립하여 공동으로 PC방의 규범과 관리를 책임지는 등의 조치가 필요할 것 같습니다. 이렇게 하면 사회가 인터넷을 더욱 잘 이해할 수 있고 세금 수입도 늘릴 수 있고 일자리도 늘릴 수 있을 것입니다. 만약 이렇게 규범화된 관리조직이 PC방을 잘 이끌고 관리한다면 PC방이 장래성 있는 서비스업으로 발전할 수 있을 것이라 생각합니다.”

오늘날 불법 PC방의 위법행위의 만연은 이미 놀라운 수준에 다다랐다. 그들은 보통 초, 중, 고등학교 및 대학교 근처에 위치하여 24시간 쉬지 않고 영업을 하며 학생들에게 여러 최신게임을 소개하고 추천한다. 게임이 중독성이 가장 강하기 때문이다. 법으로 미성년자의 PC방에서의 인터넷 접속을 금하고 있지만 ‘불법 PC방’에서는 인터넷 접속이 가능할 뿐만 아니라 어떤 사이트든 볼 수 있고 어떤 게임이든 할 수 있다. 게다가 미성년자에게 술, 담배를 판매할 수 없다고 법으로 규정되어 있지만 그곳에서는 공공연한 판매가 이루어지고 있다. 거기에 손님의 인터넷 사용 시간을 늘리기 위해 도시락, 빵, 음료 등도 제공한다. 음란한 내용으로 가득한 성인 사이트, 폭력과 잔혹함이 가득한 컴퓨터 게임, 사이버 채팅 세계의 '거래'는 성매매, 폭력, 살해를 불러온다. 그리고 이들 '불법 PC방'와 함께 전파된 '유해물'은 청소년의 건강한 신체를 침식해 들어가고, 국가의 미래와 희망을 썩어문드러지게 하고 있다.

2003년 1월에 발표된 조사 보고에 따르면 베이징 170만 명이 넘는 초, 중, 고등학생 가운데 30만이 넘는 숫자가 인터넷에 접속한 적이 있으며, 그 중에서 자주 성인 사이트를 들락거리는 학생이 무려 10만 여 명에 달한다. 청두成都의 13세 중 2 학생 장싱張星은 인터넷 게임에 중독되어 무단결석을 하고 무려 25시간이나 게임에만 빠져있었다. 결국 그는 망막에 손상을 입었으며, 이를 본 그의 부모는 격노해 PC방 사장을 고소하고 말았다. 2월, 베이징시의 세 아이가 PC방에 중독되어 함께 5일 간 가출을 감행했다. 우한시 6명의 15, 6세 중퇴생은 PC방에 갈 돈이 없자 시내에서 강도행각을 벌였다. 저장 샤오싱紹興의 한 학생도 인터넷에 중독 되었는데 부모가 인터넷 사용을 금하자 건물 밖으로 투신자살했다. 3월, 샤먼廈門의 16살 재학생 판潘 모군은 1주일에 3일 밤을 PC방에서 보내다가 결국 피로누적, 정신적 장애 등으로 병원으로 옮겨진 후 '정신분열' 판정을 받았다. 4월, 산둥山東 옌타이煙臺에서는 PC방 폭력사건이 발생해 중학생이 '인터넷 친구'의 칼에 찔려 상처를 입었다. 5월 8일 오후 1시, 허페이合肥시 닝궈로寧國路 북단의 원신文新 PC방에서 갑자기 화재가 일어나 2명이 목숨을 잃고 업주의 20 여 만 위안의 현금이 불탔다. 6월 16일 한밤중에 베이징 하이뎬海澱구 쉬에위안로學院路 20호 '란지수藍極速 PC방'의 화재로 24명이 사망했다……

모 학교의 학부모회의에서 한 학부모가 불법 PC방의 여러 범죄행위를 호되게 비판했다. 한 PC방에서는 장사를 위해 미성년자 학생이 인터넷에 접속하여 온라인게임을 하도록 하였다. 게다가 13세의 학생이 반 개월 동안 그곳에서 밤새도록 게임을 하며 무려 1,000위안이 넘는 거액을 쓰도록 하였다. 이 학생의 말에 따르면 이들 PC방은 매일 초, 중, 고등학생들이 드나드는 점심 12시부터 1시, 오후 4시부터 6시까지 장사가 가장 잘 된다고 한다. 게다가 할인혜택을 통해 학생들을 끌어들인다고 한다. 한밤중이 되어 만약 게임 파트너를 찾지 못하면 PC방 주인이 직접 게임에 참가하여 함께 게임을 해준다고 한다.

넷째, 중국의 현행 교육 체제에 존재하는 문제.

설문지를 통한 조사에서 학생들은 자신이 전자게임을 하는 이유를 첫째, 학업으로 인한 스트레스를 해소하고 즐거움을 찾기 위해, 둘째, 고독감을 떨쳐버리고 파트너를 찾기 위해, 셋째, 자아를 찾고 성취감을 만족시키기 위해서라고 꼽았다.

이를 통해 중국의 현행 교육제도 자체에 존재하는 폐단이 아이들이 전자게임에 빠지는 이유와 밀접한 관계가 있다는 사실을 알 수 있다. 중국에서 현재 소양교육을 적극 추진하고는 있지만 일부 학교에서는 여전히 입시위주의 교육을 고수하고 있다. 천편일률적인 교육방식, 단조롭고 무미건조한 학습생활, 거대한 진학 스트레스로 인해 많은 학생들이 학업에 염증을 느끼는 정서를 갖게 되었다. 이러한 상황에서 자극적이고 재미있는 전자게임은 저항할 수 없는 유혹으로 다가올 수밖에 없다. 그 밖에도 일부 학교는 소양교육을 단순한 '수업 시간의 단축'으로만 이해하고 풍부하고 다채롭고, 몸과 마음에 도움이 되는 과외활동을 준비하지 않았다. 때문에 학생들이 하나둘씩 PC방으로 찾아가는 것이다.

다섯째, 가정교육의 부족.

중국민주동맹의 조사에 따르면 가정이 아이들의 인터넷 중독을 초래하는 중요한 원인이 되고 있다고 한다. 조사 데이터에 따르면 70%의 가정이 컴퓨터를 소유하고 있으나 30%의 부모가 컴퓨터를 사용할 줄 몰라 불량 사이트의 정보가 아이들에게 미치는 악영향을 자각하지 못한다고 한다. 그 밖에도 CNNIC의 보고를 통해 2003년 상반기까지 79.9%에 달하는 네티즌의 연령이 35세 이하라는 사실이 밝혀졌다. 이를 통해 학부모들이 인터넷에 접속하는 비율은 무척 낮다는 사실을 알 수 있다. 이 역시 다른 각도에서 본다면 많은 학부모들이 인터넷에 익숙하지 않을뿐더러 심지어는 많은 가장들이 넷맹이라는 사실을 의미한다. 상황이 이러하니 아이들이 인터넷에 접속하면 학부모들이 어떻게 지도할 수 있단 말인가?

중국민주동맹은 조사 보고를 통해 학부모들이 피해야 할 두 가지 조치를 지적했다. 첫째는 돈을 들여 아이들에게 좋은 학교를 찾아주기만 하면 만사형통이라고 생각하여 아이들의 학업과 괴외 활동에 대해서는 전혀 묻지 않는 태도이다. 둘째는 인터넷을 악마처럼 여겨 아이들이 인터넷에 접속하지 못하게 하고 아이들에게 게임조차 못하게 하는 조치이다. 일부 지역에서는 학부모들이 연합하여 '인터넷 차단위원회'를 조직하기까지 했는데 그 결과 아이들을 PC방으로 내몬 꼴이 되었다.

인터넷 중독증에 대한 심리자문 및 심리치료 전문기구가 부족하고, 즉각적인 구조조치가 부족한 상황에서 아이들에게 일단 인터넷 중독증이 나타나면 학부모들은 제아무리 속이 타도 해결방법을 알 수가 없다.

2. 인터넷 교육 : 기회와 도전의 병존

인터넷 교육이란 간단히 말해 온라인 학습과 네트워크화 학습, 즉 교육 영역에서 네트워크 플랫폼을 구축하고 학생들이 PC를 통해 인터넷에 접속하여 인터넷을 통해 학습을 진행하는 일종의 완전히 새로운 학습 방식이다. 물론 이러한 학습 방식은 멀티미디어 네트워크 학습 리소스resource(자원), 온라인 학습 지역사회(커뮤니티) 및 네트워크 기술 플랫폼으로 구성된 완전히 새로운 네트워크 학습 환경과는 떼려야 뗄 수 없는 관계를 갖고 있다. 네트워크 학습 환경에서 대량의 데이터, 파일 자료, 프로세스, 교육 소프트웨어, 취미 토론팀, 뉴스팀 등의 학습 리소스를 모아 고도의 집적화 리소스 데이터베이스를 구축한다. 이들 학습 리소스는 모든 사람에게 개방되어있다. 이들 리소스는 수많은 학습자들이 동시에 사용할 수는 있으며 어떤 제한도 없다. 또한 모든 구성원은 자신의 견해를 발표할 수 있고 자신의 리소스를 네트워크상의 리소스 데이터베이스에 추가하여 다른 사람들과 공유할 수 있다.

네트워크 교육은 사회적으로나 교육적으로나 대단한 우세를 갖는다. 예를 들자면 다음과 같다. 먼저 정보의 즉각적인 전송이 가능하므로 네트워크 교육 리소스를 충분히 공유할 수 있고, 더욱 효율적으로 이용할 수 있다. 또한 실시간 혹은 비실시간의 교류 및 토론이 가능하다. 학생의 자주적인 학습, 개성화 학습 및 협력 학습이 가능하다. 교육 공간의 무한대 확장과 교육 대상의 전례 없는 팽창이 가능하다. 사이버 기술은 더욱 효율적으로 현실을 모방하여 수업에서의 어려움을 해결한다. 교육의 사회화를 촉진하여 교육이 학교에서 사회와 가정으로 나아가도록 한다. 평생교육과 전국민교육의 전개를 촉진할 수 있다. 구체적으로 말하자면 네트워크 교육은 다음과 같은 장점을 지닌다.

(1) 사람들의 지식욕을 만족시킨다

설령 선진국이라 할지라도 현존 고등교육기관이 사람들의 학문 탐구 욕구를 완전히 만족시킬 수는 없다. 중국을 예로 들자면 교육, 특히 고등교육의 규모는 상대적으로 방대한 적령기 학문탐구자에게는 매우 제한적인데다 전통학교의 수량과 규모가 경제조건, 교사자원 등의 제한을 받는 상황에서 무한대로의 확대는 불가능하다. 현존하는 전통교육의 규모와 육성능력은 심각히 부족한 상태이다. 때문에 네트워크를 통해 일반대학이 이미 갖추고 있는 교사, 교재, 설비 등을 충분히 공유함으로써 더욱 많은 사람들이 고등교육을 받을 수 있도록 하여 사회가 긴급히 필요로 하는 고급인재를 육성해야 한다.

(2) 교육에 유리한 균형적인 발전

　온라인 원거리 교육은 중국의 뛰어난 교육 자원 이용률 향상에 전대 미문의 공헌을 하였다. 역사적인 원인과 경제발전 수준의 차이로 인해 중국의 교육자원, 특히 고등교육자원은 주로 대·중도시와 동·중부 지역에 집중되어 대·중도시의 인재밀집을 초래하였다. 또한 소도시와 농촌지역은 고등교육자원의 부족과 교육전문부문의 미비로 고학력 인재가 심각히 부족한 상황이다. 네트워크 교육은 지역적 제한이 없고, 가장 우수한 교사자원을 집중시킬 수 있어 최고수준의 양질의 교육을 전국 각지로 전송할 수 있다. 때문에 이로써 지역적 제한 없이 고급인재를 키워낼 수 있고 교사의 역량이 미비한 지역의 학교에도 유익한 참고와 보충교육이 가능하다. 원거리 네트워크 교육은 전통 교육의 경영패턴, 지역제한을 타파하고 전통교육의 부족을 최대한 보완하였다. 예를 들어 베이징사대 실험實驗 중, 고등학교가 몇 년 전 베이징 전신국과 협력하여 둥팡東方넷에 베이징 사대 실험 중, 고등학교 사이버학교를 내놓았다. 아울러 동기화 수업을 실행하고 매주 사이버학교 수업내용 전체가 실험 중, 고등학교의 학년, 학과별 한 주간의 진도와 동일하게 유지된다. 학생들은 전국각지에서 인터넷을 통해 직접 그 장소에 있는 듯 전면적인 교육을 받을 수 있다.

(3) 인터랙티브 협력 학습의 실현

전통적인 수업에서는 대다수 교사들은 반 학생들 모두와 충분히 교류할 기회가 없는 것이 물론이거니와 많은 학생들 역시 여러 가지 이유로 교사와 일대일one to one 교류를 진행할 수 없다. 네트워크 교육은 이 모든 것에 변화를 가져다준다. 인터넷에서 학습자는 교사의 강의, 숙제와 기타 관련 참고자료를 다운로드할 수 있을 뿐만 아니라 수천 킬로미터나 떨어져있는 교사에게 모르는 것을 물어볼 수 있다. 또한 온라인상의 다른 학생들과도 수업 중에 배운 내용을 토론하고 평가할 수 있어 학습적극성을 불러일으킬 수 있다.

(4) 자주적 학습, 개성화 학습을 유행시킨다

전통적인 수업은 교사를 중심으로 진행되는 주입식 수업으로 학습자의 자주적인 학습과 개성화 학습에 제한을 둔다. 그러나 인터넷의 등장은 이러한 상황에 변화를 가져다주었다. 한편으로 인터넷은 전 세계의 학교, 연구소, 도서관과 기타 각종 자료 리소스를 한데 연결시켜 방대한 리소스 데이터베이스를 형성한다. 다른 한편으로 세계 각지의 우수한 교사 혹은 전문가가 여러 각도에서 동일한 지식의 학습 소재와 수업지도를 제공할 수 있고 누구든 어디서든 인터넷을 통해 방문하는 다대다Many to many의 수업방식을 형성할 수 있다. 모든 학습자는 자신의 학습특징에 따라 자기가 편한 시간에 인터넷에서 자유롭게 적합한 학습 리소스를 선택하고 자기에게 적합한 방식과 속도로 학습을 진행한다. 이런 상황에서 자주적인 학습, 개성화 학습은 필연적이다.

(5) 교육의 사회화, 학습의 생활화 실현

오늘날의 정보화시대에서 새로운 지식과 사물은 언제 어디서나 대량으로 쏟아져 나오기에 사람들은 일회성의 학교 학습에서 평생 학습으로 나아갈 수밖에 없다. 또한 인터넷은 교육이 캠퍼스에서 나와 사회로 나아가는 데 강력한 지원을 제공한다. 이는 교육의 사회화, 정보화의 과정이다. 앞으로 교육은 학교에서 가정으로, 커뮤니티로, 향촌으로, 정보기술이 보급된 곳이라면 어느 방향으로든 진행이 가능할 전망이다. 인터넷은 진정한 의미의 장벽이 없는 학교가 되고, 네트워크화 학습은 생활의 유기적인 구성 부분이 되고, 일상생활의 즐거움의 한 부분이 될 것이다.

(6) 네트워크 교육이 구축하는 평생학습체계

지식사회에서 지식기능은 급속히 업데이트되고 있다. 때문에 취업자는 한 장의 문서 혹은 과거의 경험으로 평생 편안하게 먹고 사는 일은 이미 과거가 되었고, 직업교육과 평생교육은 이미 필수적인 조건이 되었다. 25세 이전에 받은 학교교육으로는 발전의 수요를 따라가지 못한다. 평생교육의 개념은 이미 국제사회의 공통 인식이 되었다. 전통적인 고등교육에서 각국이 보편적으로 맞닥뜨리는 어려움은 심각한 재력 부족인데 수업형식으로는 재직 인원의 교육 수요에 적응하지 못한다. 네트워크 교육은 적용범위가 광범위하고 적응력이 강하며 각 연령대에 따라 그에 상응하는 실용적인 교육콘텐츠를 제공해 환영을 받고 있어, 발전전망이 밝다. 중국 사회과학원의 조사보고에 따르면 급속도로 발전하며 각 영역에 신속한 침투를 하고 있는 기술을 응용한 온라인교육은 중국에서 더욱 신속하고 광범위하게 이루어지는 신형교육 형식이 될 전망이다. 또한 이는 교실에서 이루어지는 교육, 라디오를 통한 교육, 텔레비전교육과 함께 다원화된 교육체계를 형성할 것으로 예측된다.

중국의 네트워크 교육은 개방형 교육 네트워크를 형성하고 평생 학습체계를 구축하는 데 목표를 두고 있다. 지금까지 중국의 네트워크 교육은 무에서 유를 창조하여 이미 67개 고등교육기관에서 네트워크교육을 전개하는 규모로 발전하였고, 재학생 역시 이미 100만 명을 돌파하였다. 특히 2003년에는 네트워크 교육이 놀라운 발전기세를 보였다. '사스' 시기, 각종 매체와 대중의 이목을 끌었던 것은 바로 네트워크 교육이었다. 《베이징청년보北京靑年報》의 보도에 따르면 5월에만 신둥팡新東方 온라인 교실의 학생 수가 전해 동기대비 1.6배에 달하였다. 노동절 기간 동안 베이징과 상하이 지역의 원거리 교육업무는 지난달보다 각각 77.6%와 61.3% 증가하였다. 다른 대도시의 업무 역시 50% 이상 증가하였다. 초, 중, 고등학생을 대상으로 개설된 기초 네트워크 교육 사이트 역시 이 시기에 방문자 수가 거의 100배로 증가하였다.

중국 네트워크 교육의 신속한 발전의 배후에는 몇 가지 문제가 존재하며 네트워크 교육의 발전에 어두운 그림자를 드리우고 있다. 중국 네트워크 교육의 문제점은 다음과 같다.

(1) 성공경험과 운영 가능한 모델의 결핍

이 비즈니스e-business와 비교해 네트워크 원거리 교육에는 네트워크 원거리 교육의 발전에 참고 가능한 노하우가 없다. 구미 등 선진국 역시 현재 마찬가지로 네트워크 교육의 탐색시기에 놓여있다. 바로 이러한 성공적인 운영 노하우의 부족으로 인해 결국 오늘날 네트워크 교육의 수업모델과 운영시스템의 수많은 불확실성이 야기되었다. 다시 말해 현재 네트워크 원거리 교육의 최대 결함은 운영 가능한 비즈니스 모델의 결핍이다. 사람들은 흔히 중국 네트워크 원거리교육에 존재하는 거대한 시장과 비즈니스 기회만을 예상하지 이들 시장을 어떻게 실제적인 경제이익으로 전환시킬지는 알지 못한다. 현재 네트워크 원거리 교육은 여전히 시험과정에 머물러 있어 실제 비즈니스로의 운영과는 거리가 멀다.

현재 중국 국내 최대의 원거리 교육 사이트인 베이징대 원거리 교육넷은 국가 교육부의 첫 번째 원거리 교육 테스팅 포인트로 운영 시작부터 지금까지 이미 1,000만 위안이 넘는 자금이 투입되었다. 그러나 베이징대 원거리 교육넷을 이끄는 베이징대 전자교육센터電敎中心는 여전히 어떤 비즈니스 모델도 제시하지 못하는 것은 물론이거니와 기업화

운영을 채택할 수 없기에 시장의 향방도 불투명한 형편이다.

현재 중국 국내 네트워크 교육은 유치원에서부터 초등학교, 중학교, 고등학교, 대학교, 대학원생부터 성인교육, 자습, 직업교육 등에 이르기까지 모든 교육영역을 그 대상으로 한다. 이런 광범위하면서도 전면적인 네트워크 교육은 객관적으로 볼 때 거대한 리소스가 낭비되는 것을 초래하기 마련이다.

네트워크 원거리 교육의 노른자위는 성인 평생교육에 있다. 대다수의 이미 취직한 성인들은 가슴 한편에 다시 학교로 돌아가 충전을 하고 자신의 업무 중에서 발견한 부족한 부분을 보충하고자 하는 생각을 품고 있다. 그러나 다른 한편으로는 정신없이 바쁜 업무 때문에 정규 학교교육을 받을 엄두는 내지 못한다. 사실 네트워크 원거리교육의 시초는 바로 성인교육이었다. 미국에서는 성인교육이 네트워크 교육에서 절반 이상을 차지하고 있다. 성인의 지속적인 교육에서 네트워크 교육의 장점은 가장 잘 발휘된다.

(2) 네트워크 교육의 이론과 기술의 미성숙

네트워크 교육은 새로운 교육 모델로서 이를 이끌어줄 새로운 교육이론을 필요로 한다. 또한 지금의 이론은 아직 완벽한 틀을 갖추지 못했기 때문에 실제 테스트에 따라 수정과 보완을 실시해야 한다. 아울러 네트워크 교육의 기술 실현 문제와 비용 문제 역시 네트워크 교육의 장점을 제약하는 걸림돌로 작용한다. 기초 네트워크가 근본적으로 부족한 탓에 대다수 사람들이 여전히 최대 속도 56kbps의 모뎀modem으로 인터넷에 접속하고 있다. 이처럼 느린 속도로는 도저히 원거리 교육의 수많은 멀티미디어 수업의 전송량을 따라갈 수 없다. 이는 네트워크 교육품질이 전통 교육을 초월하지 못하도록 할 뿐만 아니라 오히려 그 반대로 일대일로 교류할 수 없다는 점 때문에 전통 교육보다 더욱 낮은 효율을 보일 수밖에 없다. 그 밖에도 네트워크 원거리 교육의 실제 소비액이 결코 전통교육 방식보다 낮지 않고, 오히려 전통 교육보다 1배 정도 비싸 부유하지 못한 가정에서는 네트워크 교육의 소비자가 될 수 없다. 이들이 네트워크 교육의 시장 점유를 억제하는 요인들이다.

(3) 네트워크 교육의 품질보증 시스템과 공공서비스 체계는 한층 더 완벽해질 필요가 있다

네트워크 교육이 기본적으로 사회에서 인정받을 수 있는 요인은 품질을 보증할 수 있는 네트워크 서비스가 제공된다는 점이다. 현재로 말할 것 같으면 네트워크 교육품질을 보완하는 이 두 기둥은 네트워크 교육의 각 부분에까지 영향을 미치고, 대량의 세심한 조사 및 연구 업무를 진행하고 여러 방면에서 광범위하고 심도 있는 교류를 하고 서로 참고하며 국가에서 네트워크 교육과 관련된 관리규정을 내놓을 필요가 있다. 그러나 현재까지도 여전히 회사 혹은 기구에 네트워크 교육을 진행할 권리가 있는지 여부를 규정할 명확한 법령도 없음은 물론이거니와 관련 인증 기구도 없다. 아울러 이에 상응하는 관리 부문을 통해 네

트워크 교육의 경영에 대해 등록관리를 할 수도 없다. 이는 네트워크 교육시장의 혼란을 초래하고 교육자의 신분을 '모호'하게 하며 각종 네트워크 교육경영자의 수준을 들쑥날쑥하게 만들어 전체 네트워크 교육의 신용도를 떨어뜨린다. 이런 혼란한 시장을 경험한 일반적인 사용자들은 결국 중도에 포기할 수밖에 없다.

(4) 네트워크 교육의 전통교육사상 수용과 이념적 제약

이런 제약은 네트워크 교사의 수업 과정 중에 나타나며 사이버 대학생의 자주적인 학습 과정에서도 나타난다. 네트워크 교육은 학생의 자주적인 학습을 특징으로 진행되기 때문에 교사와 학생 쌍방 모두에게 전통 수업과는 차별화된 무엇을 요구한다. 또한 장기간에 걸쳐 형성된 가르침과 배움의 사고와 습관은 단기간 내에 바꿀 수 있는 것이 아니다.

(5) 네트워크 교육의 상호 작용과 개성화 서비스의 부족

네트워크 교육은 일대일 수업이 이루어지지 않기 때문에 네트워크 교육은 상호 작용성과 개성화 서비스영역에서 심각한 약점을 갖고 있다. 이 같은 부족함은 실질적으로는 낮은 수준과 품질의 수업 설계에서 비롯된다. 화난華南사범대 부속 중, 고등학교 사이버 학교의 주책임자인 황빙강黃秉剛 선생님은 이렇게 말한다. "단순한 강의안과 문제은행으로는 빠져나갈 길이 없다." 그리고 멀티미디어 수단을 모두 수업에 동원하기만 한다고 그 수업이 고품질이라고 단정할 수는 없다. 과다한 멀티미디어 수단은 브로드밴드, 하드웨어 및 소프트웨어 환경에 한층 더 높은 사양을 요구하며, 현재와 같은 조건 하에서 효율을 떨어뜨리고 보급에 걸림돌 역할을 할 뿐이다. "심플함이 아름답다."는 말은 여러 상황에서 진리로 작용한다. 그 밖에도 네트워크 교육은 캠퍼스 문화의 감화와 한층 더 깊이 있는 가치관, 사상정치의 정확한 인도 등의 문제를 해결할 수 없다는 것이 네트워크 교육 영역의 공통인식이 되었다. 그리고 현재의 네트워크 교육영역에서는 아직 전반적이고 효율적인 해결방법을 찾아내지 못했다.

(6) 대량의 중복된 리소스의 낭비

우리는 흔히 어느 학교에서 어떤 수업 문서를 사용하면 다른 학교와 회사에서도 동일한 문서를 대거, 그것도 조잡하게 사용하고 심지어 어떤 학교는 완전히 상부에서 요구하는 임무를 임시 대처하기 위해 그냥 대강 전자문서로 만들면 끝난다고 생각한다. 의심할 나위 없이 이처럼 쓸모없는 네트워크 교육을 구축하는 것은 네트워크 교육을 망치는 일이다.

SARS가 유행했던 비상시기에 네트워크 교육이 교육의 전면에 부상하면서 관련된 여러 문제가 남김없이 폭로되었다. 한편으로 이는 전통 사이버 학교와 사이트가 서로 적응하지 못했기 때문이다. 비록 사이버 학교를 네트워크 교육의 선봉장이라 할 만하고 많은 포털 사이트에도 교육 전문채널이 존재한다지만 갑자기 생겨난 '사스' 앞에서는 여전히 준비 부족으로 보였다. 일부 웹 사이트는 스스로를 기초교육 보충 사이트로 자처하지만 내용과 구조상 짧은 시간 내에 재학생의 실제 수업과 연결시키기 위해 서둘러 작성한 수업문서는 실제 네트워크 수업에 사용할 수 없다. 많은 포털 사이트의 교육 채널도 '사스'로 떠들어대면서 교육 콘텐츠는 지리멸렬해져 어떤 이는 인물 인터뷰, 관련 뉴스 보도로 머릿수를 채웠다. 가장 권위 있는 베이징시교육위원회의 '교실 온라인' 사이트를 예로 들면 사실 이는 단지 BBS포럼에 불과하다. 대략적인 학과와 학년별 팀이 있기는 하지만 BBS 특유의 개방성과 선택성으로 인해 이 교실은 학생들의 천국이 되었고 엄숙하고 완벽한 전통 수업 체계와는 전혀 다른 분위기를 보인다. 베이징의 가정 컴퓨터 보급률과 인터넷 보급률이 모두 전국 선두이기는 하나 정말 효율적으로 학습 용도에 사용할 수 있는 것은 매우 제한적이다. 컴퓨터와 네트워크 수업 수단에 정통한 교사가 아직 적어 많은 학생들이 여전히 컴퓨터를 게임기로 쓰고 있다. 일부 교사들은 기존의 조직화된 수업에 익숙한 학생들을 '방목'하자 누구를 따라야 할지 모르게 되었다고 불만을 털어놓는다. 교사는 학생을 찾을 수 없고 학생은 교사를 찾을 수 없는 상황이 벌어진다는 것이다. 때문에 제 아무리 최고의 사이버 학교라 할지라도 데이터베이스식의 수업모델에 의지할 수밖에 없어 자제력이 약한 학생들은 적응을 할 수도, 학업을 유지하기도 힘들어진다…….

아울러 모든 학생들에게 서비스를 제공하기 위해 많은 사이트들이 시험에 직면한다. 베이징시 교육위원회가 개설한 교육서비스 사이트가 베이징시 100만 명 이상의 초, 중, 고등학생들을 대상으로 한다는 의외의 소식이 매체를 통해 발표된 후에 전국 각지 학생들이 벌떼처럼 몰려 사이트가 다운되기에 이르렀다. 전통 사이버 학교의 요금 메커니즘은 객관적으로 네트워크 서비스 품질을 보증하였지만 어떻게 요금과 네트워크 서비스 품질 사이에서 최적의 결합점을 찾느냐 하는 것이 문제였다.

종합적으로 말하자면 우리는 중국의 네트워크 교육이 현재까지도 여전히 탐색과정에 머물러 있기에 이들 사이버 학교의 수업효과로 보든 아니면 학생의 수업규모로 보든 네트워크 원거리 교육은 중국 국내에서 그저 늦은 과정의 발전과정에 머물러 있을 뿐이다.

3. 학습화 네트워크 지역사회의 구축

네트워크는 도구이다. 도구 자체의 가치는 중성적으로 그 이익과 손해는 온전히 도구를 사용하는 사람에게 달려있다. 때문에 우리가 절박하게 되돌아 생각해야 할 것은 도구에 대한 과학적 인식이다. 즉 어떻게 네트워크의 구축 중에서 이익을 추구하고 손해를 피할지의 문제이지 도구 자체를 버리는 것이 아니다.

(1) 인터넷 중독증의 예방과 감소

① 전자게임 시장을 규범화하여 양호한 사회 문화 환경을 구축한다

먼저, '불법 PC방'을 쓸어내고 '녹색' PC방을 보호해 완전해지도록 해야 한다. '불법 PC방'은 청소년의 심신건강을 해치는 악성 종양으로 이를 쓸어버릴 일은 이미 거스를 수 없는 추세가 되었다. 2002년부터 2003년까지 전국적으로 공안, 문화, 공상부문이 손잡고 PC방에 대한 정리정돈 작업을 시작하였다. 통계에 따르면 2002년 하반기, 각 지역 정부는 4만 5,000여 개의 PC방에 대해 검사를 진행하여 관련법규에 따라 1만 2,000여 개의 PC방에 대한 영업정지 및 정돈개혁을 명령하고, 3,300여 개의 PC방에 대해서는 영업허가 취소 명령을 내렸다. 이에 사람들은 중국 '불법 PC방'의 마지막 날이 다가오기를 기대하고 있다. 물론 '불법 PC방'의 정리가 모든 PC방의 영업취소를 뜻하지는 않는다. 네트워크 사회학자 쑨쯔쥔孫自俊 선생의 말처럼 "PC방은 '늑대'가 아니기에 사회는 이 때문에 공포에 떨 필요가 없다. PC방의 등장은 정보사회를 나타내는 상징 중 하나이다. 때문에 PC방의 존재가치는 긍정되어야 한다." 문제는 어떻게 PC방에 대한 관리를 강화하여 PC방의 건강한 발전을 촉진하는지에 있다. 합법적인 '녹색' PC방은 학생들이 컴퓨터와 인터넷을 이용해 공부하고 엔터테인먼트를 즐기기에 완벽하게 적합한 장소이며, 인터넷 역시 학생의 공부를 도와줄 이로운 선생이자 친구가 될 수 있다.

다음으로 학교의 컴퓨터실을 학생들에게 개방하여야 한다. 학교 컴

퓨터실을 개방하는 조치는 인터넷 접속이 불편하다는 문제를 해결할 좋은 방법이다. 초, 중, 고등학생은 움직이는 것을 좋아하고 호기심이 강하고 자극을 추구하는 연령적 특징을 갖고 있기에 인터넷을 이용해 채팅과 게임에 빠지기가 쉽다. 따라서 학교 컴퓨터실을 개방한다면 학생들이 선생님의 지도와 감독 하에 인터넷을 이용하게 된다. 그리고 학교의 분위기 역시 학생들이 불건전한 사이트를 방문할 가능성을 크게 떨어뜨려준다.

베이징 4중四中의 컴퓨터 교육연구팀의 첸샤오칭錢曉菁은 4중은 과외 (수업 외) 활동 시간에 컴퓨터실의 컴퓨터 50대와 도서관의 컴퓨터를 학생들에게 무료로 개방한다고 말한다. 학생들은 컴퓨터실에서 컴퓨터로 여러 가지 활동을 한다. 인터넷을 사용하는 학생들은 주로 인터넷을 사용해 자료를 읽고 채팅을 하며, 인터넷을 사용하지 않는 학생들은 주로 컴퓨터수업의 멀티미디어 제작, 프로그래밍 등과 같은 숙제를 하고 게임을 하는 학생도 있다. 교사들도 학생들에게 컴퓨터실에서 구체적으로 무엇을 하고 하지 말지에 대한 구속을 하지는 않는다. 기자가 왜 게임을 하고 채팅을 하는 아이들을 제약하지 않는지에 대해 묻자 첸샤오칭은 학교 컴퓨터실이 개방되는 시간이 길지 않은데다 아이들도 비교적 자각적으로 행동하기 때문에 구속을 할 필요가 없다고 이야기한다. 베이징에서 손꼽히는 중, 고등학교로서 4중은 하드웨어 설비 면에서나 학생의 소양 면에서나 모두 학생들에게 컴퓨터실에서 자유롭게 인터넷에 접속할 수 있는 조건을 구비해준다.

미성년자의 인터넷 중독증을 감소시키기 위해 학교는 네트워크 과정을 개설하는 동시에 학생들에게 법제 교육, 인터넷 도덕 교육, 책임의식 교육과 자아 보호 의식의 교육을 실시한다. 교사들은 학생들의 온라인 생활에 관심을 갖고 학생들이 선택하고 자아제어능력을 높일 수 있도록 도와준다. 학교 네트워크의 교육적 역할을 충분히 발휘하여 학생들이 인터넷을 지식을 배우고 정보를 획득하며 창조력을 배양하는 도구로 인식하도록 이끌어준다.

다음으로 지역사회를 아이들이 인터넷을 사용할 수 있는 천당으로 만들어준다. 지역사회에서 최대한 영리를 추구하지 않는 PC방을 개설하여 아이들에게 익숙한 환경에서 인터넷을 사용하고, 학부모, 지역사회 관리인의 지도를 받도록 한다. 그 밖에 정부에서도 공익성을 띠면서도 아이들이 흥미를 가질만한 사이트를 개설해야 한다. 지금 가장 좋은 방법은 학생들에게 지역사회의 도서관, 체육관 등의 서비스 시설을 개방하여 아이들이 지역사회에 머물도록 하는 것이다.

마지막으로 가정교육을 강화하고 가정교육의 수준을 높인다. 학부모들은 먼저 인터넷 사용법을 배운 후에 아이들을 지도해야 한다. 오늘날 부모라는 직책은 결코 권위적인 직책이 아니다. 부모는 학부모라는 굴레를 벗어던지고 먼저 네트워크 지식을 배워 교육을 할 수 있는 자격을 획득해야만 아이들의 올바른 인터넷 사용을 지도할 수 있다. 학부모들이 자녀들의 인터넷 사용을 감독할 수 있다면 자녀들의 불건전한 사이트를 방문하지 않도록 막을 수 있을 뿐만 아니라 자녀들이 네트워크를 사용해 의미 있는 일을 할 수 있도록 인도하고 교육할 수 있다. 일부 교사도 마찬가지의 문제를 갖고 있다.

② 미성년자에 대한 교육을 증가하고, 미성년자의 수업 외 활동 공간을 확대하는 등 초, 중, 고등학생의 휴식시간에 대한 지도를 강화하고 학생들이 과학적인 휴식시간 활용의식과 태도를 점차적으로 수립해 자신의 휴식시간을 합리적으로 계획하도록 이끌어준다

③ 미성년자의 인터넷 중독에 대한 예방과 자금 지원 전개

인터넷 중독을 피하기 위한 조치에 관해 충칭시 심리치료사 직업자격 교육센터重慶市心理諮詢師職業資格培訓中心 부주임이자 충칭사범대학 학생 심신 발전지도센터 주임인 류둥강劉東剛 부교수는 다음의 세 가지 방법을 통해 학생들이 스스로 '인터넷 중독자'가 되지 않도록 노력하라고 했다. 첫째, 스스로 인터넷 접속 시간에 제한을 둔다. 인터넷을 학습과 생활의 한 부분이라고 생각하는 것은 정상적인 생각이지만 이를 전부로 생각하는 것은 매우 비정상적인 생각이다. 우리는 진실하고 변화무쌍한 세계에 살고 있기에 아직도 많은 일들이 우리를 기다리고 있다. 학생은 인터넷 사용에 적정시간을 할애한다. 평상시에 매일 1시간 이내, 주말에 2, 3시간 등 말이다. 과도한 인터넷 사용은 신체와 심리 건강에 좋지 않다. 둘째, 양호한 심리상태를 유지하며, 인터넷을 과학기술이 축약된 학습과 휴식의 낙원으로 간주한다. 모든 것은 정상적인 생활에 영향을 미치지 않는다는 전제 하에 이루어져야 한다. 게임의 승패와 인터넷 친구의 공격에 무심하게 대처하고 인터넷 친구와의 교제에는 더욱 신중에 신중을 기해야 한다. 방문하지 않아야 할 사이트(성인 사이트, 반동적인 사이트 등)는 클릭하지 말고, '자기 자신을 관리할 수 있다.'는 사실을 자랑스럽게 여긴다. 셋째, '현실세계가 더욱 다채롭다.'

는 사실을 알고 친구들과 많이 접촉하고 사회활동에 적극적으로 참여함으로써 삶을 충실하게 하고 주의력을 전이시킨다. 고민이 있으면 주동적으로 선생님, 가장 혹은 전문 컨설턴트를 찾아가 도움을 구한다. 류 교수는 이 세 가지를 이행할 수 있다면 인터넷에 과도하게 의지하는 상황이 발생하지 않을 것이며 인간관계도 위축되지 않고 학업성적도 영향을 받지 않을 것이라 말한다.

현재 인터넷 중독증에 대한 치료는 아직 탐색과정에 머물러 있는데 주로 채택하는 조치는 환자가 사회활동에 적극적으로 참여하여 차츰 인터넷에 의존하는 습관을 버리도록 격려하는 방법과 항우울제를 사용하는 정신요법 등의 종합적인 치료를 응용할 수 있다.

(2) 중국 네트워크 교육의 완벽화

① 네트워크 교육의 주춧돌 탄탄히 다지기

먼저, 중국 네트워크 교육에 존재하는 문제를 직시하여 현재의 네트워크 교육을 '테스팅 포인트' 과정으로 자리매김한다. 네트워크 교육 자체의 복잡성과 계통성은 발전이 단번에 성공할 수 없다는 사실을 결정하였으며, 구체적인 업무진행에 힘쓰는 '테스팅 포인트' 업무로 돌아오는 것은 현재 중국 네트워크 교육계의 급선무이다. '테스팅 포인트' 과정 자체는 이런 저런 문제가 등장할 수 있다는 것을 의미한다. 때문에 사회 각계의 네트워크 교육에 대한 기대와 평가 역시 눈앞의 발전 상황에 기초해 결정해야 한다. 사회 각계의 네트워크 교육에 대한 평가 역시 현재 네트워크 교육의 발전과정을 고려하여야 하며 완벽한 잣대를 가지고 평가해서는 안 된다. 네트워크 교육을 위해 여유로운 환경을 만들어주기 위해서는 네트워크 교육의 건강한 발전을 재촉해야 한다. 아울러 네트워크 교육의 개척자 역시 각 층면에서 창의력을 발휘해 중국만의 특색을 지닌 네트워크 교육사업을 창조하도록 노력한다.

모든 새로운 사물의 탄생에는 조급함이 존재하듯 네트워크 교육 역시 마찬가지이다. 그러나 네트워크 교육에 종사하는 인력은 반드시 항상 교육에 대해, 학생에 대해 책임을 지는 엄숙함이 필요하다. 문제가 많다면 끊임없이 탐색하고 실행해야 한다. 이런 상황에서야말로 성실한 태도가 더더욱 고귀한 작용을 할 것이다.

네트워크 교육의 발전 초기에는 먼저 네트워크를 이용해 가장 적합한 일을 해야 한다. 그러면서 다시 한발 한발 그 응용 범위를 넓혀가야 하는데, 절대 처음부터 네트워크로 모든 것을 대체하려는 시도를 하면 안 된다. 그럴 경우 사물이 부정적인 면으로 향해 결국 역효과를 일으킨다.

② 서비스 의식과 서비스 수준 제고

이는 네트워크 교육 자체의 필연적인 요구이자 네트워크 교육의 품질을 가늠하는 중요한 표지이다.

왜 우리가 지금 굳이 네트워크 교육의 학생에 대한 서비스 기능에 대해 언급하는 것일까? 이유는 네트워크 교육의 특성이 사이버대학 재학생이 전통학교에 재학 중인 학생과 차별화되는 무언가를 결정한다는 데 있다. 네트워크 교육의 수용자에 대해 말하자면 네트워크 교육은 학생의 자주적인 학습을 주요특성으로 삼고 있다. 또한 이는 사이버대학 재학생은 기존학교에 재학 중인 학생보다 더욱 강한 독립적인 학습, 독립적 사고, 끈기를 갖고 견지해 나가는 정신을 구비해야 한다는 사실을 결정한다.

그러나 모든 학생이 단기간 내에 위에서 말한 소질을 갖출 수 있는 것은 아니다. 특히 중국학생의 특징을 놓고 말하자면 어떻게 학생의 자주적인 학습 정신을 키울 것인지, 어떻게 학생이 장기간의 자주 학습 상태와 과정 중에서 여러 방면에서 오는 어려움을 배제하도록 도울 것인지, 어떻게 학생의 학습을 이끌 것인지 등의 문제가 모두 완벽한 서비스 체계를 통해 해결되어야 한다. 그리고 수업의 실행자로 말하자면 업무적으로 네트워크 교육의 특징에 부합하고, 특히 학생의 개성화 수요를 만족시켜야 한다. 이 사상을 수업 기획, 수업 도구 제작 등 전체 수업 과정으로 관철시켜야 하며 이를 통해 학생에게 고품질의 수업 서비스를 제공하도록 보증해야 한다.

전문가는 네트워크 교육 세미나에서 다음과 같은 의견을 제기하였다. "서비스의 각도에서 종합적으로 교육 사이트를 완전하게 하는 것이야말로 네트워크 교육의 나아갈 길이다." '중국교육 핫라인'은 1년간의 고된 교육 포털사이트 역할 후에 단순히 네트워크 방문자수를 늘리는 일을 단호히 포기한 채 업무의 초점을 원거리 교육 ASP 플랫폼에 두겠다고 결정하였다. 서비스 정신에 입각하여 자신의 건설을 강화하는 것은 아마도 네트워크 교육의 자구책일지도 모르겠다.

③ 규범화 된 교육 관리 업무

　규범화 된 관리는 네트워크 교육발전의 기초로서, 완벽히 규범화 된 관리 프로세스와 운영은 네트워크 교육의 건강한 발전을 보증하는 키 포인트이다. 네트워크 교육의 융통성, 개방성이라는 특징은 규범화 된 관리에 어려움을 안겨준다. 이는 반드시 엄격한 원거리 교육 관리 시스템을 구축해야만 정상적인 수업 질서를 보장해 지속적으로 수업품질을 높일 수 있다는 것을 뜻한다.

　네트워크 교육은 결코 네트워크를 이용해 학습을 제공한다는 간단한 개념이 아니다. 이는 일련의 기준화 된 기술과 관리 수단을 갖춘 종합적인 솔루션을 포함한다. 현재 많은 교육 사이트들이 일부 학습 콘텐츠를 제공하고 있으나 각자 자신이 제정한 기술과 표현 방식을 행사하기 때문에 내용이 서로 중복된다는 거대한 장벽에 부딪히고 만다. 바로 이 때문에 모든 교육 사이트가 전체 사회로부터 오는 거대한 교육 리소스의 지원을 받지 못한다. 때문에 우리는 일련의 완전한 네트워크 교육 솔루션을 통해 학습자에게 평면적인 홈페이지를 초월하는 인터랙티브 학습 환경을 제공하고, 또한 일련의 도구와 시스템을 통해 더욱 많은 '교사'와 '작가' 및 '교육 관리자'가 네트워크로 함께 연결되어 사회화의 온라인 교육 체계를 구성하도록 해야 한다.

④ 네트워크 교육이 교류 속에서 승화하도록 한다

　중국의 네트워크 교육은 시장 잠재력이 실로 거대하여 모든 학교가 눈독을 들이는 매력적인 대상이다. 아울러 여러 기업 역시 네트워크 교육 시장에서 한몫 챙기고 싶어 안달이 나있다. 그 밖에도 네트워크 교육의 대상은 유치원, 초등학교, 중학교, 고등학교, 대학교와 대학원생 등 정규 학력 교육 외에도 성인교육, 독학, 직업교육, 평생교육 등의 형식을 포함하여 여러 종류의 고객군을 형성한다. 이는 여러 사이버 학교의 공통성과 차별성을 결정짓는 요소이다.

이러한 배경 하에 우리는 반드시 업계에서의 교류를 강화하고, 공통 발전을 모색해야 한다. 현재로서는 교류의 역할이 경쟁의 역할보다 크다. 서로가 서로의 경험을 참고하고 배우며 이 업계를 공통적으로 규범해야만 여러 방면에서 멀티윈Multi-win의 효과를 거둘 수 있다. 동시에 교류를 강화는 것 역시 네트워크 교육이 최대한 빨리 성숙의 길로 나아가도록 하는 필수적인 요구이다. 중국의 네트워크 교육이 최대한의 가치를 제대로 발휘하고, 진정으로 중국의 평생교육사업을 위해 여러 가지 공헌을 하길 원한다면 반드시 성숙한 자세로 세상 사람들에게 모습을 드러내야 한다. 또한 충분한 교류는 네트워크 교육을 가속화 할 수 있는 약이다.

⑤ 전통 교육의 사상과 관념 바꾸기

네트워크 교육은 현대 사회 원거리 교육의 주요 형식으로 고등교육의 현대화를 실현할 중요한 길이자 고등교육체제와 수업개혁을 추진할 중요 역량이며, 또한 현대사회 평생교육체계를 세울 기초이다. 물론 새로운 네트워크 교육은 우리처럼 오랜 세월 전통방식의 학교 교육에 익숙해진 사람들에게는 새로운 도전이자 기회이다. 우리에게는 네트워크 교육의 새로운 교육관이 필요하다. 개인적으로 이런 새로운 교육관은 최소한 반드시 다음 몇 사항을 갖춰야 한다고 생각한다.

첫째, 새로운 학습관, 즉 과거의 교사와 학생의 상호작용을 위주로 하는 방식에서 학생 간의 상호작용을 위주로 하는 학습방식으로 전환되어야 한다. 혹은 과거의 교사와 학생 간의 공유에서 학생 간의 공유로 전환되어야 한다. 간단히 말하면 공유식의 학습 모델을 형성해야 한다는 말이다. 이런 공유식의 학습 모델은 학생의 팀별 활동을 강화하여 실현할 수 있다.

둘째, 새로운 커리큘럼관, 즉 과거와 같은 수업의 내용, 교재와 교사의 경험 및 학생의 수용과 이행 등을 위주로 하던 커리큘럼에서 다른 각종 유형의 커리큘럼 리소스, 학생의 경험과 피드백 및 커리큘럼 시스템 조정 등의 면을 포함하는 커리큘럼관으로 전환되어야 한다는 말이다. 여기서 특히 중요시하는 것은 네트워크 교실 밖에서의 각종 학습 리소스의 제공과 학습 과정 중에서 발생하는 학생의 피드백이다. 이들은 모두 반드시 새로운 커리큘럼에 포함되어 네트워크 커리큘럼의 중요한 부분을 구성해야 한다. 전통적인 교육의 우세를 온라인의 교육 우세로 전환시키는 데는 일련의 지원 조건이 필요하다. 온라인 커리큘럼의 품질과 특색은 또한 교육 설계자와 교육도구 제작자의 긴밀한 협력 및 각자의 수준, 능력의 유기적인 결합에 의한다. 또한 반드시 온라인 커리큘럼과 온라인 리소스의 긴밀한 결합은 온라인 커리큘럼을 교육 텍스트와 선도방향으로 삼고, 인터넷의 풍부한 리소스를 기초로 이루어져야 한다.

셋째, 새로운 강의관, 즉 교사의 강의가 단순한 지식의 전달이 아닌 능력의 육성과 훈련을 강화하는 목적으로 이루어져야 한다. 관련 학자의 연구에 따르면 현대 사회의 지식은 네 가지 유형으로 분류된다. 이는 첫째, know-what, 즉 무엇인지를 아는 지식, 다시 말해 사실에 관한 지식이다. 둘째, know-why, 즉 왜인지를 아는 지식, 다시 말해 자연과 사회 원리와 규율 방면의 지식이다. 셋째, know-how, 즉 어떻게 할지를 아는 지식이다. 이는 어떤 일을 하는 기술과 능력을 가리킨다. 넷째, know-who, 즉 지식의 출처에 관한 지식이다. 여기에서 네트워크 교육의 강의로서 반드시 주의해야 할 점은 지식과 정보가 완전히 동일한 것은 아니라는 사실이다. 이러한 네 가지 지식 가운데 정보는 앞의 두 가지 지식의 범주이다. 이 두 가지 지식은 흔히 코드화가 가능하다. 우리는 이를 '형식화된 지식codified knowledge'이라 부르는데 이는 독서와 여러 데이터베이스의 검색 및 인터넷 검색 등의 방식으로 얻어진다. 그러나 뒤의 두 가지 지식은 흔히 코드화와 도량화가 힘든 탓에 '암묵적 지식tacit knowledge'이라 불리기도 하는데 이는 일종의 형식화된 지식을 사용하고 처리하는 능력이다. 이들 지식은 주로 실전을 통해 얻어지는데 '가끔은 특징적인 교육 환경을 통해 학습해야 한다.' '왜냐하면 know-who는 사회 깊숙이 묻혀있는 지식으로, 정식 정보 채널을 통해서는 얻기 힘들기 때문이다.' 그러나 '노동력 시장에서는 형식화된 지식을 처리하는 능력을 표현형식으로 하는 암묵적 지식이 과거보다 더욱 중요하다.' 그러므로 네트워크 교육에서 교사는 반드시 이러한 암묵적 지식의 교육을 더욱 중시해야 하는 것은 물론 형식화된 지식을 학생들

스스로 학습하도록 해야 한다.

⑥ 네트워크 교육의 산업화

전국적으로 유명한 원거리 교육 플랫폼 신둥팡 학교의 시장 총감독 장린張林 선생은 네트워크 교육 열풍을 지속하기 위해서는 시장을 규범화하고 교육의 품질을 높이는 것이 급선무이며, 산업화와 시장화 운행의 진행은 장기 계획이라고 말한다.

네트워크 교육은 산업화가 수반되어야 더 많은 자본을 유치할 수 있으며, 이를 통해 소양 교육을 더욱 보급하여 소양 교육이 네트워크 교육의 핵심이 되도록 해야 한다. 때문에 네트워크 교육이 네트워크 경제 발전의 중요부분이 되려면 반드시 산업화 발전의 길을 걸어야 한다. 다시 말해 산업화는 네트워크 교육발전이 반드시 가야 할 길이다.

네트워크 교육이 산업화되려면 국가, 학교와 기업 등 각 방면의 지원과 추진이 필요하다. 이를 통해서만 네트워크 교육이 진정으로 중국의 신흥 네트워크 경제의 활력소가 될 수 있다.

먼저 국가는 네트워크 교육에 대해 반드시 일정수준의 정책적 지원을 해야 한다. 중국 인터넷 발전의 시작과정에서는 컴퓨터 설비와 네트워크 인터페이스의 제한을 받는다. 네트워크 교육에는 일반적으로 선발고사가 없고 오직 관련기반만 구비하면 되기에 네트워크 교육은 뛰어난 학생을 흡수하지 못한다. 교육의 문턱이 낮은 것 역시 사회가 네트워크 교육에 냉담한 반응을 보이는 요인이다. 현재 중국의 경우 브로드밴드 업무가 급속한 발전을 이룩하고 있어 네트워크 교육의 기본조건이 이미 구비되었다. 그러나 사람들의 네트워크 교육에 대한 전통적인 시각이 아직 바뀌지 않았기 때문에 네트워크 교육시장은 여전히 지지부진하다. 네트워크 교육산업이 진정으로 발전하고 싶다면 반드시 국가 교육부문의 정책적 지원을 받아야만 하고 반드시 네트워크 교육시장을 규범화시키고 네트워크 교육문서의 '가격'을 높이 책정하여 사회 각계, 특히 기업체 등 직원을 보유하고 있는 단위에서 네트워크 교육을 인정해야 한다.

다음으로 학교의 네트워크 교육에 대한 적극성을 충분히 불러일으켜 교사와 경험의 든든한 우세를 발휘해야 한다. 현재 중국의 각 고등교육기관은 일반적으로 모두 웹 사이트를 구축하여 교사와 학생에게 뉴스, 엔터테인먼트, 채팅과 포럼 등의 서비스를 제공하고, 사회가 학교를 이해할 수 있는 창구로서의 역할을 하고 있다. 그러나 진정으로 네트워크 교육을 발전시키고 있는 학교는 베이징대학, 베이팡자오통대학北方交通大學 등 소수의 고등교육기관에만 국한되어 불과 몇 군데도 되지 않는다. 그 원인을 규명해보면 결코 기본조건이나 교사 등 요소의 제약 때문이 아니라 자금 상의 어려움과 수익이 나쁘기 때문이다. 때문에 고등교육기관의 적극성을 불러일으키고자 한다면 반드시 학교가 사이버 학교에서 수익을 창출해야 한다.

마지막으로 실행 가능한 운영 모델을 모색하고 사회 각계의 자금을 충분히 이용해야 한다. 현재 중국의 네트워크 교육은 여전히 초보적인 과정에 머물러 있다. 그에 따라 국가에서는 여러 가지 형식의 공존을 장려했고 그 결과 여러 가지 운영 모델이 등장하였다. 첫 번째는 학교의 독립적인 운영이다. 이런 모델은 학교의 종합적인 실력과 자금 규모에 대한 수준이 비교적 높다. 이런 모델은 초기 자금 투자가 비교적 크고, 비교적 높은 기술 수준이 요구되기 때문에 많은 학교들이 발을 들여놓지 못하는 실정이다. 다른 방법은 기업 스스로 네트워크 교육을 운영하는 방법이다. 네트워크 교육은 매우 우수한 교사의 역량과 월등한 네트워크 교육 브랜드를 요구하기 때문에 기업이 두터운 자금력을 갖고 있다고 해도 교사부족과 브랜드 레벨의 문제로 많은 기업들이 발을 들여놓지 못했다. 다른 방법은 바로 '학교＋기업'의 모델로 학교가 수업계획 수립과 교사역량 배정 등 수업과 교무를 책임지고, 기업은 자금투자, 기술지원, 시장운영 등을 책임진다. 이런 운영 모델은 기업과 학교의 장점을 발휘하기에 용이하여 네트워크 교육의 확대와 강화에 이로울 뿐만 아니라 위험도 충분히 감수할 수 있다.

⑦ 중국의 국가 교육정보 플랫폼의 구축

최대한 신속히 중국의 국가 교육정보 플랫폼을 구축하여 양질의 교육 리소스를 축적하고 전면적인 계획을 세우며 과학적인 관리를 통해, 최종적으로 교육 리소스 데이터베이스를 구축하고 전체 교사와 학생, 가정에 무료로 개방한다. 무한한 정보 리소스가 있으면 장기적인 안목에서 충분히 개발하고 분류하여 관리한다. 교사는 학생의 재능에 따라 교육하고 학생은 자신의 재능을 남김없이 발휘한다. 교사든 학생이든 모두 끊임없이 창의력을 발휘한다. 네트워크의 끝없는 양질의 정보와 강력한 통신 능력이 교육의 전면적인 창의와 결합하면 교육의 발전은 무한한 가능성을 가진다.

국가의 교육정보 플랫폼에 대한 투자는 양질의 네트워크 교육 자원으로 전 국민의 수익을 보장하고, 지역과 기업 나아가 개인 간의 불필요한 중복 발전을 막아 줄 것이다. 이와 동시에 만약 필요하다면 지역, 개인과 기업이 국가교육플랫폼에 제공하는 양질의 교육 리소스의 기초 위에 현지의 실제수요에 따라 두 차례의 개발을 진행한다. 이렇게 전국 교육 소프트웨어 비용은 전국에서 분담하여 국민이 모두 비교적 낮은 가격으로 최고의 교육 리소스를 소유하게 한다. 동시에 이런 교육플랫폼은 여전히 '국가 기초교육 데이터베이스'이다. 이를 통해 교육관리부문은 교육 제일선의 가장 생생하고도 중요한 자료를 얻을 수 있다. 많은 교사와 가장들은 직접적으로 정부에 문제를 반영하고 생생한 소재를 제공하여 정부의 과학 전략을 촉진한다. 한편으로는 플랫폼 건설에서 상호 협력과 지원, 공존과 공영의 네트워크 문화를 제창하여 정보화 시대 중국 민족 문화를 유지할 새로운 감정의 유대로 삼는다. 국가교육 플랫폼 위에서 최종적으로는 완벽히 구비된 새로운 교육 체계를 형성해 그 틀 안에서 사회의 수요에 정확히 부합하는 동시에 지속적으로 교육 목표를 조정한다. 그 후에 교육 목표를 중심으로 한 네트워크의 특징에 따라 완벽한 네트워크의 형식으로 교육 리소스와 교육 활동을 조직하고, 다시 상응하는 평가체계와 시험제도를 구축한다. 네트워크의 강력한 통신 능력, 정보 저장능력과 컴퓨터의 멀티미디어 위력을 충분히 이용하면 향후 중국의 교육체계는 학생이 자신의 필요에 따라 언제 어디서나 효율적인 학습을 할 수 있도록 보증해 줄 수 있을 것이다.

18

민영교육 :
길은 어디에

중국에서 교육을 논하면 항상 심각해진다. 13억 인구를 자랑하는 대국으로서, 공공교육자원 부족 현상으로 인구의 소양 저하현상 나타났고 사회발전을 저해하는 병목이 되었다. 2001년, 전국 평균 48%의 중학생만이 고등학교로 진학했고 이어 51%의 고등학생만이 대학교로 진학했다. 다시 말해 150만~170만 명의 입시생이 낙방한 것이다. 중국 대학생은 청년 인구 중 겨우 15%만을 차지한다. 이는 우리의 교육, 특히 고등학교 및 그 이상의 교육은 국민의 수요를 크게 만족시켜주지 못하고, 교육영역에는 절대적인 판매자 시장이 형성되었다는 것을 설명해준다. 국가의 재력이 유한하고 지원을 증가시키기 어려운 상황에서 민간 자본의 개입은 일종의 가능성과 필요성이 되었다. 개혁개방 이래로 지식을 갈구하는 사람들의 갈망과 정부의 빈약한 재정을 접한 교육전문가들의 부르짖음 속에서 민영교육은 '부름에 응답하여 탄생'했다.

1. 발걸음도 무거운 발전 역정

역사를 돌아볼 때, 중국에서 민영학교의 발전은 우여곡절이 많았다. 신중국 성립 후, 교육권의 전면적 회수운동은 학교의 국영화를 불러일으켰고 민영교육의 운명은 바다 가운데 나침반 없이 떠도는 작은 배처럼 물결을 따라 표류하게 되었다. 1970년대 말, 교육의 봄은 찾아왔지만, 국가재력의 한계로 인해 정부의 교육지원은 국민들의 날이 갈수록 커져가는 우수한 교육에 대한 욕구를 만족시켜 줄 수 없었다. 그리하여 사회의 힘을 동원해 학교를 운영하며 각종 교육 자원들을 충분히 이용하고 개발하여 교육의 발전을 촉진하는 일은 필연적인 선택이 되었다. 교육의 사회경제 발전 중에서의 기초적, 선도적 작용이 더욱 두드러지고 사회여론이 거세어지자 민영교육은 재등장할 기회와 무대를 얻게 되었다. 특히 1990년대에 들어선 후, 민영교육의 발전은 우후죽순같이 비약적인 성장을 거두었으며 수적으로도 계속적인 증가를 거듭해 규모는 계속적인 확장세를 걸었다. 2001년까지 전국에 설립된 각종 민영학교들과 교육기관들은 54,298개이며, 학생수는 699.41만 명에 달했다. 학교 운영범위는 취학전 교육 및 중등교육, 고등교육, 성인교육과 직업교육을 아울렀다.

현재 민영교육의 발전기세는 맹렬하다. 경험과 현재상황으로 볼 때, 민영교육은 입학의 문과 교육대상의 폭을 넓히고 교육체계 개혁을 촉진하며 국가가 교육을 책임지고 교육의 수요와 공급의 긴장을 완화하는 상황을 변화시키며 교육사업의 진도를 가져오는 데에 있어서 큰 역할을 했다. 그러나 그 중에는 두드러진 문제들도 보이고 있다. 심지어 일부 민영학교는 이미 힘겨운 발걸음을 걷고 있다. 대략적으로 분석해 볼 때, 민영화 교육발전 중에 존재하는 문제는 주로 다음과 같다.

(1) 민영교육의 지위가 명확하지 않으며, 충분한 역할을 발휘하지 못함

개혁개방 이래, 민영교육의 지위문제는 때마다 이론연구자와 실제사업자들의 시야로 들어왔다. 일부 중앙정부의 문건 속에서 민영교육은 '공공 교육을 보충'하기 위해 존재한다고 말하고 있지만 이 모호한 글은 민영교육을 실시하는 설립자와 관리자들을 난처하게 하고 있다. 심지어 명칭마저 정해지지 않아 '사회역량 운영학교' '민간 운영학교' '개인 운영학교' 등으로 불리고 있다. 민영교육의 성장은 고통스런 '작은 새'처럼 '날고 싶지만 아무리 애를 써도 높이 날 수 없다.' 어떤 이는 이를 기구한 운명을 타고난 '부모 없는 사생아'라고 비유하고 있다. 교육이라는 대가족 속에서 민영교육은 아무도 중요시 하지 않는 변두리 지역에 머물러 있으며, 날아오를 기회와 조건은 전혀 찾을 수 없어 산 넘고 물 건너는 학교 운영이 계속되고 있다. 1990년대 이래로 다수의 교육계 인사들이 민영교육의 지위를 높여야 한다고 적극적인 요청을 했지만 실제로는 실제로 필요한 작용을 충분히 발휘하지 못하고 있다.

(2) 민영교육 자체의 발전에 규모 및 비전이 부족하고, 눈앞의 이익
에만 급급해함

전국 범위에서 학교 경영조건으로 볼 때, 대부분의 민영학교 경영은
모두 비정규적인 방법을 사용하고 있다. 먼저 학생을 모집한 후 기숙사
를 짓고 학생모집 상황을 보고 투자규모를 결정한다. 일부 학교는 다른
회사의 건물을 임시로 임대해 수업장소로 사용하고 많은 경영자들이
'하루 벌어 하루 먹으려는' 생각으로 어물거리다보면 심지어 중도에 학
교를 폐교를 하는 사태까지 벌어져, 학생들만 가련한 '철새'마냥 이리
저리로 흩어지기도 한다. 그 외에, 자금 조달 면에 있어서 민영학교는
보통 3가지 방법을 통해 자금을 조달하고 있다. ① 비싼 학비 및 교육
준비금등 각종 명목의 돈을 요구함. 1992년 8월 청두成都에 세워진 광
야光雅 초등학교는 비싼 수업료 때문에 여론의 집중적인 주목을 받았
다. 이 학교는 각 학생 입학 시에 반드시 학교 건설자금 1.3만 위안을
내야하며, 그 외에도 학비 4,200 위안을 내야 한다고 규정한다. 같은 해
베이징에 세워진 징화京華 사립초등학교의 학비는 더욱 비싸다. 학생들
은 매년 학비와 생활비 13,500위안을 내야하며, 그 외에도 학교 건설기
금 3만원을 일시불로 납부해야한다. 입학 전 교육준비금 납부는 주장珠
江삼각주 일대에서 유행하고 있으며 보통 10만~30만 위안 정도 사이
다. ② 허황된 광고 선전 혹은 현실과 동떨어진 약속으로 학부모들을
속임. 예를 들어 중, 고등학교, 유명 대학교 입학 보장 및 심지어 출국,
유학 보장 등으로 너도나도 학생들을 유치하고 있다. ③ 기타 자금운용

을 통해 학교의 일상적인 운영을 유지. 예를 들어 부동산, 주식투자, 기업 설립 등으로 교육발전 기금을 축적한다. 이런 상황에 근거해 볼 때, 다수의 학교 설립자는 최단기간 내에 투자비를 다시 거둬들이고 이윤을 얻는 데 급급해 장기적인 교육은 경시하고 있음을 알 수 있다. 그리고 일부 민영학교는 교육부의 심의도 받지 않은 채 제멋대로 ○○ 대학이니, ○○ 전문대, ○○ 방송통신대 등의 이름으로 버젓이 활동을 하고 있어 사회 각계의 원성을 사고 있다.

(3) 민영교육 운영 층의 수준 천차만별, 우수한 고등교육 자원의 부족

통계에 따르면 1999년까지, 전국에는 37,000 곳의 민영 유아교육기관이 운영되고 있고, 학생수는 222.4만 명이라고 한다. 초등교육기관은 204곳, 중등교육기관은 3,543곳이지만 고등교육기관은 겨우 1,277곳에 불과하고 게다가 학력이 인정되지 않는 곳이 대부분이라고 한다. 중국 같이 나라를 가난하고 교육만 잘 시키려는 곳에서 공립교육의 문제점은 주로 의무교육이 지원되지 않는 영역에서 나타나게 된다. 특히 심각한 것은 우수한 고등교육자원이 부족하다는 점이다. 어쩌면 이 점을 통해 중국과 세계 여러 국가 간의 차이를 비교할 수 있을 것 같다. 미국은 백만 명 중에 대학재학생 수가 중국의 14배나 된다. 일본은 중국의 8배이며, 필리핀은 13배, GNP가 중국보다 낮은 인도마저 중국의 6배가 된다. 이런 상황 때문에라도 우리는 여러 가지 학교운영 방식의 중요성을 생각하지 않을 수 없다. 20여 년 전, 십년간의 '문혁'을 거친

후 중국 전체는 침체정국이었다. 방치되었던 모든 일들이 다시 회복되기를 바라는 비틀거림 속에서 각 건설사업이 회복되고 정리와 향상이 이뤄졌다. 그 중 중요한 교육정책은 1977년에 회복된 대입학력고사이다. 이 소식이 전해지자 학구열에 불타던 사람들은 순식간에 서광을 보고 이 소식을 급히 알렸다. 과거 '작은 홍위병'으로 전국을 누비던 지식인 청년들과 재학생들은 어깨춤을 추머 오랫동안 보지 않아 누렇게 변색된 교재를 옷장 밑바닥에서 꺼내 다시 펼쳐보았다. 그러나 고등교육이 아직 완전히 회복되지 않고 대학수도 감소해 정원도 줄어들었기 때문에 그 해 시험에 지원한 570만 명 중 겨우 27.3만 명만이 대학에 입학할 수 있었다. 대학 입학률이 4.79%였으니 경쟁이 얼마나 치열했는지는 불을 보듯 뻔하다. 수많은 '멋진 사나이'들은 자신을 드러낼 인생의 기회를 놓치고 평생 안타까움 속에 살아야 했다. 그 후, 비록 대입학력고사는 매년 시행되었으며 학교제도 역시 점점 맞물려갔지만 치열한 경쟁은 점점 심해질 뿐 줄어들 기미가 보이지 않았다. 장기적으로 고등학교 자원의 결핍은 항상 중국교육의 발전과 민족소양의 향상을 제약하는 요소가 되었다. 국가는 갖은 방법을 다해 고등 교육기관을 증설하고 정원규모를 확충했지만 수백만 학생들의 기대에 가득 찬 눈빛 앞에서 공립 고등교육기관의 지도자들 역시 동정과 무력함을 표시할 수밖에 없었다. 따라서 민영 고등교육에 대한 요청은 공립 고등교육기관 부족의 문제를 해결할 현실적 방안으로 떠오르면서, 점점 더 많은 사람들이 관심을 갖는 초점이 되었다. 그러나 심히 유감스러운 점은 고등교육은 투자비용이 비교적 많고 운영도 비교적 복잡하기 때문에 실제, 민간 자본 사이에서는 투자 기피대상이라는 것이다.

(4) 학생 소양 부족, 교사진의 불안

인식상의 편견 때문에, 어쩔 수 없는 경우가 아니라면, 대부분의 학부모는 아이를 민영학교로 보내려 하지 않는다. 민영학교의 학생들은 대부분 학력고사에서 떨어져 진학할 가망이 없지만 경제사정은 비교적 좋은 학생들이다. 물론 공립학교의 일부 '문제학생'들도 포함되어 있다. 학생의 소양은 일반적으로 공립학교 학생들보다 낮은 편이다. 민영학교에는 또 다른 공통점이 있는데, 즉 교사층이 불안정하다는 것이다. 일반적으로 비정규적인 채용이고 함부로 해고하거나 이직을 잘하는 현상이 많다. 많은 청년 교사들은 '오라는 곳은 없어도 갈 데는 많다.'는 자유분방한 생각을 가지고 있기 때문에 기분 나쁜 일이 생기거나 학교에 불만이 생기면 바로 더 높은 곳을 향해 가게 된다.

2. '내우'와 '외환'

수년간 민영교육의 발전을 가로막은 장애물에는 여러 가지 외부적인 객관 환경요소가 있으며, 어떤 이는 이를 '외환'이라 하고, 또 민영교육 자체에 존재하는 결점들은 '내우'라고 했다.

(1) '외환'

① 인식의 편견

　중국은 비록 민영교육의 오랜 전통을 가지고 있지만 신중국이 설립
된 이후 계획경제의 틀 안에서 실행된 것은 공립교육 통일천하 정책이
었다. 1990년대 중국이 사회주의 시장경제를 시작하기 전, 교육 역시
다른 분야와 마찬가지로 국가가 너무 많은 것을 책임지고 과도한 통일
을 하려는 폐단이 있었다. '공'이라고 하면 좋아하지만 '사'라고 하면
근심을 하는 사회에서 개인이 학교를 경영한다는 것은 매우 어려운 일
이므로 민영교육은 거의 발전할 기회가 없었다. 정부 자체도 마음대로
되지 않은 교육문제 때문에 항상 난처해했기에 일부 사람들은 "터를
좀 내어 달라."는 생각을 가지고 있었지만 정치체제가 제한을 하기 때
문에 교육에서도 '독재'를 벗어날 수가 없었다. 중국인들은 사회주의
국가의 국민이 교육을 받는다는 것은 완전히 정부가 해야 할 서비스라
고 생각하지 백성들이 돈을 내서는 안 된다고 생각한다. 교육은 지금까
지 복지사업으로 인식되었으며 사회주의의 우월성을 나타내는 부분이
라고 여겼다. 이는 민영교육의 지위와 작용에 대한 인식부족과 중시부
족 심지어 편견을 불러일으키기 충분했다. 그 직접적인 피해는 민영교
육에 대한 불신임, 불참, 반대이다. 농촌에 사는 일부사람들은 다른 데
는 돈을 물 쓰듯 하지만 좋은 민영교육을 받지 않겠다는 생각을 고집하
고 있다. 이런 생각과 가치관은 교육이 발달한 나라의 상황과는 완전히
반대되는 것이다.

② 낙후된 정책

　국가는 민영교육 면에서 비록 일찌감치 정책을 발표했지만 실제 행정에 있어서는 근거가 되는 법률을 찾을 수 없을 만큼 많은 문제들이 발생했다. 거시적인 방침은 대개는 너무 두루뭉술해서 중시, 미시적인 복잡한 문제는 해결이 불가능할 정도였다. 정책요소는 이미 민영교육의 발전을 제약했다. 그 현상은 다음과 같은 측면에서 나타난다. 첫째, 정책조항이 분명하지 않아 투자자들의 적극성에 영향을 미친다. 둘째, 정책제정이 불합리해서 학교건립에 많은 문제가 발생한다. 예를 들어, 학교 설립 표준서에는 "영리를 목적으로 하는" 혹은 "안정적인 경비출처가 없는" 경우 등은 허가를 받지 못한다고 규정을 하고 있지만, 실제 업무에서는 그 기준을 정확히 파악하기가 매우 어렵다. 왜냐하면 "영리를 목적으로 하는 것인지 아닌지" 판단이 쉽지 않고 또, "안정적인 경비출처"에 학비나 학부모의 찬조금이 포함되는지 아닌지 정확한 문자기록이 없기 때문이다. 이렇다 보면 구체적인 당사자에게 정책이해 면에서 커다란 임의성과 맹목성을 남겨주게 된다. 또한 상관정책이 부족하므로 민영학교가 누릴 수 있는 일부 우대정책도 제대로 누리지 못하고 있다. 예를 들어 토지사용, 세수, 대출 등 면에서 투자자는 그다지 우월하지 않은 민영교육에 대해 실망하게 될 것이다. 이미 공포된 일부 정책법규 역시 원칙을 과도하게 강조한데다가 불완전한 곳이 많아 실행이 어렵다는 점에서 '그림의 떡'이 될 수밖에 없다.

③ 관리의 어려움

　민영교육의 관리상, 한 편으로는 정부에 해야 할 계획 및 거시적인 지도정책과 관리가 부족하기 때문에 학교의 분포구역, 규모, 수량 및 수준에 대해 전체적인 계획을 할 수가 없다. 또 한편으로는 관리가 통일되어 있지 않아 관리체계가 어지러우며, 강력한 관리감독 기관이 부족하여 민영학교의 발전이 전체적으로 혼란상태에 처해 있다는 것이다. 그 구체적인 현상은 다음 세 가지 측면에서 나타난다. 첫째, 여러 부서의 겹치기 관리, 심의 직권의 불분명함, 기준의 불일치 등으로 일부 민영학교는 이 틈을 노려 위법으로 학교를 운영하며 일단 문제가 생기면 서로 책임을 미루기 바쁘다. 둘째, 서로 다른 성질과 유형, 층면의 사회역량이 운영하는 학교와 민영학교나 사립학교를 동등한 기준으로 관리하여 민영학교의 특수성을 부각시키지 못하고 있다. 그 외에도 민영교육 관리 면에서 인원과 경비가 모두 부족하고, 민영학교 관리 법규가 완전하게 형성되지 않았다. 국가에는 아직도 민영교육만 전문적으로 관리하는 독립된 고위기구를 설치하지 않고 있으며, 성급의 독립 관리기구 역시 열 손가락에 들 정도이다. 1999년 전국에는 후난, 허베이, 신장, 산시 4성에만 성급 독립 민영교육 관리 기구를 두었을 뿐이다. 대부분의 지역은 모두 관리자의 각도에서 출발하여 관리의 편리만 중시했을 뿐, 운영자의 입장에서 학교 운영자가 누릴 수 있는 권리를 설립자의 입장에서 상세하게 규정해 주지는 않고 있다. 어떤 지방에서는 너무나 많은 것을 간섭하려고 해 학교 설립자는 학교설립 자주권을 잃어버렸다. 게다가 관리기구는 다른 부처와 사무실 산하에서 운영되고 있어 그들은 자기 업무도 바쁜 와중에 민영교육까지 돌아볼 틈을 내지 못하고 있다. 어떤 지방에서는 너무 많은 간섭을 꼬치꼬치 해대어, 학교 운영자가 학교운영 자주권을 부분적으로 침해당할 정도이다. 예를 들어 1997년 반포한 《사회역량 학교운영 조례社會力量辦學條例》에서는 "사회역량이 설립한 교육기구는 법에 따라 학교운영의 자주권을 누릴 수 있다."라고 분명히 규정하고 있지만, 실제로 일부 지방은 민영 초, 중, 고등학교 입학정원을 통일모집 계획 속에 포함시켜 버리니 무슨 '자주권'을 운운할 수 있겠는가? 일부는 아예 민영학교를 먹음직스런 고기 덩어리로 생각하고 기름진 곳을 보기만 했다하면 칼을 들고 기름을 떼어가려고 든다. 일부 도시에서 운영되는 민영학교는 명성이 있건 없건 간에 소위 "사회역량 발전 감독지도비"라는 세금을 순순히 납부하지 않으면 바로 문 닫을 준비를 해야 한다. 우리 제 3자는 정말 이해할 수 없는 것이, 이런 비용은 거둔 후 관리부서의 배를 기름지게 하는 것 외에 또 어떤 감독지도 작용을 할 수 있다는 것일까?

④ 환경의 속박

환경이란 정치적, 경제적, 법적, 여론 환경을 포함하는 말이다. 민영교육이 활발해지자 사회에는 불협화음이 생겨나기 시작했고 많은 사람들은 민영교육을 인정하지 않았다. 어떤 이는 반대와 공격을 하기까지 했다. 예를 들어 '민영교육도 발전할 필요가 있는가? 사회주의 체제에 맞는 교육체제인가? 민영교육은 '비싼 교육' '귀족 교육'이 아닌가?' 등등의 물음표가 꼬리를 물고 일어났다. 일부 교육 관리부서에는 민영교육 관리정책을 제정하면서도 민영교육이 공교육을 위협하게 될까봐 심히 두려워서 민영교육에 이중 삼중의 수갑을 채웠다. 최근 몇 년 동안 각종 뉴스를 통해 우리는 민영학교에 너무나 많은 불법 행정, 직무유기 등 차별적 현상이 존재함을 알게 되었다. 많은 민영학교의 운영자들은 학생모집, 학비 납입, 졸업장 지급, 부지 마련, 대출, 교사직칭 평가 등 여러 가지 면에서 공립학교와 동일한 대우를 받지 못한다고 원망하며, 그들의 건강한 발전을 도울 법률적 조치가 마련되기를 갈망하고 있다. 또한 민영교육의 비영리문제, 민영학교의 졸업장 문제, 민영 고등교육기관의 스폰서 문제 등이 아직 남아있다. 그 외에, 여론을 보아도 공립학교와 사립학교 간에는 편견이 존재한다. 민영학교에 대해서는 비난을 많이 하고 칭찬은 적게 한다. 문제를 많이 폭로하지만 선전은 적게 해 준다. 무의식중에 사람들의 머릿속에 '민영학교를 세우는 건 돈을 벌기 위해서인지 다른 의도는 없다.'는 잘못된 관념을 심어준다. 모든 사람이 경제적 이익을 좇는 현대 사회 에서, 아무리 고상한 개인투자교육이든 단체투자교육이든 사회여론의 힘 있는 지지를 받지 못한다면 오랫동안 버텨나갈 수 없음이 자명하다.

(2) '내우'

이상의 '외환' 외에도 민영교육의 발전을 가로막는 요소로는 내우, 즉 자체적으로 존재하는 문제들이 있다. 구체적인 내용은 다음과 같다.

① 학교 운영 동기 불순

　모두 알다시피 학교 운영은 희생정신이 필요하며 숭고한 가치관이 없는 사람은 운영하기가 어렵다. 실제적으로 민영교육 중에서 상당히 많은 일부 학교는 이윤추구의 목적 때문에 학교를 운영하고 있다. 비싼 학비가 바로 그 특징이다. 이런 학교 운영 동기 속에서 경영자는 모든 수단과 방법을 가리지 않고 '고객'을 불러 모은다. 예를 들어 높은 수준의 교육, 공원 같은 환경, 호텔 같은 서비스, 취업률 100% 보장, 출국 기회, 등등. 더 말도 안 되는 것은 그들이 빌 게이츠를 양성하는 학교가 되겠다는 엄연한 약속이다. 일단 학생이 현혹되어 학교에 입학하면, 굉장한 액수의 수입을 교육과 상관없는 투자에 사용하거나 일부 사람들의 호주머니에 챙겨 넣는다. 경제학적인 각도에서 말하자면 자본을 투입하면 일정량의 보답이 있어야 한다. 이윤추구 자체가 그렇게 나쁜 일은 아니다. 그러나 학교는 어디까지나 공익성 기구인 만큼, 경제적인 이익을 과도하게 추구한다면 분명 학교의 성질을 왜곡시키고, 교육의 질에까지 영향을 미치게 된다. 장기적으로 볼 때, 국가든 민족이든 모두 발전을 가로막는 잠재적인 장애물들에 부딪힌다. 객관적으로 볼 때, 개인이든, 기업이든, 사회단체든, 그 중 일부는 학교 운영 동기가 돈에 있지 않을 것이다. 그러나 돈만을 위해서 학교를 운영하는 일부 몰지각한 사람들도 제외할 수는 없을 것이다. 순수하게 교육사업에 대한 뜨거운 열정에서 출발해 보답을 바라지 않고 투자하는 고상한 투자자들 (예를 들어 샤오이푸邵逸夫, 훠잉둥霍英東 등)은 정말 찾기가 어렵다.

② 부정확한 가치 매김

많은 민영학교 운영자들의 초심은 공립학교와 비슷한 실력을 갖추든가 이를 넘어서는 것이었을 것이다. 그들은 한편으로는 정부가 내놓은 정책이 편파적이라고 원망하고 또 한편으로는 경쟁의 출발점부터가 불평등하고 사회의 지지가 없다고 원망한다. 그러나 이것이 민영학교가 곤경을 벗어날 수 없는 커다란 오해중의 하나임은 누구나 알 것이다. 현재 중국의 분위기에서, 보충적인 가치 매김으로는 공립학교와 똑같은 학교 운영의 주체로 대접받을 수 없으며, 민영교육은 결국 국민경제와 사회발전이라는 전체적인 계획 중에 포함되어 임의적 발전도 할 수 없다. 게다가 현실에서 민영학교는 국가의 풍부한 재정을 배경 삼아 오랜 역사와 학교 운영경험, 우수한 학교 운영자원을 가진 공립학교와 동등한 경쟁을 하려고 하지만 필요한 교육지원비용은 단체나 개인의 역량을 넘어서는 것이다. 게다가 교육투자는 효과가 아주 느린 장기적인 투자이기 때문에 그 고충은 더욱 크다. 특히 비교적 우수한 공립학교가 소재한 지역에서 민영학교가 만일 새로운 길을 개척해 개성화 교육의 길을 가지 않는다면 생존과 발전에 큰 문제가 될 것이다.

③ 신뢰성 없는 경영

민영교육은 1990년대에 신속하게 발전한 이래로 '신용을 잃는' 사건이 점점 더 많아져 사람들의 뇌리 속에 믿을 수 없다는 흔적을 남겼고 이는 알게 모르는 사이에 정규 민영학교 발전과 개설에 인위적인 장애물이 되었다. 계획경제시대에 소비자가 상품을 살 때 국영상점의 물건만 신뢰하고 민영상점과 개체호를 믿지 않았던 것처럼 말이다. 일부 민영학교들이 학교 경영과정에서 규범화된 행동이 없이 학생들을 끌어들이기 위해서 학생모집 요강을 남발하며 허위광고를 하고 교육의 질에 물을 타고, 심지어 찬조금, 준비금, 자금모집비 등의 명목으로 사기행각을 벌인다면 민영학교에 자녀들을 입학시키는 부모들의 신뢰를 깨뜨릴 것이다. 1990년 7월, 국가교육 위원회는 《성, 자치구, 직할시권역을 넘어 신입생 모집 광고를 게재할 시, 심사권한에 대한 통지關於跨省, 自治區, 直轄市辦學招生廣告審批權限的通知》 중에서 지적했다. "한 동안 일부 텔레비전, 라디오, 신문출판업체는 성을 넘어서 운영되는 학교의 신입생 모집광고를 게재했다. 교육행정부서의 심사가 엄격하지 못한 등 여러 가지 원인으로 인해 일부 학교운영 신입생 광고 중에는 신입생 과잉모집, 졸업학력과 대우에 대한 공약 남발 등 현상이 나타났다. 이는 고등교육의 명예를 훼손시켰을 뿐 아니라 노동인사제도를 교란시키고, '학교 무단 운영, 학비 무단징수, 증서 남발' 등 부정한 사회기풍을 만연케 했다. 또한 일부 학교 경영주체들은 교육수익의 장기적 효용성에 대한 인식이 부족하여 상업적 투기심리로 학교를 운영했다."

④ 내부 관리 혼란

어떤 조직이든 좋은 관리란 신속하고 효과적인 운영을 기본조건으로 한다. 민영학교는 실질적인 경영단체로서, 관리는 매우 중요한 문제이다. 그러나 실제상황은 많은 학교 운영자들이 교육관리에 관한 문외한이며, 학교관리의 필요성에 대한 이해 및 상관 지식, 경험도 부족하다는 것이다. 학교를 기업처럼 관리해서 돈만 벌든지, 아니면 내부 격려 기제 및 장정, 제도, 자체 감독이 없어 특히 재무관리 면에서 장부가 엉망인 경우가 허다하다. 소수 학교의 경영자들은 학교재산을 유용하거나 심지어 착복, 횡령하는 일까지 있어 위법경영을 더욱 부채질 하고 있다.

3. 돌파 : 길은 어디에

민영교육의 발전이 '고래 등에 새우가 터지는' 간섭을 받고 있지만, 현재의 곤경을 벗어나려면 초월을 해야 하며 '내부요인' 중에서 윗물로 거슬러 올라가 탈출로를 찾아야 한다. 길을 찾으면서 우리는 민영교육이 부딪힌 장애물을 발견할 것이다. 그러나 더 중요한 것은 학교 운영자 자신의 운영이념과 시장 운영상존재하는 구체적인 편차를 발견하는 것이다. 그러므로 현재 민영학교 발전의 현황을 근거로 하여 수렁을 빠져나갈 수 있는 방법을 건의하려 한다.

(1) 민영교육의 가치를 정확하게 이해하고 스스로 발전할 돌파구를 찾아야 한다

세계 각국 민영교육의 지위와 작용을 고찰해보면 정치제도, 경제수준, 문화전통 등의 요소의 제약 때문에 서로 다른 역사시기에 서로 다른 가치를 대표했음을 알 수 있다. 그러나 중국교육체계 중에서 민영교육의 가치는 항상 조금의 예외도 없이 '중국교육사업의 구성성분으로 국가 학교운영의 보충성분'으로 정해졌다. 즉 민영교육은 공교육이 "빠뜨리고 부족한 부분을 보충한다."는 것이다. 물론 이는 현재 우리나라 사회경제발전 현황에서 본 관점이다. 당의 16대 정신 및 중국에서 정식으로 반포한 《민영교육 촉진법民辦敎育促進法》을 근거로 하여 민영교육은 '보충'의 위치에서 공립 교육과 함께 발전하는 다원화 교육구조로 발전되었다.

근자의 책략으로 볼 때 비즈니스계의 '자리바꿈 경영'이념이 어쩌면 민영교육 발전을 위한 유익한 가르침을 줄 수 있을 것 같다. 현재 공립학교의 폐단, 혹은 약점은 주로 각 과목 교육의 불균형을 들 수 있다. 특히 기초교육 과정에서 진학률 향상의 압력을 받으며 국어, 수학, 외국어 등의 과정만 중시할 뿐, 음악, 체육, 미술 등 보조과정은 경시하게 되었다. 그러나 이는 현재 시중의 음악, 미술, 서예, 헬스, 공작 등 학원에 커다란 상업적 기회를 가져다주었다. 그러나 이런 학원은 서로 수준이 천차만별이며, 심지어 이윤추구를 최대화하면서 학습 목적을 '변질'시키기까지 했다(예를 들어 음악교육의 목적은 학생의 정서를 고양하기 위해서가 아니라 순전히 입시대비가 되어버림). 수많은 학부모들의 교육 소비관념은 정규적이며 높은 수준을 갖춘 '과외교육학원'이 출연하기를 간절히 바라고 있다. 민영학교가 만일 이 점에서 학부모들과 학생들의 갈증을 만족시켜준다면 공립학교 중 부족한 재능교육을 보충할 수 있을 것이며, 자신 또한 적지 않은 상업적 이익을 얻게 될 것이다.

민영 고등교육학교의 편에서 볼 때, 사회를 위해 대량의 초중급 직업 기술 인원들을 배양하거나 그들이 고등교육을 받아들이기 전 예비적인 지식을 제공하는 데 중점을 두어야 할 것이다. 예를 들어 직업기술 교육 발전을 통해 "짧고 평이하며 빠른 학습내용, 소수정예" 과정을 개설한다면, 소비자들에게 우수한 교육서비스를 제공함으로써 풍부한 학생원을 얻게 될 것이다. 통계에 의하면 2000년 우리나라 중학교 졸업생의 진학률은 고작 51.1%에 불과하며 중학교 졸업생의 진학률도 73.2%로, 광활한 농촌지대에서 이 비율은 더욱 낮아질 것이다. 즉, 매년 대량의 입학적령 청소년들이 더 공부할 기회를 찾고 있다는 이야기다. 그 안에는 분명 거대한 교육적 잠재력, 즉 적지 않은 시장이 잠들어 있다. 민영학교가 여기서 돌파구를 찾는다면 국가를 위해서도 적지 않은 교육 스트레스를 덜어 줄 것이다.

(2) 신용을 키워 신용과 명예로 자원을 확보하며 민영학교의 발전을 선도한다

'성실'과 '신용'은 유가문화 중 아주 중요한 두 관념이며, 도덕신조이다. 유가 경전인 《중용中庸》에는 '진실하고 성실함은 하늘의 도요, 진실하고 성실하려 노력하는 것은 사람의 도이다.誠者天之道也, 誠之者人之道也'라고 하였다. 사람됨의 원칙에 있어서도 '신용이 없으면 설 수 없다無信不立'을 주장했다. 시장 경제사회에서 성실과 신용 역시 시장 주체들이 성공을 할 수 있는 기초요, 근본이다. 성실과 신용은 민영학교에

있어 더욱 중요한 요소다. 이는 교육사업의 숭고성 자체와도 밀접한 관계를 가지고 있다. 즉, 현재 다수의 민영학교가 부족한 일종의 품격이요 추구이며 민영학교가 총체적인 곤경을 벗어나지 못하는 원인도 바로 그 안에 있다. 왜냐하면 "민영학교가 일반학교의 추구기준을 초월하지 못한다면 그 자신의 가치도 한계적일 수밖에 없기 때문이다."

그러므로 민영교육 경영자는 '상업적인 도리'와 '인간된 도리'를 유기적으로 결합하여 스스로를 채찍질하고 발전시키며 사회적으로 좋은 이미지를 만들어 나가되 겉만 번지르르한 눈가림식 행동은 자제해야 한다. 무슨 일을 하든 학생의 인간됨과 진학, 학부모의 유익을 위해 생각하며 착실히 학교를 운영해가다 보면 민영학교의 발전을 위한 좋은 사회적 여론을 만들게 될 뿐만 아니라 이로써 국가의 필요를 채우고 경영자의 개인적 매력까지도 드날리게 될 것이다. 특별히 "5불五不"을 실천해야한다. "지키지 못할 공약을 남발하지 않는다. 속임수나 밀실행정을 하지 않는다. 학교운영 행동을 숨기지 않는다. 정부와 사회 각계각층에서 오는 감독을 거부하지 않는다. 불법적인 경쟁수단을 사용하지 않는다."

(3) 계속적인 교육의 질 향상, 점진적인 규모 확대

교육의 질은 국가, 사회, 학부모와 학생들이 학교 경영자에게 가지는 기본적인 요구요, 민영교육 자신이 생존하고 발전할 보장이 달린 문제다. 모두 주지하다시피, 학교는 인재를 배양하는 요람이며 인재는 학교의 질을 가장 잘 설명하는 것이다. 현재 민영학교의 교육의 질은 그 신용 및 학생모집, 정부의 지지, 사회의 찬조 등 중요요소에 영향을 끼친다. 교육의 품질이 우수한 민영학교는 사회와 학생, 학부모들의 광범위한 인정을 받으며 학생원도 대개는 비교적 충분하다. 현지의 각급정부 역시 정책이나 용지, 세수 등 면에서 지지를 하고, 사회단체, 개인 찬조금도 증가해 양성순환의 발전 기제를 형성하게 된다. 전국적인 명성을 가진 난양南洋 교육 그룹은 우수한 교육의 질로 규모 확대를 이루었으며, 현재 전국 8개 도시에 분교를 건립했다. 그러나 그와 반대로 교육의 품질이 나쁜 학교는 언젠가는 문을 닫을 위험을 맞게 된다.

어떻게 보면, 교육의 질은 교사의 질에서부터 온다고 해도 과언이 아니다. 현재 다수의 민영학교의 교사 층에는 고질병이 존재하고 있다. 공립학교 퇴직 교사와 아르바이트 교사들, 갓 학교를 졸업한 대학생 등이 민영학교의 교사 층을 이루고 있다. 대부분의 교사는 더 높은 수입이나 더 좋은 복리를 따라가기 때문에 교사층은 불안정하게 된다. 한 학부모는 말한다. "교사 한 명이 흔들리면 학교로서는 몇 십분의 일의 손실이겠지만, 학부모는 100%의 손실이고, 아이에게는 평생 동안의 손실이다." 그러므로 민영학교는 '이익' 외에도 '정' '우대정책'으로 교사들을 붙잡아야 한다. 수많은 교사들에게 편안하면서도 자기발전을 이뤄갈 수 있는 업무환경을 창조하는 한편, 진정 자신에게 속한 상대적으로 안정적이고 규범화된 채용과 사직절차가 있고 정기적인 연수를 실시하고 과학연구까지 지원해줄 수 있는 교사들을 양성해야한다.

(4) 내부관리 강화, 교육자원의 이용률 대대적인 향상

현재 일부 공립학교를 보면 내부관리에 분명 단점이 존재하고 있다. 예를 들어 교장 권력의 독점, 독단적 전행 때문에 행정기구가 비대화되고 업무처리 효율이 떨어지며 교사에게 잘못된 가치관이 생성되는 등이다. 일부 학교에는 깜짝 놀랄만한 자원 낭비 현상이 벌어진다. 예를 들어 전문지식을 가진 인재를 일상 업무에 배치한다든지, 실험설비 방치, 전기, 수도 낭비 등이다. 심지어 어떤 학교는 지도자가 허례허식을 중시해 체면 세우기를 좋아하고, 과소비를 숭상하기도 한다. 예를 들어 출장시 고급호텔에 묵고 호화 승용차를 타고 출퇴근을 하는 것을 들 수 있다. 물론 경비는 개인 돈으로 지출하는 것이 아니라 학교 돈으로 지출하기 때문에 교육 자체에 들어가야 할 돈과 학교 시설 준비자금 등은 항상 부족하게 되고 그에 따라 학생들에게 요구하는 학비는 더 비싸지게 되는 것이다.

민영학교는 자신의 생존과 발전을 위해, 공립학교 관리에서 발생된 폐단을 극복해야 한다. 여기서 우리는 이사회가 지휘하는 교장책임제의 실행을 주장하고 싶다. 이런 지도체제는 비교적 효과적인 관리방법임이 실제적으로 증명되었기 때문이다. 그 외에도 이사회는 경영자 혹은 그의 대표, 교육기구 종사자 대표 및 교육사업에 열심이 있고 품행이 단정한 사회의 인사들로 구성한다는 규정을 두어야 한다. 중국의 근대역사를 살펴볼 때, 상인이 창립한 규모가 비교적 큰 사립학교의 경우, 이사회는 꼭 학계, 상계, 정계 세 방면의 지식인 인사들로 구성되었

다. 그들은 비교적 높은 문화적 소양과 사회적 명성으로 학교의 존립과 발전을 위해 기회를 창출했으며, 학교 경비 마련에 든든한 보장이 되어주었다. 이런 체제에서 교장이 이사회의 감독과 구속을 받게 된다면 학교의 자원을 함부로 낭비하지는 못할 것이다.

학교의 경영자주권에 대한 격려와 지지, 존중이 지도 및 관리와 함께 결합되는 것은 우리나라 민영교육 관리상의 기본특색이다. 공립학교와 비교할 때, 민영학교는 상대적으로 인사제도, 월급제도, 교육 수업, 커리큘럼 및 자금 사용 등 방면에서 비교적 큰 자유권을 가지고 있다. 그러므로 민영학교는 관리적인 우세를 충분히 발휘해 내부에 존재하는 복잡하고 다중의 관계를 정확히 처리하고 관리효율을 향상시키는 한편, 공립학교의 폐단을 극복해 교육자원의 이용률을 최대한도로 향상시켜 학교 운영비용을 낮추고 학교의 더 큰 발전과 모든 구성원의 공동이익을 추구해야 한다.

(5) 지역사회와의 우호관계 정립, 사회자원의 충분한 활용

지금까지 사회학에서는 지역사회에 대한 정확하고 공통적인 정의를 내리지 않고 있지만 지역사회의 일부 기본적인 요소와 주요 기능에 대해서는 공통된 결론을 내리고 있다. 예를 들어, 미국의 저명한 사회학자 데이빗 포피노David Popenoe의 견해는 아주 대표적이다. 그는 지역사회는 어떤 특정한 지역에 거주하는 한 무리의 사람들이며, 그들의 생활은 일상에 관련된 인터랙티브 방식으로 구성된다고 주장했다. 이런 방식에는 직업과 쇼핑, 레저 및 교육, 종교, 행정 등의 활동이 포함된다. 이를 통해, 지역사회는 바로 사람들이 공동으로 종사하는 사회활동이며, 비교적 밀접한 인터랙티브 관계와 공동문화 유지력, 동일감 등을 가진 지역공동체임을 추론할 수 있다. 이는 그 구성원의 생존하고 발전하는 기본지역공간일 뿐만 아니라 또한 개인과 사회 간에 교류관계가 발생하는 가장 기본적인 장소이다.

사회는 민영학교가 의지하는 생존과 발전의 토양임이 분명하다. 민영학교 편에서 보면, 좋은 지역사회 관계를 건립하면 더 광범위한 물질적 이익과 환경의 지원을 받을 수 있고 자신을 위해 더 유리한 조건을 획득해 사회발전에 유리한 기초와 여론 환경을 형성할 수 있다. 한편으로는 학생의 실험실습 캠프를 건립하거나 지역사회의 도서관과 체육문화 설비 이용 등 지역사회의 교육자원을 무료로 누릴 수 있다. 또 한편으로는 학교의 기업 운영 및, 학교 건축용 부지 확보, 교통, 의료, 전기, 수도 공급, 전신 등 설비부문에서 더 많은 혜택을 누릴 수 있다. 심지어 지역사회내의 찬조금을 얻거나 학생의 취업에 있어서도 우선적인 혜택이 부여될 수 있다.

(6) 국제교류협력 지속 강화, 우수한 학교운영 이념 도입

민영교육기관의 최대 특징은 융통성, 자주성이며 이 점은 국가 법률이 부여한 보장이다. 세계화시대 배경 아래, 국가의 문을 닫아걸고서 발전을 한다는 것은 불가능한 일이 되었다. 구체적으로 민영학교 운영이란 측면에서 말하자면 협소한 시각으로는 우수하고 성공적인 학교를 만들어 갈 수 없다. 따라서 국제간의 상호교류를 강화하고 학교간의 연계를 실시하며 방송통신교육, 사생간의 상호방문 등 국외 우수 사립학교의 성공적인 경험을 본받아 대담한 개혁을 이뤄감으로로써, 교육다원화 발전을 위한 유리한 증거를 남기도록 해야 한다. "작은 배가 배를 돌리기에 좋다"라고, 공립학교에서 실행할 수 없는 방법들도 민영학교에서는 손쉽게 실행해볼 수 있다.

협력은 현재 국제 사회 교류의 주요한 추세이다. 협력으로 개인이나 조직도 대신할 수 없는 특수한 힘을 발휘하게 된다. 학교 간의 협력은 물론 그 중에서 이익을 얻게 된다. 예를 들어 학교간의 연합 운영, 협력 연구 등을 통해 자금을 조달하고, 조건을 개선하며 수준을 제고할 수 있다. 이 점은 이미 많은 실증을 통해서도 증명되었다. 민영교육 편에서 말한다면, 학교의 문화적 함양이 적고, 학교 운영경험이 상대적으로 부족하기 때문에 국내외 명문학교와의 협력은 더욱 중요하다.

민영교육은 현대사회의 새로운 산물로서 그 발전과정 중에 나타나는 실수와 편차는 불가피한 일이다. 민영교육이 곤경에 빠져 있다면 학교 경영자 자신의 이상실현이 좌절되는 것이며 더욱 심각한 것은 전체 국가의 교육부담은 더욱 늘어나게 된다. 따라서 민영교육이 어떻게 내외적인 제약요소를 벗어나 건강한 발전을 이룰 것인지, 공립학교 교육과 쌍두마차를 이룰 것인지, 이를 통해 사회에 비약적인 발전을 이룰 것인지는 시대가 안겨준 과제가 되었다.

민영교육은 이제 막 발전을 시작하고 있는 사업으로 새로운 비약을 이루기 위해 먼 길을 가야하고 그 임무도 무겁다. 사회 전체의 관심과 지지를 받으며 좋은 발전 기호와 환경을 만나고, 민영교육에 헌신한 개척자가 나타난다면 민영교육은 곧 봄을 맞이하게 될 것이다.

19

교육연구의 '성(姓)'은 무엇인가?

덩샤오핑鄧小平은 과학 기술은 제1의 생산력이라고 했다. 현재 세계는 과학기술이 이미 경제와 사회 발전을 움직이는 가장 중요한 요소가 되었다. 그렇다면 교육 영역에서 교육발전에 영향을 끼치는 중요 요소는 무엇인가? 본인은 교육연구라고 자신한다. 정확하게 말하자면, 교육연구는 교육사업 발전의 '제1의 생산력'이다. 거시적으로 볼 때 교육연구는 교육정책 결정과 교육발전에 아주 중요하다. 교육이 어떻게 개혁을 하고 어떻게 발전할 것인가? 이는 과거의 경험만을 가지고는 불가능하며 교육연구가 뒷받침 되어야 한다.

마찬가지로 학교 교육은 발전하기 원하지만, 교장은 천시天時와 지리, 인화, 설비, 학생 확보, 교사, 교재, 지역사회와의 관계 외에도, 우선적으로 교육연구를 최고로 중요하게 여겨야 한다.

1. 작위적이고 열등한 교육연구

교육연구는 과거 장기간 사람들에게 경시되었지만 현재는 중요하게 여겨지고 있으며 적지 않은 성과도 거두었으니, 이미 대단한 진보를 한 셈이다. 그러나 성과를 긍정하는 동시에 우리는 실제 교육연구 중에 존재하는 문제와 부족한 점을 살피려 한다.

리전시李鎭西는《교육연구: 작위적인 과학을 경계함敎育科硏 : 警惕僞科學》에서 교육연구에 현존하는 문제를 다음과 같이 개괄했다.

① 상부만 주시하고 유행을 좇는다 : 어떤 과학 연구 과제의 '영감'은 주로 '위'로부터 온다. 즉, 교육행정부문 혹은 교육연구부의 문서에서 온다. 교장이 교육연구 과제를 정하거나 교사가 교육계획을 고려할 때, 종종 '최근 상부 부서에서는 무슨 새로운 정신을 추구하나'를 생각하게 된다. 아무리 과제나 계획이 교육 현장에서 나온 것이라 할지라도 글을 쓸 때는 반드시 '새로운 정신'으로 포장을 해줘야 한다. 예를 들어 '지식 경제'를 강조하는 시대에는 '지식경제와 교육 개혁'을 논해야 하고 창의적인 교육을 강조하는 때에는 '소양교육은 창조적인 능력 배양을 중점으로'라고 써야하며, '시청각 교육'이 유행할 때에는 '시청각 교육 중의 소양교육 시도' 등의 과제를 선정해야 한다.

② '과제' 숭배는 영원히 지지 않는다 : 다수의 교장들은 학교 상황을 소개하며, 자신의 학교가 얼마나 많은 과제 연구를 담당하고 있는지 자랑스럽게 이야기 한다. 게다가 '과제'의 등급이 높으면 높을수록 자신의 '교육연구' 수준도 높다고 여긴다. 그리하여 교장들은 일반적으로 '과제', 특히 '높은 등급'의 과제를 쟁취하기 위해 애쓴다. 과제가 학교의 실제상황에 부합하는지, 정말로 유용한지는 그 다음

문제이다. 연구에는 반드시 성공 혹은 실패라는 두 가지 가능성이 있으며, 특히 진정한 연구라면 실패도 의미를 갖는다. 그러나 일부 '과제 실험'은 일단 연구를 시작했다하면 반드시 성공해야하고 절대 실패해서는 안 된다. 이는 '교육연구'의 과학성에 의문을 제기케 하는 요인이 된다.

③ '특색'을 위해 각종 꼬리표를 남용한다 : 수년 동안 수많은 학교의 지도자와 교사들은 교육수준을 전면적으로 향상하기 위해 착실하고 효과적인 작업을 다수 벌였고, 큰 성과를 거두었다. 이 과정 자체는 현실에 가장 가깝고 가장 현실적인 교육연구이기에, 만일 있는 그대로 이런 탐색 및 성적을 종합했더라면, 아주 좋은 연구 결과나 나왔을 것이다. 그러나 현실에서는 종종 오류지역이 발생했다. '구호'를 붙이지 않거나 무슨 '방식'이니, '라벨'을 붙이지 않으면 교육성과라고 불리지도 않았다. 적어도 이 성과는 '수준'이 없는 것이고, '수준'이 있더라도 신선한 의도가 결여된 것이다.

④ 표리부동, 한번에 몰아잡기 : 어떤 학교의 과제 보고를 참관하면, 이론 설명도 괜찮고 실제 경험적 결과도 좋으며 성과도 인증을 받고 있어 오히려 진실성을 쉽사리 믿기가 어렵다. 평소 이 학교의 상황과 대조해보면, '교육연구'의 허구성은 더욱 분명해진다. 종이에 쓴 내용과 실제 상황은 완전히 다른 것이기에, '소양교육은 열정적으로, 입시교육도 착실히'라는 허무맹랑한 이야기가 이런 현상은 진실하게 반영하고 있다. 작위적인 연구는 한 가지 사실을 가지고 서로 다른 각종 과제의 검수를 처리한다는 점에서 분명히 나타난다. 예를

들어 한 학교가 교실 수업 개혁을 통해 성과를 거두었다면 이 성과
는 '만능'이 되어 각종 자리마다 사용된다.

⑤ 교묘한 위장, 화려한 겉모습 : 소양교육이란 구호가 사람들의 뇌리
에 각인된 오늘날, 그 누구도 공개적으로 '입시교육'을 하노라 떠들
어대지 않는다. 하지만 '교육연구'의 겉옷을 두른 채, 소양교육이란
기치를 들고 실제로는 '입시교육'을 실시하는 사람이 여전히 절대
다수이다. 가장 전형적인 예는 '연구 과제'라는 깃발 아래 실시한
각종 '실험반'은 이미 사회의 질책을 받았지만 진학률을 높이려는
목적으로 실시한 '중점반'은 소양교육의 냄새를 풍기는 'ㅇㅇ 과제
실험반' 으로 이름을 바꾸면서 많은 이들을 유혹하는 현상이다.

⑥ 논저가 난해하고 무슨 이야기를 하는지 알 수 없다 : 읽어도 이해가
불가능한 일부 '전문가'의 교육 논문, 논저는 이미 많은 일선 교사들
에게 고충과 열등감을 낳고 있다. 이런 '전문가'들이 교육 논문을 쓰
면 교사들이 절대 이해하지 못하도록 쓴다는 것을 누가 모를까? 유
행하는 술어, 새로운 조류의 개념, 이런 저런 '원칙'과 '성性'으로 이
론을 무장하고 교육연구의 '학술적인 규범'과 '과학적인 태도'를 자
랑하려 한다. 그러나 루소나 수호믈린스키, 타오싱즈 교육가의 저작
을 읽을 때의 느낌은 너무나도 친절하고 쉬우면서도 깊이가 있어,
절대 이런 '난해함'과는 다른 경지임을 알 수 있다.

⑦ 허위 작성하는 직칭 논문 : 교육연구는 반드시 '실행'을 통해 얻어지
는 것이지, '저작'을 통해 얻어지는 것이 아니다. 과제 보고서 혹은
논문은 당연히 과학적인 교육지도 경험을 통해 자연히 맺게 되는 결

정이다. 그러나 실제로는 수많은 논문들이 머릿속에서 만들어(심지어 베끼어)진다. 이유는 아주 간단하다. 직칭을 얻으려면 논문을 발표해야 하기 때문이다. 일선의 교사들이 자신의 교육지도 경험을 토대로 교육 논문을 발표하는 것은 아주 의미 깊은 일이다. 그러나 논문과 직칭이 서로 연결되어 있고, 게다가 '1표 부결'제라는 '강제권'이 있는 상황에서 교육논문은 이미 아주 큰 정도로 반드시 가져야 할 의의를 잃어버렸다. 그와 반대로, 비용을 받고 논문을 실어주는 신문 잡지나 '논문 선별 편집부'도 이런 상황 속에서 생겨났으며 학술부패 현상을 조장하는 요소가 되고 있다.

⑧ 허장성세, 선전에만 열심인 논문 : 만일 교육연구가 시끄러움을 떠나 적막과 고요함 가운데 벌어지는 일이라면, 그 과정에는 많은 곡절과 어려움이 가득할 것이며, 교육연구 역시 그럴 것이다. 수호믈린스키가 말한 바와 같이 만일 그가 시골의 중, 고등학교에서 몇 년을 하루 같이 여기며 묵묵히 교육에 대한 탐색을 하지 않았더라면 그는 걸출한 교육가가 될 수 없었을 것이다. 그러나 현재의 '교육연구'는 일종의 '영예'요, 아주 쉽게 '이름을 날리는' 일이 되었다. 일부 학교가 벌이는 '교육연구'란 '중이 염불에는 관심 없고 잿밥에만 관심을 가지는' 것임이 분명하다. 게다가 그들은 교육연구를 '브랜드'를 만들고 '이미지'를 만들 절호의 기회로 여기고 있다. 그러므로 스스로 대대적인 선전을 벌이는 것은 아주 자연스러운 일이 되었다. 아름다운 사진첩과 시청각CD를 제작하여 '연구의 성과'를 선전하고 '과제 보고'는 각종 뒷문을 통해 《○○ 교육대사전》이나 《○○

명문학교 대사전》등의 저작물에 이름을 올리기에 혈안이 된다. 물론, 이 모든 것에는 신문, 텔레비전의 '협동 선전'이 절대적으로 필요하다.

위의 글은 기존 교육연구 문제를 비교적 진실하고 첨예하게 밝히고 있다. 그러나 저자는 한 가지를 더 보충하고 싶다. 어떤 교육연구 중에는 '작위적인 과학'이 존재할 뿐 아니라, '반교육적' '반과학적' 교육이 존재한다는 점이다. 무슨 이야기인가? '작위적인 교육'의 교육연구는 주로 '작위적'인 점이 문제가 된다. 일반적으로 이는 학생에 직접적인 해는 끼치지 않는다. 그러나 '반 교육적' 교육연구가 초래하는 결과는 우리의 처음 동기에 어긋나며, 우리의 교육에 직접적인 해악을 끼친다.

예를 들어, 최근 일부지방에서는 학생들의 '지능지수'에 대한 '교육과학연구'를 벌여 '측량평가' '계산' '통계' '분석' 등등의 방식으로 학생의 '지능지수'를 '연구'해낸다. 그리고 이 '과학연구' 결과를 교사 및 학부모들에게 '피드백'한다. 이런 '과학연구'는 전형적인 '작위적인 교육'일 뿐 아니라 지극히 유해한 '반反 교육'이다. 그것이 교육자를 향해 '과학'적으로 이러한 선포를 하기 때문이다. "○○학생의 지능지수는 낮다." 이런 '교육과학'의 해악은 교사를 호도할 뿐 아니라 학생들의 자존심과 자신감에 상처를 주고, 결국에는 학생의 일생을 망치고 만다는 것이다. 따라서 급선무는 교육과학연구의 진정한 과학성과 실사구시 기풍을 다시 회복하며, 교육과학연구가 '과학科'이란 진정한 성姓을 가지도록 하는 것이다.

2. 교육연구의 진정한 의의

'거짓된 교육연구' 내지 '반교육적' 현상이 출현하게 된 원인은 다양하다. 이는 현재 우리의 교육평가 기제가 비과학적이고, 바람직하지 않은 기풍이 성행하는 것과 관계가 있으며 심지어 더욱 깊이 파고 들어가면 더 심각한 사회적, 역사적 원인에까지 이르게 된다.

여기에서 본인은 교육연구의 의의에 대한 견해만을 논하고자 한다. 어떤 이는 이것이 '그 밥에 그 나물'이니 필요 없다고 생각할지도 모르겠지만, 사람들 모두 교육연구의 일반적인 과정을 잘 알면서도 여전히 미미한 성과 내지 교육에 반하는 연구결과를 내게 된 원인은 대개 '결과만 알고 그 이유는 알지 못하기' 때문이다. 다시 말해 교육연구를 진정한 의미의 과학과 완벽한 인식의 기초 위에 세우지 않는다면 교육연구의 진정한 작용발휘에 대해 진일보한 논의를 한다 해도 효과적으로 개념을 정립하거나 교육 현장에서 '작위적인 교육연구' '반 교육'등의 문제를 근절하는데 어려움이 따를 것이다.

(1) 교육연구는 학교수준이 한 단계 올라서는 중요 조건이다

오래된 학교든 신설 학교든 학교 운영을 하게 되면, 어느 정도 운영 기초 및 학교 운영 경험은 쌓이게 마련이고 학교는 일정한 경지에 올라서게 된다. 만일 학교가 한 단계 올라서려면, 혹은 본래의 가련한 상황에서 벗어나 학교 경영수준을 높이려면 돌파구를 찾아야 한다. 학교는 교육연구를 통해 종종 돌파구 및 새로운 생장점을 찾게 된다. 이런 면에서 상하이 자베이闸北 8중은 아주 좋은 예가 된다. 자베이 8중은 오랫동안 입학 학생들의 수준이 낮아 상하이에서도 유명한 '3류' 학교였다. 류징하이劉京海는 교장에 부임한 후, 이 곤경에서 벗어날 방법을 고민했다. 그는 먼저 교사들이 상하이 사범대에서 실시하는 '지능외 요소' 및 '열등생 심리' 두 과제 연구에 참여하도록 하는 한편, 지능외 요소가 학생에 미치는 영향과 그 교육방법, 열등생의 교육과 변화를 열심히 연구했다. 또한 이 두 가지를 결합하여 적극적인 실천을 벌이고, 매번 결론을 통해 '성공 교육'의 개혁사상과 이론을 점차로 형성했다. 이로 학교 교육수준과 학교 경영수준도 비약적인 발전을 이루었다. 과학연구가 없이는 오늘의 '성공교육'이론이 있을 수 없고, 성공한 자베이 8중은 더더욱 있을 수 없을 것이다.

(2) 교육연구는 학교를 특화하고 개성 있게 만드는 중요한 방법이다

입시교육 통일 모드 하에서 다수의 학교들은 모두 자신만의 특색을 포기하고 입학률만을 유일한 목표로 삼게 된다. 소양교육을 전면 추진하는 오늘날, '학교들이 다 똑같은' 현상, 창조적인 생기를 잃은 학교 경영을 변화시켜야 한다. 저자가 볼 때, 학교 운영에는 몇 가지의 '제

일第一’이 필요하다. 각 학교들은 자신만의 특색과 개성을 발전시키고, 교육개혁은 이를 신속화 하기 위한 촉매제가 되어야 한다. 특별히 실력이 떨어지는 학교는 과학 연구를 놓치지 말고 진학률이라는 스트레스를 벗어버리고 자신을 발전시킬 자신만의 새로운 길을 걸어가는 것이 중요하다. 예를 들어 쑤저우시 6중은 장기간동안 학생원이라든가 교사 자질 면에서 비교적 뒤쳐져 단순히 진학률만 높이려는 생각만으론 탈출구를 찾을 수 없었다. 샤오더蕭德生 교장이 부임한 후, 그는 교사들에게 과학연구를 통해 종합적 특색을 갖춘 학교경영 방법을 탐색, 실험하게 했고, 그 결과 학교는 점차 예술적인 특색을 갖추게 됨으로 학교 발전의 양성순환의 길로 들어서게 되었다. 현재 고등학교 종합교육과정과 예술 특화교육 면에서 6중은 적어도 쑤저우에서 ‘제일’이 되었다. 이 학교는 이를 계기로 일약에 국가급 중, 고등학교로 도약하는 기염을 토했다. 쑤저우 우장시吳江市에 위치한 한 학교는 경필을 시험, 실천하여 짧은 몇 년의 시간 만에 전교생들이 모두 아름다운 글자를 써내려가는 명필이 되었다. 한자 경필에 있어서는 어떤 도시의 학교라 할지라도 이 학교와 겨룰만한 적수가 없을 지경이 되었다. 미국 《뉴스News》지가 선정한 전 세계 유수의 10대 학교는 모든 면에서 제일 뛰어난 학교는 아니었다. 예를 들어 일본의 한 학교는 창조력 개발 교육을 실시하는데, 학생들은 모두 자신만의 발명품이나 제작품을 가지고 있으며, 심지어 여러 아이들은 자신이 발명한 상품에 특허를 신청하기도 했다. 네덜란드의 한 학교는 언어교육을 실시하는데, 각 학생들은 모두 2종 이상의 외국어를 구사하며 엄청난 양의 세계 명작을 읽는다. 그러므로 학교는 자신만의 색깔을 찾게 될 때 교육의 무대에서 깃발을 펄럭이며, 가장 뛰어난 경영효과를 얻을 수 있다. 이를 위해 교육연구는 가장 좋은 방법이 될 것이다.

(3) 교육연구는 학교 응집력 강화의 중요 요소이다

입시교육은 한 명의 '승리자'만을 요구한다. 이는 학교 내부 인사들의 응집력을 약화시키고, 교사 간에도 서로 굴복하지 않고 암투를 벌이는 현상을 초래하기도 한다. 만일 전체 교사들이 공동으로 교육개혁 과제를 연구하도록 하여, 같은 과제 목표 아래 각자 일정한 임무를 맡게 된다면 경쟁 속에서 협력하고, 협력 속에서 경쟁하며 점차 공통의 가치관과 화해로운 인간관계를 얻어나가게 될 것이며, 전체 학교의 응집력 역시 자연히 강화될 것이다.

(4) 교육연구는 청년 교사, 특히 명교사를 양성하는 중요한 방법이다

현재 적지 않은 곳에서 이런 현상이 발견된다. 교육 효과가 생각보다 적어 교장은 교사를 원망하고, 교사는 학생을 원망하며, 학생은 학부모를 원망하고, 학부모는 사회를 원망하고, 사회는 교장을 원망하는 현상이다. 이는 비정상적인 현상이다. 이 세상에 가르칠 수 없는 학생이란 없으며, 오직 나쁜 선생님이 있을 뿐이다. 사실, 나쁜 선생님이란 없으며 오직 나쁜 교장만 있을 뿐이다. 교사는 학교 운영에 가장 중요한 힘이며, 교사 수준의 우열은 학교 전체적으로 보았을 때, 교장에 달려 있다. 우수 교사양성은 교장이 절대 회피할 수 없는 책임이다.

우리의 교장은 사람의 잠재력이 얼마나 위대한 지 볼 수 있어야 한다. 교육과학 연구를 활용하면 교사들의 창조적 잠재력은 충분히 계발될 수 있다. 심지어 아주 평범한 교사라 할지라도 교육의 기적을 창조하는 주인공이 된다. 장쑤성 우장시吳江市의 칭윈靑雲 중고교와 타오위안桃源 중고교의 학생들은 대부분 본토박이 '촌사람'이고 교사들 역시 학력이 그리 높지 않은 본토박이 촌 선생들이다. 하지만 이 두 학교의 학생들은 전국규모의 대회에서 수많은 상들을 휩쓸어오며, 졸업생들 가운데는 석, 박사가 수없이 배출되고 있다. 이런 결과를 얻게 된 원인이란, 순전히 교사의 직업정신과 각고의 연구정신에 돌릴 수 있다. 이는 교장이 이미 교사들의 잠재력을 충분히 자극하고 계발하여 교사의 소양 제고를 촉진했기 때문이다. 이것만 보아도 교육과학연구가 학교가 뛰어난 소양의 교사를 양성할 수 있는 중요방법임을 알 수 있다.

(5) 교육연구는 학습형 학교 건립의 중요한 기초이다

미국의 피터 셍게PeTer M Senge가 쓴 《제5경영The Fifth Discipline》이란 책에서 제 5경영의 내용 중 가장 핵심적인 것은 학습형 조직을 구축하는 것이라 밝혔다. 이 책에서는 학습형 조직은 지식경제와 서로 영향을 주고받는 학습화 사회의 세포로서, 반드시 다섯 가지 항목의 경영을 구비해야 한다고 여겼다. 즉 다섯 가지 항목의 학습과 운동을 가리키는데

이에는 자기 초월, 심리 및 지능 개선방식, 공동의 소망 확립, 단체 학습, 체계적인 사고가 포함되며, 그 중 제5항목은 다른 4가지 항목의 기초가 된다. 학교는 본래 정규적인 학습장소로서 본래 자연스럽게 학습형 조직이 되어야 한다. 수호믈린스키가 《교사에게 주는 건의》라는 책에서 자신이 교장을 하며 가장 성공한 경험은 바로 교사들과 함께 공부를 했다는 점을 들었다. 사실상, 진정 바람직한 학교는 모든 성원이 자발적으로 창조적인 학습에 참여하고 이를 조직하는 것이다. 교육연구를 통해서라면 학교의 모든 구성원들을 창조적인 학습과 연구 중으로 인도할 수 있으며, 이 목적을 이룰 수 있게 된다.

(6) 교육연구에 투자하는 것이 가장 큰 수익을 얻는 방법이다

교육연구에는 투자가 필요하다. 그러나 이런 투자는 양이 그다지 많지 않아 위험성은 적지만 수익률은 매우 높다. 만일 학교 교육투자의 5%만이라도 교육연구에 할애한다면 학교 교육발전에 가져오는 전체적인 효율은 이 비례를 크게 초과하고 다른 투자들의 수익을 넘어설 것이다. 따라서 학교는 경비가 아무리 모자라더라도 교육연구 투자에 인색해서는 안 된다. 오히려 이를 학교수익을 높이고 계속적인 발전을 이뤄가도록 하는 중요 성장점으로 보고, 경비를 보장해야 한다.

(7) 교육연구를 중요시 않는 지도자와 교장은 장기적 안목이 부족하고
    미성숙하다

　　필자는 수많은 교장들이 교육연구에서 시작하여 점점 훌륭한 교육가
가 되는 것을 친히 목도했다. 본 논문에서 다룬 수많은 예들은 교육연
구를 중시한 교장이야말로 장기적인 안목을 갖춘 성숙한 교장이며 학
교 발전을 위한 새로운 국면을 열어갈 수 있고 학교를 21세기의 영광스
러운 사명으로 인도할 책임을 맡을 수 있음을 증명해 주고 있다.

3. 교육연구의 '진정한' 회귀

　　나는 《교육을 누림》이란 책에서 말한 적이 있다. "교육자와 선생의
가장 큰 차이는 교육자는 탁월함을 추구하는 정신과 창조정신을 가지
고 있다는 것이다. 어쩌면 당신은 현재 교육자가 아닐 수 있다. 하지만
당신이 계속적인 탐색과 개혁을 하는 사람이라면, 교육에 관한 열정을
가지고 있는 사람이라면, 끊임없는 노력과 싸움을 통해 당신도 대가가
될 수 있다." 열정이 있는 사람은 결국 성공하게 되지만 열정이 없는 사
람은 성공할 수 없다. 탁월함과 창조정신은 교육연구로 나타난다. 진정
성을 추구하는 마음을 가지고 교육연구를 대한다면 교육연구는 그로부
터 '진정한' 회귀를 하게 될 것이다.
　　교육연구는 아주 신비한 것 같지만, 사실 모든 교사들이 다 생각하고

있는 것이다. 이런 생각들은 일종의 실제적인 교육연구이라 할 수 있다. 교육 현장에서도 몇 십 년을 가르쳤는데도 가르치는 수준이 전혀 변화가 없는 교사가 있는가 하면, 가르친 지 몇 년 되지 않아 아주 훌륭한 경지에 오르는 교사를 볼 수 있다. 그 이유가 뭘까? 한 사람은 30년을 가르쳤지만 30년 동안 반복만 할 뿐, 정말 학생을 가르친 것은 1년 뿐이었다. 또 다른 사람은 5년 동안 가르쳤지만 정말로 열심히 가르쳤기 때문에 매년 작년 한해보다 더 나아지게 되는 것이다. 고참 교사든, 신참 교사든 교육연구를 할 때만이 수업 수준을 끌어올릴 수 있고, 교육연구만이 경험을 이론화 할 수 있다. 날마다 새로운 태양을 끌어안으면 학생이나 교재에 대해서도 새로운 느낌을 갖게 된다.

그렇다면 초, 중, 고등학교의 교육연구 상황은 어떠한가? 본인은 교장과 보통 교사의 입장에서 생각해 보려 한다.

첫 번째 차원 : 교장

본인은 초, 중, 고의 교육연구가 왕성해지는 비결은 교장에 달려 있다고 생각한다. 본인은 수호믈린스키의 이런 말을 아주 좋아한다. "교장이 학교를 지도하려면 먼저 교육사상을 지도하고 그 다음에 행정을 지도해야 한다." '교육 사상의 지도'란, 나의 이해에 따르자면 주로 전교 교사들의 교육연구를 인도, 지지, 격려, 조직하는 것이라 생각한다. 구체적으로 말하자면 교장은 교육연구를 계획하며 적어도 다음과 같은 노력을 할 수 있다.

(1) 교사들이 교육관련 명저나 교육학 이론을 읽도록 조직한다

현재 다수의 학교에서 진행되는 과제도 적지 않지만, 교사들은 교육 명저를 읽지 않고 있다. 이런 '교육연구'는 '거짓된 교육연구'가 될 수 밖에 없다. 교육연구의 생명력은 실천에 있다. 하지만 실천을 좌우하려면 이론적인 배경이 아주 중요하다. 교장은 교사들이 교육연구를 하도록 하려면 교사들이 교육명저들을 우선 열심히 탐독하도록 해야 한다. 그와 동시에 국제적으로 최상급의 교육학과 심리학 저작을 겸해 읽어야 한다. 목적은 교사들이 이론학습을 위해 더욱 광범위한 시각을 가지고 첨단의 사상까지 영역을 넓히도록 하는 데 있다. 이론적인 학습은 우리의 맹목적인 행동을 감소시켜주며, 잘못된 길을 가지 않도록 도와준다.

(2) 진정한 교육자를 학교로 초청해 교육 경험을 들으며 지도를 받는다

우리의 시각은 한계적이고, 머릿속의 생각만으로는 진정한 성과를 볼 수 없다. 그래서 본인은 교장은 일선의 교사들이 위대한 교육자와 직접 대면할 수 있는 대화의 시간을 만들어줘야 한다고 일관되게 주장해 왔다. 물론 이런 대화는 사상적인 교류 내지는 사상의 충돌까지 포함한다.

유명 교육자와의 대화나 연락으로 우리는 의외의 수확을 얻곤 한다. 대부분의 명사는 모두 자신만의 독특한 견해를 가지고 있기 때문에 우리에게 가르침을 줄 수 있다. 그들의 경험을 듣고 지도를 받다보면 우리의 탐색의 여정은 순식간에 줄어들고, 그들과 허심탄회하게 대화할수 있는 경지에 들어서게 된다. 게다가 유명 교육자들은 모두 사회적으로 광범위한 영향을 끼치며 사회와 연계되어 있기에 최신교육 정보를알려줄 수도 있고, 교사들이 외부와 교류하며 창밖의 세계로 향하도록도와준다. 그러므로 본인은 교육연구를 하려면 유명 교육가를 놓치지말고 그들과의 대화를 시도해야 한다고 주장한다.

(3) 고등교육기관과 연계하는 기지를 성립하고 실험을 하라

현재 일부 고등교육기관은 영리목적으로 중, 고등학교에 와서 '교육연구'라는 것을 하기도 하는데 이런 현상은 비난을 받아 마땅하다. 그러나 이 때문에 초, 중, 고등학교와 고등교육기관이 교육연구 선상에서실사구시 정신에 입각한 협력을 하는 것이 불가능하다고 할 수는 없다.어떤 과제들은 초, 중, 고등학교에서 계획하고 실험하기에는 확실히 어려움이 있기 때문이다. 이런 상황에서 우리는 고등교육기관에 공동연구를 요청할 수 있다. 이 방법은 성과도 얻을 수 있고, 일선의 초, 중,고등학교 교사들이 교육연구 기본능력을 훈련하여 교육연구 수준을 향상시킬 수 있는 첩경이기도 하다.

(4) 학술회의 및 연구 자문회를 적극적으로 개최하며 전국적인 규모의
    학술회의를 자발적으로 맡도록 한다

　　이런 활동을 개최하며, 학교는 진지한 교육연구 분위기를 만들 수
있을 뿐만 아니라 대학 교사의 교육연구의 시야를 넓히고, 학교 교육
연구의 차원을 높일 수 있다. 이런 활동에는 일정량의 투자가 필요하
기는 하지만, 학교 교육연구 수준 및 교사와 교장 본인의 능력과 지명
도, 학교 경영경험이나 품위도 함께 상승하는 일거양득의 효과를 누릴
수 있다.

(5) 적절한 시기에 교육연구 과제와 집중 포인트를 짚어줘야 한다

　　현재, 학교 교육연구를 중시하는 분위기가 전체적으로 고조되고 있
지만 이런 상황에서 교장은 교육연구의 중점 과제와 집중 포인트를 짚
어주어야 한다. 일선 교사들이 자발적으로 과제 연구를 하게 되면 맹목
성이나 소홀함이 생겨 과제의 난이도가 중복되거나 연구 역량이 분산
되고 성과도 그다지 뛰어나지 않는 등의 현상이 나타나기 때문이다. 만
일 그동안 사람들에게 경시되었지만 중대한 성과를 이룰 수 있는 교육
연구 과제나, 역사상 다른 이가 연구했지만 새로운 시대 배경 하에서
새로운 현실적 의의를 가질 수 있는 과제들을 교사가 연구하도록 교장
이 도와준다면, 교장과 교사간의 협력을 통해 학교 교육연구는 분명 더
욱 큰 발전을 이루게 될 것이다.

학교 과제 연구의 방향과 주제 선정 면에서 교장은 다음사항을 주지해야 한다. 첫째, 학교의 장점을 이용한 과제연구를 통해 중요한 성과를 이룰만한 방향을 지도해야 한다. 둘째, 미개척 분야 혹은 비교적 중시를 덜 받는 분야지만 중요한 현실적인 의의를 가지고 연구가치 방향의 과제를 정한다. 성과의 피드백은 아주 중대한 선도 작용을 한다. 과제 선정 시에는 반드시 과제연구의 전망 및 미래사회에서의 성과를 예측해야한다. 일단 과제선정이 끝나면 교사들을 조직하여 철두철미한 연구를 실시하도록 노력하여 예기한 목표에 다다르도록 애쓴다.

(6) 교장은 교사의 적극성과 창조성을 자극해야 한다

학교 교육연구의 주체는 교사이며, 본교의 교육연구를 제대로 실행하려면 역시 본교의 교사를 의지할 수밖에 없다. 입시 교육이라는 큰 틀 아래서 교사가 받는 스트레스는 엄청나며 교육 일선에 있는 교사들, 특히 중점 학교와 졸업반 교사들이 바쁜 업무 중 따로 시간과 에너지를 내어 연구를 한다는 것은 확실히 어려운 일이다. 그러나 교장들은 일은 사전에 준비해 두면 순조롭고 효율적으로 진행할 수 있다는 것을 알고 있다. 교사가 시간을 내어 교육연구에 종사도록 하는 것은 교육 효율과 질을 높이는 가장 좋은 길이다. 교장은 효과적인 지도 및 격려 기제를 건립하여 전체 교사들의 적극적인 참여와 창조적인 연구를 격려하며, 학교 교육연구 기구와 교육연구 핵심 인원들을 배치해 그들로 하여금 중요작용을 발휘하도록 한다. 그래야만 학교 교육연구는 규범화되고 깊이를 더해 장기적으로 지속될 수 있으며, 진정한 성과와 인재, 효율을 낼 수 있다.

여기서 중점을 두어 말하고 싶은 것은 교장이 '직접 연구 작업을 해야 한다'는 것이다. 공자 역시 "윗사람이 바르면 명령을 내리지 않아도 따르고 윗사람이 부정하면 명령을 내려도 따르지 않는다起身正, 不令而行. 其身不正, 雖令不從"라고 했다. 교장이 솔선수범하여 교육연구에 참여할 때, 수많은 교사들의 참여와 함께 진심어린 교육연구 열정을 불러일으킬 수 있다. 자신이 교육연구에 관한 성적이 있어야만 교사에게도 진정한 설득력과 학술적인 매력을 가지고 더 많은 교사들을 분발하게 할 수 있다. 그러나 교장이 직접 과제연구에 참여하는 데에 있어서 현재 다음 두 가지의 바람직스럽지 못한 경향이 나타나고 있다. 첫째, 일부 교장들은 '처리할 행정업무가 너무 많다.'고 불평하며 연구 활동에 끈질기게 도전하지 못한다. 둘째, 일부 교장들은 과제 연구를 하지 않지만, '교장님'이라는 이유 때문에 '연구책임자'로 자주 이름을 걸어놓는다. 이로 인해 초래되는 결과는 뚜렷하며 눈에도 자주 뜨인다. 전자는 본래 아주 좋았던 과제가 중도포기 되면서 도로 아미타불, 도루묵이 되는 것이고, 후자는 실제 과제연구를 책임졌던 교사의 적극성을 크게 꺾고 교장 자신의 위신에도 먹칠을 하게 되는 것이다. 이 두 가지는 모두 과제 연구에 불리하다. 교장은 행정처리 업무가 아무리 바쁘다고 하더라도, 과제연구야말로 자신이 해야 할 가장 가치 있는 '바쁜 일' 임을 인식해야만 한다.

일반적으로 교장은 다음과 같은 교육연구에 종사해야 한다.

① 자기 과제를 선택하라

교장은 교육연구 과제 선택에 있어 보통 교사와 달리, 학교 미래 발전의 면에서 전체 개혁을 내다봐야하며, 거시성, 전체성, 전망성, 창조성이 있어야 한다. 좋은 교장은 자신의 교육과제가 있어야 할 뿐만 아니라 진정 전심으로 연구를 해야 하고, 선택한 과제는 허무맹랑한 이야기가 아니라 학교의 교육현실에 부합해야 한다.

② 창밖의 세계를 주목하라

교장은 책 속의 세계를 주목하는 동시에 창밖의 세계를 주목할 줄 알아야 한다. 창밖의 세계는 아름답고 다채롭다. 교장이 계속적으로 창밖의 세계를 주목하고 국내외의 형세와 교육발전의 최신 뉴스, 동향, 추세를 주목할 때, 시대의 조류를 따르면서 자신의 연구도 활기찬 생명을 얻고 새로운 발전영역을 개척할 수 있다.

③ 과제 책임자로 이름만 걸지 말라

교장이 과제 책임자가 된다는 것은 좋은 일이다. 그러나 최근 일부 학교에는 교장이 연구나 실험에는 일체 참가하지 않고, 과제팀장으로 이름만 거는 안 좋은 현상이 유행하고 있다. 만일 정말 학교 과제연구를 주관한 사람이 교장이 아니라면, 실제 주관자는 학교의 전체적 개혁 및 발전이란 국면에서 과제를 파악하고 다룰 수 없었을 것이며, 이는 분명 과제 연구의 가치를 약화시킬 것이다. 그러므로 과제를 책임지는 교장은 반드시 과제연구에 직접 개입하고 참여해야하며 과제연구팀을 책임지며 직접 자신의 손으로 논문과 보고서를 작성해 학교의 과제연구를 위해 공헌을 하는 한편, 스스로의 과학연구 능력과 수준을 부단히 향상시켜야 한다.

④ 연구를 손쉽게 포기하지 말라

눈앞의 이익에만 눈이 어두워 경박해지지 않고 교육연구를 계속하는 것이 중요하다. 이 원칙을 계속 고수할 때 성과를 얻을 수 있다. 수호믈린스키 역시 평범한 교장에서 위대한 교육가가 될 수 있었던 원인이 날마다 교육일기를 쓰며, 교육문제를 꾸준히 관찰하고 연구, 사색하기를 몇십 년 동안 쉼 없이 했기 때문이라고 했다.

두 번째 차원 : 일반 교사

현재 다수의 일반 교사들은 교육연구를 아주 신성하며 아주 신비하지만, 또 아주 곤란한 일로 여기고 있다. 연구는 전문가나 교수 같은 직위의 사람이나 하는 것이지 자신은 수업이나 잘하면 된다고 여기고 있다. 심지어 '연구'와 '수업'이란 두 마리 토끼를 좇는 것은 현실에서는 불가능하며 '멀리 있는 물'로 '가까이 있는 불'을 끌 수 없다고 여긴다. 이런 생각은 교사들이 무의식적으로 혹은 의식적으로 교육연구를 멀리하게 되는 이유가 된다.

교육연구는 절대 학자들의 '특허'가 아니다. 교육 현장과 학생들에 가장 가까운 일선 교사들은 풍부한 교육 경험과 경력을 가지고 있기에, 이는 교육연구에 생명을 공급하는 수원이 된다. 그 다음으로 교육연구와 수업은 절대 대립되지 않는다. 관건은 교육연구가 '상부'의 평가 때문에 어쩔 수 없이 하는 것인지, 아니면 교육 현장의 실제적인 문제를 해결하기 위해서인지에 달려 있다. 만일 우리의 교육연구가 가장 절박하게 해결하기 원하는 교육 난제, 관심사, 초점에 맞춰진다면 연구의 각 부분과 절차는 모두 교육난제의 해결방법을 찾는 과정이 될 것이며, 연구의 마지막에는 교육연구와 교육 현장이 모두 유익을 얻게 될 것이다.

교육연구를 어떻게 할 것인가에 대해, 본인은 일반 교사가 다음과 같은 점에 중점을 두어야 한다고 생각한다.

(1) 교육 이론서 탐독을 통해 자신의 연구 소양을 향상시킨다

오랫동안 일선의 교사들이 교육 이론서를 읽기 기피한 중요원인은 다수의 교육이론서와 저작들이 난해하다는 점 때문이었다. 이에 대해 본인은 교사들이 이런 교육 이론서를 이해하지 못한다고 절망할 필요가 전혀 없다고 생각한다. 솔직하게 말하면 나 역시 어떤 '이론'에 대해서는 이해가 되지 않는다. 하지만 그렇다고 절망하지도 않는다. 교육이론서가 난해한 이유는 대부분, 작자 자신도 자신의 이론을 이해하지 못했기 때문이라고 생각한다. 일반적으로 이해 불가능한 글이나 책의 책임은 교사가 아닌 작자에게 있다. 그러므로 일선의 교사들은 이런 '이론'들에 겁먹을 필요가 없고, 또 맹목적으로 믿을 필요도 없다.

교사가 성장하는 근본적인 방법은 책이다. 인류 몇 천 년의 교육 역사 중, 많은 보배로운 교육 사상들이 탄생되고 축적되었다. 이런 재화들은 주로 교육 명작들에 담겨 있다. 교육 명작들을 탐독하며 과거의 교육가와 대화하는 것은 교사가 성장할 수 있는 기본적인 요건이며, 교사의 교육사상 형성 및 발전에 기초가 된다. 교육적인 지혜의 형성은 일정한 의의에서 말하자면, 바로 이런 명작들이 만들어 놓은 다리를 건너는 과정이다. 이는 생략할 수 없는 과정이다. 인류의 교육은 비록 계속적인 변화와 발전을 거듭해 왔지만 교육의 근본은 변화되지 않는다. 한 인간을 양성하는 교육의 기능을 변화하지 않을 것이며, 교육과정에 내재하는 교육 역시 변화하지 않는다. 교육개혁처럼, 비록 우리는 이 시대의 주요 임무를 담당하고 있기는 하지만, 아직도 교육개혁에 관한 논술에 있어서는 타오싱즈 선생을 초월하지는 못하고 있다. 그러므로 현대의 다수의 새로운 교육 사상들은 사실, 우리가 이 시대의 언어와 예를 가지고 과거의 교육대가와 대화를 하는 과정에 불과하다고 할 수 있다. 교사의 독서는 교육 사상의 영양분을 찾기 위해서 일 뿐 아니라, 이는 교육적 지혜의 원천이기 때문이다. 과거 교육가의 저작 중에서 교사는 많은 것을 배울 수 있다. 열정이 있는 교사는 교육관련 중요 문헌들을 진지하게 탐독하며, 서로 다른 시대를 살았던 교육가들의 인생의 꿈과 인격의 힘을 진지하게 배울 것이다. 독서토론회는 우리 교사들이 더 효과적으로 사고하고 경박함을 벗어나 더욱 충만한 지혜를 가지게 하며, 우리의 교육을 더 아름답게 할 수 있다.

(2) 반성에 힘쓰며 교육일기를 꾸준히 쓰라

전직 교육연구원에 비하면 일반 교사는 연구의 방법 면에 있어서 분명 다른 점이 있다. 전문 교육연구원은 순수이론연구에 종사하지만 그렇기에 추상적이 될 수 있다. 수많은 일선 교사의 편에서 말한다면 이런 연구는 할 필요도, 또 그렇게 할 수도 없다. 그들과 연구원, 학자 간의 중요한 차이점은 교사의 연구가 자신이 교육 현장에서 만난 문제들을 다루고 있다는 것이다. 바로 이런 의의에서 교사의 연구 활동은 교사가 선생질 하는 사람이 되게 할 것인지 교육가가 되게 할 것인지를 가늠하는 요소가 된다. 만일 '자신의 장점을 버리고 단점을 취하려' 꼭 순수이론 연구에 도전하겠다면, 교육연구는 더욱 힘들어지게 될 것이다.

국내와 해외 고금의 수많은 명저를 쓴 교육가들은 모두 학교를 경영하거나 교사생활을 한 경험이 있으며, 자신의 교육 '실험장'을 가지고 있었다. 예를 들어 코메니우스J.A.Comenius는 장기간 라틴 학교의 교장을 역임했으며, 페스탈로치Pestalozzi, Johann Heinrich는 '고아원'과 이베르동 기숙학교를 감독했고, 헤르바르트Johann Friedrich Herbart는 실험학교를 창립했으며, 중국 고대의 공자는 20세 시절부터 교육 활동에 종사했다. 가장 힘 있는 예는 역시 수호믈린스키이다. 수호믈린스키는 세계가 공인하는 대 교육가이지만 '실험실'에서 걸어 나온 서재식의 교육가가 아니었다. 그는 교육 현장에 뿌리를 내린 교육 실천가요 교육 이론가였다. 그는 교육연구의 기본방법을 연구했으며 자신의 교육 실천을 흔들림 없이 써내려갔고 또한 때마다 자신의 교육실천을 반성했다.

수많은 초, 중, 고등학교 교사들에게 있어 교육연구는 교육 현상, 교육의 느낌, 교육에 대한 단상의 기록에서부터 시작되어야 한다. 이 '진주'를 꿰면 아름다운 목걸이가 될 것이다. 나는 교사가 메모를 하거나 일기를 쓰며 자신의 꾸준히 반성하는 삶을 매우 높이 평가한다. 언젠가는 그들 가운데서도 사상과 열정이 풍부한 위대한 교육사상가가 탄생할 것이라 믿는 바이다.

20

짐은 무겁고
갈 길은 멀다

책의 상편에서 필자는 《희망의 빛》이라는 결말을 통해 중국교육의 미래와 발전 전략을 논하고, 다음 내용을 언급했다. 주춧돌 : 인간의 외침, 4개의 기둥 : 여론, 경비, 입법, 과학 연구, 6대 관념 : 끊임없이 발전, 변화하는 교육 관념, 새로운 교육 가치관, 평생교육관, 다원화·민주화된 교육관 및 현대화된 교육과학 연구관념. 10여 년이 지나갔다. 총체적으로 볼 때 현재 중국의 교육에서 사람의 지위는 높아졌고, 소양과 소질교육의 관념은 사람들에게 중요하게 인식되었으며, 주체성 교육은 오늘날의 교육 흐름 가운데서 가장 중요한 요소가 되었다. 또한 '과학교육으로 국가를 발전시킨다.'는 '과교흥국'은 중국의 기본 국책이 되었고 교육경비는 해마다 증가하고 있으며, 교육법제는 나날이 완벽해지고 있다. 아울러 교육과학 연구인력은 증가하고 이론은 번창하며 교육연구로 학교를 살리는 풍조가 흥성해지고 있으며, 교육에 대한 6대 관념은 교육 및 사회 대중에게 기본적으로 인정받고 공통의 인식을 하게 되었다.

10여 년 동안, 중국의 교육개혁은 비바람을 지나고, 온갖 고초를 겪으며 눈부신 순간도, 방황의 순간도 지냈다. 그러나 모든 것은 이제 역사가 되었다. 교육개혁은 단숨에 이루어지는 것이 아니라 끊임없는 발전, 지속적인 창조가 필요한 위대한 프로젝트이다. 어느 미국학자는 "미국의 교육개혁 80년 동안 파죽지세의 교육개혁운동을 거쳤지만 제대로 바뀐 것은 고작 15%에 불과하고, 남겨진 것이 85%가 된다."라고 이야기했다. 그가 어떻게 이러한 비율을 얻었는지는 모르겠지만 교육개혁의 어려움에 대한 감탄은 쉽게 읽어낼 수 있다. 200여 년이라는 미국의 역사 및 전통과 비교해 유구한 역사와 풍부한 전통을 지닌 중국이 20여 년의 교육개혁 여정에서 제대로 변화시킨 상황은 아마도 훨씬 적을 것이다. 10년 전 우리는 아직 정보화시대에 진입하지 못하고 특수한 시대 환경 속에 놓여 있었지만 이미 정보화의 진동을 느꼈었다. 그렇다면 21세기의 오늘날, 우리는 이미 일찍이 정보화시대에 들어섰고, 지식경제시대의 문이 열렸다. 포스트모던의 도래를 앞두고 포스트모던 사조는 이미 물밀 듯이 밀려왔다. 글로벌화의 속도가 빨라지고, 중국은 시장경제 체제를 전면적으로 재구축했으며, 사회 경제구조의 변화는 한층 더 가속화 되었다. 이처럼 중국교육은 완전히 새로운 시대 배경에 놓여있다. 미래의 교육개혁을 전망해보자면 '짐은 무겁고 갈 길은 멀다.'라는 말로 형용할 수 있겠다. 본 책이 '곤경과 초월'을 제목으로 삼은 것은 교육문제를 회피하지 않고 교육의 위기를 직시하며, 우환의식을 강화하여 이를 초월하고 교육의 곤경에서 빠져나오자는 의미이다.

1. 도전은 여전히 존재한다

교육사업의 진보는 많은 새로운 도전에 직면해 있다. 교육은 사회라는 큰 시스템 중의 서브시스템subsystem으로, 교육의 개혁과 발전은 흔히 사회의 정치, 경제, 과학 발전 등 여러 요소의 제약을 받기 마련이다. 오늘날 테크놀로지는 하루가 다르게 발전하고, 경제는 눈 깜짝할 속도로 발전하며 중국 사회는 전면적인 구조 변화를 마주하고 있는 변혁의 시대에, 교육이 직면한 도전은 여러 방면에서 올 뿐 아니라 매우 힘들고 치열하다. 1990년대 이후, 중국의 교육은 각 방면으로부터의 여러 가지 도전을 받았고, 그리고 또한 받을 것이다.

도전 하나 : 사회주의 시장경제의 건설과 중국 사회의 전면적인 과도와 변화의 도전. 첫째는 교육체제의 부적응이다. 몇 십 년간 국가가 '독점적' 운영해 온 중국의 교육체제는 계획경제체제 하에 형성된 탓에 모두 사회주의 시장경제체제의 발전 수요에 적응하지 못하고 있다. 다음은 교육의 수량과 품질이 시장경제 건설에 적합하지 않다는 점이다. 21세기를 향하는 교육은 수많은 소양 높은 노동자와 전문 기술 인재를 키워내야 한다. 이것은 교육종사자에 대한 힘든 테스트이자 역사적 임무이다. 셋째는 교육목표 동일시의 조화와 일치의 문제이다. 미래 사회는 다원화되고, 사회적 집단의 계층 분화가 나날이 뚜렷해지기 때문에 사회주의 교육 목적의 지도 하에 어떻게 대중이 인정하는 교육 육성 목표를 달성하고, 분쟁을 없앨 것인지를 판단하는 데는 아직 시간이 필요하다.

　도전 둘 : 포스트모던의 도래와 지식경제의 흥기는 중국교육의 개혁과 발전에 도전으로 작용한다. 포스트모던 사회는 서양의 선진국에서는 이미 뚜렷이 나타나고 있다. 중국의 교육발전은 농업시대에서 공업사회로 들어가는 시대에 놓여 있고, 현대성의 발육이 부족하며, 국부 지역에서는 포스트모던의 조짐이 보이기도 한다. 이처럼 다원성이 공존하는 사회적 배경 하에 교육발전의 가치 방향은 흔히 여러 어려움에 빠진다든가, 진퇴양난의 갈림길에 놓인다. 이때 어떻게 교육의 발전 모델, 가치방향을 확립하고, 교육의 사회적 기능을 충분히 발휘함으로써 중국 사회의 전면적인 발전 진도에 적응할지가 앞으로 모든 교육 종사자들이 깊이 생각하고 고민해야 할 문제이다. 지식경제는 미래 사회의 주요 특징이다. 지식은 경제 발전 중에서 주도적인 역할을 발휘한다. 지식경제의 영혼은 지식의 창조와 기술의 창조이다. 때문에 지식경제는 전방위적으로 전통 교육에 도전하기 마련이다. 전통적인 교육 방법, 사고로부터 진부한 교육 콘텐츠까지 모두 반드시 확실히 개혁하고, 사람의 창의정신과 창의능력을 키우는 것이 교육의 핵심이다.

　도전 셋 : 글로벌화의 가속화, 국제 간 격렬한 경쟁의 교육에 대한 도전. WTO는 과거의 '보루' 경제의 자리를 글로벌 경제에 내주었다. 우리는 지식경제의 파도의 충격을 뼈저리게 느끼게 되는 동시에 경제권력 약화 국면에 대한 정부의 직접적인 제어 역시 마주하게 될 것이다. 이렇게 교육은 단지 기존의 '교육─인재─경제'라는 인식의 사슬 위 국가 흥성의 기본임은 물론이거니와 더욱 중대한 정치적 의미를 부여 받았다. 국제 경쟁 관계에 국제 기준에 따른 평가와 품질 우선주의가 적

용됨에 따라 교육의 전략적 위치가 더욱 두드러져 교육이 짊어질 책임은 더욱 커질 것이다. 학교 내용에서 볼 때, 글로벌화의 경쟁은 학교로 하여금 독특함, 창의적 특색의 유무는 학교를 존재하고 발전하게 하는 기본 전제가 됨을 인식하게 한다.

도전 넷 : 정보화의 진전과 하이테크의 신속한 발전은 교육에 도전으로 작용한다. 디지털화, 네트워크화, 지능화된 전혀 새로운 환경은 필연적으로 우리의 교육 사상, 콘텐츠, 수단, 나아가 교육 패턴에 거대한 충격과 영향을 미치기 마련이다. 미래의 교사는 뛰어난 사상, 정치적 소양과 고상한 품성, 정서와 능숙한 직업 기능, 기교 외에도 현대과학의 최신 지식을 파악해야 한다. 두터운 이론적 소양과 합리적인 지식 구조가 있어야만 현대화 교육 수단을 숙련되게 운용하여 학생에게 정보를 발견하고, 포착하고, 처리하고, 문제를 연구하고, 지식을 증가시키도록 지도하여 창조형 인재가 되도록 한다.

도전 다섯 : 미래 교육의 대상은 도전이다. 새로운 시기마다 교육 대상은 변화하기에 적지 않은 선생들이 "교육 업무가 과거보다 훨씬 힘들어졌다." "교사라는 직업이 점점 힘들어진다."라며 불평한다. 심지어 일부 나이 든 교사, 교육 핵심들도 "가르치면 가르칠수록 어렵다."라고 이야기한다. 무엇이 교사들을 속수무책의 상황에 이르게 했는가? 첫째는 외동자녀의 증가와 부모의 교육 소양의 저하이다. 많은 외동자녀들은 가정 안에서의 올바른 인도가 부족하고 응석받이로 자라나 자기중심적이고 개인주의적이며 자기 이익만 챙기고, 안일함만을 추구하며 협동과 동점심이 부족한 경향이 심각하다. 둘째는 이혼율의 증가로

'불완전한 가정' 혹은 '문제 가정'의 자녀가 증가하고 있다는 사실이다. 셋째는 오락용 가전제품이 학생의 생활 영역을 대거 점령하였기 때문이다. 현대 가정에는 텔레비전, VCD 플레이어, 컴퓨터 및 인터넷이 널리 보급되어 있다. 덕분에 멀티미디어는 아이에게 아버지 세대가 알 수 없었던 정보와 지식을 제공해준다. 그래서 일부 학생은 학업 외적으로는 절대 책을 읽지 않고, 부모도 아이에게 더 이상 동화를 읽어주지 않으며, 아이들은 이미지 시뮬레이션 세계에서 생활하여 진정한 어린 시절이 없다. 많은 가정에는 이미 더 이상 '가정교육'이 존재하지 않는다. 교사들은 부모가 아이들에게 용돈을 너무 많이 주고, 텔레비전을 너무 많이 보게 하고, 집안일을 너무 안 시킨다고 불평한다. 학생들은 단체 속에서 다른 사람과 만나는 것을 좋아하지 않는다. 때문에 언어표현능력이 떨어지고, 자제력이 떨어지고, 항상 자기가 하고 싶은 대로 하며, 아무도 본보기로 삼으려 하지 않는다. 교육 대상의 이러한 변화에 대해 교사들은 거의 아무런 생각도, 심리적 준비도 없는 듯하다. 대부분의 교사들은 이러한 '도전적'인 학생들에게 아무것도 할 수 없고 학생들을 교육하는 것이 무척 힘들다고 여긴다. 교사는 지식뿐 아니라 인격도 가르침으로써 '부모 역할'도 해야 하기에 자신의 능력 밖이라고, 스트레스가 너무 크다고 생각한다.

도전 여섯 : 교육 자체의 부족함과 문제의 도전. 교육의 발전에는 자신만의 내재적인 발전 법칙이 있다. 자아조직적인 서브시스템으로서 교육은 어떻게 자신을 뛰어 넘고 완벽함과 성숙함을 향해 나아가는 것일까? 중국의 교육 현황에는 해결해야 할 문제가 매우 많고, 직면한 어

러움 역시 매우 많다. 예를 들어 과거시험의 전통과 입시위주의 교육 관념은 소양 교육을 시행하는 데 굴레로 작용한다. 그 밖에도 고도의 집권과 '일률'적인 교육 관리 패턴과 특색 있는 학교의 건설과 브랜드 교육에 대한 추구의 충돌, 교사의 길은 존엄하다는 관념과 민주, 평등한 사제 관계 구축 사이의 모순, 지식과 기능만 중시하는 교육관을 초월하여 학생의 인지, 감정과 의지 등 전면적인 발전에 관심을 갖는 교육관을 구축할 때 교사 및 가장에게 존재하는 곤혹, 학제 구조에서 각급 각 유형 교육 사이의 '슬럼프' 극복 등등이 존재한다.

2. 개혁 중에서 발전을 모색하자

이러한 도전을 마주하고 중국의 향후 교육개혁과 발전은 어느 방향으로 나아갈까? 1990년대 중반, 필자는 교육의 비전을 묘사한 바 있다. '정보화 사회는 새로운 교육 기술의 혁명을 야기할 것이고, 국제화 사회는 새로운 국제적인 교육 양상을 만들고, 성숙된 사회는 평생교육의 새로운 체계를 구축하며, 테크놀로지화 사회는 '관심 갖기 배우기'를 주제로 교육을 부르짖을 것이다.' 현재 이러한 예측은 이미 현실로 나타났거나, 혹은 현재 교육의 현실이 되어가고 있다. 여기서 필자는 구체적으로 중국교육사업이 직면한 도전 및 중국의 향후 교육의 개혁과 발전에 대해 간략하게 이야기하고 분석하고자 한다.

먼저, 거시적인 측면에서 중국의 향후의 교육개혁과 발전은 다음의 몇 가지 방면을 힘써 추진해야 한다.

(1) 교육 구조의 지속적인 조정, 최적화

시스템의 관건은 구조이고, 구조는 기능을 결정짓는다. 교육은 사회라는 큰 시스템 중의 서브시스템이다. 교육의 사회 발전적 기능을 충분히 발휘하거나 끊임없이 교육의 구조 체계를 조정하거나, 집을 짓는 것처럼 먼저 구조를 확정하면 다른 문제들은 손을 대기 쉬워져 품질을 보증할 수 있다. 전체 교육사업에 대해 말하자면 교육구조 체계는 명확하고, 각 급 각 영역 교육기관의 자리매김은 물이 흐르는 곳에 도랑이 생기는 것처럼 각자 자신의 임무를 담당하고, 공동으로 전 국민의 교육 임무를 완성한다. 중국의 미래 교육은 과정적으로 볼 때 역삼각형의 구조를 형성해야 한다. 초등 교육, 중등 교육과 고등 교육 사이에나, 고등 교육의 전문대, 학부생, 대학원생의 교육 사이에도 합리적인 비율이 형성되는 게 마땅하다. 그러나 현재 학제의 수직구조에서 1998년 고등교육기관 정원확대 후, 일본 고등학교의 운영규모는 이미 전체 교육구조의 극히 적은 일부가 되어 '두 머리는 크고, 중간은 작은' 기형적인 생김새를 형성해 교육의 발전을 제약하는 슬럼프가 되었다. 수평구조에서 중등교육기관의 일반교육과 중등전문학교 교육, 고등교육기관의 지식인 교육과 대중 교육, 우수 학교와 일반 학교, 우수 교육과 일반 교육, 공립학교와 민영교육 등 여러 형식의 운영 사이에서 합리적인 계획이 필요하여 비율에 따른 발전으로 합리적인 비율 구조를 형성한다.

(2) 최대한도로 교육의 공평을 실현하고, 교육의 비균형 경향을 줄인다

공평한 교육에 대한 추구는 1960년대 이후 세계 각국의 교육발전 방향과 목표이다. 중국은 인구가 많고 땅이 넓어 각 지역마다 자연, 지리적 조건, 문화적 차이가 모두 크다. 때문에 역사적으로 자연스레 극단적이고 불균형한 발전 구조를 형성했다. 계획경제체제 하에 나라는 행정적 수단을 통해 균형적인 발전 전략을 채택하고, 효과를 얻었다. 그러나 이는 소극적인 방법으로 근본적인 문제를 해결하지 못한다. 개혁개방 및 시장 경제체제의 구축 이후, 이미 존재하는 사물 간의 격차, 도시와 시골의 격차는 한층 더 커졌다. 교육에서도 구역, 학교와 집단 세 가지 방면의 격차가 뚜렷이 나타난다. 교육의 이러한 격차는 만약 발전을 방임하면 줄곧 과거처럼 반드시 전체 사회의 정의와 공평성에 심각한 도전을 할 수밖에 없다. 때문에 교육제도, 경비투입, 사회적 여론, 교사의 자격, 발전 전략 등 방면에서 시작해 최대한도에서 교육의 공평을 실현하고, 교육 불균형 발전상황을 줄이는 이것이 향후 몇 년간 중국의 교육개혁과 발전의 중요한 측면이다.

(3) 점차 다원화 운영 구조를 형성하고, 민영교육의 신속한 발전을 촉진한다

다원화는 인류가 끊임없이 발전시켜온 추세이자 요구이다. 집중적이고 통일된 운영체제는 가장 좋은 체제이더라도 만약 경쟁의 압력이 없다면 이대로 나간다면 나날이 퇴화되는 것을 막을 수 없을 것이다. 운

영체제의 다원화는 교육사업 발전과 진보를 촉진하는 내재적 메커니즘
이다. 현재 중국 경제체제의 다원화, 교육투자 수요의 다원화 및 인재
수요의 다원화는 필연적으로 중국교육 발전의 단일 운영체제에서 다원
화 체제로 들어간다. 민영교육은 사회적 책임, 공립 '전제정치', 그룹
운영, 증권학교, 개인 운영, 기업 혹은 사업체의 운영 등 형식은 끊임없
이 거대해지고, 공립학교와 함께 나아간다. 필자는 일찍이 일부 유명
학교와 대학의 개조를 제의하고, 정부에게 개조 후의 교육경비를 취약
학교 건설에 투입하도록 했다. 이는 일부 지방에서는 이미 뚜렷한 실효
를 거둔 방법이다. 사실 공립과 민영교육은 우세를 서로 보충해주고 선
의의 경쟁을 하여 교육 사업의 발전을 함께 촉진한다.

(4) 개방학교 교육으로 평생교육체계 구축

현대의 교육체계는 학교교육을 중심으로 이루어진다. 졸업증서와 학
력을 얻는 것이 학습의 목적인 정규교육은 공업혁명부터 서서히 폐쇄
적 혹은 반폐쇄적인 국민교육체계를 형성하였다. 이는 학교를 주요 교
육장소로 삼고 교사를 교육의 주체로, 교과서를 주요 학습대상으로, 시
험성적을 평가목표로 삼는다. 그러나 사회발전과 평생교육 관념이 일
어나면서 이러한 교육체계는 이미 사회 구성원의 교육에 대한 수요를
만족시키지 못하게 되었다. 학교교육이 사람의 평생 발전에 이바지하
기를 요구하고 학교 교육시스템의 개방을 요구함으로써 교육의 사회화
를 이루는 동시에 사회의 교육화(학습화)를 이룬다. 때문에 미래 교육개

혁과 발전의 중요 방면은 바로 현재 교육체계의 틀에서 벗어나 평생교육체계를 구축하는 것이다. 취학전 교육, 기초교육, 중등 교육, 대학교육과 대학 후의 지속적인 교육, 노년 교육의 상하 연결과 수직 소통, 정규 교육과 비정규 교육, 학력 교육과 비학력 교육 간의 상호소통과 연계, 동일 과정, 수준의 여러 교육(직업대학(직장을 임시로 휴직하고 공부하는 근로자를 상대로 교육을 행하는 대학.—역주), 방송대학(텔레비전에 의한 통신 교육 대학.—역주), 통신대학, 야간대학 등) 간의 밀접한 관계와 연결, 그리고 학교 교육과 사회 교육, 온라인 교육, 교육과 노동 간을 상호 연계하는 새로운 국민 교육체계 등을 일컫는다.

(5) 교육 정보화의 발전 과정의 강화 및 가속화

1990년대 멀티미디어 기술과 네트워크 기술이 교육 영역으로 유입된 이래, 교육 혁명이 전면적으로 전개되면서 전통 교육 패턴에 엄청난 충격을 몰고 왔다. 미국은 2000년에 이미 기본적으로 교육 정보 인프라를 보급하여 현재 95%의 초, 중, 고등학교와 72%의 교실에 인터넷이 연결되어 있고, 평균적으로 5명마다 1대의 컴퓨터가 있다. 싱가포르 정부는 《교육에서의 정보기술 응용 계획信息技術在敎育中應用的規劃》에서 2002년 학생과 컴퓨터의 비율이 2 : 1이어야 하고 학생은 30%의 수업 시간 동안 정보기술을 이용하도록 하며 학교의 모든 학습 영역이 교사와 학생들에게 정보기술을 이용할 수 있는 기회를 제공해야 한다고 언급했다. 다시 말해 정보기술의 발전과 응용에서 중국은 서양 선진국과 비슷한 출발선에 있으니 기회를 잘 잡아 중국교육의 정보화를 힘껏 추진하는 것이 교육의 현대화 및 사회의 현대화를 실현할 수 있는 중요한 공정이다. 향후 언젠가 우리는 교재의 멀티미디어화, 교육 자원의 글로벌화, 교학방법의 전자화를 중점적으로 추진함으로써 캠퍼스 네트워크를 구축하고, 교사와 학생의 정보 소양을 높일 예정이다.

다음으로 미시적으로 미래의 교육, 교육 업무는 아래 몇 가지 경향이 두드러지게 나타나고, 다음과 같은 교육 사조와 이념을 드러낸다.

① 교육 내용 상, 교학과 인문 교육을 병행한다

장기간 중국교육은 지식의 습득을 핵심으로 하고, 학과의 특징과 차이는 무시하여 모든 학과를 모두 '지식 포인트'로만 받아들여 인문 정신의 결핍과 위축을 야기 시켰다. 과학과 인문이 결합된 교육은 사람을 핵심으로, 지식을 중개와 수단으로, 사람의 발전을 궁극적인 목적으로 하여 자연과학과 인문학과의 교육 중에서 지식을 초월하고 인문을 높이며 인간의 전면적인 발전을 촉진하여 최종적으로 사회의 화합과 발전을 촉진한다.

② 학생의 개성을 키워주고 창의정신과 행위를 고무시킨다

세계 모든 사람에게는 개성이 있다. 나이가 어린 아이들도 자신만의 개성과 색깔이 있어 이를 통해 다른 아이들과 바꿀 수 없는 독특한 존재로 구별한다. 그러나 전통 교육은 흔히 아이들의 개성의 차이를 무시하고 획일적인 교육 패턴을 선택하여 학생의 독특한 개성을 억압 혹은

경시함으로써 학생의 창의력을 짓밟았다. 미래의 학교 교육은 우리에게 반드시 학생의 독특함을 존중하고 학생의 발전 잠재력을 한없이 믿으며 학생의 개성을 의식적으로 키워주고 살려주도록 요구한다. 다원화된 학생들의 평가관을 확립하고, 학생이 대담하게 창의력을 발휘하도록 부추긴다.

③ 교육 방법 면에서 학생의 참여를 통해, 활동 가운데 학생의 실전 능력을 기르고, 체험과 느낌을 통해 지식을 생성하고 창조한다

전통 교육은 주로 학생들에 몇 십 ㎡에 갇힌 채로 책 속의 지식을 받아들이고 외우도록 하며, 지식을 얻을 때의 느낌도, 지식을 응용하는 즐거움도 느끼지 못하게 한다. 때문에 미래 교육은 학습 과정 중 학습자의 능동성을 강조하고, 학생들의 능동적인 참여를 통해 수업, 지식이 생성되도록 하여 학생들이 학업에 몰두할 수 있도록 하고 학생들의 지식, 감정, 의지와 흥미의 전면적인 발전을 촉진한다.

④ 교육 과정 중 교사와 학생의 평등, 민주와 교류를 강조한다

전통적인 모습의 교사의 이미지는 대부분 교사의 마음속에 깊이 뿌리 내린 듯하다. 교육과정 중 교육자와 피교육자의 역할은 분명히 드러나 '교육의 흔적'이 뚜렷하다. 그러나 새로운 시대의 학생들은 이미 그렇게 '유치'하고 무지하지 않다. 그들은 신문, 텔레비전, 인터넷 등 대중매체와 기타 채널을 통해 풍부한 지식을 습득한다. 오늘날의 교사들이 마주하는 학생들은 더 이상 1960~1970년대의 아이들이 아니다. 시

대는 그들에게 상대적으로 풍부한 지식과 민주적인 관념을 심어주었다. 교사는 더 이상 위에서 지시하는 엄격한 사람이 아니라 평등하게 대화를 나누고, 학생의 발전을 촉진시키는 사람이다. 교류는 주체 간의 평등한 교류로 이루어지며 상대방의 주체성을 전제로 한다. 때문에 관념이 바뀌지 않은 일부 나이든 교사들이 "점점 더 가르치는 게 힘들다!"라고 하는 것도 이상한 일은 아니다.

⑤ 단결, 협력의 정신을 기르고 사회적 책임감을 강조한다

미래 사회는 다원성이 공존하는 세계이다. 미래 인류사회에서는 더 이상 혼자서 고군분투하며 문제를 해결하기를 바라지 않는다. 때문에 개인의 생존을 위해서든 사회의 발전을 위해서든 미래사회의 구성원은 강한 단결, 협력과 더불어 타인과 사회에 대한 관심이 있어야 한다. 중국의 전통적인 교육은 단체만을 강조하며 개성과 자아, 경쟁 중에서의 협동과 협조를 소홀히 한 경향이 있다. 이것이 바로 중국의 약점이다.

어떻게 해야 우리의 약점을 강하게 만들고, 강점은 더 강하게 만들까? 이는 교육 종사자라면 누구나 열심히 고민하는 문제이다. 끝으로 나는 모든 이들에게 이렇게 말하고 싶다. 교육에서 우리의 짐은 무겁고 갈 길은 멀다. 그러나 우리에게는 강한 자신감이 있다!

　먼저 이 작은 책이 예정대로 완성될 수 있도록 도와준 항저우 대학 교육과의 팡잔화方展畵 및 화동 사범대학 교과소敎科所의 위안전궈袁振國 등 두 친우들에게 고마움을 전한다. 잔화 형은 이 책의 제재 선정과 탈고, 교정과정에서 적지 않은 수고를 해 주었다. 전궈 형은 내가 그의 연구 자료들을 인용할 수 있도록 아낌없는 도움을 주었다. 우리가 여러 차례 대화와 편지를 주고받으며 튀겼던 사상 충돌의 불꽃은 본서 중에서도 잘 나타난다.

　그 다음으로 쑤저우 대학 교육연구 센터의 추페이쥔儲培軍 교수와 교육 이론전공의 석사 과정 대학원생 쉬칭위許慶豫, 양솽楊爽에게 감사드린다. 이 분들은 이 책을 완성하는 데 많은 도움을 주었다.

　마지막으로 광시 인민출판사의 편집장 및 경영진에 감사드린다. 특히 본서의 저작 및 수정 과정에서 많은 수고를 해 준 편집 담당 펑칭궈彭慶國 동지에게 감사를 드린다.

　나는 이상에 언급한 제군들과 같은 신념을 가지고 있다. 그것은 전 중국인들이 모두 교육에 관심을 가지고 교육을 이해하며 교육을 지지하는 그 날이 오는 것이다. 즉 중국교육이 곤경과 위기를 벗어나 광명의 길로 나가는 때를 소망한다. 이런 생각에 기초하여, 본서는 과거 교육학 저작의 심각한 얼굴을 벗어나고자 노력했고 생동감 넘치는 어투와 상세한 자료, 냉정한 분석 및 열정적인 외침을 통해 본서와 독자 간

의 거리를 좁히기 위해 노력했다. 우리 모두의 꿈을 이루기 위해, 독자
의 의견과 전문가의 비평을 겸허한 마음으로 받아들이도록 하겠다.

주영신

1989년 3월 20일 초고 완성

1989년 12월 15일 수정 탈고

교육, 나의 사랑 나의 근심—신판 후기

나는 심리학을 통해 학문의 길에 들어선 사람이다.

비록 심리학과 교육학은 모두 교육 과학이라는 큰 줄기 아래 놓여있기는 하지만 그래도 두 학과는 뚜렷한 경계가 있을 수밖에 없었다. 상하이 사범대학에서 공부하던 시절, 나는 심리학의 매력에 빠졌다. 쑤저우 대학으로 돌아온 후, 운명은 장난이라도 치듯 나를 교육학의 길로 인도했다. 나도 알고 있다. 전자는 내가 제일 좋아하는 일이고, 후자는 내 밥그릇이라는 점을. 그래서 그 때부터 나는 어깨에 두 가지 학문을 다 짊어지고 전진하기 시작했다. 그 대가는 다른 사람보다 두 배의 노력을 해야 한다는 것이었다. 그런데 지금에 와서 보니 당시 그 밥그릇은 지금 내가 제일 좋아하는 일이 되어있었다.

1987년부터 나는 교육 행정에 종사했다. 업무를 더욱 이성적으로 처리하기 위해, 교육이론 공부를 더 열심히 했고, 그와 동시에 현실적인 교육문제에 더 큰 관심을 기울였다. 교육과학부 주임을 맡을 때도, 교무처 처장을 맡을 때도, 부시장을 맡을 때도 마찬가지였다. 나와 교육 현실간의 접촉이 점점 늘어갈 수록 교육에 대한 나의 사랑도 점점 커져 갔다. 유행가 가사 한 구절로 표현하자면 이렇다고나 할까? "교육, 당신을 생각해요, 당신의 손에 이끌려 우리 한 길을 걸어가요."

교육에의 열정에서 출발해 1990년, 나는 《곤경과 초월—당대 중국교육비평困境與超越—當代中國敎育批評》이란 책 한권을 출판했다. 이는 특별한 시기에 발표된 특별한 책이었다. 당시 눈물을 흘리며 이 책을 써내려간 기억이 난다. 교육경비의 '계란으로 바위치기'를 생각하며 눈물을 흘리고, 우리 교사들의 '아홉째의 아리아' 때문에 눈물을 흘리며, 부모들의 '가정교육 유치병' 때문에 눈물을 흘렸다.

그 후로 십여 년이 흘렀다. 우리의 교육은 장족의 발전을 했지만 이 작은 책 속에서 제기한 문제는 여전히 근본적으로 해결되지 않고 어떤 문제들은 계속 이어지고 있다. 중국 동부와 서부의 격차, 도농간의 격차, 기본 교육 중 학교와 학교간의 격차 등은 줄어든 것이 아니라 오히려 계속 늘어나고 있다. 학생의 부담, 학부모의 부담 역시 줄어들기는커녕 오히려 늘고 있다. 모든 것의 모든 것이 내 근심을 불러일으키고 있다. 그리하여 이 책을 수정증보하게 된 것이다. 상편은 십여 년 이전의 내용으로 우리는 그 시절로 돌아가 과거의 교육을 다시 돌아볼 수 있다. 특히 젊은이들은 그 시대의 지식인들의 사상과 정서를 느낄 수 있을 것이다. 하편은 최근 10년간의 내용으로, 내가 특별히 주목하고 있는 영역을 선별해 중국교육의 중대 문제로 다루며 분석했다.

쑤저우 대학 교육학원의 쉬칭위 교수와 내 박사생 스껀린史根林, 허샤오중何小忠, 리옌李燕, 자오전제趙振傑은 다량의 자료 수집을 도와주었다. 이들의 도움이 없었다면 이 책은 얼마나 많은 시간을 기다려야 빛을 보게 되었을지 모를 일이다. 그들의 공로에 감사한다. 그들과 함께 하며 나는 항상 청춘의 힘과 청춘의 충동을 느낄 수 있었다.

나의 가장 큰 소망은 앞으로 이 책을 수정출판하게 될 때는 책 속에서 제기했던 문제들이 이미 역사의 한 장으로 변해있는 것이다. 나는

교육이 영원히 아름답기를 원한다. 그러나 전진의 과정 속에 계속 발견
되는 새로운 문제는 내 마음에 근심으로 남아 있다.

주영신

2003년 8월 13일 밤 초고 완성

2004년 2월 베이징에서 수정 탈고

중국 주영신 교육문집 5

곤경과 초월 –중국교육문제 분석

초판 1쇄 발행일 | 2009년 12월 15일

저자 | 주영신
역자 | 최영준
펴낸이 | 박영희
표지 | 강지영
편집 | 이선희, 이성희, 한혜성
교정·교열 | 이은혜
책임편집 | 강지영
펴낸곳 | 도서출판 어문학사
　　　　132-891 서울특별시 도봉구 쌍문동 525-13
　　　　전화: 02-998-0094 / 팩스: 02-998-2268
　　　　홈페이지: www.amhbook.com
　　　　e-mail: am@amhbook.com
　　　　등록: 2004년 4월 6일 제7-276호

인지는
저자와의
합의하에
생략함

ISBN 978-89-6184-086-6 94370
　　　　978-89-6184-081-1 (set)

정가 | 27,000원

※ 잘못 만들어진 책은 교환해 드립니다.